U0916285

1864年，8岁的弗洛伊德与他的父亲
雅各布·弗洛伊德

1883年，22岁的玛莎

弗洛伊德出生时的房子

1898年，弗洛伊德与他的妻子玛莎、女儿安娜

1872年，16岁的弗洛伊德与他的母亲

1885年，弗洛伊德与玛莎。下一年他们结婚

12岁时的弗洛伊德，就读于史伯尔中学，学习成绩连续六年第一名

1906年，50岁的弗洛伊德

1916年，弗洛伊德（右）与儿子恩斯特（左）、马丁（中）合影

1922年在柏林，成立弗洛伊德委员会。前排左起弗洛伊德、德尔·费伦茨、汉斯·萨克斯。后排左起奥托·兰克、卡尔·亚伯拉罕、马克思·艾丁根、恩斯特·琼斯

1929年，弗洛伊德与他的女儿安娜

1922年，弗洛伊德和他的外孙子

1938年6月5日，在法国巴黎，弗洛伊德与他的妻子和儿子

1938年6月6日，弗洛伊德不堪占领奥地利纳粹的骚扰搬到埃尔斯沃思，这是弗洛伊德最后的住所。这是弗洛伊德与其妻子和随行人员的合影

梅尔斯菲尔德花园20号室内景

梅尔斯菲尔德花园20号，现在已经作为弗洛伊德博物馆

FACING HUMANITY

直面人性

弗洛伊德传

文聘元 |著|

台海出版社

图书在版编目（CIP）数据

直面人性：弗洛伊德传 / 文聘元著. -- 北京：台海出版社, 2018.9（2019.9重印）

ISBN 978-7-5168-2097-1

Ⅰ. ①直… Ⅱ. ①文… Ⅲ. ①弗洛伊德(Freud, Sigmmund 1856-1939)—传记 Ⅳ. ①K835.215.1

中国版本图书馆CIP数据核字(2018)第205525号

直面人性：弗洛伊德传

著　　者：文聘元

责任编辑：徐　玥　　装帧设计：仙　境

版式设计：尹清悦　　责任印制：蔡　旭

出版发行：台海出版社

地　　址：北京市东城区景山东街20号　邮政编码：100009

电　　话：010-64041652（发行，邮购）

传　　真：010-84045799（总编室）

网　　址：www.taimeng.org.cn/thcbs/default.htm

E-mail：thcbs@126.com

经　　销：全国各地新华书店

印　　刷：北京柯蓝博泰印务有限公司

本书如有破损、缺页、装订错误，请与本社联系调换

开　　本：710mm × 960mm　1/16

字　　数：340千字　　印　张：23.5

版　　次：2019年5月第1版　　印　次：2019年9月第2次印刷

书　　号：ISBN 978-7-5168-2097-1

定　　价：49.80元

前言

Preface

人啊，你要认识自己！

这是古希腊德尔菲神庙门楣上的千古名言。

几千年过去了，人认识了自己吗？

恐怕没有！

对于人性，人之本性，人类似乎有着天生的浪漫幻想，温柔如羔羊，美好如爱情。故孟子说："人性之善也，犹水之就下也。"基督说："爱邻如己。"但只要我们放眼历史与现实，就不能不将这种温情的遐想只看作是人的自我安慰。

请大家放眼历史吧！

原始社会时代被恩格斯形容成"共产主义"社会，虽然贫困，但大家共同劳动，共同分享劳动果实，日出而作，日入而息，何等如诗如画。但恩格斯在这里忘记了一个简单的事实：原始人是吃人的，吃掉他们的战俘，甚至他们父母的尸体！

奴隶制时代，诞生了柏拉图与亚里士多德，制造了精美无比的青铜器，但我们也不要忘记，在古希腊人口中大部分是奴隶，而奴隶是可以被随意买卖甚至杀害的，对希腊人而言，奴隶只是会说话的畜生罢了；在古罗马，无数奴隶成了角斗士，在剧场里互相屠杀，而那些所谓高贵的罗马公民在高高的看台上欣赏这血腥的一幕幕，就像我们今天看足球比赛一样；而在遥远的中国，商王死后，被活埋殉葬的就有几百人。

欧洲的封建社会是基督教统治的时代，教士们借着上帝的善名统治俗人，在上帝的名义下，用异端名义被活活烧死的人数以万计，其中就有伟大的科学家布鲁诺和哈维。

历史走进似乎更为文明的现代社会后，人待人应当好一点了吧？请看吧，希特勒一挥手，六百万犹太人顿成焚尸炉的黑烟；几秒钟之内，广岛长崎化为焦土；而这个被残杀的民族，在南京又残杀了多少无辜的人，其中也许就有我们的父兄！

试问，人类的千年文明之中，有几年没有战争与屠杀？在我们的生活之中，何时何地消失了谋杀、强奸、抢劫？

面对如此现实，我们能再大言不惭地说“人性本善”吗？

那么人性本恶？

我们也不要忘了，生活中毕竟还有雷锋、罗盛教这样的人物，他们毫不利己，专门利人；我们每一个人，在一生中多多少少曾得到过他人无私的帮助。

一个刚杀了人的人，也可能走过一条河边时，跳下水去用沾着鲜血的双手救起一个垂死的少女；一位刚给残疾人协会捐赠了百万金钱的富翁，也可能对爬到他面前乞讨的盲人视而不见。

这就是人，这就是人性。

它是魔鬼般恶，还是天使般善？

有多少贤人与智者迷失在这个怪圈，孔子、佛陀、耶稣、休谟、叔本华、达尔文……他们终日、终年、终生苦苦思索，上下敏求。

但我要说，在所有人中，对于人性思考得最为深刻、最为完整的，不是他们，而是另一个名字——弗洛伊德。

他与达·芬奇一样，是百科全书似的人物，被看作是与马克思、爱因斯坦一起改造现代人思想的三大思想家，是杰出的心理学家、神经病学家、散文大师，因为他的贡献，现代文学、艺术、历史、哲学、政治、心理学、医学等都焕然一新，他为这些领域的专家们开辟了一条他们做梦都想不到的光明大道，无数人沿着这条路发现了一处又一处风光旖旎的美景。但最使人们心折的还是他对于人性的探索，这些探索是这样深刻，只能用一个成语来形容：震撼人心！

当他将他对于人性的发现告诉世人的时候，他震撼了整个时代，我相信，任何没有听说过他的理论的人，当第一次看到他的著作时都不能不被震撼。

在今日的西方，一个没有听说过弗洛伊德名字的人，在别人眼里也许会像一只恐龙，我说也许，因为现在大概已经找不到这样的人了。

弗洛伊德的人性论凭什么震撼人心？凭他所揭示的那种“人性”！

他经过艰苦的探索去发现人性的奥秘，在探索中他被自己的发现震惊了，如果是旁人，会不敢相信自己的眼睛，如果他相信，会感到恶心、痛心，将这个发现束之高阁，弃之深渊。

他们不敢面对这样的发现，就像一个罪犯会竭力否认自己的罪行，何况在这里所揭示的人性之罪是如此之沉重！

谁敢直面人性？唯有弗洛伊德。

何为弗洛伊德所揭示的人性？

人性的主体就是“性”。

对性的渴求是人之根本，人的无数行为，都是为了追求性的满足：我们跳舞、社交，是为了认识异性；我们穿漂亮衣服是为了吸引异性；吃好东西，不光是为了活着，更是为了长得结实好看，有力量去恋爱，享受性之乐趣。因为没了它，人生还有什么趣味？这听来不是滋味，但仔细想想吧！多少女人为了所爱的男人粉身碎骨，在所不惜？而男人，像《复活》中的一句话：饭可以不吃，酒可以不喝，女人不能没有。

对于理性而言，这是可悲的，但是现实。

性欲得不到满足的人，会得神经病；失去所爱的人，会自杀，也是现实。是从古至今都一直存在的，我们每一个人都可能听说过甚至可能见到过。就如诗人裴多菲所言：“生命诚可贵，爱情价更高。”即为了爱情可以牺牲生命。弗洛伊德更是在他治疗神经症的过程之中遇到过无数这样一类病例。例如，一八八五年，弗洛伊德还在夏科教授那里进修神经病学时，一对远道而来求医的年轻夫妇，妻子患有严重的神经病，丈夫是个性无能者。夏科教授用毋庸置疑的口气说：“这总是，夫妻床上的秘密，总是！”边说边肚子一挺一挺地强调。第二年，他遇到了一位病人普芬道夫夫人。她憔悴不堪，十分依赖医生，要求每天随时都能找到他。至于她的病因，就是因为她丈夫是个彻底的阳痿，所以药方很容易开，但没有办法买这种药，那就是“正常的阴茎，反复使用”。

除了这些，我们再来看看弗洛伊德所发现的，使他名垂史册的人性理论吧：

性之伟力：力比多（Libido），这是弗洛伊德创造的一个词，用以表明性的力量，性之冲动。弗洛伊德认为：性冲动具有巨大的力量，人的大部分行为都受它支配，它要求人用一切办法去满足性的需要，如果不能达到目的，它能使人患神经症，直至一死方休。

它是创造者，也是毁灭者，它创造了每一个人，也创造了人类文明——人类文明是性欲得不到尽情满足的苦果。

但它也能毁灭每一个人，连同我们的整个文明。正因为我们的文明是性欲得不到满足的苦果，它一开始就有着不可克服的缺陷，文明的发展只促使这种缺陷日益加深，人类日渐沉沦在性的折磨之中：力比多要求不顾一切地满足，满足一切性冲动，但人类能吗？人类能没有性的禁忌吗？每一个男人与每一个女人都能有性行为吗？甚至每一个人之间，以至人与动物之间都能有性关系吗？

不能！这一切的禁忌是我们文明的基石，没有了它们，一切伦理道德、一切社会规范、一切法律与秩序都将与之消亡。

但力比多依然要求着满足。

它不能得到满足，所以它痛苦着。

所以人类痛苦着。

人类有朝一日能摆脱这痛苦吗？还是永远地痛苦下去？

无人知晓。

正如某个男人，他爱上了他的母亲，这力比多在他心里冲动着，要求满足，他会怎样做呢？这种冲动像通红的烙铁一样烧灼着他的心，如果他得不到满足，他会被活活烧死；如果他去满足自己，奸污了他的母亲，他同样会痛悔得自杀。

面对力比多，我们前无去路，后有追兵。

也许您会说，这个例子太极端了，哪个男人会爱上自己的母亲？

但弗洛伊德告诉我们，男人恰恰会，每个都会，这就是他闻名于世的俄狄浦斯情结理论。俄狄浦斯是希腊神话中的国王，弑父而娶母。

每个人，男人与女人，一生中都有一个时期会恋上自己的父母：男人恋母而女人恋父，这种恋不是柏拉图式的精神恋爱，而是赤裸裸的性欲。

为什么我们没有在自己身上发觉这种爱？因为这种爱是无意识的。

在每个人的无意识中，都曾想过与自己的至亲赤裸相对，翻云覆雨。就如古希腊著名的悲剧《俄狄浦斯王》的台词中所言：

> 你不用害怕玷污你母亲的婚姻，
> 在此之前，在神谕里，也在梦中，
> 已经有许多人娶过他们的母亲。
> 然而那些对此不以为意的人，
> 反而生活得怡然自得。

无意识是弗洛伊德思想的另一个基本概念，简而言之，无意识就是不能被我们意识到的意识，是我们心中的不能自知的念想。

那么我们来打开它吧！不，最好不要，它是我们心中一锅沸腾的开水，别揭开它的盖子，否则它冲涌而出，会烫得你满身燎泡。

弗洛伊德第一个不顾危险揭开了这个盖子，他告诉我们里面只有“罪恶”，可怕的罪恶……

但它是我们的真我！弗洛伊德说，每个人都有三重人格，而不止双重，它们是本我、自我、超我，这个本我，就是我们的真我。

这本我里充满了力比多，充满了人的原始的欲望，并且毫不含糊地要求满足一切。超我则是一个一本正经的道学家，它是所有伦理道德之集大成者。本我与超我是天生的仇敌，它们浴血奋战，谁都想控制我们的心灵，结果有时你胜，有时我赢，所以人有时像天使，有时像魔鬼。

但人大部分时间里既非天使，又非魔鬼，这是因为有一个自我在中间做好好先生，它是自然之我、现实之我，它尊重超我，对本我也恭恭敬敬，这样，自我就使得人类真正体现了孔子的至理名言：君子中庸。

也许千年之前的孔圣人就天才地感知了本我与超我，也知道偏爱前者是危险的，偏向后者是不现实的，所以执中庸而守之。

我们每一个人如果想自然地生活下去，获得现实的满足，也只有如此，大罪固不可犯，小错来点何妨？大善不必强为，小善做点何妨？若能至此，是谓真人。

力比多、恋母情结、无意识、三重人格只是弗洛伊德人性论的一部分，当然是重要的一部分。他的一生，就是苦苦探索这些人性之至理的一生，在这本传记之中，我们将与他一起去探讨，重新走一遍他的探险之路。

他度过了怎样的一生呢？这里只能说，他的一生是一个成功者苦难的一生、充满矛盾的一生。

他的事业是成功的，还在生前，他就被世人看作与哥白尼、达尔文、爱因斯坦并驾齐驱的伟人；他的生活是成功的，他有最温馨的家庭生活，最美满的爱情。

但是，了解弗洛伊德生平的人，却很难认为他的一生是幸福的，他有太多的挫折、太多的不幸。

他是人性的发现者，精神分析的创立者，但他一生的大半时光里，他的发现带来的是漫天风雨般的攻击与辱骂；他毕生忠于爱情，但被无数人骂作淫棍；他忠于友谊，他的朋友却一个个弃他而去；他是医生，但被癌症折磨得死去活来，先后动过三十三次手术；他尽忠于祖国，祖国却在他八十二岁高龄时将他驱逐出境，使他客死异乡。

他也许不是历史上最伟大的人，但也许可以说他是举世最受争议的人。

本书有两个目的，一是要同弗洛伊德一起去探寻人性之奥秘；二就是要抒写他令人扼腕叹息的一生！

文聘元

1996年初冬序于北大燕园

2018年仲夏修改于海甸岛

目录

Contents

第一章　巨人的诞生

公元一八五六年五月六日，在奥地利古老的小城弗莱堡，时值下午六时三十分，天空中传来一声幼嫩而有力的啼声，在街道上悠悠闲闲漫步的市民们一耳就听出来了——他们的小城又添了一个小市民，他们也知道是那个多产的犹太人雅各布又添了个小子。

引言：巨星闪烁的时代

人类历史犹如大海波涛，有风平浪静之时，也有波涛滚滚之时，前者如中世纪、古罗马繁荣时代，后者如古希腊、中国的战国时代、文艺复兴时期。纵观人类历史，我们不难看见，那些占据四分之三以上时间的，是风平浪静，至少没有很多伟大事件可供史家大书特书。史家们大书特书的，便只是那相对短暂的时期了。这些时期，不但出现了伟大的事件，更出现了伟大的人物。他们的产生本身就标志着他们的时代。像苏格拉底、柏拉图、亚里士多德标志着古希腊；米开朗琪罗、达·芬奇标志着意大利文艺复兴一样。

这些都是距我们相对遥远的东西了，我们无法体味那些伟人辈出在当时人们心中激起的自豪感。我们只能像观赏一幅古代名画一样，对那遥远的美望洋兴叹。

但我们并非不幸，因为我们并没有错过伟大，就在距我们切近的时代——不到百年——在地球上又有了另一个与文艺复兴一样卓越的时代，它产生了文艺复兴所没有的巨大生产力、创造了比人类有史以来所创造的所有财富更多的财富，它与文艺复兴一样涌现了一个庞大的伟人群体。在这里，达尔文提出了进化论，写出了《物种起源》，将人类从万物之灵拉了下来，成了与猪牛羊马同类的动物——只是高级一些而已，从而改变了人类对自身的看法。马克思向统治着人类的资本主义制度提出了挑战，宣称人类的整个历史只是阶级斗争的历史，人剥削人、人压迫人的制度并非永恒，并且指出了历史发展的必然规律。无论这一理论正确程度如何，它已经永久地改变了人类对社会历史的认识。爱因斯坦用他的相对论表明，我们千年以来视为当然的时空绝对观念是错误的，自然界的一切，包括物体的大小、时间的长短甚至先后都是相对的，是因物体的运动速度而改变的，从而改变了人们对于自然界的观念。这些改变，某种程度上说，使有史以来的其他改变显得轻了许多，因那些改变只是表明了人类早期的幼稚。

在这些改变之中，最使我们激动，也距我们最近的是弗洛伊德所创立的精神分析，因为它所改变的，不是社会或者自然界，而是人类自身，不是人类的肉体、人类的历史，而是我们的思想、我们的现在。

新生命

公元一八五六年五月六日，在奥地利古老的小城弗莱堡，时值下午六时三十分，天空中传来一声幼嫩而有力的啼声，在街道上悠悠闲闲漫步的市民们一耳就听出来了——他们的小城又添了一个小市民，他们也知道是那个多产的犹太人雅各布又添了个小子。但他们可曾想到，七十五年之后，这幢两层、外表朴素的灰色小楼大门右上方，两个窗子之间，会钉上铜牌，上面用花体德文精细地雕着一个响彻世界的名字——西格蒙德·弗洛伊德。

这时，正是弗莱堡一年中最美好的季节，碧空如洗，太阳温情地抚摸着大地。大地仿佛睡着了。

弗莱堡位于雄伟的喀尔巴阡山脉西麓的平坦地带，视野尽头是蜿蜒起伏的群山，近处一马平川，湿润的海风一年四季畅通无阻地吹拂过来，使这里雨量充足，牧草小麦四季常青。高大的橡树，宝塔般亭亭玉立的松柏环绕着教堂针尖样的塔楼，在它周围，从绿之中隐约可见一幢幢屋顶尖尖的民房。外来的客人穿过在微风中起伏的麦苗，循着松柏夹道，不一会儿就可走到市区。在我们中国，这儿顶多算得上是一个边陲小镇，三两条碎石铺就的小街，两旁十有八九是低矮的平房，外面刷着灰浆。教堂是这里主要的聊天场所。一到星期天，人们一大早就来到教堂外，用喉音很重的高地德语拉起家常，像谁家的孩子今天吃饭不小心被餐刀割破了手，谁家的小麦今年长得最好，而要是谁家生了个小子，当然在几个月里都会是头号新闻。一八五六年五月十八日这一天，雅各布·弗洛伊德的新生儿当然是成了第一大新闻。大家三三五五地聚在一块议论着，不时抬起头，看一眼距教堂不远的楼房大门，他们当然不会希望雅各布会同他们一同祈祷，因为他是犹太人！

终于，在开始祈祷的钟声响前不久，弗洛伊德家的大门打开了，雅各布抱着婴儿走出来了，他在门口迟疑了一会儿，抬头看了看广场，像下定了决心似的，把儿子交给身后的阿玛莉，朝教堂走来。阿玛莉待了片刻，也跟了上来。

雅各布个子不很高，蓄着大胡子，有一颗硕大的头，即使长在他宽阔的肩膀上，仍显得不对称。他迈着坚定的步子，往小广场走去，心想，我虽然不是基督徒，但毕竟是几十年邻居啊！通往广场的路与其他小街一样，是用碎石块铺成的，刚好够两个人并肩而行。两边是青翠的芳草地，修剪得整整齐齐，就在他快要踏上广场的卵石砌边时，一个人迎面走来，他停在雅各布面前，雅各布露出笑脸，张口准备打招呼，那人突然伸出手，一扫，雅各布刚买的呢子礼帽便“叭”的一声落在了草丛里，那人冲着惊得说不出话来的雅各布吼道：“犹太佬，滚出人行道！”雅各布低下头，怔了一会儿，走到路外边，拾起了帽子。等在一边的阿玛莉也惊恐地闪到了草地上，那人却没有往前走，扬扬得意地转过身回到广场上去了。十五年后，雅各布向弗洛伊德回忆这件事，当他说出“我走到路外边去，拾起我的帽子”时，弗洛伊德长久地为他的父亲感到羞愧。

雅各布脸色有点发白，他站了一会儿，转过身，回家去了，阿玛莉跌跌撞撞地跟着他。弗洛伊德家的大门关了。

广场上的人们也纷纷往教堂里走去，没有人与那打落雅各布帽子的人说话。在摩拉维亚广阔的土地上，几百年以来就生活着犹太人，他们与日耳曼人一向友好，但反犹主义的情绪仍顽固地在某些人心里滋长了出来，像生长在草地上的菟丝子一样。今天的事雅各布并不感到耻辱，只是有些伤心。阿玛莉看着睡得正香的小西格，心中暗祷：“愿耶和华保佑你不要受到这样的对待。”小西格沉浸在睡乡中，仿佛世间并没有什么罪恶，也没有歧视与迫害。但在他懂事的那一天起，生活就会使他明白作为犹太人的苦难。

今天同样是犹太人的安息日。雅各布并不是很正统的犹太教徒。但一辈子形成的老习惯使他没有想到要去工作。他坐下来，从阿玛莉手里接过小儿子，轻轻摇晃着，用古老的希伯来语哼着一支同样古老的犹太圣歌。阿玛莉在一边祈祷起来：“愿耶和华我的主赐福于我的孩子，使他平安，赐福于所有善人。阿门！”房间迷漫着教堂的气息，宁静而忧伤。阿玛莉祷告过后，又要接过孩子，雅各布微笑着说：“亲爱的，请你将我们的圣书拿给我好吗？”阿玛莉愉快地转过身，往里屋走去。她步子轻盈，这也难怪，她今年才二十一岁，只有丈夫一半年纪。她不一会儿就走了出来，双手抱着一本大书，将它轻轻放在沙发前的小桌子上，就像它是她的头生儿子一般。

“亲爱的，谢谢你。”雅各布笑着把小儿子递给阿玛莉，有点恋恋不舍地瞅了一眼，在小桌子前的圈椅上坐下来，喜爱地盯着眼前的家庭圣书。这是一本用羊羔皮纸作封面的大书，看上去一百岁都不止了，洁白的羊羔皮变成黑中带黄的颜色。就像从地底下挖出来的文物一样，封面用花体的希伯来文简单地写着：弗洛伊德。下面有摘自《圣经·旧约》的一句话：“你是尘土，且必归于尘土。”虽然上面一尘不染，雅各布仍小心地吹了一口气，打开了书。

星期天读读“家庭圣书”是他的老习惯了。不一会儿，他便沉入了过去的漫漫岁月。这种“家庭圣书”类似于我国的家谱，每个犹太家庭都有的，就像他们有饭碗。

由这本圣书，雅各布知道了他的先祖曾在立陶宛与东加利西亚居住了数百年之久，那时这些地方都还不是奥地利的一部分。在那里，犹太人大都是严格的虔敬派教徒。一丝不苟地奉行着千百年来的犹太教规。他的祖父，恩菲莱姆·弗洛伊德，生活于古老的迪斯美尼卡，犹太人在那里已经生活了好多个世纪。他的父亲，与祖父有同一个名字的拉比恩菲莱姆·弗洛伊德，是一位诚实的商人，死于犹太纪年五六一六年，即公元一八五六年二月二十一日，与他自己的父亲一样安葬于迪斯美尼卡。他又看到了他自己的名字，虽然从不认为自己不平凡，但看到出生被详细地记录下来，不免仍有一丝得意。那上面用清晰齐整的希伯来文写着：雅各布·弗洛伊德，一八一五年十二月十八日生于加利西亚的迪斯美尼卡。“一晃就是四十一年了！”他不由得喟然长叹：“我这一生到底做了什么呢？什么是我值得引以为傲的成就？”他不由得偏过头往妻子怀抱中看了一眼，他发现小弗洛伊德已经醒了，正瞪着一双亮晶晶的小眼睛瞧他，他仿佛在内心深处听到了一个神秘的声音：“这就是你最伟大的成就！”他用有点发颤的双手翻开了最新一页，只见上面是他三天之前写下的话：

> 我的儿子所罗门·西格蒙德，愿他长寿，生于［一］[1]八五六年五月六日，星期二，圣历［五］六一六年，下午六点三十分，行割礼于圣历八月第八天，星期二，［一］八五六年五月十三日。行割礼者是俄斯特拉发的内布·辛姆森·弗兰克尔，教父是内布·李白，教母是内布·李白之妹米乐尔·海慧芝，他们是泽若慧芝城的拉比的孩子。抱行割礼者是内布·撒母尔·闪美利——

看到发怔的丈夫，阿玛莉笑了笑，说：“亲爱的，你又想什么了？”雅各布心中说：“我在想我最伟大的成就。”但他没有说出来，反而装出严肃的样子说：“我在想，你们马尔克·阿玛莉·那吞森·沙马兹家比我们弗洛伊德家要荣耀呢。”阿玛莉有点害羞地笑了笑，仍掩盖不住内心的自豪。是的，出身于伟大的沙马兹家族是她毕生引以为豪的。她的先祖可以追溯到萨木尔·沙马兹，他死于一七一七年，葬于故乡

1　［一］为原文作者所加，下同。

布隆底，他的墓碑上刻着这样的颂词：

萨木尔·沙马兹　皇族　领袖　教长　拉比学者

萨木尔·沙马兹有好几个兄弟，他们中的两个也相当有名：亚伯拉罕与雅各布。他们将自己的先祖追溯到某一位那吞。因而称他们自己为本·那吞，意即那吞之子。这一姓氏曾得到奥皇约瑟夫二世的认可。沙马兹一词是被奉于犹太杰出人物的词的缩写，意即仁慈与正义的教导者。雅各布·沙马兹，阿玛莉的先祖，是当时伟大的犹太商人之一，一七九九年，他就赚了两万五千奥地利先令。亚伯拉罕·沙马兹在犹太史中被称为拉比亚伯拉罕·沙马兹，他是拉比米切尔·泰内士的女婿。他是布隆底犹太史的主要人物，一七五九年七月，他被长老们派去与卢布美斯卡公爵会见。同时还与波兰财政大臣特多·韦瑟尔举行了会谈。

阿玛莉深情地与丈夫对望了一眼，说：“我们都有伟大的祖先，但我们的小西格也许会比他所有的先人都要伟大呢！”过了一会儿，她带着犹太人常有的宿命腔调说：“我有这样的预感。”雅各布几乎脱口而出地要说：“我也有这样的感觉。”但他不想显得太天真，就打住了。

就在这时，门外传来了吉卜赛人悠扬的手鼓声。“是他们来了！”夫妇俩不约而同地往门外走去，打开了门，一辆吉卜赛大木轮车停在了门外，几个吉卜赛人懒洋洋地向夫妇问好，只有那个鼓手仍卖力地敲打着手鼓。雅各布右手抱在胸前，恭恭敬敬地向吉卜赛人行了礼。吉卜赛人只是好奇地看着他，一个老女人跳下车来，用嘶哑的声音说：“先生，我们吉卜赛人不受礼。”她突然看到了阿玛莉怀抱中的小孩，顿时呆住了，她走过来，双眼一眨不眨地盯住包在淡黄色亚麻布中的小弗洛伊德，好像守财奴看到了金子。她伸出鸡爪样的手，上面的指甲有一厘米长，手上同脸上一样满是皱纹，青筋根根绽露。她抚了抚婴儿小小的额角和眉骨，那眉毛还像汗毛一样淡，她又抽出小弗洛伊德的左手，打开掌心看着。阿玛莉被老吉卜赛女人弄得莫名其妙，但又不好抱他走开，只得由她。雅各布站在一边满是兴味地瞅着，他早听说吉卜赛女人算命最拿手，现在倒要看看。吉卜赛女人这样弄了足有一刻钟，脸上的神色越来越凝重，后来，她放开了手，沉思了一会儿，突然用先知般的口气说：“这是一个伟人，他将改变世界，来，向他礼敬吧！”说罢，自己先向着襁褓中的弗洛伊德弓下腰去。其他人刚刚还对雅各布的敬礼充耳不闻，这时却都跳下车来，站在老吉卜赛女人后面，一齐弯下腰去。

阿玛莉仿佛在做梦。直到吉卜赛人一声不吭地离去，当她醒来时，眼中是他们渐渐消失在地平线上的背影。终身漂泊的吉卜赛人啊，不知他们又将流浪何方。从此，每当婴孩弗洛伊德顽皮地抓挠她的头发；少年时上学回来，亲热地吻她的额角，叫她“我最亲爱的好妈妈”；直到变成弗洛伊德博士，将博士帽戴在她头上，称她“我尊敬的沙马兹博士”时，她都会记起老吉卜赛女人的预言。

弗洛伊德也从小就伴着这一预言长大，在他一九〇〇年发表的《梦的解析》里，他写道：

……我回忆起孩提时代一次又一次地听到过的一则逸事，那时我刚出生，一个老农妇向我母亲预言，她的头胎给人世间引来了一位伟人。

最初岁月

在妈妈的倾心爱护下，小弗洛伊德顺利地成长着，他长了一头黑乎乎的、又长又卷曲的头发，大家都叫他小摩尔人。常在家里的，除了他、妈妈、爸爸外，还有雅各布头一次婚姻留下的两个儿子：弗洛伊德的大哥伊曼努尔、二哥菲利普。伊曼努尔已经结婚，小西格出生前一年已经做了爸爸，差不多与小西格出生的同时，他又有了女儿苞莉。所以小弗洛伊德共有两个兄弟、一个侄子和一个侄女，可是，小弗洛伊德要等好久才会明白这些关系。

在这些人中，只有妈妈是他一个人的，在妈妈面前，他从来都是大人，是发号施令者。阿玛莉是个身材纤细的年轻女人，比继子伊曼努尔小两岁。长着一张瘦削的脸庞，双眼很大，总露出脆弱的表情。对于她，儿子就是一切，一生如一。

伊曼努尔是个早熟的孩子，母亲的早逝使他年纪轻轻时就担负起了男子汉的责任，结了婚，早早地开始养家糊口。关于他的弟弟菲利普，我们几乎不知道什么。

父亲是小弗洛伊德心目中的英雄，是最聪明、最有力量的人，小弗洛伊德崇拜他。

除了这些人，还有两名女性：嫂子和小苞莉。嫂子我们连她的名字都不知道。小苞莉，我们知道有关她的一件事。那是一个明媚的春日，阳光暖暖地照着，小城边小山坡上是一片青翠欲滴的草地，小苞莉、小约翰、小弗洛伊德三人在草地上采花玩，他们的老保姆在不远处的小屋前同牧民的老婆大拉家常。两个小男孩哪有心思采花，只是不停地打仗，小苞莉一个人到处跑着找花儿，这会儿已经采了好大的一束，捧在她白嫩的小手上好看极了。她举着花儿又笑又叫，还摇摇摆摆地跳起舞来。这下被哥哥和叔叔看到了，他们猛扑上去，一把将花儿抢了过来笑着叫着跑了，还一个对着妹妹、一个对着侄女扮鬼脸。小苞莉追了一会儿，没追上，就站在草地上大哭起来。老保姆看到了，急急忙忙跑过来，问小苞莉，小苞莉抹着眼泪，抽抽搭搭地说："哥哥和叔叔抢了我的花儿！"老保姆对着在远处分花儿的两个小坏蛋挥拳头，大大地威胁了一通。可挥拳头没挥来花儿，小苞莉还是哭，老保姆就牵了她的手，朝房子走去，那个牧人老婆走进里面，一会儿拿了一长条黑面包出来，刚烤好的，摸着热乎乎，闻着香喷喷。这下可不得了了，老远就闻见了香味的小弗洛伊德和小约翰把花儿一扔，就往这边奔来，小苞莉吓得藏到了保姆身后，两个小家伙不理保姆，一边一个围住给面包的主儿，伸手就要，好像她欠了他们的。一直到她进去，拿出一整个大黑面包才罢手。农妇用一把长长的餐刀将面包切成一片片。四十年后，弗洛伊德回忆道："我一辈子再也没有吃过更好吃的面包了。"

直到两岁，小弗洛伊德仍不明白家中人的关系，他把雅各布当作爷爷，而将伊曼努尔大哥当作爸爸。他最喜爱的、最喜欢和他玩的是雅各布"爷爷"。每当想起父亲，他总会深情地回忆起幼时与父亲的"喀尔巴阡山丛林历险记"，下面是其中的一次。

这天又是个好天气，小西格起了床，他的小床床头就是窗子。

他趴在枕头上，脸紧紧贴着玻璃，鼻子压得扁扁的，盯着教堂高耸的塔楼，在教堂后边，透过圆柏树林，就可以看到城外坦荡的田野和草地。在它们后面，是朦朦胧胧的山的轮廓，那是一直延伸到大海的喀尔巴阡山。小弗洛伊德看得入了迷，一直看到母亲进来为他穿衣。他摊开手，在母亲穿衣的当儿，一本正经地说："妈妈，你去过那里吗？"妈妈问："去过哪里，我的宝贝？""那一边！"他指着远方灰蒙蒙的地方，"那是什么，妈妈？"

"那是山，我的宝贝。"

"那里有人在叫我呢。"小弗洛伊德认真地说。

妈妈笑了，说："好，宝贝，叫爸爸带你去玩。"

刚吃过早餐，小弗洛伊德就说话了："爸爸，你要带我去看山了。"

爸爸笑着看着儿子，问："你说什么山啊，我的孩子？"

"那儿！"小弗洛伊德指着他的卧室方向。

妈妈忙说了早上小弗洛伊德的话。今天正是安息日，可雅各布不是那么严格的犹太教徒。他兴致勃勃地说：“好，爸爸今天带你去看山。”

刚吃过饭，伊曼努尔就过来了。只要不去工作，他每天有一大半时间待在爸爸家里。他是个身材高高的，长了父亲样大胡子的年轻人。不到二十岁就结了婚，今年二十四岁了。他的儿子小约翰也有四岁了。小弗洛伊德一直对这位大哥又爱又怕。他一边牵着父亲的手，紧紧依着他，像寻求保护，一边对大哥说：“你好，伊曼努尔。”又看了一眼没有同他一样牵着爸爸的手的小约翰，说，“约翰，你好。”

小约翰向来不把比他小一岁的西格当作叔叔，他故意垂着头看低他半头的西格，冷冷地点点头，说：“你好，西格。”

雅各布说：“伊曼努尔，今天主要安息，你会待在家里吗？”

伊曼努尔作了肯定的回答。雅各布高兴地说：“那家里的事我就托付给你了。我今天要同西格去看山。”

伊曼努尔说：“您放心好了。”

约翰这时凑了上来，对着西格的耳朵说：“你要去哪里？”

小西格骄傲地说：“爸爸说了，我们要去看山。”

“你要带很多吃的去吗？”小约翰羡慕地问。

“很多很多。”小西格把手一抱，好像有一个抱不过来的大面包。

“你可不可以带我去？”小约翰巴结地问。

“不行。”西格断然地说。

小约翰怔了一会儿，突然有了理由，说：“你应该带我去，因为你是叔叔。”

西格不服气地说：“可是你从不叫我叔叔。”

“我前天还叫过你一声的。”约翰愤怒地叫起来。

“我给了你奶酪！”西格反驳说。

小约翰没话了，他突然扑过来，对着西格的屁股踢了一脚。西格叫了起来，松开爸爸的手，扑向小约翰。两人打了起来。西格在侄子的肚子上打了一拳，小约翰痛得直叫唤。雅各布低下头来，看见小约翰弯着腰，捂着肚子，忙抱起他，替他揉，问：“你怎么了？”

小约翰说：“西格打我。”

雅各布生气地看着西格，责问：“你为什么打约翰？”

西格回答说："我打他，因为他打我。"[1]

雅各布说："你不知道你是叔叔吗？"

西格说："他比我大，是我哥哥。"

伊曼努尔也抱起西格，说："西格，你是我的兄弟，约翰是你侄子，我们都爱你。"

西格沉默了一会儿，后来，对小约翰说："约翰，你还痛吗？"

约翰说："不痛了。"

西格说："你会恨我吗？"

约翰说："不会，西格，我爱你。"

西格说："我也爱你，约翰。"

门外边响起了马车声，雅各布说："再见，伊曼努尔，中午在这儿吃饭，把娜莎也叫过来。"

西格说："再见，约翰，我给你采草莓回来。"

这辆马车是弗洛伊德家的邻居弗拉斯家的，雅各布有时借用一下，他的马车好久以前就坏了，一直堆在马房废弃了。赶车的是弗拉斯，他是个老好人，对小弗洛伊德向来很亲切。他也无数次听阿玛莉说起过吉卜赛女人的话，差不多同做母亲的一样相信。他愉快地同雅各布打了招呼。

"南茜这次没有说错吧？"雅各布笑着问。南茜是保姆的名字，她经常把马车叫成鞍子，对弗拉斯说弗洛伊德先生要借鞍子用。

弗拉斯说："这次没有了。"又笑着对小西格说，"我的小弗洛伊德博士，你昨天怎么没去看吉赛娜？"吉赛娜是他的小女儿，与西格同岁，是他的游伴。

"对不起，弗拉斯叔叔，我昨天头痛，我今天一回家就去看她，好吗？"小西格认真地说，"请你告诉她我会带草莓给她。"

"当然好啊，我回去就告诉吉赛娜，她一定高兴。"他说着下了马车，把缰绳交给雅各布。雅各布道了谢，一声"嘿——走"马车就出发了。

现在正值三伏，但海风把暑气吹走了十之八九，太阳暖暖地照下来，一进树荫，还觉得冷，西格穿了出门才穿的小西服，紧绷绷的觉得难受。他问："爸爸，我可以脱下外衣吗？"

雅各布在前头专心地驾着马车，说："西格，等我们爬进山再脱，好吗？现在还

1　这是后来雅各布·弗洛伊德回忆出来的原话。

太凉。”西格不吭声了，他开始充满好奇地观察大自然的一切。他看见云雀唱着嘹亮的歌从草丛中一跃而上，箭一样蹿向天空，一只只绵羊安详地徜徉在碧绿的草地上；不远处有一个小池塘，鸭子们伸着脖子，发出难听的叫声，像要和云雀比试一番。他不禁想，鸭子们的叫声同南茜骂他时的嗓音颇为相似呢！路边是一片一片的森林，树很高，小弗洛伊德仰痛脖子也看不到树尖。

他又尽情地望向他要去的“山”，发现它比在屋子里看时清楚多了，甚至看得见山脚下的白房子了。他高兴得站了起来，紧张地盯着，看着它越来越清楚地进入眼中。多么奇怪啊！他想，怎么会这样呢？

马车终于驶到山脚下，西格仰起头，满眼都是树林，比家门前的大多了。他牵着父亲的手，奔跑着钻了进去。

一踏进树荫，那凉气就扑了上来，西格打了一个冷战。雅各布也一样，他忙把西格搂起来，紧紧抱在怀里，说：“过一会儿就好了，不要怕。”小西格头一仰说：“爸爸，我不怕，你看，这里多好看啊！”

不多久，雅各布也被森林迷住了，抱着儿子，沉浸在神圣的静谧之中。这些高耸入云的橡树、松柏、栓皮栎，不知在这里生活几千几百年了，树皮满是宽阔的裂缝，地面以上十来米没有一根枝条，树干有的笔直如削，有的盘旋曲折，好像被岁月压弯了腰。小西格紧紧搂着父亲，充满敬畏地望着这大自然的造物，有什么比它们更配称自然之子呢！他的头依着父亲宽阔的肩膀，在他耳边悄声说：“爸爸，我爱它们！”

“你爱什么，孩子？”雅各布的大胡子摩擦着西格的小脸蛋。

“它们——”小西格指着前面的树，又把手指转动，指过芳草、大地和安静地在地上觅食的鹌鹑，还有树叶缝隙间三角的天空。

“你应该爱，孩子！”父亲亲了小西格一口，说，“我们犹太人都是神的孩子，也是大自然的孩子。”

“什么是大自然？”西格充满兴趣地问。

雅各布指着刚才西格指过的说：“这就是大自然，这一切都是大自然！”

小西格顿时高兴地叫起来：“我爱大自然！”

若干年之后，当弗洛伊德写他的自传时，父亲带着他畅游大自然的一幕幕会无比清晰地显现在他的脑际，他想：“所谓大自然，其实也就是人啊！”他正是抱着这样一颗爱心去爱人类的，即使被他爱的人们误会、打击，也绝不放弃爱、放弃真理。

小西格从父亲的怀抱中下来，跳进树林，时而抱抱这棵树，时而亲亲那棵树，把一块饼干投向不远处觅食的鹌鹑，可惜它掉头就跑。西格追上去，想告诉它饼干很好吃的，可它跑得越发快了，眨眼间蹿进了茂密的草丛，弄得他好困惑。后来他们来到一条小溪边，清澈的溪水潺潺而流，他在小溪边玩了一会儿水，又跑过去拉住父亲的手，父子俩手拉着手在溪边漫步，漫步——直到夕阳西下，雅各布才记起停在路边没人管的马车。[1]

终其一生，弗洛伊德对父亲都怀着深挚的爱，这如果用四十年后他创立的俄狄浦斯情结理论来看也许不那么对劲，因为弗洛伊德这段时期正处于想“弑父娶母”的时期，为何他从来没有说自己有过那样的心理呢？这其实是容易解释的。首先因为所谓“弑父娶母”心理只是潜意识的，不会有人在成年后回忆时发现他少时有这样的心理；其次，在弗洛伊德幼年时，他有很长一段时期没有弄清楚他的父亲是雅各布，他以为是伊曼努尔。

我们知道，阿玛莉比她的丈夫要小二十多岁，在弗洛伊德出生时，雅各布的长子伊曼努尔已经结婚并生下了约翰，苞莉则与弗洛伊德同年出生。这样，小弗洛伊德的身边就有两个年龄相若的伙伴，他也不由得将自己与他们等同起来，将伊曼努尔当成了父亲。在他的最初岁月，伊曼努尔是他生活尤其是心灵中最重要的人物之一。关于伊曼努尔，弗洛伊德在他以后的回忆中记载了这样一个情景：

> 我看见我自己站在一个柜子前，柜子的门被我的异母哥哥打开了。我站在那里问他要什么，我尖叫起来。我的母亲，美丽又柔弱地突然冲进了房间，好像刚从街上回来。我想可以将这个情景解释成对一场骗局的回忆，被我母亲的归来打破了。

从这个场景我们可以分析出更多的陈年旧事来。

首先是他的老保姆不见了，她因为偷窃而被关进了监狱。但小西格一直很爱她，总把自己能找到的每一个十字币都拿来送给她，她的突然离去使他感到很难过和不解，就去问伊曼努尔，他只说：“她被关起来了。”就再也不理小弗洛伊德。现在他看到柜子敞开了，这也是个能关起来的盒子，他也许想，老保姆是不是被伊曼努尔关在这个里面了呢？

1　对这类漫游的记载出现在弗洛伊德的多种传记里。

另外，这时，弗洛伊德有了他的第一个妹妹安娜，他对小安娜的出生深感奇怪，他想知道她是从哪里来的。小孩子有这种好奇心一点也不怪，别人我不敢说，但我自己小时候的确也对这个问题深感惊异。曾经想了很多办法想弄个明白。我问妈妈，她说我是从树蔸里结出来的。后来我又问一个经常来我家聊天的女人，她神秘地对我笑笑，说小孩是从女人的胳肢窝里生出来的。后来我又看书，欧洲的传说中说小孩子是鹳鸟衔来的。但不知为什么，我对这些答案都不怎么相信。现在看来，这也许是人类与生俱来的好奇心吧！小弗洛伊德也是如此。他看见伊曼努尔站在一个打开的盒子前，他可能在想，安娜是不是被伊曼努尔从这个盒子里掏出来的呢？

日子就这样过着，虽然来了一个小妹妹，但小西格的地位并没有下降，他依旧是妈妈的心肝宝贝。但他家的日子却一天天地不妙起来了。

这首先要怪工业革命。现代化大生产是从工业革命开始的，而工业革命正好是从毛纺织业开始的。这时候，工业革命已经由英国推进到了奥匈帝国。传统的毛纺手工业受到了极大的冲击。雅各布的生意就是从附近的手工作坊收集毛纺织品再卖往维也纳或者出口。现在，机器生产的大量毛纺织品涌入市场，既漂亮又便宜，谁还肯买手工织品呢？雅各布的生意便是林家铺子——一日不如一日了。

雅各布不可以改行做其他生意吗？也许可以，但在弗莱堡也没有多大前途。本来，弗莱堡一直是摩拉维亚的商业中心之一，但这时，新开通了北方铁路，由维也纳通过德国再到加利西亚，却没有经过弗莱堡。这样的结果当然很简单啦，弗莱堡的商业地位一落千丈。在这里谋生艰难起来，尤其对于法律不容许拥有土地的犹太人更是如此。

还有，即使雅各布甘心受穷，他也不得不离开了。当时，在摩拉维亚居住的大部分是捷克人与斯洛伐克人，另外有少数的德意志人与犹太人。德意志人是居统治地位的民族，大革命的烽火唤起了捷克人与斯洛伐克人的民族主义意识。他们开始了反抗运动。但是，德意志人的势力太强大了，他们不敢直接拿他们开刀，便老太太吃柿子——拣软的捏，将矛头对准了也讲德语、受德国教育的犹太人，墙倒众人推般地践踏起来。但众所周知，德意志人的反犹太传统是比任何民族都要来得厉害的，夹在中间的犹太人快要被榨干压扁了。不久，与摩拉维亚相邻的波西米亚爆发了反犹暴动，唇亡齿寒，弗莱堡的雅各布怎不担忧？

最后一个原因是小弗洛伊德的教育。犹太人有句经验之谈："只有知识是夺不走的。"几千年以来，犹太人几乎无时不被驱赶着、被掠夺着，他们的财产随时可能被邻居夺走，他们没有任何法院可以控诉，更不能用武力来护卫，只因为他们是犹太人。但是，知识却是装在大脑这个保险库里了的，没有人可以夺走。他们即使已一无所有，仍可以凭知识来混口饭吃，以图东山再起。因此，犹太人将子女的教育看得比金钱更重要，再苦不会苦孩子，再穷不能穷教育。弗莱堡只是个小城，谈不上有什么好学校。为了让儿子上最好的学校，只好搬家了。搬往哪里呢？当然是搬往当时欧洲的文化中心之一的首都维也纳。

一八五九年，具体哪一天已经没法确定了，两辆马车停在了弗洛伊德家小楼前，小弗洛伊德、小约翰、小苞莉站在一块，小约翰用脚尖踢着一块石子，说："西格，你要去很远的地方，你知道吗？"

西格双手背在背后，仰着小脑袋说："不知道，约翰，有大森林那么远吗？"

小约翰竭力表现得悲伤地摇摇头，说："要远多了，你看不见那地方的。"

小弗洛伊德说："你会来看我吗？"

小约翰又摇摇头，说："西格，你要先来看我的，我才会来看你——我比你大。"

西格觉得他的话有道理，只好又转向小苞莉，问："苞莉，你会先来看我吧？我比你大呀！"

小苞莉摇头说："西格，我会来的，只要哥哥带我来！"

西格叹了口气，说："我会先来看你的，小苞莉，我爱你。"

小苞莉也说："我也爱你，西格。"

西格说："等你长大了，你会嫁给我吗？"

小苞莉点头说："会的，西格，爸爸说，我们犹太人都这么成亲。"[1]

大人们走了过来，伊曼努尔抱了一下西格，说："再见，西格，我的好兄弟。"

雅各布也吻过了孙子、孙女，抱起西格往马车走去。阿玛莉在车上等着，大人们平静告了别。车子吱吱吱地走起来了，伊曼努尔一家和菲利普往西，先去汉堡，再坐船往英国。雅各布、阿玛莉、西格与妹妹往东，先去莱比锡，再从那儿往维也纳。

在车上，西格沉默了好一会儿，问道："爸爸，小约翰他们要去很远吗？"

雅各布伸出手来，拥抱着西格说："是的，他们要去很远很远的地方。"过了一会儿，他又喃喃地道："也许，我一辈子也见不着他们了。"

"为什么我们要分开呢？"西格不解地问，"爸爸，我不想离开小约翰和小苞

1　当弗洛伊德十二年后去曼彻斯特探望伊曼努尔时，差点爱上了美丽的侄女。

莉。”他带着哭腔道，他隐约感受到了离别的苦味。

雅各布搂着儿子，苦涩地说：“西格，你要学会忍受离别，我们犹太人随时都要准备走。”

童年

这是一段困苦的时期。

雅各布来到维也纳后，口袋里几乎只有两个先令了。然而，犹太人是永远不会饿死的。他不久就在利奥波德街一所舒适的小房子里安顿下来了。这里住的大都是犹太人，不用说，相当一部分是与他一样逃荒搬来的。这是他们在维也纳的第一个家，但不是最后一个。阿玛莉女士同雅各布先生都是多产的人，过了几年，西格的妹妹们已经把房子挤得像集市了，雅各布挣钱的速度远没有他生孩子那样快。就在他一筹莫展之际，阿玛莉几个有钱的亲戚伸出了援手，于是，在一八七五年，他们搬到了恺撒—约瑟夫大街。在这里，他们有了一套大点的房子。据弗洛伊德的一位妹妹后来说：“我们有了许多房间，住起来宽敞得很。”它有一个起居室、一个餐室、三间卧室，还有一个又长又窄的小格子间，它与其他房间都隔开了，还有一个窗口，从那儿可以看街景。这里成了弗洛伊德的书房，他在里面摆了一张床、一个书架、几把椅子，还有必不可少的写字台，在这个写字台前，他一坐就是十年，从一八七五年到一八八五年。

在来到维也纳之前，弗洛伊德家还曾在莱比锡住过一年，但这一年对于弗洛伊德来说好像并不存在，几乎没有留下什么记录，我们只知道那是一段颇为艰难的日子。弗洛伊德后来也曾这么说过。我们的传记从维也纳开始。

恺撒—约瑟夫大街在维也纳是颇有名气的。一大早，人们就从四面八方赶来，会集到宽阔的街道上，有的是为了在这条大街上那些大商店里购物，但更多的纯粹是为了瞧热闹。那些花花公子们，还有专门与花花公子打情骂俏、接受他们勾引的淑女们，身着巴黎时装，肩扛小伞，花枝招展地从这家商店出来，又走进那家，后面总会有几双好色的眼睛盯着。淑女们最后总会在某家咖啡馆前停下来，这是在等绅士们采取行动了，风流韵事迟早总要来。

对于弗洛伊德早年在维也纳的生活，我们找到的能表明他这十二年生活情形的材料也相当少。弗洛伊德自己后来也这样说：“这是一段艰辛的岁月，不堪回首。”我们只有从他的母亲、妹妹，还有他自己的少许回顾中寻踪觅迹。

在他九岁上学前，我们好不容易找到了四件事，有一件会在以后分析，这里记录三件，有两件同小便有关。

这是一个夏日清晨，阿玛莉同往常一样，一大早就起床了，自己梳洗过后，过来看她的宝贝。她一进来，就看见小西格眼睛睁得老大，看见她进来，便骨碌碌转动，像在打什么主意。她爱怜横溢地过去，紧紧地亲了一口他的小脸蛋，说："早上好，我的小宝贝！""早上好，好妈妈！"小西格说，却没有从被子中伸出手来抱着妈妈的脖子，还将被子紧紧压在身上。阿玛莉一看就明白了，微笑着说："我亲爱的宝贝，不要紧的，妈妈给你换新衣。"小西格红了脸，没作声，阿玛莉转身拿来了干净的小短裤，揭开被子，看见那短裤整个都是湿漉漉的，连被子都湿了一大片。她一点也没有生气，只忙着给儿子更衣。小西格站在床上，看着弓着腰忙碌的妈妈。小西格突然说："妈妈，等我长大了，成为大人物了，我要给你买一张很大、很美的新床。"

阿玛莉抬起头来，看见小西格脸上的表情十分认真，她感动得伸出手，紧紧抱着儿子，止不住落下泪来。"我亲爱的小西格！"她喃喃地说。

这已经不是小西格第一次尿床了，在这以前，他也对父亲说过"等我长大后，要给您买一张很大的红床"。

对儿子无限的爱是阿玛莉一生的主要特征。这也对弗洛伊德一生产生了极大的影响。还在他开始相信什么的时候，他就知道了有一件事他是可以相信的，那就是母亲的爱。这使得他从小就充满了自信，哪怕再多反对，他也相信真理在他那一边，哪怕困难再大他也坚信他能够克服。焉知这不是他毕生事业的基石呢？

他终生挚爱他的母亲，感激他的母亲。

另一件事是在他七岁或八岁那年，也是在早晨，这天，他一大早就爬起来了，开始他无聊地在卧室里兜了一会儿圈子，就往爸爸妈妈的卧室去了。他看见他们都起床了，妈妈在梳妆台前化妆，爸爸穿着睡衣站在一边。他向爸爸妈妈问了好，看了一会儿妈妈的头饰，转了几个圈子。他觉得要小便了，对着地板就尿起来。

雅各布半天没有回过神来，等到小西格尿完了，他才搞清楚儿子干了什么样的事。他的眼睛可怕地瞪着儿子，把小西格瞪得心发慌，雅各布没有伸手打儿子，他想都不会想到儿子可以打，一辈子他都没想过。过了好一会儿，他转过身，用背对着西格，对阿玛莉说着"这小子不会有什么出息"就出去了。小西格有一会儿没说话，后来，他哭了起来，甩开阿玛莉想抱他的手，大哭着跑到自己卧室去了。好几天雅各布都没同他说话。

这也许是童年时给弗洛伊德留下最深印象的事件，正是父亲，从来以他为骄傲的父亲竟然说他不会有出息，使他深受刺激，更使他觉得非要成功不可，几十年后他回忆说：

> 这对我的野心肯定是个可怕的打击，暗示这个场景的梦一次又一次地出现在我以后的生活里，与我以后的成就与成功如影相随，就像我要对父亲说："你瞧，我终究出息了。"

关于最后一件事，我们不知道它的详情，但知道它是可怕的，这是弗洛伊德后来进行自我分析时从他的潜意识里分析出来的，他所了解的，仅仅隐约表明那是一个乱伦的梦。

小弗洛伊德来到这个世界已经好几年了，他要了解这个令人摸不着头脑的人世非得读书不行，我们别忘了这也正是雅各布离开小城弗莱堡来到维也纳这座大城市的目的之一。小弗洛伊德最初的书本知识完全从《圣经》上来，热爱自己的犹太血统的雅各布从小就对他讲他们祖先大卫王的故事。从前那个保姆是个挺虔诚的天主教徒，常带小弗洛伊德上教堂，告诉他地狱多么可怕天堂又多么美好，满心想把他培养成天主的信徒，小弗洛伊德对那些历史故事深感兴趣，可对天主没什么兴趣。就像他自己说的，是个天生的无神论者。开始学拼写时，阿玛莉是他的第一个老师，叫他认弯弯扭扭的三十个德文字母、最简单的拼写规则。但阿玛莉自己所知有限，不久就轮到雅各布了。雅各布自己的知识也很有限，他主要通过阅读获得知识。但爱心帮了他很大的忙，使他在教学时充满了耐心。爱心使小弗洛伊德不想违背爸爸的愿望，更怕让爸爸失望。这样，两个人都在学习中获得了满足。我们不知道雅各布采取什么方法教学，但从小弗洛伊德以后的学习态度与学习成绩，不难推测他是个颇为合格的老师。后来，雅各布又将他送到了一所私立学校，九岁时，弗洛伊德进入了维也纳的史伯尔中学。

这是他一生成功的开始。

史伯尔中学是维也纳有名的中学之一，有很强的师资力量。弗洛伊德一共在这里待了八年。入学后的第一次考试他就显示出了非凡的学习能力。从第三年起，他就是全学校过得最舒服的学生了——尤其是在其他学生最辛苦的时节：考试。这时，别的同学满头大汗地做题，他却在一边看书，因为他被准许免考了，每年只需要参加一次年终考。在这样的大考里，他连续多年名列第一。给全校的犹太人大大地增了光，也使雅各布和阿玛莉越来越相信那老吉卜赛女人的预言了。说真的，为了能让他好好学习，全家都做出了不小的牺牲。

这里只提一件小事。

维也纳是世界音乐之都，莫扎特、贝多芬、施特劳斯、海顿等伟大的音乐家都将他们的一生奉献给了维也纳，说一个维也纳人不会玩任何一种乐器，就像说他不会讲德语一样不可思议。但当时维也纳就有这么一家人不可思议，那就是雅各布·弗洛伊德的孩子们。为什么这样呢？这还要从阿玛莉说起。

前面说过，阿玛莉出身富贵人家，从小就受到了极为良好的音乐教育，但嫁人后，孩子一个接一个地生出来，她的音乐就败给照看孩子了。来到维也纳后，开始还一样，后来，女儿们渐渐长大了，用不着日夜照料了，她便开始关心她们的教育，在维也纳，女孩子的教育也就是两项：认字和弹钢琴。于是，有一天，阿玛莉搬出了钢琴，将最大的女儿安娜叫了过来，安娜高兴得发疯。真的，因为她不会弹钢琴，已经成了朋友们的笑柄。阿玛莉向女儿做个手势，安娜当然明白，妈妈怕影响了哥哥的学习。钢琴已经被搬到了距西格书房最远的一间房里。阿玛莉满心喜悦地看着久违了的宝贝，弹响了第一个音符。安娜在一边聚精会神地盯着，浑然忘了听不得音乐的弗洛伊德。

从听见第一个音符起，弗洛伊德就坐立不安了，他本来正在读《考古史》，一听到钢琴声，那字母就变成乐谱上一个个晃来晃去的小蝌蚪了，他先是用食指关节堵住耳朵，但那声音像一把钻子钻了进来。他实在忍不住了，推开门就往钢琴那边跑去。

只见阿玛莉向前倾着，手指头流水一样地敲打着琴键，安娜坐在母亲旁边的小凳上，正听得如醉如痴。西格冲进来，看到这个情形，一下怔住了。他站在母亲后边，什么也说不出来。阿玛莉看见了他，她的手立刻从琴键上抽下来。

“西格，我们打搅你了吗？”妈妈带着明显的歉意说。

西格说不出话来，过了好一会儿，才说：“没，没有。”说罢又进去了。但他的脸色什么都说明了。

阿玛莉沉默了好一会儿，揽过女儿的肩头，难过地看着女儿欲泣的脸，温柔地把她抱在怀里，满头金发的安娜伏在母亲怀里，好一会儿没作声。后来，她抬起头，瞧着妈妈的脸说：“妈妈，我再也不弹钢琴了。”说完，她平静地走开了，去照看哭泣了的亚历山大小弟弟。这是弗洛伊德家第一次，也是最后一次的琴声。

阿玛莉爱西格，她从来不隐瞒西格是她最心爱的孩子，西格永远是她的骄傲——也是妹妹们，是整个弗洛伊德家的骄傲和希望。为了西格，什么样的牺牲不能做出呢？就像他房里有油灯一样，家里其他房间只点蜡烛。

这对于安娜和其他妹妹，杜尔菲、罗莎、玛丽、鲍莉，是不公平的，但在那时的弗洛伊德家，能有多大的选择呢？西格是他们全家的希望，处于社会边缘的犹太家庭更加需要希望。到那时为止的情形，这个希望并不是渺茫的。弗洛伊德是一个勤奋的学生，除了必要的休息，他几乎整天都在学习，阅读大量的书。他十几岁时已经有了丰富的知识，这些知识远不止于几本课本，从考古、文学，到语言、历史，弗洛伊德都有着相当渊博的知识，这为他以后的成就打下了最坚实的基础。我们将会看到，未来的弗洛伊德远不止是一个心理分析专家，他一生在文学、艺术、历史等领域都取得了巨大的成就，在这些领域开辟了一片又一片新天地。文学上，他是现代文学的主要手法——意识流的理论之父；意识流同时又是现代绘画艺术的主体方法；他还是现代史学中的一个重要流派心理史学的开山鼻祖。这些无不与他渊博的学识有关，也与他天赋的语言才能有关，他在中学时已经掌握了古希腊语和拉丁语，掌握得和这些学语言的教授一样好，后来又精通了英语与法语，自学了意大利语和西班牙语，当然还有犹太人的语言——希伯来语。为了彻底掌握英语，他有十年时间几乎只读英语著作，我们知道几乎没有什么值得读的德语书没有英文版本，而英语的洋洋巨著又如海边的沙子一样多。

少年

少年弗洛伊德基本上是个书生，但不是书呆子，他有广泛的业余爱好，每当冬季光临维也纳，他就是那些最早走下冰湖的人中的一个。溜冰使他体味到了速度的快乐，如同他在知识与研究上取得飞速进展时体味到的快感一样。夏天时他喜欢在蓝色的多瑙河里畅游。但他最主要的爱好还是徒步旅行，从十二岁起，他就牵着父亲的手，在维也纳的郊外用两条腿漫游，用南京话说，坐“11”路车。在《雅典卫城上的杂忆》一文里，他写道：“那时候，每年，在八月末或九月初，我常与我弟弟亚历山大一起进行假日旅行，顺着地中海岸走上几个星期。”一直到七十多岁，他还是个一天走上五千米的健步家。

除了这些，少年弗洛伊德还有一个特别的爱好——军事，特崇拜伟大的军事家们。作为犹太人，他从小就感觉自己的民族由于缺乏武力，只有任人欺凌宰割的份儿。他幻想着能当一名伟大的将军，解放所有的犹太人。他最先崇拜的是汉尼拔。汉尼拔是犹太人，迦太基人的军事首领，古代世界最伟大的将军之一。汉尼拔还是小孩子时，他的父亲，也是迦太基人的军事首领，便要他跪在神坛前起誓："我决不与罗马人为友！"长大后他率军横扫伊比利亚和亚平宁半岛，直逼罗马近郊。弗洛伊德在《梦的解析》中写道："汉尼拔……一直是我后来学校时代所偏爱的英雄。"他所崇拜的第二个将军是拿破仑的大将马塞纳，犹太人都相信他也是犹太人。令弗洛伊德万分自豪的是，马塞纳与他同一天生日，刚好比他大一百岁，这使他一度认为他便是转世投胎的马塞纳呢!

安娜一直记得哥哥十四岁那年的一件趣事。一天中午，他兴致勃勃地回来了，臂弯里夹着一卷纸。安娜好奇地跟了进去，想看个究竟。要是平时，他很少让安娜或是其他妹妹进他的房间，但今天他不但没赶，还招呼安娜："安，过来帮帮我。"

安娜高兴地走过去，弗洛伊德说："拉住纸的那头，帮我铺开来。"

安娜一点点地将纸在桌子上展开，一看，是张地图。上面密密麻麻地描满了各种小圆圈。许多小圆圈中心还有小三角形。西格拿起一支铅笔，给安娜讲开了："你看，这里是萨尔茨堡，这里是洛林，这里是色当，德国人要从这里进攻，法国人想在这里截住他们，真笨，要是在这里设下埋伏德国人早完蛋了！"

"西格，你这是什么？"安娜问。

"普法边境地图。"西格头也不抬地说，开始用铅笔在上面描线，描到有的地方，就打上一个圈儿，从口袋里掏出一面小旗子插上。

安娜用充满崇拜的眼光注视着哥哥，心想："他将来肯定是个伟大的将军！"像很多妹妹一样，她是哥哥的天然崇拜者，崇拜了一辈子。

一八七二年，弗洛伊德在年终考中又得了第一，雅各布今年做生意的运气也不错，手里有了几个余钱——这可是十年来少有的事，想叫儿子去见见世面。"做犹太人，就得学会跑。"他想，"就是不想跑，别人也会赶我们跑，总不能叫我带他跑一辈子。"就这样，十二年后，弗洛伊德回到了故乡。

他在距弗莱堡还很远的地方就下了火车，迈开双腿就往弗莱堡方向走去。做战争之梦时，他就熟悉了这一带的地形。现在，背着行军包，他真觉得自己有点儿将军的气魄呢。

正值盛夏，蝉儿在高大的橡树丛里长鸣，野蜂一动不动地伏在花心里，兔子在远处小心地啃草，不时狡猾地往他这边溜一眼。迎面来了辆马车，车夫看了他一眼，继续走他的路。这一切在他眼里，都万分新奇。“我小时候在这条路上走过吗？”他想。心中的感受难以描述，恨不得一步踏进弗莱堡。

傍晚时分，他终于看见圣玛丽教堂的塔尖了，它在暮色笼罩中独自挺立在一片橡树林上，显得孤独而圣洁。他的心跳得更快了，加快步子，朝塔尖，朝他的故乡奔去。

他穿过郊外的圆柏林，到了教堂前的小广场，今天这是礼拜日，天又晚了，广场上空寂无人。他先去看了看自己出生的房子，它就在教堂附近，好像他们搬走后就没人住过，一副凄凉景象。他推了推门，关紧了，踮起脚尖，往里看去，除了黑暗，什么也不见，却又像隐藏着无限的神秘，他的第一声啼哭，他生命中最初的所有，都像冰雪一样融化在这黑暗里了。他叹了口气，望望四周，看见前面那栋房子正与父亲描述的一个样，两层楼，大门左右两边各有一株圆柏。

“这就是弗拉斯家了。”他想。

他走到门前，看见一个少女苗条的背影，他立刻明白这是谁了。他悄无声息地在她身后站了一会儿，少女好像察觉了背后有人，猛一下转过身来，无限分之一秒内，十六岁的弗洛伊德忘记他是谁，来做什么了，他的脸变得通红，像所有十二年后见到童年的小女伴变成美丽的少女后都会发生的事——他一眼就爱上吉赛娜·弗拉斯小姐啦！

少女给他看得害羞，说：“你是弗洛伊德先生吗？”

弗洛伊德傻里傻气地点点头，少女微笑起来，说：“你还认识我吗？”

弗洛伊德吞吞吐吐地说：“你，你是吉赛娜？”

吉赛娜红着脸点点头，说：“您进去吧，爸爸在等您。”

在房子里等他的，不但有弗拉斯，还有他的三个儿子阿尔弗雷德、理查德、爱米尔，以及吉赛娜的姐姐。

弗拉斯先生长着与邻居雅各布一样硕大的脑袋，肩膀却不宽，使人担心总有一天他要支撑不住他上头的那座泰山，蓄着几根仿佛是劫后余生的胡子，眼光充满了朴实与柔情。他也是犹太人兼毛织品商，是雅各布一家的老朋友了，远隔并没有冲淡他们的友谊，只要去维也纳，总要去看看雅各布，他不知多少次请西格回来看看故乡，现在他终于来了，老弗拉斯十分高兴，他笑着对西格说：“西格，我还记着老吉卜赛女人的话哩！”说着伸手一指，“就在你家门前，你才生下几天，唉，十几年前的事啦！”他不胜感慨地摇着头。

“爸爸，老吉卜赛女人说什么呀？”吉赛娜充满好奇地问。

弗拉斯于是讲开了发生在十几年前那天上午的事。吉赛娜他们听得入了迷。说完后，弗拉斯笑着对吉赛娜说：“吉赛娜，你明天好好带西格到处看看，你可要招待好我们未来的孟德斯鸠啊！”

以后的几天，弗洛伊德仿佛都是在梦中度过的，他跟着吉赛娜四处游玩，但什么也没看见，眼中只有吉赛娜纤弱秀美的身姿。他默默地跟在吉赛娜身后，看着她，双眼充满天真的爱恋，只要吉赛娜回头，就忙不迭地避开眼光。他太羞怯了，吉赛娜也是。

四天一眨眼就过去了。除了睡觉，他们总在一起，说过的话还没有第一晚弗拉斯说得多。第五天，吉赛娜走了，她在附近的一所寄宿学校上学，开学了。西格送了她很远一程，他很想说他一直想说的话，他知道这是最后一次机会了，直到她终于离开了他，除了“再见”他们一句话也没说。

以后几天，他天天独自在林中漫游，他无数次地想象，要是当初父亲没有搬去维也纳，他一直与吉赛娜青梅竹马地长大，他一定能够娶她，现在她一定是他的了。他不由得恨起父亲来，他恨恨地想，为什么父亲不留在这个美丽的小城，那样他就会像儿时那样，与吉赛娜一同长大，青梅竹马，两小无猜，他会娶她，相亲相爱地过一百年。

倘若真要是那样了，弗洛伊德也成了一个毛织品商人或者乡下律师，他的个人生活很可能会更幸福，但，我们的世界又会变得怎样呢？

吉赛娜走后第三天，弗洛伊德走了，他知道他永不会再回来。一八七三年，弗洛伊德十七岁了，他在史伯尔中学以“summa cum laude”（最优学业成绩）毕业。

这时候，他面临一个关系一生的问题：择业。作为一个十七岁的青年，这不是件容易的事。可以推测，在一段时期内，弗洛伊德陷入了苦闷与彷徨。

他还记得少年时的梦，他要成为伟大的将军，要成为杰出的政治家，但这些梦在真实的生活面前都破碎了。当时，犹太人的出路主要有四条：工业、商业、法律与医学。前面两条他几乎从没想过，那不符合他的性格。但他曾一度考虑过第三条道路。那时他有一个同学、好朋友维克多·阿德勒（1852—1918），维克多喜欢研究法律，以后成了有名的政治家，奥地利社会民主党领袖。弗洛伊德在他的《自传研究》中写道：

我在学校里有位高年级的好友，后来成了一位颇有名气的政治家，在他强有力的影响下，我曾经萌生过像他一样学习法律，从事社会活动的想法。

是什么驱使弗洛伊德决定上医学院呢？这是一个令人疑惑的问题。在《自传研究》中弗洛伊德写道："然而就在毕业离校前夕，在卡尔·布吕尔教授给我们上的一堂大课上，我听了他朗诵的歌德描写大自然的优美动人的散文，于是决定攻读医学专业。"

我想这个讲座是否足以促使他选择医学专业是有疑问的，医学并非有关大自然的学科，一篇有关大自然的演讲不大可能促使一个人去学医，就算真有那么大的魔力，那魔力的结果应使他去研究有关大自然的科学，如天文地理之类。经过研究弗洛伊德毕业前后的有关经历，我发现可能下面两件事与他选择医学为职业有关。

一件是在他十岁时，那年普奥战争爆发了，雅各布带他去火车站看受伤的士兵，他看见成堆成堆的伤兵被人从火车上抬下来，扔在只铺着干草的马车里送往医院。这战争的苦难给他留下了永生难灭的记忆。他回去后请求母亲将她的旧亚麻床单送给他，他要给士兵们做绷带和垫子。第二天，他到了学校后，便去请求老师组织同学们制作绷带垫子——就像女子学校的学生们所做的一样。

另一件是在他毕了业，进入医学院后才发生的，那年他十九岁，第一次去了英国，看望他的同父异母兄长伊曼努尔和菲利普。我们知道，弗洛伊德年幼时曾以为伊曼努尔是他的父亲，他对伊曼努尔也有某种特殊的感情，在那里他又见到了同岁的苞莉——甚至想过娶她为妻，这种近亲结婚在犹太人那里是再正常不过了，但她对他很冷淡。就在这次旅行回来不久，他告诉安娜他想学医的原因，他说："我要帮助那些受苦的人们。"我想，这可能是当初他选择医学为专业的原因。弗洛伊德远非自夸的人，还曾说过他从小并没有要帮助受苦人的渴望，可以想象他不会在自传上说他是为了为人民服务才学医的。但他是否是一个衷心愿帮助他人的人，在他以后的行医生涯中表现得明明白白。

一八七三年秋，弗洛伊德进入维也纳大学医学院。

大学

一八七三年九月，一个金色的下午，十七岁零四个月的弗洛伊德站在了维也纳大学雄伟的大拱门前。仰望着宽阔高耸的大门，他沉吟良久，过去的生活已经结束，他的人生又走向了一个新起点，等待他的是什么样的生活呢？他满心疑惑，感到自己不再是那个在斗室里幻想当将军和大臣的少年了，他必须有勇气面对真实的生活。

“真实的生活”，这个简单而又复杂的词使他仰起了头。他平视前方，看着那些衣着光鲜、意气风发的大学生们，心想，既然我中学能连续多年拿第一，为什么还要害怕？于是，他也仰起头，往医学院走去，在注册本上签下了他的名字：西格蒙德·弗洛伊德。

这时的弗洛伊德，身材中等，由于瘦，显得挺高，头发倔强地直立着，黑油油的，往右边梳开，双眼炯炯有神，鼻子高高直挺挺，鼻子下面是从开始长胡子起就蓄起来的八字须，中间没有分开，下巴还有一把，修剪得整整齐齐，已经像个成熟的男子汉了，只是眼睛里还带着稚气。他没有怀着雄心壮志走进大学校园，医学是门实践性的学科，不像物理、化学那样的基础科学，有望找到能改变人类世界观的伟大理论。

十九世纪的维也纳大学正处于它的黄金时代，它是全欧洲乃至全世界最好的大学之一，是著名的自然科学与人文科学研究中心。聚集了一大批举世闻名的科学家：如物理学家马赫、霍尔姆霍茨，生理学家布吕克，哲学家石里克、布伦塔诺，等等。它也聚集着来自世界各地的优秀学子，今天他们是桃李芬芳，明天将是世界的栋梁。除了出色的师生，维也纳大学的实验设备和实验条件也相当优越。正是这样的环境给弗洛伊德的毕生事业提供了外部基础。

第一个学期，一八七三年九月到第二年三月，每周选了二十三节课，但没有将课程局限在医学，他查遍大学的课程表，从中选择了历史、哲学等许多“杂课”。对于学习，开始他似乎抱着这样的态度：摸着石头过河——走一步，看一步。

他依旧像在中学一样，学习十分刻苦，日子飞一样地过去了。

接下来的夏季学期，他选修了更多的课程，每周二十八节，包括解剖学、植物学、化学、微生物学、矿物学等，还定期听著名动物学家克劳斯教授的“动物学与达尔文主义”系列讲座、布吕克教授的生理学演讲等。这一大把课程几乎占去了他所有时间。在此之外，他既无娱乐，也少休息。他这样的学习态度至少证明了一个真理：勤奋是获得知识与成就的有效路径，即使不是唯一的途径。用中国古话来说是：“书山有路勤为径，学海无涯苦作舟。”

但我们知道，勤奋很可能不足以成为取得成功的充分条件，成功的公式是这样的：成功＝勤奋＋正确的方法＋机遇。弗洛伊德无疑早具备了前面两个条件，对于这样的人，一般而言，上天不会不赐之以机遇，实际上，上天甚至也会给懒汉机遇，只是他们由于懒，没有把握住罢了。弗洛伊德的机遇在他入校第三年来了。这年的夏季学期，他同上个学期一样，选修了克劳斯教授的动物学课程，并且修的不是专给医学院学生开的简单的动物学，而是每周足有十五个课时的专业动物学。不用说，他的成绩一如既往。一天课后，他正准备走，一个年轻教师，弗洛伊德认得是克劳斯教授的教学助手，走过来，说："您是弗洛伊德先生吧？"弗洛伊德给了他肯定的回答。

"您肯跟我来一下吗？克劳斯教授想找您谈谈。"那人友善地说。

弗洛伊德跟着他来到动物学系，那是维也纳大学顶好的一栋大建筑中一整层楼面，到了克劳斯教授办公室。他不是第一次来这里了，上个学期因为成绩优异，克劳斯教授特意请他到办公室，给了很多鼓励。他看见教授坐在办公桌前读报，等人的样子，他想，教授等的那个人八成是自己，他走过去，礼貌地向教授问好，教授高兴地说："你好，弗洛伊德先生，请坐！"

坐下后，他正想请问教授叫他来的目的，教授止住了他，他亲切地看着弗洛伊德的眼睛，说："弗洛伊德先生，我想知道你对动物学是否有特别的爱好？"

弗洛伊德想了想，肯定地点点头，进大学以来，如果说他有最喜欢的课，那就是两门，一门是克劳斯教授的动物学，另一门则是布吕克教授的生理学。他们都是将渊博的知识、严谨的治学、仁慈的态度完美地结合成一体的典范。

克劳斯教授好像松了口气，说："弗洛伊德先生，我很高兴你能喜欢动物学，它一般是难以引起年轻人很大兴趣的。"他停住了，看样子不想扯得太远，就言归正传了，"弗洛伊德先生，你可能听说过，我在特里斯特海滨有个动物实验站，从今年起，每年我要带几个学生去同我搞几个星期研究，你有兴趣去吗？"

弗洛伊德说不出话来，他看着克劳斯先生，这位动物学界的泰山北斗，正微笑着望他，满脸的鼓励期盼。他有点结巴地说："您真是太好了，尊敬的克劳斯教授，可是我不是动物学系的学生啊，我有这个资格吗？"

克劳斯教授挥了一下手，笑着说："学校并没有规定只有动物学系的学生才能做我的暑假研究助手啊，何况你的成绩比一般动物学系的学生好得多。"

弗洛伊德感激地说："谢谢您，教授，我很高兴去！"

教授点点头，说："我也很高兴你能答应，弗洛伊德，我相信你会是出色的助手。"

弗洛伊德站起身来，准备走了，他不敢耽搁教授太多时间，他走到门口时，教授又说："我相信，弗洛伊德先生，你不会以为我们是去地中海度假吧？"

弗洛伊德转过身，惊奇地说："不会，克劳斯教授。"

教授满意地笑着说："我们会去海滨度假——当我们去采集海生动物标本时！"

走在回家的路上，弗洛伊德轻声地哼起《费加罗的婚礼》中幽默的曲子，他已经等待三年，终于可以进行独立研究了，而且是和克劳斯教授一起！他知道克劳斯教授是当代欧洲最重要的动物学家之一，两年以前从哥廷根大学应聘来维也纳大学担任比较解剖学研究所所长。"要多幸运有多幸运，"他暗暗感叹，"我需要幸运啊！"

弗洛伊德太需要这样有可能获得成果的研究机会了。他要向所有人，尤其是维也纳大学的反犹太主义同学们表明，犹太人丝毫不比德意志人差，不比世界上任何民族差。

从第一次走进课堂起，弗洛伊德就从同学们的脸上读出他是个犹太人了，在图书馆、餐厅，甚至走在路上，只要碰上认识他的非犹太族同学，他都可以从他们斜视的目光中看出自己是犹太人，而且是不肯承认自己是犹太人的犹太人，在他们眼里，凡不肯认为自己低人一等的犹太人就等于不肯承认自己是犹太人。弗洛伊德当然不否认自己的犹太血统，他还引以为豪，他也绝不认为承认是犹太人就要自认低人一等。他与任何民族的人一样高贵。这种人人生而平等是他毕生的信仰、终身的信条，因为这个信条，他几年来受了无尽的白眼。他并不害怕，相信总有一天他能用事实表明犹太人的智慧与高贵。在《自传研究》中，他写道：

> 一八七三年，我刚进入维也纳大学，就感到了明显的失望。首先，我发现有人叫我自认低人一等，是外国人，因为我是犹太人。我断然拒绝那样，我从来没有明白为什么我应当因为我的血统，或因为人们议论的我的"种族"而羞愧。我毫不遗憾地忍受着被公众孤立，我看到，不论怎样被排斥，一个活跃的追求者总可以在社会的结构中找到一些角落和缝隙。在大学得到的这个第一印象，不管怎样，对我的未来产生了后来证明蔚为重要的影响：从那时候起，我就熟悉了被"紧密的主流"拒之门外的命运。这样，反而为我的判断的独立性奠定了基础。

在他的心灵深处，他已经渴望了好久能有机会从事科学研究，做出有价值的发现，这不但是为了他自己，也是为了他的民族，他们太需要从迫害中抬起头来呼口气了。现在，机会来了，他相信他会干好。

克劳斯教授的研究所位于亚得里亚海滨，亚得里亚海是地中海的一部分，介于巴尔干半岛西岸与亚平宁半岛东岸之间，这里有清洁的海滩和蔚蓝的海水，大量的海洋动物在近海岸的地方繁衍生息。在这里的几星期中，弗洛伊德几乎没有望一眼他渴望了好久的大海，一头扎进了实验室。

克劳斯教授交给他一项实验：确定鳗鱼的性腺结构。这是一个千年来从没有被解决的问题，也许说不上多重要。鳗鱼是大洋中分布广泛的鱼类，近海平时随处可见，可是每当交配季节，它们就无影无踪了，而只有这时它们的性器官才发育完全，在此之前它们雌雄同体。但从来没有人，至少想弄清这个问题的科学家们，曾经捉到过一条成熟的雄性鳗鱼，所以，只有从不成熟鳗鱼身上确定它的性器位置了，这是一项相当困难的工作，以前只有一位赛尔斯博士搞过这项研究，但他没有得出结论，只做了一个猜测。年轻的弗洛伊德于是担当了这项工作。他已经记不住有多少条鳗鱼肠破肚开地躺在面前的解剖桌上，眼中尽是一条条扭来扭去的鳗鱼。一天，他终于在显微镜下找到了他要找的东西：雄性鳗鱼的睾丸。

这时，弗洛伊德面临两种可能：如果赛尔斯博士的猜测是错的，鳗鱼的睾丸不在他预言的那个位置，不同于他预言的特性，这个发现将属于弗洛伊德，他也将因之载入动物学史册；但如果博士的预言准确，那么发现者的荣誉就属于博士，弗洛伊德只是检验者而已。结果，赛尔斯博士猜对了，弗洛伊德第一次与成功失之交臂——远不是最后一次。

但有所劳必有所报，弗洛伊德虽然没能得到发现者的荣誉，至少验证者的功绩是要算的。他毕竟证明了赛尔斯的猜测，他为此写的论文后来由克劳斯教授在奥地利科学院宣读，他自己过于年轻了一点儿，不适合站上那高贵的讲坛，类似的事在牛顿身上也发生过。论文还被发表在科学院的学报上，从此成为定论。

从特里斯特回来后，弗洛伊德相当长一段时间致力于动物学的研究，参加大量的讲座，但他并没有停止对其他学科的关注，特别是布吕克教授的生理学讲座。布吕克教授是饮誉世界的生理学家。十九世纪四十年代初，他先与埃米尔·德·皮尔斯—里蒙德，后来与赫尔曼·赫尔姆霍茨、卡尔·路德维希等共同创立了现代生理学。弗洛伊德对布吕克教授一直怀着深深的崇敬，并不完全是因为他的名声，更是由于他对待学生就像对待科学本身一样。所以，当弗洛伊德得知布吕克教授要找一名实验室助手时立刻报了名。在约定的时间从大学区步行到他的生理学研究所去。

研究所建在大学附近的一座早被废弃了的旧兵工厂内，破旧不堪，分两层，研究所只占有第一层和地下室，大的一间是主实验室兼仓库，另外好几间鸽子笼式的小房间，分别被助手们叫作化学室、电生物学室之类。布吕克教授在大实验室后面的私人书房接待了他。

布吕克教授严厉的目光审视着弗洛伊德，说：“弗洛伊德先生，我首先要请你明白，像你这样的学生做我的实验室助手是没有报酬的。”

弗洛伊德回答说：“我知道，教授。”

布吕克说：“我曾经听过克劳斯教授宣读你的论文，你知道你的缺陷吗？”

弗洛伊德说：“我的结论缺乏充分根据……”

教授挥手止住了他：“不必谦虚，你的结论是有根据的，我也看得出来你有创造头脑、有丰富的想象力，这对于一个科学工作者至关重要、对于创造性研究也必不可少，但仅有创造的头脑远远不够，科学研究不是写小说，每项工作、每个细小的结论都必须是精密试验的结果，必须经得起不同时间和不同场合的严格检验。但在你的论证中，我看不到精确，只有令人心动的结论、主观的分析与推断，但以后你提供给我的报告里，每一句话都必须可以用试验来证明，我希望你首先学习正确的研究方法。”

“怎样才能达到正确的科学研究方法呢？”弗洛伊德恭敬地望着教授的白发，问。

布吕克教授站起身来，说：“那是要在实际工作中才能明白的。现在来看看你的实验室，今天你就可以开始。我希望当你离开我的研究所时懂得什么是严谨的科学研究方法——善于运用它。”

这句话结束后，弗洛伊德就开始工作了，他先找出一个软毛小刷，将实验室的仪器全部擦拭了一遍，一直忙到天全黑了。他的新同事，也是他过去的老师西格蒙德·埃克斯内和厄内斯特·冯·弗莱施尔—马克索夫，从电生物学室出来，邀他一起出去喝两杯。弗莱施尔出身于有名的贵族世家，他的家族是维也纳艺术界的主要赞助者。他相貌英俊，有极宽广的前额，明亮的眼睛，挺直的鼻梁，蓄着不长不短的络腮胡，生性幽默，很讨人喜欢。但他运气不好，有一次解剖尸体时，不小心割破了右手大拇指，伤口严重感染，里面长出了一种肉芽，使创口不能愈合，从那时起，他就生活在痛苦之中，每年都要做几次手术，切除不断长出的肉芽。但他总是一副乐呵呵的样子，用肚子里无数的笑话逗朋友们开心。

“西格，”弗莱施尔说，“埃克斯内同我每天工作后都要去喝两杯，以便从教授的打击下恢复过来。”

西格表示同意说：“我相信布吕克教授是很严谨的。”

“严谨？”弗莱施尔笑着说，“我跟你讲个故事吧，教授的一个学生写了篇文章，里面有句话：经过很好的观察表明……教授把论文退了回来，上面批着：没有‘很好的’观察。”

弗洛伊德笑了之后，问：“那么要怎样说教授才会满意呢？”

弗莱施尔颇严肃地答道：“应该改成，经过三十天零八个小时四十五分钟的观察，表明……”

弗洛伊德自言自语地说：“教授打中我的痛处了！”

布吕克教授对待他的助手抱着一个原则——给他们完全的研究自由，研究项目、实验步骤、完成时间都由他们自己来定，他只要结果。这不说明他不愿提供指导与帮助，只要你提出来，教授随时准备给你最好的建议。但他一般会主动给新手提供一个他认为合适的项目，做不做随你。他这次也向弗洛伊德提供了一个：在显微镜下观察神经细胞的组织结构。

这个似乎平平无奇的课题却是牵动科学界的大问题。当时，生物学界正进行一场大论战：高等动物与低等动物的神经系统之间有无根本区别？进而言之，人与动物的神经系统之间有无根本区别？传统哲学与宗教认为有，这样人才能被称为万物之灵。现在弗洛伊德决心用科学事实澄清这个问题。

他决定从观察七鳃鳗—— 一种古老的鱼类——脊椎的神经节入手。不久前有个叫内塞尔的科学家在它的脊神经里发现了一个特殊种类的大细胞，为宣扬物种的神经结构之间存在根本区别提供了证据。弗洛伊德不信他这个“发现”，决心自己用实验找到答案。这是一项颇不简单的工作，有许多科学家已经做过类似的工作，都没有能得出令人满意的结果，主要原因在于神经细胞与普通细胞不同，观察它难度很大。弗洛伊德吸取教训，没有一开始就直接观察，他先经过艰苦努力，研制成功了一种由氮化物与甘油混合而成的特殊液体，用它帮助在显微镜下观察神经细胞，取得了意想不到的效果。

他的研究变成了论文，文中表明所谓内塞尔的大细胞不过是未曾发育完全的神经细胞而已，它与普通的神经细胞并无质的区分，只是动物神经进化过程的一个普通阶段。

他的这个实验结论指出了人与动物的神经组织之间只有进化程度的不同，并无质的差异。但其意义远不止于此，它是对西方传统哲学与宗教将人与动物截然区分的观念的一个有力打击，是对上帝创造人思想的又一次科学否定，因为若作为人类最高贵象征的大脑神经也同动物神经没有根本区分，那么神学家称人是万物之灵就是王婆卖瓜——自卖自夸了。

在对七鳃鳗的研究中弗洛伊德还改变了动物学的另一个长期存在的观点，这个观点认为：鱼类的脊索神经节细胞是双突的，而更高等动物的是单突的，如果物种进化是成立的，在二者之间应有中间形态。弗洛伊德在七鳃鳗的神经节中发现了这种中间形态：带T分枝的双突神经节细胞。他的这一成果由布吕克教授推荐发表在权威的《医学科学中心报》上。这年他二十二岁。第二年《医学科学中心报》又发表了他神经系统解剖准备方法的笔记。有趣的是，他在创立精神分析之后，文章反而不能在这个杂志上发表了，它正统的编辑们不肯发表离经叛道的东西。

从一八七六年到一八七九年，在布吕克教授的研究所里，弗洛伊德已经进行了三项独创性的研究，但布吕克教授对他的成就一直不予置评，弗洛伊德心里有点不安，幸好他每完成一项研究，每发表一篇文章，弗莱施尔同埃克斯内都要请他去市内某家有名的餐馆大喝一顿。弗莱施尔不顾手指发炎，一次次举杯向他祝酒，喊道："为我们未来的达尔文干杯！"埃克斯内虽稳重得多，一副不苟言笑的样子，但也衷心为弗洛伊德高兴。这使弗洛伊德忐忑不安的心稍微轻松了一点。他打算毕业前再狠命干一把，做出更大成绩，那时不愁教授不首肯。他选择了淡水龙虾的神经细胞作为研究对象。

首先他解剖了淡水龙虾，将它们切成极细的薄片，这个事儿他熟门熟路，再将它们的神经组织放在显微镜下观察，已经有很多人这样看过了，但弗洛伊德这次采用了一种特殊的显微镜，这种镜子当时很少有人知道，另外，他自己也发明了一些有助于提高观察精度的小办法。通过这样的研究，他发现神经纤维的轴索全部是由纤维组织构成的——在神经科学研究里这是基础性的成果，弗洛伊德是做出这一发现的第一人。他还发现，神经节由两种物质组成：网状物和神经突端。

即使外行也不难看出这些成果对于人们了解神经结构就像牛顿力学对于认识天体的运行一样重要。几年之后，为了更清楚地看见神经的内部结构，弗洛伊德找到了一种方法：给神经纤维着色。我们知道，人体内充满了体液，它的重量要占到体重的四分之三，神经纤维就浸泡在液体里，由于它们只是一些极为细小的树枝样的东西，又和体液颜色相似，因此即使在显微镜下看到了，也很难将之与体液区分开来。如果找到一种方法，给神经纤维着上色，那么在显微镜下一看，它们的形状、结构等就一目了然了。这种方法对于神经研究的意义同样一目了然。

做出这些发现后，弗洛伊德写了一篇论文，与他来所里后写的其他论文一样，这也是一篇"解剖学"式的论文：就像尸体解剖，循序渐进、结构严谨、层次分明，分析有条不紊，而得到的结果也像一具解剖后的尸体一样，清清楚楚地摆在读者眼前。他把论文交给布吕克教授时，暗想："虽然不是句句都可以用实验检验，但至少有一半吧！"

布吕克教授没有叫他等很长时间，第二天他走进实验室时，教授已经在等他了。他用他出名的严厉的眼光一声不吭地看了弗洛伊德一会儿，冷静地宣布："我希望我也能写出这样的论文来——不是你的成果，你的成果固然出色——是你的文体，它是我见过的分析得最简单清楚的论文。"

弗洛伊德愣了一会儿，不知如何回应这个赞扬，后来他鞠了一躬，说："谢谢您，布吕克教授，一切都承蒙您教导。"

弗洛伊德这篇文章很快就发表了，与他的其他文章一样，像在大海中投进一颗石子——他的这些成果本应使他成为现代神经生理学的开创者之一，享有瓦尔得耶、威海姆或者奥古斯特·弗勒尔一样的荣誉，但他什么也没有得到，他仍只是维也纳大学普通一学生，因为运气，得到了布吕克教授的垂青，做了他实验室里最低等的助手，如此而已。对于弗洛伊德，这样的情形不是最后一次，远不是。

弗洛伊德丝毫没有因为自己的论文没有得到反响而不安，他也没有想到现在就成名，他毕竟还不到二十四岁，日子长着呢！

在大学里他有了一个机会满足儿时从军的梦想。一八七九年夏，一纸征令飞来，他被编入了奥皇陛下的军队，做一名医官。他很高兴有一件新鲜事暂时来调剂一下日复一日、年复一年的学院生活，让他去看看外面的世界。他定做了一件上好的军官制服。作为准医学博士，他不用担心扛枪打仗，想去也不行，他的职责是让其他人能够打仗。报到那天，一大早，他穿上那套亮闪闪的制服，准备出征了。雅各布、阿玛莉、五个妹妹、一个弟弟送他到大门口。最小的亚历山大也十三岁了。他看着依次比他矮上点儿的弟弟妹妹们，觉得自己十足是个哥哥。

他看见阿玛莉想擦眼泪了，过去亲了她一下，说："亲爱的妈妈，我不是出去打仗，不过到郊外散步一天，晚上我还要回来呢，给我准备点好吃的。"

阿玛莉不好意思地抹着眼泪说："亲爱的西格，我不是伤心，我是看你，好像一下长得这么大了，成了军官，心里高兴。"

西格说："我也有同样的感觉，好妈妈，不要哭了，回家时我会从山野给您采束真正的鲜花。"

雅各布说："西格，你还记得你的木头兵吗？你在他们的背上贴上拿破仑将军的名字，现在你还想做将军吗？”

西格说：“爸爸，我元帅都想当哩！不过我想咱们的约瑟夫大帝大概不会有这个想法。”

雅各布被儿子的幽默感逗得哈哈大笑，阿玛莉也笑了，西格转身向着安娜说：“安，你是个勤快的姑娘，可要好好照顾弟弟妹妹。”

安娜点点头，其实她担负这个职责已经很久了，阿玛莉一人顾不了这么多孩子，何况她又把大半的心思放在了大儿子身上。安娜做得十分出色，她是个金发、身强体壮、表情严肃、做事有条不紊的姑娘，长了一张漂亮脸蛋。

西格最后吻了一下亚历山大小弟，举手行了一个军礼，向后转，开步走了。

弗洛伊德几乎是一进军营就感到失望。军营里到处是闲得无聊的士兵，垃圾堆比帐篷还高，散发出令人恶心的粪臭味。“看上去他们的疾病比胡子还要多，这样我至少有事可干了。”

医院位于军营最里面，接待他的是职业医官，一个佩少校军衔的胖子，肥大的下巴将整个脖子都吃了进去。他没有还礼，只是懒洋洋地说：“你就是犹太族的弗洛伊德先生吧，很好。你看，这是你今天的任务。”

弗洛伊德看见那是一堆旧报纸。“我们不是医生吗？长官。”他说。

胖子笑着说：“这里不需要看病的医生，只需要写字的医生。你的德语和拉丁语想必都写得很流利吧？”

弗洛伊德点头，他想在这个人面前他用不着谦虚。

胖子点点头，说：“很好，那么以后病假条归你开了。”

弗洛伊德刚想说话，门口一声大喝：“报告长官！”差点吓了他一跳，他转过脸一看，是个壮实得像公牛似的下士。

“你有什么病？”胖少校问。

“我肚子痛，少校！”那下士应声说。

“给他开药吧，弗洛伊德少尉，病假三天。”少校吩咐说。

“不用检查吗？”弗洛伊德说。

“不用，现在不是战时。”少校说了句，一头扎进报纸。

士兵低头向着弗洛伊德说：“长官，不用查了，我还要赶回家去呢，母亲病了。”

弗洛伊德没再说什么，给他开了病假条，这一天他一共开了二十三张这样的假条。

这是弗洛伊德第一次从军期间做的三件事情之一，早上从家里赶到兵营，开病假条、看报纸，一个月中他与那个少校看的病人加起来还没有一天开的病假条多。

无聊之余，他便翻译英国古典经济学家和社会学家约翰·斯图尔特·密尔的一本论文集，这是他大学的哲学老师布伦塔诺给他弄到翻译权的，这个著名哲学家的文笔较之他的思想要逊色多了，他十分欣赏弗洛伊德出色的语言能力和翻译技巧。弗洛伊德的翻译方法有些与众不同，他总是先通读一遍甚至几遍才开始翻译，翻译时也不是看一句译一句，他先读一大段，再丢开书，闭着眼回忆看过的内容，再想象一个德国作家会怎样表达同一思想，然后把想到的写下来，由于他精通语言，又有过目不忘的记忆力，再加上作家级的写作能力，他的译作件件堪称经典。弗洛伊德一生译过三次作品，这是第一次；第二次是一八八五年十月在留学巴黎时翻译夏科的作品；第三次是一九三八年，他等待被纳粹赶出祖国时翻译了他的学生兼良友玛丽·波拿巴公主的一本讲她的小狗托普西的书。

在密尔的这些作品中，他最注意的有四篇，分别论述劳工问题、给妇女以公民权的问题、社会主义、柏拉图哲学。后来在他的《超越唯乐原则》一书里曾应用翻译时学到的柏拉图哲学。

弗洛伊德从军期间做的第三件事是坐牢。那是在他服役第二年，有天他坐了半天后，已经开了三十张病假条了，估计不会有人再来开了，胖子早回营房去了，他也走了。恰好上边来了个大官视察工作，他给逮了个正着，立刻被送上军事法庭，法庭上他丝毫没有替自己辩护，结果被判入狱，在狱中度过了他的二十四岁生日。那位少校先生则安然无恙，道理很简单，犹太人擅自离职是蓄谋不忠于国，而德意志人当然不会不忠于他的祖国，他离职是因为有事。

铁窗生涯结束后，他一年的从军生涯也结束了。

为了布局的统一，我们将一八七九年发生的事留到了本节的末尾，现在我们回到布吕克教授的实验室。弗洛伊德在那里的研究一直很顺利，布吕克教授对他既关怀备至，又严格要求，尤其是训练了他严谨的科学研究态度，这对他的一生产生了重大的影响。现在时光已经流到一八八一年，他在维也纳大学已经待了将近八个春秋——比一般人从入校到获得博士学位所花的时间还要多三年！要不是那一天与父亲的相遇，他也许还会待一阵子。那天他从书店出来，胳膊里夹着刚买的两本新书，总共花了十个半盾，不用说那是父亲的钱。他看见了前边那个熟悉的身影，他亲爱的父亲雅各布，他正要喊，突然停住了，他看见雅各布微微佝偻着身子，头发中已经看不到黑色了。他慢腾腾地、吃力地走着，双手不住地在身上摸索，却什么也拿不出来。他的眼泪一下涌了上来，他默默地跟了好久，感到羞愧。

他决定在三个月之内毕业。也就是说，三个月之内他必须通过所有考试，完成论文。

他奋起了八年之前他上中学时的神威，用最快的速度准备并完成了考试，后来他回忆道：

> 在最终考试的压力面前，我一定运用了这一能力的残余，那些课程的考试里，我给出的答案几乎是课本的原文，而我不过是在考试前用最快的速度浏览了一遍。

一八八一年三月三十日，弗洛伊德通过了最后的医学考试，成绩是“优秀”。授予博士学位的仪式在维也纳大学美丽的哥特式礼堂举行。参加仪式的人中有他全家和吉赛娜·弗拉斯的哥哥、他童年的伙伴理查德·弗拉斯。

第二章 爱之旅

哪个少女不善怀春？哪个少男不善钟情？弗洛伊德大学毕业时已二十六岁，属晚婚年龄了。爱情，这古往今来令多少英雄竞折腰的美事也将令弗洛伊德沉迷流连。虽然十年之前，当他回到弗莱堡家乡时，暗恋上了童年时期的游伴吉赛娜，幻想过与她幸福地过一百年，但那毕竟只是幻想，算不上真正的爱情。弗洛伊德的第一次，也是一生唯一的一次爱情是从他遇到玛莎·伯奈斯开始的。弗洛伊德一生的事业之中，除了精神分析，最值得纪念的就是他与玛莎之间终生不渝的爱了。

前途渺茫

毕业典礼的余欢尚未散尽，迷惘却已涌上心头，弗洛伊德刚回家，就陷入了难以自拔的痛苦，他知道那段衣来伸手、饭来张口的日子已经过去了，他从此还应为家分忧。但他能做什么呢?

他学的是医学，帝国政府对医生的标准是很严格的，刚取得博士学位的他没有资格行医。但除了行医，他的医学博士学位又能做什么？他一个人关在小斗室里，苦恼像大山一样压过来，也许是二十五年来第一次无心看书，像失恋的少年一样躺在床上，看着天花板想心事，忘了时间。“我总得挣点钱，不管多少。”他想，“还有，我也不能放弃我爱的工作。”他突然想起了布吕克教授，对，为什么不找他？他一直像父亲一样关怀自己，他一定能帮自己出个主意！这样，他离开研究所一个月后，又回来了。

布吕克教授正在做实验，看见他心爱的学生，微微点了点头，好像早料到他会回来，说：“弗洛伊德博士，你还记得怎样把神经切成薄片吧？”

弗洛伊德说：“记得，教授。”

“那请你现在就切一片吧，你看，你走了后，我们所失去了最优秀的神经切片师！”教授叹了口气，道。

弗洛伊德笑着说：“尊敬的教授，您切得比我要好。”

教授说：“过去也许是，但我已经老啦，眼睛不行啦，没有好眼睛，达·芬奇也画不了画。你瞧，这个神经纤维是不是比素描的笔画要细？”

弗洛伊德走上去，凑上显微镜，看见了看过无数次的神经纤维，即使在放大五百倍的显微镜下看，也只有头发丝的一半粗。他觉得眼睛再也离不开了。

“你为什么不留下来呢？弗洛伊德，我正好还有一个助手的名额。”教授在他身后说。

弗洛伊德一下抬起身来，惊讶地看着教授，他严厉而又充满慈祥的眼睛正注视着他。

“我非常高兴，亲爱的教授。”他喃喃地说。

这样，他又开始了在生理研究所的工作，好像他从来没有离开过一样，他确实没有离开过，一个月，就是对于像弗洛伊德这样惜时如命的人也不是一段漫长的日子，何况他的心总是想着这里。他现在的工作同以前完全一样，与其说是布吕克教授还没有把他当弗洛伊德博士，不如说他过去早已将他当作博士了。他从前工作的成绩，按弗莱施尔的说法，够称弗洛伊德教授了，他要为之连干三杯。不同的是他不再是布吕克教授临时叫来帮忙的学生，而是他的“示范实验员”。有了薪水，不过少得不好意思讲出来，总之不大可能养活一个人。这“示范实验员”是弗洛伊德的第一个职业，他在这里一共干了十五个月，从一八八一年五月到一八八二年七月。

一个最理性的人，有时也会做出没道理的事。做之前也许不觉得没道理，但一回想连自己也觉得莫名其妙了，弗洛伊德这一年也做过这样一件事。就在他为布吕克教授工作的同时，他还在路德维希教授的化学研究所里作了一年的气体分析。也许弗洛伊德自己也不知道为什么这样，我们甚至可以把这看作是弗洛伊德内心矛盾、思绪混乱的后果。因为从他回到布吕克教授实验室后，情绪一直没有稳定下来，好像有个阴影在心里捣乱，挥之不去。这大大降低了他的工作效率，扼制了他的创造力发挥。这一年多，像他自己说的一样：是“在我的职业生涯中最黑暗和最没有成绩的年头”。

这个笼罩在他心中的阴影不是别的，仍是家里的经济危机。

弗洛伊德上大学八年，除了偶尔得到些稿费外，基本上靠父亲供养，我们知道，除了弗洛伊德外，雅各布还有五个女儿：安娜、杜尔菲、鲍莉、玛丽、罗莎；一个儿子：亚历山大；加上阿玛莉、女仆，这样一个大家庭，全靠他一个人维持，他只是一个小毛织品商人，从来就不富有，打弗莱堡搬来时，那笔小财产已经十成丢了九成，搬到维也纳没十年就碰上了一八七三年经济危机，他苦巴巴积攒起来的最后一点可怜的小资本也成水了。以后的日子简直不知怎么过下来的，要是他不是犹太人的话，恐怕早撑不下去了。但他奇迹般地带领全家活下来了，还供出来个博士。然而，到弗洛伊德拿到这个博士时，雅各布已经六十七岁、油尽灯枯了！雅各布热爱他的儿子，以他为荣，他还有一丝气力，还愿挣扎着去挣钱养家，但看着白发苍苍的老父还要一早起来去交易市场，他怎不难受？他心里的矛盾与痛苦像火山一样燃烧，他彷徨着、犹豫着，等待着自己做出决定的一刻。

布吕克教授如何不知他得意门生的处境，从弗洛伊德做他的业余助手起，他就开始在生活上关心他了，他了解困扰弗洛伊德的是什么，常常用婉转的方式帮助他。但现在弗洛伊德面临的，却不是几个盾能解决的问题。

弗洛伊德目前是示范实验员，助手中最低的一级，按照常规，下一步是正式助手，然后助理教授，最后才是教授，即使顺利，每一道关口都要花那么一二十年。而且按常规，教授的助手、助教都有固定名额，一个人走了或者死了，才能用下一个顶替，他自己死了或者主动退休，他的继任人——除非出现特殊情形，这个继任就是他的助理教授——才接他的班，但布吕克的身体很好，看不出一二十年内会去世，他的继承人、助教埃克斯内去世时，就算轮到弗洛伊德接班，怕也是古稀之年了，再接不接这个班也没多大意义！

这些问题是无情的，布吕克教授无能为力。还有，他知道学校给一个示范实验员的薪水少得可怜，不论怎样节省也难以养活自己，更不用说建立家庭了。如果弗洛伊德出生于显贵或者豪富之家，有大笔的遗产，像弗莱施尔一样，不必靠薪水结婚养家，那么弗洛伊德还可能潜心研究。在他的试验室里，做教授跟做实验员研究条件没有什么区别，凭他的才智，做出一两项重要发现颇有可能，那样迟早会有一所大学给他一个教席，他现在做研究工作就不是排队而是为成就而奋斗了。可弗洛伊德怎具备这样的条件呢？“这从他的破上衣就看得出来了。”教授想，不禁替他难过起来。

他决定找他谈一谈。

弗洛伊德何尝没有想到这些，正是这些铁板一样坚硬的现实问题使他拿到学位后就心慌意乱，无法像做学生时那样专心致志地工作了，成绩自然大不如前。但为什么他还不向布吕克教授提交辞呈呢？谈何容易！这意味着从此放弃他心爱的纯科学研究，走上一条前途未卜的路。他本来是抱着治病救人的心来学医的，现在也仍然如此，但在八年的学习过程中，他深深地爱上了科学研究。他也发现自己并不乏这方面的才能，还相当出色。只要能有机会终身从事于纯科学研究，他相信他必能对科学有所贡献。以前的事实也证明了他的信心并非自大。更重要的，在阅读科学史书籍中他懂得，虽然一个医术良好的医生能使很多病人解除痛苦，但为数有限，就算一天治好十个病人，终年不歇，一年也只有三千六百五十个，但世界上有多少三千六百五十！一项医疗技术的革新、一个医学理论的突破，能治愈的病人却无以数计！琴纳发明种牛痘的方法，每年因他的方法而得救的儿童有多少？就在不远的过去，人们对产褥热的病因一无所知，只能眼睁睁看着它夺去千百名产妇和婴儿的生命。然而他的校友，一八四四年毕业的伊格纳斯·塞梅尔魏斯，经过无数次观察和实验，找到了病因，又拯救了多少产妇与她们的孩子？他，弗洛伊德，明知自己很可能有这方面的才能，不应该奉献出来吗？

他当然应该，但是，这样的话，谁来养家？他是长子，父亲为他劳累了几十年，如今奔七十的人了，他还能看着他为自己、为弟弟妹妹终日奔波？他不能！他应当向教授提出辞职，找一个能挣更多的钱，能让他养家的工作——但科学呢？

这些念头牢牢盘踞着他的大脑，他无法一时做出决定，这使得他既迟迟难以向教授提交辞呈，又难以专心从事科研。他无疑已到了十字路口，但自己无力做出选择。那么，后来他又如何做出了抉择——行医呢？

是布吕克教授使他做出了选择。

布吕克教授在打定主意后就不再迟疑，光阴宝贵，弗洛伊德的口袋里恐怕已没有几文。他约见了弗洛伊德，将他的想法坦率地告诉了弗洛伊德。弗洛伊德沉吟良久，说："尊敬的导师，您说的对，我应当按您说的去做，我过去没有这样做的缘故，是由于我太爱好纯科学研究了……"他如实地说出了他过去的希望，说它是过去的，现在它们已经没有意义了。

布吕克教授听了他的话，手亲切地按在弗洛伊德肩上，感叹说："亲爱的弗洛伊德先生，我何尝想让你离开，我想科学女王有知，也不会让你这样一位人才流失，"他停顿了一会儿，伤感地说，"只是我们都不能不面对生活啊，他是个冷酷无情的老人，是不会理睬你的专长的。"他微笑起来，说，"但我认为你的顾虑是多余的，弗洛伊德，因为发明一种治疗方法并不一定要在实验室进行，请你看伟大的琴纳，他的牛痘不是在实验里配制出来的，是从无数天花病例的治疗中找到的，我们出色的校友伊格纳斯·塞尔梅魏斯也从产房里找出了产褥热病因。"

教授的话像六月雪水般倒在他头上，他的头脑一下清醒了，他使劲摇了摇满头黑发，笑了起来，说："亲爱的导师，您真是最高明的观察家和劝导家，您让我觉得我二十分钟以前是个十足的傻瓜，我现在正式向您提出辞职。"

教授的面色又灰暗了，声音显得干涩，说："我接受，弗洛伊德，我舍不得你走，但更舍不得你饿死在我的实验室里。记住，以后我随时乐意帮助你，这实验室里的一切，你仍可以自由使用。"

弗洛伊德觉得鼻子发酸，费力地说："谢谢您，布吕克教授！"

在他的《自传研究》里，弗洛伊德写道：

> 这一转折点在一八八二年来到了，我的导师，我一直对他怀着最高的敬爱，像父亲般地指明了我目光短浅，强烈地劝告我——基于我的经济情况——放弃我的理论生涯。我接受他的劝告，离开了生理学实验室，进入了总医院。

弗洛伊德虽然决定行医，但行医在维也纳远非想象的这么简单。在维也纳，取得医学博士不过是完成了行医最起码的一步，等待他的还有漫长的实习。具体地说，他必须去从眼科、耳鼻喉科到皮肤科、内科甚至妇产科的每一个科进行实习，取得丰富的临床经验。在当时，能提供这些全面优惠条件的，首推约瑟夫二世皇帝亲自主持建造的维也纳总医院，弗洛伊德将在这里完成他的就业前训练。

一八八二年七月三十一日，他在总医院的实习医生名录里签下了：西格蒙德·弗洛伊德。

玛莎

在我们开始讲述弗洛伊德在总医院的实习之前，让我们回到三个月之前，也就是一八八二年四月的一天。

这天，弗洛伊德像往常一样，完成了布吕克教授交给他的工作，准备回家了。自从取得博士学位后，他反而没有自己的课题了，倒不是教授不让他做，布吕克教授麾下的人们永远是自由的。只是他总觉得脑子没有以前灵光了，找不出他感觉可以有所发现的东西，就每天只做教授交给他的活儿了。他脱了在实验室穿的白色长袍，低着头换衣服，心情像昨天一样沉重。弗莱施尔也出来了，他看见弗洛伊德的样子，心里也不痛快，他知道原因，并且已经多次帮助他——借钱给他，有时是硬塞给他的，弗洛伊德不愿欠太多的债。

“西格，我们出去喝一杯好吗？”弗莱施尔说，“我是一喝解千痛，我希望你一喝解千愁。”

弗洛伊德抱歉地说：“亲爱的朋友，改天好吗？我今天想早点回家。”

弗莱施尔诚恳地说：“西格，你家里有事吗？我能不能为你做点什么？”

弗洛伊德摇摇头：“谢谢你，厄内斯特，我只是想早点回去看看。”

他近来每天都很早回家，只是想看看母亲、父亲，看看弟弟妹妹们，好像他明天就要出远门了。他出了研究所，迈着大步，往家走去，臂弯里夹着三本在学校图书馆借的书。天色已经开始暗下来了，街上人流却比中午多，大都是往森林方向去的轻便马车。他双腿飞快地迈着，几乎没有看路，这条他已经足足走了九个春秋的路，不用眼睛也能走回去。走到家门口时，他慢下来，上了楼梯，接着往左一拐，就进了客厅。他看见客厅里有人，是个姑娘，他停下来，准备像往常一样打个招呼就进去读自己的书，一直读到阿玛莉来喊他用晚餐。他看了看那姑娘，她正低着头观赏他几年前去特里斯特克劳斯教授的动物实验站时带回来送给妹妹们的一只彩色大海螺。姑娘有一头乌黑的长发，从头顶中间梳开，又在脖子后面会合，扎成漂亮的大辫子。她身着墨绿色的紧身长裙，衬托出苗条的身材。

姑娘好像感觉有人在看她，突然抬起头来，与弗洛伊德的视线撞个正着，弗洛伊德顿时感觉眼前一亮，书"啪"地从臂弯里掉了出来。有一本滑到了姑娘面前。姑娘的脸微微一红，弯下腰去，拾起了书，伸出手来递给他。他们的视线再度相遇。姑娘微微一笑，弗洛伊德也呆呆地笑了笑，谁都忘了说话。

安娜在一边吃吃笑起来，弗洛伊德才回过神来，求救地看了安娜一眼，安娜忍住笑，走了过来，指着哥哥说："玛莎，这是我的哥哥西格。"口气有点儿夸张的自豪，又对着哥哥说，"西格，这是玛莎，我的好朋友。"

弗洛伊德这时才看清楚姑娘的面容，这是一张无处不透出端庄秀美的脸，微长的鹅蛋脸，饱满的前额下是两道纤细的柳叶眉，大大的眼睛中透出宁静和善良，眼睛下面是他见过的最美的鼻子，再往下是丰满的唇和圆润的下巴。

"哥哥，你怎么不请玛莎坐下？"安娜笑着说。

这是弗洛伊德第一次这样仔细地端详一个女子。他是不由自主的。以前，他在女性，特别是年轻的女性面前总容易害羞，妹妹的朋友，他一般只点点头，略微说几句，就进书房去了，从不关心她们的容貌，也不敢关心。但今天，他没有进房去，而是请玛莎坐下后，自己也坐了下来，陪她说话，他不记得自己说了什么，但愿没出丑。

这是弗洛伊德第一次见到玛莎，如果说还没爱上，至少喜欢上这个端庄的姑娘了。

玛莎也是犹太人，不过不像弗洛伊德一样纯血统犹太人，她的母亲恩米莱尔·伯奈斯，出嫁前叫恩米莱尔·菲利普，瑞典人，她的主要特点是非常讲究个人生活的舒适，她也知道舒适不过是金钱的又一个代名词，所以对媳妇的嫁妆和女婿的财产颇为看重。玛莎的父亲伯曼·伯奈斯曾是维也纳大学著名经济学家劳伦茨·冯·斯坦因教授的秘书，三年前突然去世。玛莎的祖父，汉堡大拉比伊萨克·伯奈斯，是一八四八年犹太教改革运动的领导者之一。他是伟大诗人海涅的朋友，海涅曾在信中称赞他才智过人。他的一个兄弟在巴黎编辑了一份犹太报纸，海涅最早的诗正是刊登在这份报纸上。在一封信中海涅托伊萨克·伯奈斯的兄弟向他们一个共同的朋友问好，那人就是卡尔·马克思。玛莎的两个叔叔也颇为有名，一个叫亚柯布，波恩大学教授兼图书馆馆长；另一个叫米切尔，杰出的歌德和莎士比亚研究专家、巴伐利亚国王路德维希二世特批的慕尼黑大学现代德国文学教授。她还有一个哥哥艾黎，后来和安娜·弗洛伊德结了婚；一个妹妹敏娜，她和年轻的梵文专家伊格纳茨·索恩伯格倾心相恋，他们是引人注目的一对。敏娜身材高大，十分健壮，伊格纳茨才华横溢，一直患有肺结核，弱不禁风的样子，他是弗洛伊德最好的朋友之一。一八八六年，伊格纳茨在梵文研究领域初露锋芒，他的肺结核已到了晚期，不幸去世。那时，敏娜尚未和他结婚，但敏娜从此再也没有结婚了。从一九〇八年起她和弗洛伊德家人一起生活，直至一九四一年去世。

伯奈斯太太是阿玛莉的老朋友了，阿玛莉还是未出嫁的汉堡人时就和也住在汉堡的伯奈斯太太相识了，两家算得上世交，但阿玛莉嫁往弗莱堡后，两家很少来往了。一八六九年，伯奈斯夫人随丈夫迁来了维也纳，但两家仍没有多少来往，直到艾黎和安娜不知怎么地相好起来。安娜也和未来的夫妹玛莎成了好朋友。今天玛莎就是来看安娜的。这两家人凑到一块，一下凑成了两对夫妻，可谓硕果累累。

直到玛莎要走，弗洛伊德都坐在距她不远的地方，静静地听她同妹妹们说话，他插不上话，也不想插。想想看，六个女孩子待在一块，话说得完吗？玛莎要回家了，安娜她们送她到门口，安娜凑近玛莎的耳朵说：“亲爱的玛莎，你今天创造了一个奇迹！”

玛莎微笑着说：“什么奇迹？”

安娜感叹说：“你把西格留在了客厅里，没有进去读他的书。”

玛莎抬头一看，看见弗洛伊德正站门边望她，她大方地招了招手，登上马车走了。

这时，正是弗洛伊德一生中最迷惘的时候。像前面说过的一样，他倾心于在布吕克教授研究所从事的纯科学研究，可是每当他回到家，看到炉边忙得满头是汗的阿玛莉，看到满头白发的父亲仍要为生计奔波，他的心就像被塞进了一块黄连，苦不堪言。现在，玛莎的出现像给他如苦药的生活带来了一碗蜜糖，他的苦恼一扫而光。躺在小书房里的床上，他心里充满莫名的希望之光，像一个正在沙漠中旅行的人看到了前方仿佛有一片绿洲，但那是海市蜃楼还是水草丰满的绿洲呢？

第二天起，弗洛伊德就是另外一个人了，以前几乎从来没有和陌生的年轻女性打过交道的他——除了十年前在弗莱堡和吉赛娜——从此天天给女士送起红玫瑰来，上边还挂着一张小卡片，用他懂得的各国文字，拉丁文啦、希腊文啦、意大利文啦、英文啦煞有介事地写上各式警句名言：时光如潮水，永不会等人；要评说人家的过错，先摸摸自己的良心。不时还附上一封短信，信里自然对玛莎大唱赞歌，说她的牙齿像珍珠，眼睛像蓝宝石之类，又给了她一个美妙的称呼：公主。

鲜花攻势持续一个多月后，弗洛伊德得到最初的成功，在去卡尔斯巴藤的路上，他挽起了玛莎可爱的小手。这在欧洲还远算不上谈恋爱，玛莎路上也并没有表现出多少亲热，这使得他惴惴不安。尤其是有一次他去玛莎家看她，看到她正在做一个硬纸夹子，她告诉弗洛伊德这是给她的表兄做的。弗洛伊德立即陷入了绝望的深渊，这类的陷入非止一次。

在经过好多次不安与自认无望又柳暗花明后，弗洛伊德决定性的一次机会来了。后来他在信里记得清清楚楚，那是一八八二年六月十日，在一个小花园里，他们一起吃杏子，发现了一个双仁杏，这可是一个了不得的发现，预示好运道为期不远。按照风俗，他们第二天互赠了礼物。他送给玛莎一本狄更斯的名著《大卫·科波菲尔》，玛莎用一只亲自烤的蛋糕答谢，上面用彩色奶油写上“亲爱的朋友弗洛伊德”，签名是“玛莎”。于是，弗洛伊德就请求玛莎允许他用她的这个名字称呼她，玛莎同意了，这是个不小的进展，但弗洛伊德丝毫不敢断定这说明了什么。他凭直觉意识到，他对玛莎的感情比玛莎对他的来得深，至少目前如此。

情定摩德林

弗洛伊德与玛莎相恋的情形保留在他们的千封情书之中，我们正是依据这些记载去进行有限想象的，就像前面他们的第一次相遇，那天的大致情形已经记载在他们的书信里。除此之外，他们俩还有最珍视的一天，在以后的好多年里，他们每年同一天还要特地纪念，这一天就是一八八二年六月十七日，他们在摩德林的经历。著名传记作家欧文·斯通在他的弗洛伊德传记小说《心灵的激情》里对这段经历也做过丰富的想象。

摩德林是维也纳附近一座美丽的乡村小镇，打维也纳坐一个多小时火车就到了这儿。给城市的喧嚣弄得头昏脑涨的维也纳人，或者满心浪漫的年轻恋人都爱来这儿过周末。这里的人们喜欢用火红的瓦片盖屋顶，一栋栋掩映在高耸翠绿的橡树底下，美丽极了。小镇不远处就是摩德林山，山坡上爬满了葡萄藤，像给整座山披上了一领绿色披风，现在叶子下已挂满了成熟的葡萄，一阵阵酒香从一家家小酒馆里飘出来，都是今天才酿出的新酒。

此刻，摩德林山蜿蜒的小道上，两个年轻优美的身影穿行在绿色的海洋里，有时，他们整个的身子都露出“海面”，有时，“海水”一直漫过他们的头顶。

他个子不高，约一米六九，一身黑色西服，颔下扎着蝴蝶结，一头笔直的黑发往右边梳去，紧贴着头皮，眼神严肃，满是自信，不高不低的鼻子下长着轻骑兵式的胡子。他身边的姑娘是一袭曳地的淡紫色长裙，身材苗条，比他稍微矮一点，同样是一头黑发，从中间分开，在脑后扎成美丽的一束。他们，不用说，是弗洛伊德和玛莎。

弗洛伊德还不敢相信身边天使一样的姑娘是陪着他的，最近两个星期发生的事像一场梦一样。从那天见到玛莎后，他几乎天天要见她，他也几乎天天见到了。玛莎经常来他们家，她同安娜已经是形影不离的好朋友，每天弗洛伊德都会给她送上一枝玫瑰。她家的房子在蓝色的多瑙河附近，很大，也很漂亮，他常幻想，要是有一天能与玛莎两口子住在那样的房子里就快活了。今天是周末，他特意邀了玛莎同艾黎来这里散散心，期望美景能助他得到幸福。

但他能够得到幸福吗？他看着身边迷人的姑娘，不由得对自己极不相信起来。

他今年已经二十六岁，还不过是布吕克教授实验室里的一个示范实验员，每个月二十美元都挣不到。他不由得暗自伤心，即使能得到她的垂青，他又怎能给她一个舒适的家呢？想到这里，他不由得叹了口气。

玛莎抬起头来，蔚蓝中带点灰色的大眼睛惊奇地看着他，要他解释。

他抱歉地笑了笑，说：“对不起，玛莎，我想起了自己的处境。”

玛莎认真地说：“您有什么为难的地方吗，弗洛伊德先生？”

这时，他们已经来到了摩德林山顶峰，朝山下看去，可以清楚地看到弗朗茨·约瑟夫大帝广场，广场上矗立着一根精雕细镂的纪念柱，是为纪念征服黑死病而立的。黑死病是鼠疫的俗称，在欧洲历史上曾数次横行，中世纪的一次大流行曾夺去了欧洲三分之一的人口。

弗洛伊德想了想，说：“如果您不嫌烦的话，亲爱的伯奈斯小姐，我很高兴告诉您，我正处在很困难的时期，我不知道我上大学以来抱着的雄心壮志是不是已经注定要成为一场泡影……”

弗洛伊德简单地讲了讲他在大学时取得的成绩，他从那时起就怀抱的志向，他的志向现在面临着什么样的危险。

玛莎头稍往前倾，认真地听着，当听到弗洛伊德年纪轻轻就取得的一个个成就时，眼里露出真诚的钦敬。等弗洛伊德说完了，她轻声说：“你是说，你希望通过实验室研究找到某些疾病的病因，来彻底地消灭它们？”

弗洛伊德点点头说：“我原来是那样想的！”

玛莎衷心地赞美道：“你是个志向远大的人！”

弗洛伊德笑着说：“你呢？玛莎，你对将来有什么打算？”

玛莎笑起来，说：“我吗？我只想有个安宁的家，做个好主妇，将来生一大群孩子。”说到这些时，她的双眼里露出异样的光彩，弗洛伊德觉得迷人极了，他几乎想脱口而出：“我正想有个这样的太太啊！”但这样太唐突了，他充满爱意的眼光往玛莎肩上飘来，看见那裸着的白玉一般的香肩，他脸一红，别过了头。

他突然说：“玛莎，你想过你未来的丈夫吗？”

玛莎迟疑了一下，放低了声音，说：“我不是个浪漫的人，我只想找个真心爱我的人，我也爱他，我们相亲相爱过一辈子。”

弗洛伊德沉默了一会儿，笑着说：“在这个时代，这是个不小的雄心哩！你听过海涅那首诗吗？”说罢轻轻吟诵起来：[1]

结婚铸大错，
冥王常叹息。
新娘才过门，
后悔已无期。
天府变地狱，
熬煎更无比。
单身逍遥日，
早已成追忆。
自从成亲后，
唯愿早咽气。

玛莎皱了眉，不快地说：“您相信这样的话吗？”

弗洛伊德连忙表白：“我？当然不信！我虽然没有谈过恋爱，但我相信只要结了婚，我会忠心地爱我的妻子一辈子！”

1　此诗译文转自《心灵的激情》。

两人好一会儿都在想心事，和煦的阳光落在他们的脸上，那是两张充满青春朝气的脸，因为激动，或者爬了山，都发红了，后来弗洛伊德说：“讲讲你的过去好吗，玛莎？”

玛莎谦虚地一笑，说：“我的过去平淡得很。”但她还是讲了起来。她操一口纯正流利的高地德语。

从她柔和平淡的叙述里，弗洛伊德知道了她出生在汉堡，八岁开始在维也纳上学，很自然地学起了班上同学的口音，把“东西”说成“真细”，把“石头”说成“西头”。有一天父亲把她叫过去，说：“孩子，你说的不是德语，是维也纳土话。”接着开始教她说标准德语。她头一天不习惯，第二天又对父亲说她要吃“冰果”，父亲立刻说：“我们家里没有‘冰果’，只有‘苹果’！”从此她的口音一下就改过来了。但接着她就成了同学的笑柄，大家都把她当成可怜的结巴。上完八年女子中学后她就回到了家里，有六年了，今年她二十一岁。

弗洛伊德问：“那么这六年里你在做什么呢？”

玛莎淡淡地说：“等待。”

“等待什么？”弗洛伊德天真地问。

“嫁人。”玛莎认真地说。

弗洛伊德只觉得心怦怦直跳，他偷偷看了一眼玛莎，她正若有所思地望着前方，他真想立刻跪在姑娘脚下，说：“求你嫁给我吧！”

过了好一会儿，玛莎缩了缩肩膀，像害怕冷，说：“我们回去找艾黎吧，他一定在等我们吃饭了。”弗洛伊德默默地跟在她后面，一会儿就看见了在山腰手搭荫篷往山顶张望的艾黎。

艾黎是个聪明伶俐的年轻人，比玛莎大一岁半，三年前，父亲突然去世，他毅然放弃上维也纳大学的机会，接任了父亲的职位，为斯坦因教授做秘书，挣薪水供养全家。

玛莎笑着说：“哥哥，你怎么甩开了我们，自己走了？”

艾黎一本正经地说：“玛莎，这是西格的意思。”

弗洛伊德惊叫：“哪有这回事，玛莎，你不要信他。”

玛莎笑道：“信又怎样？”

弗洛伊德咕哝一声，不说话了，他心里何尝不作如此窃想，只是未曾说出来。

“我们该下山了。”玛莎说，“晚餐我吃得下一整只鸡。”

他们三个一齐下了山，弗洛伊德想找一家餐馆好好吃一顿，这些红屋顶小楼有一半兼做饭馆，但艾黎除了进一家看了一会儿，对每一家都不满意，直到来到了巍峨的圣·威特玛教堂前一栋格外漂亮的房子前。门还关着，艾黎手一指说："我们就在这儿用午餐。"

弗洛伊德说："你的眼睛没有出毛病吧？艾黎，你想把它漂亮的红屋顶当牛排啃掉吗？"

艾黎说："我说在这里就在这里，你要不喜欢等会儿你不吃就是了。"说着朝关着的门走去。

玛莎在后面笑得好快乐，弗洛伊德转身对玛莎说："玛莎，你不会同艾黎一样想把我弄糊涂吧？到底是怎么回事啊？"

玛莎止住笑，说："这是我一个叔叔的别墅，他们还没有来度假，就把钥匙给了艾黎，我们今天正好可以在这里用午餐。"

弗洛伊德吃惊的样子是很好玩的，但他很快地镇定下来，进去后，坐下来，说："那么，亲爱的艾黎，你想自己动手为我们烤面包和煎牛排吗？"

他的话还没说完，就看见一个穿白衣的侍者推着一辆手推车进了院子，上面是一顿丰盛的午餐，有煎牛排、沙拉、芦笋，还有一只大烤鸡，以及水果和饭后甜食。

弗洛伊德认真地说："艾黎，如果这就是欺骗，我希望你每天来一次！"

饭后，刚说了几句话，艾黎站起身说："我要去叔叔的葡萄园摘一些最香甜的葡萄，你们不去吧？"说着已经起身走了。

弗洛伊德和玛莎相视一笑，看着艾黎的背影消失在巨大的橡树干后。

玛莎说："在房子后面有个小花园，我们去坐坐好吗？"

这是一座很整齐的小花园，开满了各色鲜花，在园子中央有一棵菩提树，长着圆圆的叶子，一头长出一条尖尖的须，在这一带很少见，树下有一张小桌子，旁边还有椅子，他们走过去，弗洛伊德把椅子拉开一点，请玛莎坐下，自己也坐下来。

此时正值一天中最美丽的时刻，柔和的阳光透过菩提树叶，轻轻落在桌面，画出一个个小小的椭圆，仰头望去，没有太阳的地方，天空像大海一样湛蓝湛蓝。

他伸出一只手，放在桌子中央，摊开手掌，玛莎小心地将一只手放进去，她感觉弗洛伊德的手发烫。他紧紧地握住这只手，它有些凉，皮肤细腻柔软，恍若无骨，他们第一次面对面端详起来。

他有一个宽广的额头，头发像她的一样漆黑，梳理得整整齐齐，轻骑兵似的胡子高傲地向两边翘着，最使人一见难忘的是他的眼睛，眼窝很深，双眼又大又黑，眼中满是自信，神采飞扬，还透出一丝淡淡的忧郁，好像在怜悯世人的苦难。

玛莎感到脸上发热，微笑着说："您刚才说您在海边工作过，能详细讲讲吗？"

弗洛伊德点了点头，说："那是在我上大学五年级时，我的生物学老师克劳斯教授带我去了特里斯特，他在那里的海边建了一个动物实验站，我去给他做实验助手，教授交给我的第一项工作是寻找鳗鱼的性腺，主要是确定雄性鳗鱼睾丸的位置。"

玛莎不解地问："为什么鳗鱼的睾丸需要确定位置呢？看不见吗？"

弗洛伊德点点头，说："正是这样，鳗鱼是一种很原始的鱼类，它与一般鱼类不同，成熟前是雌雄同体的，我们很难区分它们的性别，但是，当它们性成熟后，就游往大海了，从来没有人在大海里逮到过它们。"

"雌雄同体？"玛莎还是第一次听到这个名词，不由得轻声重复了一遍，又问，"您后来找到您要找的东西了吗？"

弗洛伊德有点得意地说："找到了。"又耸耸肩，"只是不算是我找到的。"

玛莎惊讶地说："那为什么？"

"因为在我找到以前，有位塞尔斯博士曾猜测过它在哪里——他猜对了，因此我不过是证实了他的设想。"

玛莎遗憾地摇了摇头。

弗洛伊德笑笑说："没有什么，我毕竟证实了塞尔斯博士的猜想，后来，克劳斯教授在科学院宣读了我的论文，又把它发表在科学院的学报上。"

他接着像一个教授一样宣讲起来："虽然这对于科学是个很小的问题，但并不等于它的意义也很小，对于科学，使所有能够清楚的问题的答案呈现在人类面前是所有科学工作者的共同责任，我们的知识并非一开始就像现在这么庞大，而是通过像鳗鱼的性腺这样一个个小问题的解决，将知识一点点积累起来，再经过大师们的深化，使它们理论化、体系化，成为可以写在课本上的知识。例如达尔文的进化论，实际上，在他之前，拉马克已经提出了用进废退学说，住在马来亚的一个英国生物学家华莱士甚至提出了和他基本相似的学说，只是没有他那么多例证、那么完整而已。如果没有拉马克、华莱士这些与达尔文一样杰出的人们的共同努力，进化论就很难产生，如同没有大地作基础，我们的高楼大厦将无从建造！我的责任就是通过寻找这样小问题的解决，再逐步达到对自然、对人类更本质的认识！"

玛莎又伸出一只手，紧紧握住了他桌面上的那只手，她眼中含着热泪说："谢谢您，以前从没有人对我说过这样的话，你使我好像看到了一个新世界，一个完全与我以前看到过的小地方不同的世界，它太美了、太崇高了……”玛莎说不下去了，停了一会儿，喘了口气，有点羞怯地笑着说，“您给了我一件最好的礼物，是跑遍维也纳的大小商店也买不着的。”

弗洛伊德笑着说：“我可以向您索要一件回礼吗，伯奈斯小姐？”

玛莎说：“当然可以，不过您需要什么礼物呢？”

“您的一幅小像。我要把它挂在脖子上，像守财奴爱金子一样地爱护它呢！”

他知道他已经爱上玛莎了，但不知道她是不是也有点爱他。

玛莎脸红起来，他觉得她是全世界最美丽的女人。“您还记得我第一次见到您那天的情景吗？傍晚我臂弯里夹着书，走进客厅，正因为决定不了是不是要继续留在布吕克教授那里而烦恼，看见你在看我送给妹妹们的大海螺，我不由自主地停住了脚步，那时你还没有抬起头来，所以我并不是被你的美丽吸引了，我现在也不知道那是什么缘故，要是往常，我一步就跨进我的房间去了，等到你抬起头来，我就忘记这个世界了，玛莎——”

他突然停住了，他听见了玛莎的哭声，他看见玛莎双手蒙住面孔，泪水透过白如玉的手指间，在苍白的手背上留下一道湿痕。

“玛莎，我亲爱的玛莎！”弗洛伊德感到心里狂喜得要炸裂一般，从椅子上跳了起来，扑过去搂姑娘的肩膀。玛莎站起来，他将她搂入怀中，他紧紧地抱住了心爱的姑娘，弗洛伊德要将她压进自己的躯体，他一遍又一遍地喃喃道，“玛莎，玛莎，我亲爱的玛莎……”

宝石与珍珠

有理由相信在使弗洛伊德终于决定放弃纯科学生涯的诸因素中，玛莎也是个不小的因素。自摩德林回来后，像所有年轻男女一样：他们坠入了爱河。详细情形不难想象：大量散步、大量幽会、大量书信，还有大量情意绵绵的话语。这些都有弗洛伊德的书信做证，在他们等待结婚的日子里，光弗洛伊德写给玛莎的信就有上千封。在他们相爱以后不久的一封信是这样写的：

> 亲爱的玛莎，您给我的生活带来了多么巨大的变化啊！今天能够到您的家里，坐在您的身边，我真是高兴极了……我真想这样的傍晚、这样的散步永远不会停止。我不能说出是什么使我如此如醉如痴；我不敢相信我会在几个月内见不到您可爱的倩影；我不敢相信不会有更好的人将您从我身边夺走。短短的两个星期，我心中充满了多少希望、忧虑、欢乐和苦难。但对于我自己，我深信，如果我有过丝毫犹豫，我就绝不会像在这几天一样流露我的真情……
>
> 不，现在我不能在这里说那句我一定要说的话，我没有信心，那句话姑娘可能会喜欢也可能会讨厌。我只要说：下次我们相见时，我要用“你”来称呼我最心爱、最思念的人，我渴望能确定我俩的关系，虽然也许我们不得不长久地隐瞒。

这封信里有两句话需要解释，一是弗洛伊德说“我不敢相信会在几个月内见不到您可爱的倩影”，二是“虽然也许我们不得不长久地隐瞒”。

第一句话是因为玛莎马上要到万兹贝克去过夏天了，因为没有了丈夫，伯奈斯太太没有必要整年生活在同一个地方，她就在她的几处房产之间搬来搬去，这里过个夏天，那里过个冬天，又在另一个地方过个春天，艾黎虽然要挣钱养家，不能和她一起走，但玛莎和敏娜只得跟着她走了。

第二句话是因为几乎可以肯定伯奈斯太太不会同意他们恋爱。对于儿子和安娜的事，她已经一肚子的不高兴了，再要是女儿也给弗洛伊德家夺了去，那还得了！她不是觉得安娜和西格人有什么不好，她相信他们都是好青年、好姑娘，可是他们有一个她不能原谅的缺点：没钱！她活了大半辈子，深知钱的重要和没有钱的可怕，因此，她在儿女的婚事中考虑最多的就是钱。尤其是艾黎，这样出色的小伙子，只要他肯，找个有一二十万盾陪嫁的犹太姑娘，点点头就行了！至于玛莎，伯奈斯太太一点也不急，她长得美，喜欢她的小伙子多的是，不用嫁妆也嫁得出，她之所以不想她和西格谈恋爱，完全是为了女儿。她想，弗洛伊德家的日子那么苦巴巴，弗洛伊德又是书呆子，不会挣钱，将来还不把女儿饿死！

由于这些明摆着的缘故，弗洛伊德和玛莎的大量书信，都只能用明修栈道、暗度陈仓的法子传送，弗洛伊德的这封信就是通过艾黎偷偷转交的。

只要不谈及嫁娶，伯奈斯太太对弗洛伊德还是不错的，离开前，她邀请弗洛伊德全家去她那里做客。阿玛莉身子不好，雅各布要去挣钱，都不能去，安娜和西格可高兴了！他们在伯奈斯太太邀请的那天精心打扮一番，兴冲冲地去了。

伯奈斯家住在第三区的马特豪森街，就在蓝色的多瑙河旁边，大公园附近，是栋挺气派的房子。伯奈斯太太还算热情地接待了两兄妹，她是个典型的北欧人，不仅身材魁梧，身上也无一处不巨大，有一张既长又宽阔的面庞，高而挺直的鼻子，同样宽广高大的身躯，手里老捏着一副单片眼镜，不时提起来看看同她说话的是哪个家伙。面上神情十分威严，好像时刻都在提醒儿子和女儿她才是伯奈斯家的家长哩！

和伯奈斯太太客气一番后，艾黎就邀请他了："西格，到我房间去看看怎么样？"

弗洛伊德当然高兴，只是不敢显出很高兴的样子。随着艾黎进了他的房间，这是一个单身汉住的最好的房间了，每一个小地方都布置得令人说不出的惬意，弗洛伊德不由得啧啧称赞。

艾黎笑着说："这都是玛莎替我布置的！"

弗洛伊德顿时双眼放光，朝门口看看，艾黎悄声说："我带你去玛莎房间。"

玛莎的房间就在艾黎隔壁的隔壁，门一推就开了，艾黎笑着说："我进我的房间去了，玛莎一会儿就上来。"

弗洛伊德进了玛莎的闺房，房间大小与艾黎的差不多，只是朴素些，有一个大窗子，窗外可以看到碧蓝的多瑙河水在阳光下金光闪闪，窗边靠墙有一个小书架，书架前有一张小写字台，想是兼作梳妆台，上面放着梳子和几个化妆品盒，写字台前有一把小皮椅，床在窗子的对面，洁白的床单、洁白的被子，被子上放着大小两个枕头，大的是靠枕，就是这些。他心里不由得涌起难言滋味，既为玛莎的俭朴感动，又为自己找到这样一个妻子而庆幸。"我将来能给她的，也只能是这样一个家、这样一间卧室啊！"他听到门口轻轻一响，转过身来，看到玛莎笑吟吟的面庞，他喊道，"亲爱的玛莎！"张开双臂。

玛莎扑进他的怀抱，两人一言不发地拥抱了好久。

弗洛伊德伸手从衣袋里掏出了一个小盒子，打开，说："亲爱的，我可以给你戴上吗？"

玛莎从他的脖子上抬起头，一看，是个老式的，但非常漂亮的宝石戒指，她双眼放出欢乐的光芒，俏皮地说："西格，我可以把它看成求婚吗？"

弗洛伊德深情地说："如果你愿意的话，亲爱的！"

玛莎默默地伸出手指，弗洛伊德小心地捏着修长洁白的食指，将戒指轻轻套了上去。

“你看，亲爱的，多美，好像为你定做的一样！”弗洛伊德叫道。

玛莎抬起手凑在眼前，仔细打量着，眼中溢满幸福。

“这是我们弗洛伊德家代代相传的宝物，亲爱的，我希望有一天会由你传给我们的孩子。”弗洛伊德轻抚着玛莎的肩膀说。

玛莎红了脸，娇嗔地白了他一眼，说：“你想得太远啦，弗洛伊德博士！”然后又爱抚起戒指来，仿佛它就是她的孩子一般，好一会儿，又把它摘了下来，装进盒子，拥抱着亲爱的未婚夫，说，“亲爱的，我会好好保护它，像保护我的眼睛一样！”

弗洛伊德有点遗憾地接着说：“等到伯奈斯夫人同意我们的婚事时再戴上。”

玛莎也叹了口气说：“我真想立刻就戴上下去给母亲看！”她突然记起了什么，走到她的梳妆台前，拉开抽屉，手里也有了个小盒子。

她轻盈地走过来，递给他，笑道：“要是你不来，我就要给你送去了，你看是什么？”

他当然猜得到！他打开盒子，映入眼帘的是一枚他见过的最美的戒指，上面镶着闪亮的珍珠。

他深情地看着玛莎，说不出话来。

玛莎轻轻地说：“这是我爸爸留给我的，他说他把他的爱藏在这里面，他要我把它送给会像他一样爱我的人。”

他戴上戒指，紧紧地抱着他那么爱着的姑娘：“我爱你，玛莎，我对你的爱将与我的生命同在！”

玛莎在他怀里待了一会儿，说：“亲爱的，你怎么只爱我和你的生命一样长？书上的恋人们都说要爱到天荒地老呀！”

弗洛伊德笑着说：“可我是个天生的无神论者，亲爱的。”

玛莎叹了口气，说：“哪怕说说空话也好啊！”

弗洛伊德被她娇柔的幽默逗得笑起来，紧紧抱住心爱的人。

“西格，我们多久才能结婚？”

弗洛伊德深深地吸了口气，说：“我们的祖规是七年。”

他们都知道这是一段难以忍受的漫长岁月，但无论多么漫长、无论多么难以忍受，他们都会忍受下去。

弗洛伊德说：“亲爱的，我想我应该做出决定了，我明天就去同布吕克教授商量。”

“什么决定，亲爱的？”

“我要放弃纯科学研究，开业行医。”

玛莎抬起头，惊讶地看着他，说：“可是你很希望搞科学研究啊？”

弗洛伊德摇摇头，苦笑着说：“那样恐怕要到八十岁才能和你结婚，亲爱的，我们要敢于面对事实，行医也许不能找到消灭疾病的办法，至少我能实实在在治好病人，何况它还能使我们早点生活在一起，能使我父亲不去工作，给妹妹们准备点嫁妆，给亚历山大找所好学校……”弗洛伊德的苦笑逐渐变成了舒心的笑。他们拥抱在一起，他们知道，面临的将是漫长的等待岁月，弗洛伊德还只是大学最低级的示范实验员，即使下决心行医，也至少有两年的实习期，在那以后他才可以开办诊所，但诊所开成后多久能攒足结婚的钱呢？两年？也许需要五年、六年甚至七年。

“书信会将我们紧紧联系在一起的！”弗洛伊德轻声地说，凄凉中透出坚强。

痛苦的甜蜜

订了婚的弗洛伊德沉浸在爱情的甜蜜中，但这甜蜜远非蜜糖般只有甘甜。几乎从爱情的第一天起，他就遭受着爱情的鞭打，痛苦成了他享受幸福的方式。

影响他爱情美满的第一个因素是弗洛伊德同玛莎家人的恶劣关系。虽然没有告诉伯奈斯太太他们的事，但从暗暗订婚起，他与未来丈母娘的关系就比先前更坏了。伯奈斯太太是个与众不同的人，她并不把子女的幸福看得比自己暮年的安乐更重要，她从来要求儿女们听她的话，不能有半点违拗。玛莎与敏娜基本上也这么做了，这使得弗洛伊德心里窝火极了，他不止一次地在给玛莎的信中抱怨未婚妻母亲。有一封信是这样评价伯奈斯夫人的：

> ……她是富有魅力的，但与我合不来，我想以后这也不会有什么改变。我想找出她与你的相似之处，但几乎什么也找不到。她很热衷于使气氛紧张起来，并且强求别人尊敬她。我不止一次地预见到我对她会有看法，我并不想刻意回避这些看法。一是她开始对我的弟弟不客气，我非常爱他。另一点是我决心使我的玛莎的健康不要因为一味的孝顺与节食而受到损害。

我们知道在弗洛伊德家共有七个兄弟姐妹，其中只有最大的和最小的是男孩。弗洛伊德对比他小十岁的亚历山大从小有一种父亲般的感觉，也像一个父亲一样处处护着他，对他弟弟不客气是他最受不了的事。后来，他还因为弟弟与艾黎大舅子闹一场。玛莎的健康也是他最关心不过的事，玛莎是个娇小的姑娘，面颊一年四季都是苍白的，弗洛伊德很担心她不健康。玛莎去了汉堡后，有一次信中说她感觉不舒服，没把他给急疯了。他一心只想要玛莎注意身体，但觉得伯奈斯太太好像关心的只是自己的健康，有时还出些弗洛伊德认为不利于玛莎健康的主意，而玛莎总是赶紧照办，叫他又气又急。

伯奈斯夫人除了不喜欢儿女与穷人结婚外，她还有一个不喜欢的，那就是维也纳，无论它的空气还是它的市民。她一直怀念着她的汉堡，丈夫去世后，她想她现在是伯奈斯家的一家之主了，她做出的第一个大决定是搬到汉堡去，艾黎在这里有工作，但女儿们是要跟着她的，虽然敏娜与玛莎都不愿意，但她还是执意走了，这使得她的两个未来女婿恨死她了。

弗洛伊德同伯奈斯家的另一个主要成员，也是他的妹夫的艾黎关系后来也搞僵了。他们的关系本来还可以，他对艾黎不顾安娜的无分文嫁妆而娶她很感动，他也知道艾黎完全找得到有钱的太太。但这些都没有阻止他们关系的恶化，事情始发在亚历山大身上。

那时亚历山大中学毕业了，担任一家经济学刊物编辑的艾黎叫他在他那里当学徒，按照当时的规矩开始没有给薪水。过了两个月，弗洛伊德便叫弟弟去问艾黎要工资，艾黎说两个月后才给，弗洛伊德就叫弟弟再也不去那里了。当艾黎向他抱怨他的兄弟时，弗洛伊德一点不客气。艾黎气得够呛，回去便对母亲说弗洛伊德如何如何，母亲当然站在儿子一边一齐怪弗洛伊德，这样，他与他们的关系越发紧张了。

另一件事以后还要说，就是艾黎拿了玛莎的嫁妆钱去投资，当弗洛伊德与玛莎结婚要用钱时，还不怎么想送回来，弗洛伊德认为他想占便宜，这令他们的关系几乎一发不可收拾—— 一八八三年他妹妹与艾黎结婚时，他没有参加婚礼。

他与伯奈斯母子简直成了路人。

如此局面下最痛苦的是玛莎，她一方面要与家里人和睦相处，另一方面又不能让弗洛伊德不痛快。一方面母亲只想她与未婚夫解除婚约，另一方面未婚夫又几次告诉她她在他与她的家庭之间只有“要么……要么……”的选择。这种争执的结果她只能在偏向未婚夫的前提下尽量与母兄和睦相处，她做到了，但却怎么也不能使她的这三个至亲和谐起来。

这样的结果可想而知，除了相恋后开始的一段，偷偷订婚后，他就开始少去伯奈斯家了。玛莎家搬到距汉堡不远的万兹贝克后，他们频繁地通信，但弗洛伊德的信不能直接写给玛莎，他找到了玛莎一位朋友，请她写了许多信封，里面装上他的信。玛莎写给他的信则直接寄往医院。这样偷偷摸摸地直到他觉得有条件可以公开向伯奈斯夫人求亲时。

横亘在爱情路上的不单有家人，还有他们自己，像所有的情人一样，他们的相恋也是经常伴随着争执与误会。

玛莎虽不是国色天香，但颇有魅力，喜欢她的小伙子不在少数。弗洛伊德可不是那种看得开的人，也许是缺乏自信，他对玛莎要求严苛。玛莎也不是千依百顺性格的女人，一旦弗洛伊德对她过分苛求，她就毫不客气地反驳，坚持她自己的原则，这常使弗洛伊德痛苦不堪，尤其在爱情的初级阶段。

早在弗洛伊德得到玛莎的爱情之前，玛莎有一位表兄，他们从小非常要好，弗洛伊德第一次听说这位表兄是玛莎在替他制作一个纸文件夹时，那时他便想："我没希望了，玛莎有心上人了。"

一八八三年七月，玛莎搬到汉堡后，这位表兄更是经常与玛莎在一块，把弗洛伊德气得要命，又无可奈何。真正使他与玛莎产生冲突的还不是表兄，是一个画家。

弗洛伊德做事情的方式是要么不做，要做就全心投入。对爱情更是这样，他对玛莎的爱情不仅仅是热情，而是狂热，这样，爱得深所以求得切；怕得深，于是妒得狠，他就是这么嫉妒弗里兹的。

早在认识弗洛伊德之前，玛莎已经认识弗里兹了，他是个性格开朗、爱好广泛的家伙，很浪漫。他不断地邀请玛莎到处去看博物馆，讲解名画，甚至叫她学绘画。他还能天天上玛莎家去，光这个就叫弗洛伊德大感不安全了。他恨起画家来，写信给玛莎说：

> 我认为那些艺术家与我们这些天天沉浸在科学研究细节中的人是天生的敌人。我们明白他们的艺术使他们拥有轻易地打开所有女人之心的钥匙，但我们在那把锁前却束手无策……

更令他不安的是他未来的连襟索恩伯格告诉他："西格，当弗里兹听到你和玛莎订婚的消息后，满脸泪水。"这不是明摆着吗？弗洛伊德再也不理睬弗里兹了，虽然他们曾经是朋友。

看到这难堪的局面，一天，索恩伯格请他们喝酒，想化干戈为玉帛。几杯酒下肚，弗里兹突然泪流满面，他恶狠狠地对弗洛伊德说："如果你没有使玛莎幸福，我就杀了你，再自杀。"弗洛伊德对他的话一副不屑一顾的样子，他觉得自己真是强者。弗里兹又说，"你不信吗？只要我写信叫玛莎甩掉你，她一定会那样做！"这话逗得弗洛伊德笑起来，他说："你未免将自己看得太高点儿了吧？"

弗里兹怒不可遏地拿出笔来，当场给玛莎写了一封信，声称是叫她"离开没出息的弗洛伊德"。

弗洛伊德把信抢过来一看，顿时脸都气白了，里面哪是什么叫她离开弗洛伊德，全是绵绵情话，就像他写给玛莎的那些！他把信撕得粉碎，第二天就去信要求玛莎与弗里兹断交。玛莎当然拒绝，并说她将给弗里兹写信，告诉他他们的友谊一如往昔。

这样的情形非止一次，每次弗洛伊德都一连几天气得双眼发黑。但过了这几天后，又会发现原来自己错了，立刻写信向玛莎道歉，保证不会有下一次，当然，事实是，在下一次——那并不需要很久——来之前才没有下一次。他那些道歉信中的一封是这样写的：

> ……没有比这更发疯的了，我对自己说。你自己没有一点优点却赢得了你最敬爱的女孩，两个星期后你却认为没有比用花心去责备她、用嫉妒去折磨她更好的了……当有像玛莎一样好的女孩喜欢我我怎么还去害怕什么马克斯·迈尔之流呢！这都说明了我的愚笨，根子在于爱得太深的自我折磨……现在我已经把它像病一样赶跑了……我对于马克斯的这些情绪都来自我的不自信，与你没关系。

但在所有的痛苦当中，最使他们痛苦，也最经常地折磨他们的，还是离别，在他们四年的相恋历程中，足有三年是在相思之苦中挨过的。特别是当一八八三年六月十七日伯奈斯夫人执意回到她钟情已久的汉堡后，他们更是只能一个在维也纳对月长吁，一个在汉堡迎风落泪了。

在这样的情形里，能解相思的没有温情的拥抱，只有传情的鸿雁了。在三年的离别中，他们像写日记一样地写信，这些信中留存下来的约有两千封。弗洛伊德去世后，玛莎本想将它们与他们夫妻的生命一样付之天地。但在孩子们与弗洛伊德学生们的极力劝阻下同意保留下来。第一个得到阅读权利的是厄内斯特·琼斯，弗洛伊德最忠实的弟子与朋友。琼斯后来说，那些信展现的是一颗最热烈的爱与最忠实的心——有时热烈得嫉妒，有时忠实得狭隘。它们与弗洛伊德在他的事业当中表现出来的坚定与冷静完全不同，但这样展现的才是他的生活、他的人格。这些信是写作弗洛伊德传记的主要精神材料，前面已经引用了不少，后面仍将引用很多，它们无不体现着弗洛伊德的心灵深处的思想，这里试引用一八八四年六月十九日的一封：

> 毕竟，你理解了你对于我生活的重要，只有在我内心最大希望的鞭策之下我才能工作。在遇见你之前我不懂得生之欢乐，现在既然你“原则上”是我的了，完完全全地得到你是我珍惜生命的前提，不然的话我一点也不会在意它。我已经做了许多任何通情达理的人都会觉得十分艰难的事。例如作为一个被贫困折磨的人去研究科学，又作为一个贫困的人去追求一个贫困的女孩——然而这就是我的生活方式：冒许多险、抱许多希望、做许多工作。至于平庸的小市民的常识，我久已弃之了！

在另一封信里他诉说未婚妻的思念之情：

> ……我非常想你。不，还不是非常想，是想极了、想病了、想疯了、想死了……一句话，我对你的思念，难以言表。

当然，这些离别与离别之苦未始没有好处。对于他们自己和他们的爱，正如弗洛伊德所说：“如此的思念使人们比每小时都待在一起关系更加紧密。鲜血与痛苦一起织就了最坚固的纽带。”对于后来的人们，这不但给我们提供了写弗洛伊德传记的素材，而且使我们看到了在现实中已经看不到的忠贞不渝的爱。

为什么弗洛伊德与玛莎不早日完结这无尽的痛苦呢？缘故最简单，又最难以克服，就是钱。这问题如同今日阻碍着无数有情人成佳偶一样阻碍着弗洛伊德与玛莎。

前面已经说过，弗洛伊德终于决定放弃纯科学研究，转而从医的一个重要原因是遇见了玛莎，得到了她的爱，爱的自然归宿就是婚姻。但怎么结婚呢？结婚就意味着要建立一个家庭，但家庭可不是光爱情就成，得要钱——这就是症结所在了。那时弗洛伊德只是布吕克教授的一个示范实验员，每月工资不足三十盾，连自己吃饭都不够，哪还谈得上其他。而他又不像弗莱施尔那样家里有的是钱，要钱就得自己用双手挣。就像我现在用双手打字一样，他要用双手去看病。这样，他唯一的出路就是开业行医。在正式开业行医之前，以至于在开业后相当一段时间，他一直处于贫穷之中，不是一般的穷，而是几近赤贫。他不得不常向朋友们，弗莱施尔、布洛伊尔等，借钱以维持生计。

首先，他一直从布洛伊尔那儿定期接受借款，到他得到博士学位时，总数已近一千五百盾，他只能“希望”有朝一日能还清这笔对他的收入来说过于巨大的债款。他的家庭也同样不得不经常接受阿玛莉亲戚的周济。弗洛伊德就在这样的环境中苦苦挣扎，像他对玛莎说的一样：“冒许多险，抱许多希望，做许多工作。”

正是由于有了希望，即使在这样艰苦的环境里，弗洛伊德没有叫苦叫累，找定了他要走的路以后，他就义无反顾地走起来了。他们的爱情也在这艰苦里得到了升华。到了一八八五年，他们已经彼此自信完全获得了对方的爱，弗洛伊德在这时写的一封信中说：

> 我承认我们现在已经明智地认识到我们的爱毫无疑问，但是倘若没有过去的一切就不可能如此。如果在你给我带来许多痛苦的两年时光里，我痛苦的深度没有以一种无可置疑的方式使得我意识到我对你的爱的强度，我就不会获得现有的信仰。让我们不要轻视每一封信，它使生活值得活着、去等待那个决定着生与死的日子。我不知道我能否有别的选择，那些为了战斗与胜利的艰难岁月，只有在它们之后我才找到宁静，去工作以便得到你，只有在赢得这一步后我才能去想其他。

但这一步还没有走到，他还没有给倾心相恋的姑娘戴上结婚戒指，他还有很多路要走——虽然路已经明晃晃地摆在眼前——他先得完成他的实习，再去巴黎，再回来开业行医，挣足够的钱为他的新娘安排一个家。

终成眷属

到一八八五年，弗洛伊德觉得生活不像以前那样与他作对了。首先他已经完成了在总医院的实习，并获得了私人讲师职称，这对不久就要开张的诊所无疑是金字招牌。另一件更为重要的事是伯奈斯夫人经过这么两三年的风雨，对儿女婚姻的态度也有所改变了，还在汉堡的最后几个月，她没有再做什么阻止女儿与心上人直接通信的事。这对于她也就表示同意婚事了，玛莎把这个巨变告诉了弗洛伊德，弗洛伊德欢喜非常，从此，他可以大模大样地自己写信封了，去汉堡看玛莎时不用躲在旅馆里等玛莎从家里溜出来了，虽然这时他正在军中服第二次役，但这只是一次演习，用不了多长时间，他一天天扳着指头数日子，等待解放的那天。

到了与玛莎约定的那天，穿上他最好的衣服，登上了去万兹贝克的火车。窗外宽广的草地上一排排柏树、一片片橡树一掠而过，时而看到工业化带来的一群群烟囱里冲出钻天的黑烟，火车吐出的烟也像一条长蛇扑来，又向后奔去。他不由得想："过去的岁月也就这么流逝了啊！"他但愿伯奈斯夫人的敌意像这黑烟一样消失在无边的过去。

他感到车慢了下来，已经到了万兹贝克。他一眼就看到了月台那边那个熟悉无比的身影。他的心一下跳到了嗓子眼儿。他整了整领结，竭力装得像个庄重的绅士。

下了火车，玛莎站在他面前，眼泪止不住落下来，他握着玛莎柔若无骨的手，勉强笑着说："亲爱的玛莎，你一见我就伤心吗？"玛莎带着泪也笑了。

西格又小声说："我奇怪我竟然没有发疯。"

他们手挽手走在万兹贝克的小街上，比起维也纳来，它的一切好像小了一倍。街上满是一个个抱着鲜花叫卖的女人。弗洛伊德买了一束淡黄色的康乃馨，滴着水珠。玛莎会意地一笑，幸福地依在他身边，仿佛他们已走在教堂的祭坛前。

伯奈斯家万兹贝克的住宅坐落在一个小山包下，一片小树林前。这样的小山包在一马平川的这一带很耀眼。弗洛伊德抱着康乃馨，有点不安，他已经不止一次来看过玛莎了，但以前从没有进过这所漂亮的房子，他想："伯奈斯夫人会怎样接待我呢？"

玛莎突然把他的胳膊紧了一下，吃惊地说："西格，你看！"

他一眼就看到了，在伯奈斯家门口台阶前，有一个魁伟的身影，那是伯奈斯夫人，正向他们招手呢！

弗洛伊德不由得侧头看了看玛莎："亲爱的，你想那可能是你母亲吗？"

"为什么不可能？"玛莎有点顽皮地向他笑道，"西格，你等下要恭恭敬敬地向妈妈行礼，她很老派的。"

弗洛伊德乐呵呵地说："我很高兴向高贵的伯奈斯夫人行礼，只要她不转过身去。"

伯奈斯夫人不但没有转过身去，还主动问好："你好，弗洛伊德先生。"

弗洛伊德深深地鞠躬："您好，尊敬的伯奈斯夫人。"一个不错的开头，他想。他递上鲜花，伯奈斯夫人露出了难得的笑脸，感慨地说："谢谢你，弗洛伊德先生，已经二十年没人送过我鲜花啦！"

他进去后看到了敏娜，她比以前更瘦了，弗洛伊德知道这是因为索恩伯格也瘦了。他也不由得难过，想到了不幸的索恩伯格，他几天前还找来布洛伊尔，布洛伊尔称得上是全维也纳最好的内科大夫，对他进行了全面检查，发现他的肺结核已经到了晚期，只能期望奇迹了。他又想到了他们的恋情，他们一直没有让伯奈斯夫人知道，也许伯奈斯夫人永远不会知道小女儿为什么成天郁郁不乐了。

晚上，玛莎邀弗洛伊德去看看万兹贝克的月亮。"你会发觉比维也纳的圆多了。"她自信地说。

他们手挽着手在月光底下走了一会儿，弗洛伊德紧紧搂着他那么想念的人的腰肢，问："亲爱的，你愿意嫁给我吗？"

玛莎挣开他的手，回过头，笑着说："怎么，西格，你原来一直没有向我求婚，我还以为你早说过了哩！"

弗洛伊德重新将她抓回来，说："当然说过了，从我们相遇的第一天起。我这是说，亲爱的，你愿意在最近的将来做我正式的妻子吗？"

玛莎沉默了一会儿，抬起头来，弗洛伊德看见她眼中闪着亮光，玛莎用颤抖的声音说："什么时候？"

"六月十七日。"

他们停了下来，凝望着彼此的眼睛，似乎在里面看到了摩德林山果实累累的葡萄园，看到了那栋红顶的小楼，小楼后美丽的花园和花园里那棵菩提树，它正在微风中摇摆着它手掌般的叶子，祝他们幸福！

"我愿意，亲爱的！"玛莎眼中闪着泪光说。

"我一回去就向伯奈斯夫人求亲。"弗洛伊德笑着说，"你想她还会像以前一样不高兴吗——我打赌要是以前她听到我的提议不会高兴。"

玛莎笑着说："现在不一样了，你写给她的信打动了她。"

他们热烈地接了吻，往回走去。回到客厅里时，看到伯奈斯夫人直直地坐在她的大沙发上，这是她的宝座，家长地位的象征。她默默地听完了弗洛伊德的请求，用她一贯冷静的口气说："弗洛伊德先生，我知道你和玛莎四年之前就开始了你们的恋爱，我一直没有表示我的支持，我当然有我的理由，但现在不管我有什么理由——那个理由仍然是成立的——我同意你娶我的女儿。但据你说你希望尽快结婚，我也不反对，但我可以问你一个问题吗？”伯奈斯夫人仍那样直直地坐着，连眉毛也不抬。

弗洛伊德又恭恭敬敬鞠了一躬。

伯奈斯夫人嘴角浮出稍带讥讽的微笑，说：“你用什么结婚呢？你知道我很穷，付不起嫁妆。”

弗洛伊德镇定地说：“夫人，我们会有办法。”

伯奈斯夫人有点无可奈何地说：“好吧，我同意——但记住，一切都靠你们自己！”她伸出了手，弗洛伊德使劲吻了一下，满脸通红。

他小声说：“夫人，我希望婚礼在六月十七日举行。”又把伯奈斯夫人吓了一跳，不过这些她已见怪不怪了。

与玛莎结婚，这是弗洛伊德几年来做梦都想的事，他知道他这一生除了这个没有更大的愿望了——至少现在没有。他不是个野心勃勃的人，他之所以要在布吕克教授的实验室里继续搞他的组织学研究、之所以热衷于可卡因，无非是想早点做出比较大的成就，这样就能找到一个好职位，有较高的收入，能使他尽快和玛莎结婚。他们的爱情之路已经够长的了，现在已经了解了他们的爱坚如磐石。他在一封信中总结他自己的感情历程说：

> 开始的日子里，我对你的爱情混合着深深的伤痛，后来是对永久的忠诚与友谊的令人愉快的自信，现在我只怀着热情的喜悦来爱你——这已经超出了我的希望。

结婚之前应该调整好的，他们已经调整了。也就是说，他们懂得了各自在未来生活中所扮演的角色。经过顽强努力，他已经使好强的玛莎基本懂得她是属于他的，在未来的日子里他将扮演主要的角色——当然不是主人的角色。玛莎也已明白，原则上她得听从他——丈夫的安排，这是人类几千年来在男女之间的自然法则，她甚至接受并且最终习惯了弗洛伊德有点狭隘的独占观念。有个例子可以说明这一点。

有一年冬天，玛莎想去溜冰，她去问弗洛伊德是否同意，弗洛伊德一口回绝了。玛莎感到难过，问为什么，他解释说，现在他没有时间陪她，溜冰需要同伴，按照当时的风俗，势必会有一位男士出来充当她的骑士，他会拉着她的手，使她不致跌倒，也许他还会有意让她跌倒，那样男士就可以双手放在她臂弯里扶她起来了。他——她未来的丈夫，是无论如何不能容忍的。玛莎除了把这看成爱的表示，还能怎样呢？

这样，在经过四年的爱情生活后，他们在心理上已成夫妻。剩下的就是如何使他们成为事实的夫妻了。这时，他们的婚姻是万事俱备，只欠东风，这个东风就是钱。

其实，弗洛伊德对物质生活的要求并不高，就像他在一封描述他们未来之家的信中所言：

> 我们所要的不过是我们可在那里生活、用餐、接待个把客人的两三个小房间，还有一个做饭时火不会灭的炉子。再就是那些生活必需品：桌子、椅子、床、一面镜子、一座钟，好提醒我们度过的幸福时光……

但这样的基础设施对于他们也是何其之难！弗洛伊德估计结婚他至少需要有二千五百盾，他计算时这笔钱只是个数目。但他最后搞到了这笔钱，与其说是辛苦挣钱的结果，不如说是一凭运气、二靠人缘。

我们知道，弗洛伊德在医院时最高的月薪是他做代主任时的四十五盾，还只拿了几个月，他得的一点奖学金还在巴黎就已花得精光。他结婚前行了几年医，但挣的那几个钱连自己都养不活，更不用说存钱了。哪里来钱租房子、买家具、办喜事呢？

一是靠他的朋友。首先是帕里斯，他是弗洛伊德的同事兼朋友，继承了一大笔遗产，他看到弗洛伊德实在穷，就在一八八四年四月主动给他提供了一笔一千五百盾的“贷款”，由于主要是供给弗洛伊德去万兹贝克看玛莎用的，弗洛伊德就叫它“玛莎基金”。直到现在结婚，还剩约一千盾。另外就是布洛伊尔，他几乎是定期借钱给弗洛伊德。至于他另外的朋友们，他也零零星星借过不少。现在能留给他结婚的，只有帕里斯那笔钱了。这都凭的是他的人缘。至于他的运气，其实是玛莎的运气。玛莎有几个阔亲戚，她自己原来继承了一小笔遗产，她的一个姨妈又送了她一笔，加起来二千六百盾。就在她婚前两个月，她的另一位姨妈又送了她一千二百五十盾，她在伦敦的一位远房叔叔，十分富有，送了她八百马克。这样凑起来，结婚、加上建立一个新家所需的钱勉勉强强够了。

弗洛伊德本来与玛莎商定在他们相识五年的纪念日：一八八七年六月十七日，举行结婚仪式。那时他还在舒尔茨的神经病科里做代理科主任，当他得知他获得了去巴黎的奖学金，他立刻把婚期提前到了一八八六年年底，在这年春天，他从巴黎回来后，听说他在卡索维茨基医院里的位子已铁定了，他又把婚期提到了这年十一月，后来，他还要提前——他已经等了漫长的一千多个日日夜夜，现在发现每一天都那样长得难熬，他不禁佩服起自己过去的忍耐力。

这里回顾一下弗洛伊德在此之前的经历，这些经历是他漫长人生苦旅的肇始。后面将专门传述。一八八二年七月三十一日到一八八五年八月三十一日，弗洛伊德获得了医学博士学位后，在维也纳总医院实习。实习结束后他去了巴黎跟从当时最著名的精神病学家夏科研究精神性疾病的起因与治疗。一八八六年二月离开巴黎，到了柏林，在著名儿科病专家巴金斯基处学习了一段时间，一八八六年四月四日回到维也纳。

这时正是维也纳春天最美丽的时节，一个个鲜花盛开的街心花园、一棵棵绿叶森森的行道树将维也纳打扮得分外妖娆，站在宽阔无比的约瑟夫大街，他有恍若隔世之感。这时家里已经没有地方给他住了，他就在罗瓦纳大街二十九号，距父母只有两个门的地方租了一个房间，并且寻找他在结婚以前，甚至婚后能住的、真正的“家”。经过一番“探索”，他在金碧辉煌的大皇宫附近、罗森纳大街七号租到了一套合适的房子，有两大间和一小间，类似于我们现在的两室一厅。是时弗洛伊德已经完成了实习，迫不及待地要运用十三年来所学的医学知识，开设他的诊所了。

他向布洛伊尔、罗森纳格尔、迈内特这些不但是杰出的科学家、也是维也纳人最信服的医生请教了一番行医之道。将他的“两室一厅”中的大客厅用一道帘子分开，一半做卧室，另一半就是诊所。开业之前，他在报纸上登了如下广告：

西格蒙德·弗洛伊德博士，维也纳大学神经病理学讲师，在巴黎研修六个月之后，业已归来，现寓居于罗森纳大街七号。

他又送了两百张名片给维也纳的同行们，一八八六年四月二十五日，这一天是西方人的复活节，他的住处门口挂上了一块黑底金字的招牌，上书“西格蒙德·弗洛伊德博士诊所”，算是正式开业了。

开业第一天，他收到了三个病人，其中两个是朋友送的贺礼，用送病人的方式表示对新同行与新竞争对手的祝贺是维也纳大夫们常用的方式。第三个是个自称有点头痛的女士，弗洛伊德认为她大可不必找大夫，他也知道这样的女士乃医生们的天赐洪福。她们要么继承了一大笔遗产，要么丈夫有钱，所以有钱又有闲，看病不过是种消遣方式，她们也从不懂治感冒与治肺结核之间的诊费有什么区别。这样的开张还算吉利，关上诊所大门后，弗洛伊德医生点清当天的收入，不由得想要是天天能这样就谢天谢地了。

但接下去几天就不行了，维也纳人像跟他逗趣，让他尝了点甜头后就躲到一边去了。他看着空荡荡的候诊室抱怨：“这真称得上是候诊室，不过是我这个医生在等候病人。”

到六月份情况又有了改善，同行们送来的病人又多起来，这大半归功于他治好了同事们送来的一些疑难病患者。

例如他的一位医生同行，满面疲倦地来找他，告诉他妻子的失常：“她以前是个很保守的女人，但近来每次我们去参加晚会，她都打扮得花里胡哨，同身边的男人眉来眼去，不顾我就在旁边。她性欲亢进，越来越主动，要求越来越频繁，弄得我筋疲力尽，还不能满足她。”说罢医生就留下妻子，看他的病人去了。他的妻子是个非常美丽的女人，身材高挑，满头金发，胸脯丰满，一双眼睛水汪汪地盯着弗洛伊德，一边介绍着她的病情，一边就挺着丰乳往他的身上挨过来。弗洛伊德赶紧把她打发走，他请维也纳大学的妇科教授科罗巴克给她进行妇科检查，但教授表示他也无法断定她的病因。弗洛伊德苦思冥想，诊断医生太太是患了复活硬化症，这是一种罕见的病症，常导致性欲亢进。结果表明他的诊断是准确的。

给他送病人最多的还是布洛伊尔。维也纳人称他为“神奇大夫”，找他的病人常要排队。另外，罗森纳格尔教授也送来了葡萄牙大使，这位大使是只“铁公鸡”——一毛不拔。弗洛伊德接待他时，本来是有点想头的，以为大使可以给他空空的钱袋放上好几个金币，甚至计划好了用它们为玛莎买件小礼物。

看到这里您也许会问：“这个大使说不付就不付吗？”那么让我们谈谈当时维也纳看病付诊费的规矩，它同现在我国的惯例颇不相同：一是病人常常不会看完病后就付费，除非就要离开这个地方了，或偶尔经过。二是无论什么情况下医生都不会主动去要钱，付不付全在病人自己。这么说假如病人都不付，医生岂不要饿死了吗？——对，就是这样。只是维也纳从来没有医生饿死过，相反都过得上比较富有的生活。三是社会底层人士，普通工人、农民、贫穷市民，医生一般都不收他们的诊费，除非他们自己要付。这就是所谓的免费病人，每个医生每天都要看相当多的这种病人。四是如果没有看好病，医生就不会收费。弗洛伊德曾治疗过一个名演员，但没有治好，他收到演员寄来的诊费后，退了回去，并写信对自己的无能表示惭愧。

这时，弗洛伊德是在为结婚而奋斗了，他希望自己至少能挣到勉强维持一个家庭的钱。但在四月底时，付了诊所的房租后，只剩下四百盾了，还包括他一点可怜的积蓄。至于他得到的诊费，连他自己都养活不了，六月份情况有所改善，这个月他挣了三百八十七盾。但单靠这种办法头发白了他都结不成婚，何况他还答应了每年给家里五百盾。

但这一切都阻止不了他尽快成婚的决心，他已年届三十，能享受夫妻幸福的日子已经不多。他从万兹贝克看望玛莎回来不久，在给玛莎的一封信中，他写道：

> 一个人有多少青春、多少健康，能有多久使自己看着爱人容颜的改变无动于衷？倘若我听任你等着直到我能赚足够的钱付清一切，恐怕到那时你已忘记怎样开怀大笑了。自从回这儿来后，我太想你了，都不能够正常地生活了。我从无数个角度去想你，因我已将你看成我的一切：情人、妻子、同志、知己，我生活在最痛苦的空虚之中。一周一周地，我不能工作，不能对任何东西感兴趣，我不能找到恰当的表达，只知我非常非常不快活。

正当弗洛伊德忍受着相思与贫穷的双重痛苦时，祸不单行，他又接到一纸调令，他又得参加军事演习，为期一个月，而这正是医生们生意最好的季节。军令如山，他只得拖着沉重的步子去了。这又给他几乎无从实施的结婚计划来了个釜底抽薪。

然而，我们知道，弗洛伊德绝不是那种在命运面前低头服输的人，像所有取得伟大成就之人，他有着钢铁般的意志，就像弹簧一样，挫折越大，信心越足。因此，这一切阻碍反而激起了弗洛伊德洛与命运相对抗的决心，他就像贝多芬一样，“我要扼住命运的咽喉，它休想使我屈服”，说什么也不会再推迟婚期。

伯奈斯夫人听到这个消息，十分生气，她无法理解他的倔强，来了一封语气强硬的信劝他改变主意。她在信的末尾直言不讳地说：

> ……推开一切其他考虑，你首先要做一个有理智的人。此刻你就像一个不能达到目的而发脾气的小孩，又哭又闹，以为可以通过这种方式得到一切。

弗洛伊德此时确是不顾一切了，即使身上只有半个盾了，也不能令他推迟一小时结婚。

与上次不一样，这次军训没有他预料的坏，从八月九号到九月十号的军训期间，他与上级、士兵们建立了良好的关系。军训一结束，他就匆匆赶回来了，这时他已是弗洛伊德上尉了。因为他不但医术高明，而且表现了对帝国的忠诚，司令员破格给他晋升了军衔。

他回到维也纳的第一件事就是找房子，原来开诊所的地方显然不够建立一个家庭。他每日白天看病，晚上四处游荡。雅各布、阿玛莉、妹妹们也一齐出动，逛遍了维也纳每一处可供年轻医生们安家的地方。

功夫不负有心人，一天，他在游逛中终于发现了一处合意的住宅。它是一栋新建的四层豪华公寓楼，有着非常宽阔的大门，三个雄伟的哥特式尖顶挺立在蓝天白云下，从门框到窗台处处精雕细镂，位于玛丽亚—特蕾萨大街八号，有一个特别的名字：安抚楼。这个名字里藏着一段伤心的往事。

在建造这栋楼的地方，原来坐落着久负盛名的皇家环形大剧院。一八八一年十二月八日，正在上演歌剧时，突然发生火灾，雄伟的剧院烧成一片白地。活活烧死了四百多名维也纳人。当约瑟夫皇帝建造这栋公寓时，为了纪念这次灾难，将它起名叫“安抚楼”，以安抚烧焦的灵魂们。也正因为这样，很多维也纳人视这里为不祥之地，尽管房子设计豪华且现代化，房租也较便宜，仍空着好多房间。

弗洛伊德可没有这些忌讳，这里地段相当好，隔着一条街就是维也纳大学，再过两条街就是综合医院。玛丽亚—特蕾萨大街又是维也纳最繁华的地段之一，病人们来往方便，房间里到处是精美的装饰画，更重要的当然是它房租便宜。弗洛伊德仔细考察后，在二楼租下了有四间正房的一大套，他想：“这里够我们建立一个朝代了。”

他立即写信把房子的情况告诉了玛莎，包括它不幸的过去。玛莎回信说：“希望我们的幸福能安慰天堂里的灵魂们。”婚期也已最后定下了，一八八六年九月十三日。

倘若世上有什么令弗洛伊德痛恨的事，就是结婚的宗教仪式了。他的父亲雅各布向来是一个自由思想家，热爱犹太传统，但从不关心犹太教，也从不上教堂。弗洛伊德也成了彻头彻尾的无神论者，他觉得那些烦琐无比的教规仪式简直可笑。他本来准备在德国结婚，那里的婚姻只要在政府那里登记一下就合法了。结婚前几天，玛莎把他的美梦打破了。当他们手挽着手作为未婚夫妻进行最后一次散步时，玛莎告诉他，在奥地利，他们的婚姻必须举行宗教仪式才是合法的。弗洛伊德气了个眼冒金星，把弗朗茨·约瑟夫皇帝和皇家最高法院诅咒了一番后，只有认命了，但玛莎允诺尽量减轻他的痛苦。

临别时，玛莎拥抱着明天的丈夫，微笑着说："给你的未婚妻最后一个吻吧，你明天就失去它了。"

弗洛伊德深情无限地吻着玛莎柔软的唇，说："第一个吻，向我最亲爱的未婚妻告别，第二个吻，向玛莎·伯奈斯小姐告别，明天她就是玛莎·弗洛伊德太太了。"

一八八六年九月十三日，在万兹贝克市政厅，三十岁的西格蒙德·弗洛伊德与二十五岁的玛莎·伯奈斯结为夫妇。六十五年后，玛莎·弗洛伊德还会自豪地回忆起那个没长胡子的婚姻注册官拖着尖细悠长的嗓音唱歌般地问："西格蒙德·弗洛伊德先生，您愿意娶玛莎·伯奈斯小姐为妻吗？"弗洛伊德不待他说完"为妻吗"，抢着回答："我愿意！"把满脸庄重的注册官逗得露出了微笑。九十岁的玛莎摇摇满头银丝，也露出了同样的微笑："那是一段多长的幸福日子啊——五十三年！"

第二天本来是个重要日子，但由于是弗洛伊德非常苦恼的日子，就不多说了，在万兹贝克犹太教堂，弗洛伊德身穿怪模怪样的犹太长袍，口吃般念着昨天从艾力丝·非利普叔叔那儿学来的希伯来语祈祷词，嘟嘟哝哝地感谢耶和华赐给他一个好妻子，又口齿清楚地保证履行丈夫的义务。包括小夫妻的父母兄弟姐妹，出席婚礼的只有八个人。然后新婚夫妻在阿玛莉的哭泣声中、在弗洛伊德妹妹们的亲吻声中、在伯奈斯夫人严肃的叮嘱声中，出发上卢贝克去了。

到达卢贝克后夫妻给伯奈斯夫人去了一封信，由两人轮流、一次写一句，声称"西格蒙德与玛莎之间从此将展开一场三十年战争"。然后，就在这座小城里过新婚第一夜。

第二天，小夫妻到达了特蕾威明顿，波罗的海岸边一座美丽的小城。他们将在这里度蜜月。白天，他们在蓝天白云、和风轻拂的海滩漫步；晚上，在潮声中享受婚姻的甜蜜，超脱了相思的苦涩、金钱的烦忧与事业的羁绊，度过了如醉如梦的一个月。

他们知道，未来并不会总是蜜月，但正因为它的短暂难得，他们倍加珍惜。

百年之约

这是本章的结尾。

它很短，之所以要将它作为本章的一节，因为在以后将没有专门记述他们爱的章节了，但是，这对他们，尤其对弗洛伊德，不但是他一生的幸福，而且对他毕生的事业都是如此重要，最好在这里超越时空，简单讲讲他婚姻生活的进程。

这是一个百年之约。

从他们一八八二年四月那个夜晚邂逅，到六月十七日订婚，到一八八六年九月十四日结婚，到一九三九年九月二十三日弗洛伊德逝世，历时五十七年，这是充满爱的五十七年，充满幸福的五十七年。只要读过他们的千封情书，就不难想象他们为什么会终生深情相爱。弗洛伊德在面对无数打击与谩骂，被无数人骂作淫棍，仍能毫不畏惧地提出他的力比多理论、俄狄浦斯情结理论，写出他的性学三论、倾听年轻女患者描述甚于黄色电影的经历，与他对自己、自己的行为、自己的婚姻有坚定的信心紧密相关，他一生忠于妻子、忠于家庭，所以他敢于提出任何有关性的理论——它们必不来自他的生活，而只是来自他的临床实践、来自他对无数病例的观察与思索，而非对他自己生活的反省。

同样因为如此，他的思想才不致引起严肃研究者的怀疑。他对待婚姻、对待爱情的严谨与忠诚使他们相信，他关于性的思想也必是严谨与忠诚的，绝非哗众取宠。

精神分析的爱好者与研究者当向他们的百年之约致敬！

一八八六年十月一日，度完蜜月的弗洛伊德夫妇回到维也纳，他们在玛丽亚—特蕾萨大街的新家。在这里他们将一直住到一八九一年八月。然后搬到贝格街十九号，直到一九三八年六月五日，倘若纳粹不把他赶走，相信他还会住下去的。

他们爱情的第一个果实于一八八七年十月十六日出生，取名玛蒂尔德。以后是两个儿子：让·马丁·弗洛伊德（1889.12.6），以纪念让·马丁·夏科；奥利弗·弗洛伊德（1891.2.19），以纪念弗洛伊德少年时所崇拜的英国资产阶级革命领袖奥利弗·克伦威尔；搬到贝格街十九号后，又生下了儿子恩斯特（1892.4.6），以纪念恩斯特·布吕克；女儿索菲（1893.4.12）；以及最小的女儿安娜·弗洛伊德（1895.12.3），在弗洛伊德的六个儿女当中，安娜最有成就。她终身未婚，跟随弗洛伊德从事精神分析研究，并在弗洛伊德去世后成为国际精神分析运动领导者之一，是儿童心理分析的开创者，一生著述颇丰。弗洛伊德后代中另一个成大名的是他的孙子卢西恩·弗洛伊德，恩斯特的次子，当代西方最有影响的画家之一。他将精神分析的精神运用于绘画，取得了震撼人心的视觉效果。

以上这些都是弗洛伊德与玛莎百年之约的果实。玛莎在弗洛伊德去世后还活了十七年，直到晚年，都生活得很轻松，当她九十五岁生日时，她的照片登在了报纸上，她对照片不大满意，说：“它使我看上去有了一百岁！”

第三章　苦旅之初

当弗洛伊德走出维也纳大学的象牙之塔，步入社会这一大锅粥时，也许才可以算得上开始了他的人生之旅。弗洛伊德这趟人生之旅，不是如许多普通人所享有过的是“幸福的人生”。虽然，早从大学时开始，弗洛伊德就已经取得了骄人的成就，但他的成就给他带来的往往不是荣誉与金钱等通常对成功者的褒奖，相反，给他的只有精神，甚至肉体的痛苦，实际上，正是他的成就使他陷入了痛苦。而他步入人生之始，也是这痛苦之始。所以我们称它为苦旅之初。这里有两重含义，一是说弗洛伊德的人生之旅是“苦”，二是说这场苦难人生刚刚开始。

实习医生

在这里，让我们使时光倒流，回到那天上午，一八八二年七月三十一日，弗洛伊德把他的名字签在维也纳总医院的实习医生登记本里。

作私人开业医生，一个起码的本领是什么病都能对付两下，因为病人找私人医生，向来不管他是内科、外科还是妇产科，头痛了来医、脚痛了来医、肚子痛了照样来医。总不能对他们说：对不起，我这里只医头，你脚痛了另找高明去吧！他决定从外科开始实习。主要因为这一科他知之甚少，却又是他最拿手的一科，从知之甚少到知之甚多费不了多少功夫。我们不要忘记，弗洛伊德在二十岁时就开始给鳗鱼动手术了。他在外科病房工作的时间是每天上午八点到十点、下午四点到六点、晚上十点到十二点。

弗洛伊德在外科只待了两个月就走了，他发现给人动手术所需要的技术精密度远不如他寻找鳗鱼睾丸时所需要的，这不难理解——鳗鱼还未发育成熟的睾丸比人体的任何一个要动手术的器官不知小了多少倍，所以对于他，给人动手术是小菜一碟。

他没有浪费时间，马上转到了内科。八月四号，他怀里揣着迈内特教授给的介绍信，找当时最杰出的医学家之一，罗森纳格尔教授。罗森纳格尔刚从德国来到维也纳接受医学教授席位，他接待了这位他的老朋友迈内特教授推荐来的年轻人。

罗森纳格尔教授是个面貌威严的人，就像布吕克教授一样，个子不高，满头灰发向后梳得整整齐齐，眼神犀利，好像能像看透病情一样看透你的灵魂。有一个大鼻子，下面是看上去坚硬如钢的大胡子。他不但是卓越的内科专家，在生理学、神经系统、心脏、消化器官等的病症上都有精深的研究。弗洛伊德呈上迈内特教授的信，教授仔细地读了之后，遗憾地告诉他，虽然迈内特教授信中说他曾经在他的研究所里有出色的成绩，他也相信迈内特教授，因为他一向不喜欢赞扬人，他必定有极为出色的表现，但他来迟了一步，他已经答应了别人！

弗洛伊德心里一沉，他是从迈内特教授那儿得知罗森纳格尔还缺一个助手的，迈内特教授特意推荐他来，并说，只要教授还没有确定人选，他就很有希望。现在看来又要落空了，这份工资又挣不到了。看到他大失所望的样子，教授又告诉他仍可以做候选人，虽然不是正式助理医生，但同样有一份数目不大的工资。

弗洛伊德大喜过望，这样，他在九月十二日到了罗森纳格尔教授的内科门诊部。

他发现罗森纳格尔教授比布吕克教授还要严格，他的口号是：“任何一天睡眠超过五小时的人都不能学医。”他对学术和病人一丝不苟的态度使他获得了所有助手和病人的崇敬。弗洛伊德在这里花六个半月的时间研究怎样治疗各种内科疾病，在第二年的五月一日转到了迈内特教授的精神病门诊部。教授不久想方设法把他任命为正式助理医生，每月工资三十盾，相当于十二美元。

从这一天起，弗洛伊德的生活又有了一个重大变化：医院给了他单独的住所，他从此离开了家，不再和父母住在一起。这对于雅各布和阿玛莉简直是晴天霹雳，要知道，弗洛伊德从出生起就是这个家的灵魂，从出生直到今年二十七载，除了出门短期旅行，从来没有离开过家，没有不睡在家里。现在，没了儿子住在家里，阿玛莉简直不懂还要房子干什么？但弗洛伊德保证说经常回去吃饭，为了给儿子做饭，阿玛莉才勉强挺过来了。

在迈内特教授指导下工作是弗洛伊德好久以来向往的事了，迈内特教授是当时欧洲最有名的精神病专家之一，他的课程是弗洛伊德大学期间感兴趣的少数几门之一。他对迈内特教授的尊敬与爱戴就像他对布吕克教授的爱戴与尊敬一样。

正是在迈内特教授的精神病诊所，弗洛伊德第一次正式接触了将耗去他毕生精力的精神病患者。

刚入诊所，这些与众不同的人就给他留下了异常深刻的印象。他看到一个年轻姑娘不停地洗手，一本正经地说她看见上面有粪便。一个修士能记起小时候的每一件小事，可是完全忘了最近八年发生的事，还不停地要水喝。一个退了役的士兵喊道他是帝国元帅，弗洛伊德给他检查时，他凑到他耳边说：“你不要告诉别人，约瑟夫皇帝陛下马上要来召见我了，他昨天夜里对我说军队已经乱了套！你想做我的参谋长吗？”

弗洛伊德在这里待了五个月，当时还根本没有有效的神经症治疗方法，他当然也没有学到，但他在另一个方面觉得颇有收获：交了一大群朋友。在这之前，弗洛伊德一直很少交到朋友，他一度认为自己是个讨厌的家伙。这种心理从此消除了。这对他以后开诊所乃至精神分析的研究与发展都是极其重要的。试想，倘若弗洛伊德认为自己是一个不受人欢迎的人，如何能够有信心吸引病人来呢？作为精神分析者，首要的研究与治疗方法就是与病人进行谈话，也就是说，他首先得是一个病人信任、愿意与之交谈的人！

一八八三年十月一日，弗洛伊德转到了皮肤科。总医院的皮肤科分两部分，一部分是普通皮肤科，另一部分是传染性皮肤病科，专门治疗梅毒等传染性皮肤病。弗洛伊德对梅毒很感兴趣，我们知道梅毒能诱发某些精神性疾病，但它的原因一直是个不大不小的谜。

一八八三年年尾，由于职位提升，医院分给了他两个房间，但以前那个房间给他留下了更美好的印象。当初他刚搬进那里时，玛莎还没到万兹贝克去，医院就成了他们最好的幽会场所，她把他的房间着意收拾得既干净又漂亮，他有时真要把它当成家了。

新的一年，一八八四年，第一天，他开始了一场新的实习，这将是他所有实习中最长的一次。

他这次进的是神经病科，但实际上这是个“杂烩科”，像一锅病人的大杂烩，什么样的病人都有。主任医生叫弗朗兹·舒尔茨，他的主要特点一是不喜欢病人，只想快点儿把他们打发走；二是他关心的唯一一件事是节约。他制订了三条规矩：一、只准开最便宜的药。二、不准用煤气灯，结果是一入夜，所有医生——当然不包括他自己，他早就回家去了——和病人都在一片黑暗中滚来滚去，有时只好点蜡烛做急救手术。三、任何病人住院不准超过一个星期。他希望这能使病人减少到他能满意的程度。但他的助理医生们合伙跟他捣蛋，他不住地赶，他们就不停地收，任何病人，从感冒发烧到胃溃疡照收不误，使神经病科变成个病人大集市。

弗洛伊德倒觉得这里不错，巡视一遍病房等于到各个科都走了一趟，可以看到所有种类的病人，也可以治疗所有这些种类的病人，类似于他将来开业时的情形，这才是真正的实习！

前面我们已经讲过弗洛伊德爱情的故事，从时间上来说，这时，他正尽情品尝着爱情的三昧真火：相思、嫉妒与痛苦的时节。

爱的风风雨雨伴随着他在医院的日日夜夜，伴随着他在舒尔茨神经科黑暗的楼道中走来走去。

他每天至少写一封情书，有时两至三封。在一八八二年六月十九日的一封里他这样写道，是时玛莎刚搬往万兹贝克：

> ……只有当你走后我才认识到我有多么幸福、离别又是多么痛苦啊！倘若这装着你甜蜜小像的漂亮的小盒子没有躺在我面前，我仍会不敢相信这一切！我怕这一切都只是一枕黄粱，醒来我空余泪眼！朋友们告诉我这是真

的，我自己也记得每个令我如醉的细节，那比一切梦、一切幻想都更令我销魂。那么一定是真的了，玛莎是我的，这令所有人赞不绝口、在我们第一次相遇就令我失魂落魄、俘虏了我整颗心的姑娘是我的。这令我不敢仰视的姑娘怀着高贵的信念向我走来，使我坚信自己的价值，在我最需要的时候给我以希望与力量。

也许正由于这种不一般的疯狂的爱，使他更怕失去心爱的姑娘，更加仇恨那些可能夺去他心上人的家伙。他的担忧并不是多余的。要知道玛莎是个非常迷人的姑娘，崇拜她的小伙子不止一个。弗洛伊德每次发觉后都要大发一通醋劲，也不管玛莎是否会理会那些崇拜者，好像只要有人爱上了她，就是她的错。除了前面说过的表兄，另一个使弗洛伊德醋海兴波的是弗里茨·瓦勒，一个艺术家。他已经与玛莎的表妹伊丽莎白订婚，但仍给玛莎写一些情意绵绵的信，弗洛伊德嫉妒得要命，写了一封信给玛莎：

我是用比他更坚强的材料做的，如果我们狭路相逢，他绝不是我的对手，不错，他已经与伊丽莎白订婚，但是只有在纯逻辑中矛盾才不同时并存，在感情世界里，爱情的专一和三心二意是并存不悖的……更不用说那些艺术家了，他们的内心向来不是由严格的理性控制的……

在信的末尾他明确表示要玛莎和他断交。玛莎当然不答应他这种要求，这使弗洛伊德觉得一切都完了，一下“得了神经衰弱症”。

还有一次，工资连饭钱都不够的他给玛莎寄去了一件礼物，玛莎回信责备他不该这样浪费，他便气势汹汹地回信，不准玛莎用那种口气跟他说话，并颇为得意地说，自古以来都是妻子要嫁到丈夫这里来，言下之意当然是也得听丈夫的话。玛莎反驳了他以后，他就伤心地说，玛莎不爱他了。

就在弗洛伊德日盼夜盼的假期到来的前三天，发生了一件意外，曾属于奥匈帝国的门的内哥罗暴发了伤寒，门的内哥罗政府向奥地利政府紧急求助，政府开始招募志愿人员，与弗洛伊德一起工作的两位助理医生消息比弗洛伊德灵通，立刻报了名离开了，他俩是莫里茨·乌尔曼和约瑟夫·波纳克，职位比弗洛伊德高一级，科主任弗朗茨·舒尔茨此时正在度假，整个科里职位“最高”的就是弗洛伊德二等助理医生了，他正想坐第二天的班车到万兹贝克去，现在，就是有翅也飞不成了，他气得将伤寒一家子都骂了个狗血淋头，仍留了下来，肩负起了神经科主任的全部职责。手下有两名助理医生，一名候补助理医生，十名护士和一百零六名病人，工资也相应地提高了，达到每月四十五盾，约合十八美元的大数目。在信中他告诉玛莎，做代科主任的六个星期里，他“成了一个真正的医生”。

在做主任的几个星期里，弗洛伊德第一次，也是一生唯一的一次享受了权力的乐趣，他发布了一系列命令：包括点上煤气灯、叫助理医生给病人开好药、让病人一直住到病好了出院，这样做会带来什么样的后果他想都没想。

九月一日，他卸下了担子，想到从此没了所长的威风，煤气灯也势必会马上关闭，他也不能不看价钱就开药了，不由得怅然若失。

他立即开始了他推迟了的休假，第一次去万兹贝克看玛莎。

这一次在万兹贝克的情形真是可怜得很，由于害怕被她母亲看见，弗洛伊德只能躲在旅馆里，玛莎有时找个借口，跑来匆匆看他一眼，说不了几句话就急急忙忙走了。

一八八四年过去了，现在已经是一八八五年春天，由于他在组织学与临床方面的成就而被提名为神经病理学讲师，但他主动改成了私人讲师。这是讲德语国家特有的职称。意如其名，私人讲师不是学校的正式雇员，不领取薪水，但有权在大学自己开课，并向听课的人收学费。弗洛伊德着眼的不是一点学费，而是讲师这个响亮的称号。他知道如果他是讲师，开起诊所来病人就会多得多，病人对医术是外行，只能看着头衔找医生，对于新手更是这样。

他是怎样获得这个职称的呢？本来根据弗洛伊德的成就，他早就有资格了，但直到这年春天，他才在布洛伊尔——他是弗洛伊德一生中最重要的人物之一，以后还要大大提及——和罗森纳格尔的帮助下得到正式提名。下面我们简单地介绍一下这个过程：

一月二十五日，他递交了申请书。

二月一日，评审委员会正式审议。布吕克教授介绍了弗洛伊德的主要成绩。迈内特与罗森纳格尔表示同意。

二月二十八日，布吕克向委员会提出了正式报告，报告由他署名，迈内特与罗森纳格尔副署。报告里，布吕克用令人信服的事实详细介绍了弗洛伊德的才能、科学研究态度以及在组织学、神经解剖学、解剖技术等方面所取得的出色成绩，他用这样的评语作为结尾：

弗洛伊德博士受过良好的教育，具有冷静与严肃的性格，在神经解剖领域是一个优秀的工作者，思想敏锐、清晰、知识广博，并具有细致的推理能力，在写作表达方面具有天赋。他的发现已被承认和证实，他的演讲透彻而具有说服力。在他身上作为科学研究者与作为高素质教师的各种品质结合得极其完美。有鉴于此，委员会特此建议荣誉审议会同意将他的申请进行进一步的资格审查。

在经过长时间审查后，六月十三日，弗洛伊德接到口试通知。同时接受口试的除他外还有其他两个候选人。布吕克与迈内特询问了他有关脊椎解剖与病理学的问题，这是弗洛伊德的强项，他答起来简直行云流水，把进行口试的名家们都吓了一跳。

六月二十日，委员会以十九票对三票同意他进行最后试讲，他演讲的题目是：大脑的髓线神经索。最后被一致通过。

七月十八日，委员会正式同意接受他为神经病理学讲师。

但事情并没有完结，八月八日，他被要求向警察局局长证明他的品格是值得这个荣誉的，他的过去是无可指责的。他后来告诉玛莎说："幸好这时没有人告我的状。"

一八八五年九月五日，教育大臣正式签署委任状，委任弗洛伊德博士为神经病理学私人讲师。

就在私人讲师审评正紧锣密鼓地进行时，弗洛伊德又在一八八五年年初申请了教育部提供给初级助理医生的一项奖金，数额六百盾，专门用于去国外进行为期六个月的访问学习。后来表明这对于弗洛伊德以后的研究有重要的影响，也许可以称之为精神分析诞生的必要一步。

经过艰苦的游说，又是在布洛伊尔、布吕克、迈内特、罗森纳格尔等人的大力帮助下，他战胜了强大的竞争对手、名教授布朗的侄儿，获得了这笔宝贵的奖金，得以去巴黎跟从当时最杰出的精神病专家夏科学习。更令他高兴的是他又能"顺道"公费去看他朝思暮想的未婚妻了！狂喜之下他立即给玛莎写了一封天真的信：

噢，多么美好啊！我口袋里装着钱来看你，与你长长地待上一段时间，我会带顶美丽的礼物给你，然后我去巴黎，我就要成为大人物了，我要带着满身的光彩回到维也纳。不久我们就可以结婚了，我会治好所有的现在治不好的神经病人，你会给我幸福，我会不停地吻你直到你快乐幸福——这样直到永远！

一八八五年八月三十一日，在实习了三年零一个月之后，弗洛伊德离开了维也纳总医院。先去看望未婚妻，再去巴黎跟夏科学习十九个星期神经病的治疗。由于走前他受到邀请主持卡佐维茨基教授为院长的儿童医院的神经病科，他打算从巴黎回来后再去柏林向著名儿童病专家巴金斯基学习一段时间，然后再像他对玛莎说的一样“带着满身光彩回到维也纳”。

可卡因悲剧

命运一词对于弗洛伊德一生有着特别的意义。尽管他从不相信命运，但命运却在他身上最好地体现了它爱捉弄人的特征。也许可以用古语所言“天将降大任于斯人也，必先苦其心志，劳其筋骨，饿其体肤，行拂乱其所为，所以动心忍性，曾益其所不能”。弗洛伊德在他将独自走入人生前夕，遇到了生平无数大挫折中的第一个，这个悲剧——与海洛因齐名的毒品——可卡因有关。

可卡因是从古柯树叶中提炼出来的一种毒品。古柯树原产于南美洲，是一种小型灌木，它的叶子里含有一种有毒物质：古柯碱。但这种有毒物质不同于一般毒药，它具有特别的麻醉功能，能麻痹吸食者的神经，如果吸食少量，能使吸食者消除疲劳、产生兴奋，吸食过多则会使神经高度亢奋、产生幻觉，使人飘飘欲仙，经常吸食后人就会上瘾，最后面黄肌瘦，灵魂出窍。总而言之，它是与鸦片、海洛因齐名的三大毒品之一。整整三年内，弗洛伊德花费相当多的时间研究可卡因，希望能从它那里发现某种药用效果，也希望他能从这里得到第一个成功。一旦如此，便能很快地获得声誉，而声誉也将带来好职业、高报酬，这样他与玛莎的婚事就不会遥遥无期了。这样的想法并不是他做白日梦的结果，而是他自己“以身试法”的结果，他试的初期效果表明他的希望并不渺茫。

可卡因早在一八五九年就由奥地利探险家施尔策尔从秘鲁带到了维也纳，但没有什么人关心它。一八八四年的某一天，弗洛伊德偶尔得到了几片可卡因树叶，他早听说这种东西了，在南美，它是印第安人的提神瓶，就像欧洲人的鼻烟壶一样。这天晚上，他把几片古柯树叶放在口里，一边轻轻咀嚼，一边摊开了稿纸。

结果，他度过了一生中最多产的一夜，他文思如泉涌，所要分析的每个问题的答案像报纸一样清晰地在眼前展现，往日要经过苦苦思索才能得解的难题现在一想就通。他不住地写，根本用不着停下笔来想，等他抬头，晨曦已落进了窗口，而他还毫无睡意！他觉得应该休息了，上了床，没办法睡着，脑子就像刚睡过十小时饱觉一般清醒。他只好重新起床，又提起了笔，轻松自如地写下去。

这使得弗洛伊德非常兴奋，像发现了新大陆一样。我们知道过去人们还不知道可卡因是毒品，一般人甚至不知道有毒品这种东西，虽然英国佬正将鸦片成吨成吨运往中国伤害中国人民，但他们绝没有将之送往欧洲，因为他们知道那是毒品，岂能去伤害"白人兄弟"。弗洛伊德决定进一步实验它的其他效用。他嚼了几片古柯叶之后，一整天不吃东西，一点儿也没有感觉到饿。他还听说印第安人嚼着古柯叶，可以一连多天长途奔袭敌人，中途不用休息也不用吃东西。他不由得想，也许古柯叶内部含有不为人知的高热量化合物，足可以抵得上大量食品？他还感觉到，它也可能是一种新型药品，一种新药的产生对疾病将会产生多大的效果他是清楚的，他感觉天空出现了曙光。

要进行深入研究，第一步得搞到一些古柯碱，也就是可卡因，他去当时唯一出售这种东西的商店去问价，给吓了一大跳，每克的价格是三盾三十三克罗泽，他当时的月工资是四十五盾。他硬着头皮买了几克，即使再贵点他也得买。他自己每天都吸食一点，一星期大约一克。又送了一些给正为手指的烂肉折磨得痛不欲生的弗莱施尔。为了抵挡钻心的疼痛，他几年前就开始吸食吗啡，已经上了瘾，吗啡是鸦片提纯后的产品，毒性比鸦片还要大得多，这对于弗莱施尔病体的危害可想而知！弗洛伊德自己用过可卡因后，并没有觉得上瘾，他认为也许可卡因能像吗啡一样镇痛而不致上瘾。

弗莱施尔吸食了可卡因后，感觉非常之好，不但没有中毒的感觉，疼痛也大大减轻。他写信对弗洛伊德说："你是我的救命恩人，亲爱的朋友！"

这极大地鼓励了弗洛伊德，他开始怀着极大的信心与乐趣推广可卡因，送给妹妹、玛莎与同事们。他希望同事们"能一天到晚为病人效劳"。一八八四年，弗洛伊德写出了关于可卡因治疗作用的论文。在这篇论文里，他从印第安人入手——他们认为可卡因是太阳神特意赐给，使他们忘却尘世烦忧的圣药——详细探讨了他自己以及他在别人身上使用可卡因所产生的效果，它能使人成倍地提高工作效率，能对精神与肉体的痛苦产生很强的抑制作用，但却没有副作用的迹象。他最后做出结论："可卡因及其碱化物的性能，其可应用性集中来说，可用于对皮肤与黏膜的麻醉，特别是在局部损伤的情形之下……可卡因基于这一麻醉性能的其他用途在切近的将来有可能发展起来。"

从这篇文章不难看出，弗洛伊德将可卡因可能的医学用途集中于它对局部麻醉的作用——倘若他不仅这样想了，也这样做了，那么他的一生很可能会大大不同，他将一举成名，也许从此会顺着使他成名的路走下去，这会使他的一生更加幸福，至少他将不会受到如此之多的辱骂与背叛。但对于西方将是一场不幸，不能想象西方世界没有精神分析的话，它的文学、艺术、心理学、历史学将会是什么样子。

但这担忧是多余的，弗洛伊德写完这篇文章后，没有进行进一步具体的实验，就匆匆告别了实验室，上万兹贝克看未婚妻去了。

弗洛伊德走后没几天，他的同事、眼科大夫卡尔·库勒尔博士读了他的文章后，就将他的预言付诸实践。他先在一只青蛙的眼球上做了手术——直到这时，在眼球上动手术被认为是不可能的事，原因很简单，做手术的一个前提是手术对象不能动，但眼球怎能当一把刀在它上面划来划去时不动呢？用绳子绑起来吗？普通的麻醉方法要么对眼球没有作用，要么不能使用。库勒尔的手术非常成功，青蛙睁大眼睛任他用刀子割来割去，好像一点也不痛。他接着就把它用在了人身上，也获得了成功。一八八四年九月十五日，在海德堡举行的眼科会议上，他进行了示范手术。手术非常成功，库勒尔一夜成名。要知道这远非一般的小技术革新，而是手术领域的一次大突破。人类的心灵之窗从此不再是手术的禁区，白内障、青光眼这些导致人失明的眼疾从此有了克星，它将使无数人重获光明！

库勒尔取得的好处可想而知——而这一切，本该属于弗洛伊德的。这么长时间以来，他一直单枪匹马地为了研究可卡因的医学作用而奋斗，付出了多少努力！他曾作过的推测中就有它对于眼科手术的作用。而现在，当这一切成为事实时，他却一无所获。更为准确地说，他并非一无所获，而是惹了一身臊。

若干年之后，弗洛伊德还为这事伤心，他认为这事是玛莎弄坏了，有点怪她，他说：

> ……我要在这里回过头去解释一下为什么我没有早年成名是我未婚妻的错。一个业余爱好，但是一个很大的爱好，使我在一八八四年从一个商店获得了一些当时很少有人知道的可卡因，并且研究了它的生理作用。当我正处于研究中途，来了一个机会，使我能去看望分别了两年的未婚妻。我急急忙忙结束了可卡因的研究，写了一篇文章预言了它在不久的将来可能有的用途。我还建议我的朋友，眼科专家哥尼根斯顿，注意研究一下将可卡因的麻醉作用应用于眼科疾病的治疗。当我度假回来，我发现不是他，而是我的另

一个朋友，卡尔·库勒尔（现在纽约），我曾经对他谈起来可卡因的作用。他已经在动物的眼睛上做了决定性的实验并且已经在海德堡的眼科学会上进行了演示。库勒尔马上被看作是可卡因局部麻醉的发现者，它现在在局部手术中已经非常重要……

但弗洛伊德没有怪朋友，他同样为库勒尔所获得的荣誉高兴，他在给玛莎的一封信中说："……我的第二个消息更令人高兴。我的一位同事已经出色地将可卡因应用于眼科手术上，并将它递交到了海德堡学会，在那里引起了轰动……"不高兴的是哥尼根斯顿，他收到了弗洛伊德的信后，在并没有得知库勒尔手术的情况下也做了相同的手术，时间上也差不了多少，因此认为发现的功劳他也有份。两人争执不下，就请他们共同的朋友弗洛伊德裁判，裁判的结果不得而知。使人感到奇怪的是两人似乎谁也没有想到弗洛伊德也应当是被裁判者，裁判他、库勒尔、哥尼根斯顿三人谁是可卡因作用的发现者。我想结论是显而易见的，如果没有弗洛伊德，其他两人根本不会想到可卡因这回事，但如果没有他们二位，顶多晚一两个月，可卡因仍旧会用来在眼球上动手术。

然而历史是不能假定的，在医学史上，可卡因局部麻醉作用的发现者仍是库勒尔博士，他后来去了纽约，并在那里获得了大声名。

库勒尔声誉大作后，弗洛伊德并没有气馁，也没有放弃对可卡因的研究，他相信它会有另外的作用。他像以前一样积极地把可卡因推荐给别人。他认为可卡因对于许多疾病，只要它引起了疼痛，都能起作用，包括能将人从吗啡瘾中挽救过来，他写道："我会毫不犹豫地建议用每剂0.03～0.05克进行皮下注射……"

这样无限制使用的结果可想而知——如果在现在，他会被不折不扣地看作是一个毒品传播者了，该被送进大牢。可卡因的毒性不同于海洛因与鸦片，它的上瘾比较慢，毒性也没有那么剧烈，但这并不表明它不是毒品。

首先中毒的是弗洛伊德第一个给了可卡因的弗莱施尔，开始一段时间，吸食可卡因既缓解了他的疼痛，又使他从吗啡瘾中解脱了出来，病人和弗洛伊德都很高兴，但几个月后，他发现弗莱施尔已经离不开它了，疼痛也恢复了。有时，早被可怕的痛苦折磨得意志如钢的弗莱施尔竟也想到了自杀。弗洛伊德想尽了一切办法减轻朋友的痛苦，但唯一稍具效果的办法是给他更大剂量的可卡因。由于大剂量地使用，弗莱施尔渐渐出现了慢性中毒，又进一步发展成为谵妄症，眼前出现幻象，好像有一条毒蛇在身上爬。

这样危险的症状在其他人身上也渐渐出现，不久就再没人敢听弗洛伊德的话用可卡因来治病了。弗洛伊德因为这个受到了很多人的指责，他自己也深以为愧，它对他以后很久的生活都产生了坏影响，弗洛伊德对可卡因的研究就这样不了了之了。

直到现在，对可卡因研究的发展表明，局部麻醉是它唯一没有副作用的用途，也可以说唯一正当的用途。这也是唯一没有算上弗洛伊德名字的地方，他的其他研究，镇痛、解除疲劳、抵抗饥饿等都算作是他的了，但它们带来的只是失败与斥责。这样，弗洛伊德三年的研究结果也就成了完全的失败——对于他来说是如此，对于他自己，没有做这项研究处境会更好！但对于医学，尤其对于眼科手术，如果没有他的研究又会是什么情形呢？是不是世界上又会平添许多盲人？

这样的命运对于弗洛伊德已经不是第一次，也不会是最后一次，如同在他创立精神分析后，他被无数人千般指责、万般谩骂，他的某些学生、朋友却将他的思想改头换面，删节，就成了他们自己的东西，大享赞誉。面对这毫无怜悯之情的命运，弗洛伊德又做了怎样的反应呢？他没有想这些，继续走他的路。他的下一站是巴黎。

巴黎

一八八五年十月初，正是巴黎黄叶蝶飞的时节，雄伟的巴黎火车站站台上，旅客们差不多走光了，一个单薄的年轻人仍立在那儿，旁边放着一个小小的行李包，好像在看风景，又像不知道往何处去。一个搬运夫模样的人走近了他，嘀咕了一句什么，他困惑地摇头，显然不懂他说了什么，搬运夫模样的人又指了指他的包，指了指自己的肩。年轻人摇摇头，脸上露出羞愧的神情。他蓄着长长的轻骑兵式的胡子，眼神有点茫然，但仍显出坚定的自信。他就是弗洛伊德，刚从万兹贝克见了玛莎，来到巴黎跟从夏科教授学习神经病学。他拎着包往车站外走去。他一走到广场，就有一辆马车停在了他的旁边，他对马车夫说了什么，但马车夫又茫然地摇头，一副听不懂的样子。

弗洛伊德不由得伤心了，他在中学时就学了法文，成绩还是优秀。临来巴黎又花了五盾，跟一个法国人学了五节课的“标准法语”，他以为即使不流利，至少能应付几句，但现在他听搬运夫和马车夫说的话就像听中文！他只好用笔解决问题。坐在马车上，他看着巴黎繁华的大街，一直延伸到视野的尽头仍一样地繁华，比维也纳不但繁华多了，也大多了。满街的人一看上去感觉就与德意志人大不相同。男的女的都迈着轻快的步子，与维也纳人结结实实的步伐形成鲜明对比。令他稍感安慰的是，这里的姑娘们虽说衣着入时，却好像没有维也纳姑娘漂亮。

和平旅馆是维也纳的同事们给他介绍的，他花五十法郎一月租了一个单间。他放下行李，坐在床头，周围没有一丝声音。刚下火车时孤独又像波涛一样向他袭来。他仿佛觉得正坐在一叶孤舟里，极目四望都是无边的大海。玛莎的一颦一笑自然而然地浮现在他眼前，他执起了笔，痛苦的时光就在笔下流逝了。

与约定去医院见夏科教授的时间还有五天，他决定乘机看看巴黎，要知道这里是他的梦中之城啊！他迈开双腿，打算用它们来征服骄傲的巴黎，就像征服维也纳一样。他沿着著名的香榭丽舍大街信步走去，他看到的一切都与维也纳大不相同，又是那么新奇有趣，他只能找到五光十色这个词来形容她。他仿佛懂得为什么她会被称作“欧洲之城”了。

接下来几天他都用来欣赏那些著名的旅游胜地，他去了杜勒伊里宫、凡尔赛宫、卢浮宫，用解剖学家的眼光对卢浮宫里的古埃及木乃伊进行了细致的观察，罗塞塔石碑更令他流连忘返。他以后对古代文物的爱好可能就是从这里打下基础的，那个爱好将使他的家也变成小小的博物馆。在这些举世闻名的建筑中，最使他感动的还是巴黎圣母院，他很喜欢雨果的同名巨著，站在圣母院华丽而庄严的礼拜堂里，他第一次有了对上帝的敬畏，也是最后一次。

在去找夏科教授之前，他觉得自己已经成为半个巴黎人了，对巴黎的喜爱不下于老巴黎。他在给玛莎的一封信中说：“巴黎多年以来就是我的渴望之地，第一次踏在林荫道上的满足使我决心同样要实现我其他的愿望。”

但弗洛伊德对巴黎的人却怎么也喜欢不起来，他感到这些巴黎人外表彬彬有礼，眼神却明明将他当作外人，餐馆里的侍者们非常谦恭，但那垂着眼斜视的样子无非是想要从他口袋里掏出小费来。他觉得自己在那些法国人眼里大概是外星人。但他运气不错，在这里又找到了几个老相识。一个是来自俄罗斯的达克谢维奇，他们曾在迈内特教授的实验室里共过事，他把弗洛伊德关于神经组织切片染色法的论文译成了俄文，同弗洛伊德一样，他也在为结婚而奋斗。玛莎在巴黎有两个表兄弟，弗洛伊德也去见了他们，其中一个，约翰·菲利普，陪他去看了莫里哀的喜剧。与他交往最多的是一对叫利切蒂的夫妻，弗洛伊德在维也纳就与他们熟悉了。利切蒂也是奥地利人，在威尼斯行医，非常成功，积攒了三十万法郎家产。他们无儿无女，把弗洛伊德当成儿子来对待，每天请他吃饭，甚至试探过收他做养子，好在他们死后继承遗产，弗洛伊德不是那种能做养子的人。利切蒂有一次带他去看了他的家庭医生的妻子和孩子，母子俩孤身在巴黎，过着极其清苦的日子，唯一的希望是她十岁的儿子能在音乐比赛中获得大奖，这个忧郁的孩子就是伟大的小提琴家弗里兹·克拉斯勒。

弗洛伊德并没有给巴黎的美景迷得忘了他来的目的。十月二十日，一大早他就从和平旅馆出来了，穿戴得整整齐齐，往萨尔拜特利尔医院走去。夏科就是这所医院的院长。

萨尔拜特利尔医院坐落在巴黎东南，靠近市区边缘，从他的住处到医院着实要走一阵，他迈开大步，越走越有劲，想着了不起的夏科一手创建医院的历史。夏科在那里建立起医院以前，萨尔拜特利尔原来是个火药仓库，这一点使弗洛伊德倍感亲切，他工作多年的布吕克教授研究所原来也是兵工厂，火药搬走后，巨大的建筑便用来收集一切被社会所抛弃的人：妓女、乞丐、流浪汉等，以后又把一部分用作养老院、一部分用作育婴院，专门收养无人照料的老人与弃婴。这样的人在巴黎实在太多了，这里一年四季人满为患，却没有一个专职医生为这些人服务。夏科看到这种悲惨情况，下决心要在这里建造第一流的医院。他单枪匹马地干了十年，终于使这里成为巴黎最好的医院之一，并成了世界神经病学研究中心。想到这些，弗洛伊德不由得惭愧几天来对巴黎人抱着的反感，他想："能产生夏科这样的人的民族不会坏到哪里去。"

他知道夏科今天要来参加会诊，用病例给医生们上课。他坐在人群里静静地等着，上午十点整，夏科教授大踏步走了进来。

他发现教授的形象富有个性，他身材高大，长着一颗硕大无朋的头，尤其脸部巨大，这使得他的鼻子很好看，否则那么大的鼻子长在一般头上是不大合适的。紧抿着的嘴唇使人感觉到他是经过一番艰苦奋斗才达到今天这一步的。头发整齐地向脑后梳去，使宽广的前额更显宽广。眼神严肃，又略显忧郁，使他有一种林肯似的悲天悯人。他对教授的尊敬立时又增加了几分。

教授微微向医生们点了点头，领出身后一个病人，开始了他的诊断。几句话之后，弗洛伊德就发觉夏科教授的诊断方法与罗森纳格尔、迈内特他们的完全不同，教授就像是一个正在挥毫泼墨的画家，一个灵感突来的诗人，用诗意般的语言、自由奔放的思想对这些病人的神经病起因、症状、治疗方案等进行透彻的分析，使人不得不承认他并非在作诗，而是在治病。当轮到一个年轻女子时，教授诊断她患有进行性肌肉萎缩病，病人出去后，教授悲伤地说：“这是最不幸的疾病，毫无治愈的希望，因为它来自先天遗传，病人生而具有，也必将伴随她一生。”他声音低沉地叹息说：

> 我们何罪之有，噢，宙斯！该遭如此运命？
> 我们的父辈纵然有过，可我们，我们何罪之有？[1]

这是弗洛伊德一生中最有教益的一堂课。

会诊结束后，弗洛伊德找到了教授，做了自我介绍，教授微笑着伸出手说：“我们一直等你，弗洛伊德博士，布吕克教授与迈内特教授保证你是维也纳大学五十年来最优秀的青年科学家，我也读过你关于脑切片黄金染色方法的出色论文，欢迎你来萨尔拜特利尔！”

弗洛伊德从今天起正式开始了他在萨尔拜特利尔的学习。他除了每周像今天一样参加教授主持的会诊外，还参加每周二教授在大教室举行的讲座，由教授讲解神经病的典型病例，这是神经病治疗的基础学科。他给自己另加的工作则是观察“巴黎人的大脑切片”，令他大感惊讶的是，这里的大脑切片竟然全都按他的黄金染色法进行了处理，就是在维也纳总医院也还没有做到这一步。他有点遗憾地看见，巴黎人的大脑和维也纳人的完全一样。不过他总算没有白看，在萨尔医院异常精致的切片上，他发现了一点新东西，并且据此发表了一篇文章。

在听取夏科教授对各种神经病诊断分析的过程中，他印象最深的是所谓男性癔病。

癔病，其实可以近似地称作“意”病，这种病有一个特点，它没有器质性病变作为病因。我们知道，一般瘫痪，无论是手或脚还是全身的瘫痪，都有器质性病变，即患者的手、足或其他相应部位的神经系统被损伤。但癔病却很特别，它的症状与普通瘫痪没有什么不同，也是病人的手足或其他部位失去知觉，或者其他机能丧失，但病人却没有器质性病变，也就是他的神经系统并没有受到损伤。但由神经系统控制运动的手足等器官却瘫痪了。这就是所谓的癔病。什么是它的病因呢？——是病人的意念。

这看来很奇怪，意念怎么能致病？当然能够。我国古代有句成语“杯弓蛇影”，讲古时有个人在朋友家做客，喝酒时酒杯已经举到了嘴边，突然看到杯子里有条小蛇，他却已将酒喝了下去。他以为自己将一条蛇喝进了肚子，中了毒，不久就要死

1　此诗引自《心灵的激情》。

了。果真，回家后他就感觉身上越来越痛，不久瘫倒在床，奄奄一息了。那朋友来探望他，问他怎么回事，他就说了。朋友一听，跑回家去，按他说的情况演习了一番，不由得哈哈大笑，原来是墙上挂着的弓的影子映进了酒杯。他去将实情向朋友一解释，那人的病顿时就好了。这就是癔病的一例。那人其实身体各器官并没有受到器质性损伤，但临床表现却如同受了伤一般，皆意念所致。当然，这并非癔病定义，只是门外汉的举例说明。

弗洛伊德在夏科手下看到的无数癔病病例给了他不小的震动，他在维也纳时，在迈内特教授的神经病科也看到了大量同类病例，迈内特教授一概把它们的病因看成神经受到器质性损伤。他当时就认为教授这种不分青红皂白的诊断不是很高明，只是不知真实病因是什么，现在夏科医生给他指出了一条光明大道。

使弗洛伊德更受震动的是那些男人患的癔病，像那位杯弓蛇影的老兄一样，在巴黎和维也纳都有大量这样的人。但那时维也纳的神经病学家可不会认为那些人患的是癔病——因为他们根本就不承认男人也会得癔病！对于他们而言，癔病就像月经，男人会来吗？这在当时是神经病学的常识。包括夏科，他也认为这些都是神经受了伤——较轻而已。

但弗洛伊德经过一个又一个病例的仔细观察与沉思，得出结论认为男人的确可以得癔病，那无数个病例就是证据。例如有个建筑工人从第四级梯子摔下来，半边手脚不能动了，他给他做了彻底检查，表明任何神经、器官都没有受伤。他就想了一个办法，告诉病人说找到哪里摔伤了，给他打了一针，称是治该伤的灵药，病人注射后站起来就上工去了。其实给他注射的只是生理盐水。

在确信他的论点站得住脚之后，弗洛伊德决定将它写成一篇论文《癔病性与机体性症状学的比较》，夏科虽说不同意他的观点，但同意发表在他的《神经病学史料》上。这时已经是弗洛伊德在巴黎的最后一周了。

在巴黎的四个月里，弗洛伊德所获得的不仅是对癔病的认识，也认识了夏科教授的家庭，他那有笔巨大的嫁妆的太太和可爱的女儿，将来他的女儿也有笔巨大的嫁妆。要不是有了玛莎，他说不定会想入非非。夏科家坐落在繁华的圣日耳曼大街，大得像皇宫，因为实在太大了，圣日耳曼大街只好从它的院子里穿过去。夏科共邀请他六次，三次是参加晚会，弗洛伊德第一次穿起了晚礼服，戴起了高顶礼帽，都是借来的，与名流贵媛们周旋。另三次是谈翻译夏科著作的事，夏科对他传神的译笔十分满意。弗洛伊德也很满意的得了三百盾稿费，他正穷得要命。

巴黎之行还有两个收获也值得提及，一是他第一次看到了催眠术，夏科找了些漂亮的青年女子，给她们催眠，使她们在催眠状态下做出各种令旁观者目瞪口呆、开怀大笑的行为，用以演示癔病，他的课招来了全巴黎的名流贵妇。这在以后的《催眠术》一节中还要详述。

另一个收获是弗洛伊德了解到癔病的大部分病因都与病人的情感经历有关，直接地说，与病人的性生活有关，按夏科的话：“都是夫妻间床上的秘密！”这个秘密将对弗洛伊德一生的事业、对精神分析的产生与特征都有深刻的影响。

一八八六年二月二十八日，弗洛伊德离开了巴黎、永远地离开了夏科教授，三年之后，为了表示对让·马丁·夏科的感激之情，弗洛伊德给他的一个儿子取名让·马丁·弗洛伊德。

神经病

弗洛伊德的一生可以分成两个阶段，婚前与婚后。他婚前的生活也有较明显的阶段性：出生于摩拉维亚，四岁时迁往维也纳，中间在莱比锡待过一年。这是人生之初，第一阶段。来维也纳后到上大学前，可称为童年与少年时期，第二阶段。然后上大学，从十七岁到二十五岁，这是青年时期，第三阶段。大学毕业后，本想从事纯科学研究，在布吕克教授的研究所做了两年助手。但家庭的贫困与结婚的渴望使他不得不放弃初期打算，开业行医。为此他又去维也纳总医院实习了三年，这时他已届而立之年了。毕业后的这五年是他步入人生前的最后一次准备动作，可看作第四阶段。在这些阶段中，时间、地点、所做之事都界限分明。其间穿插的主要是他与玛莎的恋情，也可以独立成章。

这样的情形对于写传记当然有好处了。但好景不长，从此——弗洛伊德结婚后——他的生活将凝聚在同一个空间里：他的家；他所从事之事也只有一个：行医。我们自然不能将他三十岁后的人生看作一锅粥，写成一整章，必须另寻线索。

这个线索到那里去寻呢？首先不能从活动地域去寻。因为在婚后，直到流亡，他基本上都住在维也纳，除了几次去短期旅游、去开国际会议，最长的一次去美国讲学也不过几个月。其次，也不能到时间里去寻，像他婚前一样，因为青年之后是中年了、壮年了，这些年龄段既无明显的标志，所做的事亦无特别的区分。那么，要从哪里去寻呢？当从弗洛伊德的事业中去寻。

我们知道，弗洛伊德之所以成为与马克思、爱因斯坦并列的伟人，在于他创立了精神分析，而精神分析，是堪与资本论、相对论比肩的人类历史上最重要的文化成果之一，也正因为他创立了精神分析，我们才要为他著书立传。

弗洛伊德何时创立精神分析，这是一个没有明确答案的问题。从某个角度说，他的一生都在为精神分析而生活，作为犹太人，从小，父亲所受的屈辱、自己所受的歧视，都使他立志要用成就回答对他种族的侮蔑，对科学的爱好与对自己才能的信心也使他需要在科学上做出自己的发现。但这些都只是间接的契机，而他真正向未知的精神分析王国挺进则要推后得多。由于精神分析是一门精神科学或者说心理科学，因而可以从他研究神经病学开始，这从他毕业后在迈内特教授那里开始，后来又在总医院的神经病科待过一年多，还做过一段时间的代主任，这些在前面“实习医生”一节中都已经说过了。但神经病与精神分析虽然看上去相通，实际的差别却很大，可以说，就是基于这些差别，才产生了独立的精神分析。就学科上而言，精神分析属于心理学范畴，其英文名字“psycho—analysis”直译成汉语就是“心理分析”，它也是精神分析的汉译名，且不可曰错，而神经病学属于医学范畴。就实质区别而言，神经病是大脑神经受到器质性损伤——病变、外伤等——而致的疾病，例如在大脑内部有一个“语言区”，控制人类语言的中枢神经就集中在这里，如果这一个部位被子弹什么的击伤了，这个人就失去了语言能力，也许还听得懂，却不能说话，从而得了“失语症”。精神分析所要治疗的疾病却与这有本质的差异。精神分析所治疗的精神病并非是大脑神经受到了器质性损伤，而是人由于受到了心理的或称精神的创伤所致的疾病。例如，小时候目睹人被火车碾得粉碎，这个经历会长久地存在于他的内心深处，到时候发作出来，产生失常行为，如看见火车就产生幻象，好像它就要向自己压来，吓得尖叫。这就导致了精神分析所称的“神经症”。它们的一个共同点是，这些患者的大脑并没有受到损伤。看见一幕惨景当然不同于一块弹片冲进大脑。虽然，它们导致的病的症状可能是相似的，但其机制与治疗方式却有质的不同！在弗洛伊德之前，医学界把它们当作一回事，也用同样的方法来治疗，其效果可想而知。正是弗洛伊德，从为这种病寻找治疗方法入手，发现了它的病因，找到了它的治疗方法，并循此而上，终于开辟了精神分析这个科学的新王国！至于他怎样循此而上开辟了精神分析，那是后文将要讲的故事。

弗洛伊德大学时期在布吕克教授研究所时，就对大脑神经展开了研究，还发明过一种使神经组织易于观察的黄金染色法。这是他研究大脑生涯之初。弗洛伊德似乎对人脑神经及精神性疾病有天然的兴趣。自从他进入迈内特教授的精神病科后，他就深深地为这类病症所吸引。

弗洛伊德是一八八三年五月一日进入迈内特教授的总医院精神病科的。

迈内特教授是当时很有名的精神病学家，他对弗洛伊德要求很严，弗洛伊德每天都要拿出好几个小时来巡查病房。迈内特教授称他自己的精神病科是全奥地利最大的精神病院，每年都要收治成千的各类精神病人。此后，当弗洛伊德第一次提出自己的理论时，却与迈内特教授产生了极大的分歧。但他在迈内特那里学到的精神病知识却不能不说是他一生事业的基础。迈内特治疗精神病的第一步是给他们分类：这个人患了精神分裂症、那个人患了妄想症，还有精神错乱、紧张症以及对后来精神分析有重大意义的精神神经症等。教授自己也发现了某些新型神经病，如“迈内特精神错乱”，弗洛伊德在这里看到了许多有趣的病例。

一个学法律的年轻学生，从小就爱偷东西，但即使被当场抓住也不承认。上中学时，他花很多钱买新衣服来炫耀自己，后来进入了维也纳大学法学院，毕业后在一家法院工作，后因负债过多而从法院退出，在欧洲各地到处流浪。他觉得自己患了梅毒与肺结核，认为自己从没做过错事，哥哥想害他。

还有一个男人不敢吃东西，他觉得家里的食品有毒，妻子要毒死他，连水都不敢喝。

对于这些病例，迈内特教授认为全都是大脑的某个部位产生了病变，在他的名著《精神病学》中，他对脑各个区域的功能都做了仔细区分，指出哪个区域坏了就会导致什么样的精神病，但是，运用他的理论却并不能治好病。除少数真能找得出生理病因的除外，除此之外，无人知晓它们从何而来，又如何才能治愈。懂得人们在这方面的无知是弗洛伊德在迈内特教授那里的主要收获。

一八八四年的第一天，弗洛伊德进入了舒尔茨教授的神经病科，一直待到第二年二月被舒尔茨赶走。在这里他第一次与神经病有了深入接触。前面讲述弗洛伊德实习经历的时候，我们知道了舒尔茨教授认为开医院的主要目标是节省医疗费和让病人赶快出院。但只要不花钱，他手底下的医生们就什么都可以干。由于这里的病人周转特别快，弗洛伊德得到了一个研究大量神经病人的机会。

这里与迈内特精神病科的不同之处是，病人大都是大脑有病变或者受到外物损伤。如由脑出血导致的失去知觉、脑垂体肿瘤导致的肢端肥大症、视神经受伤而导致幻觉等。但也有的病人，虽然症状一般无二，但却并没有发现如前面一般的损伤。他的一个朋友，约瑟夫·波拉克给一个瘫在床的女病人注射了一剂蒸馏水，告诉她这是特效药，如果不能治活她，便会治死她，注射了几分钟后，她就站起来了。这是弗洛伊德接触的第一例明显的癔病病人。他看着波拉克因为用直觉与赌博的办法治好了一个病人而沾沾自喜，想："难道这样的病人只有一个吗？到底是什么使得他们以为自己得了病，并且会有相同的症状呢？他们何以要使自己得病？他们心中在打着什么样的主意？"他知道病人们是不会知道自己心中的主意的，否则他们也不会得病了。

也许，关于无意识最初的认识就模糊地存在于这里了。

从迈内特与舒尔茨那里获得的经验还只是关于精神病或神经病的初步认识。弗洛伊德在他到了巴黎，师从神经病学界泰山北斗夏科后才真正认识了神经病并且开始有了自己的观点。夏科告诉他的，首先是他在观察与研究神经病时所采取的客观态度。他认为"理论不能阻止事实说话"。因而在分析每一个病例时都依据他从观察中得出的结论。这些结论如果与当时的流行说法不一，那么他总是宁愿将这些没有"理论基础"的病例如实地记录下来，如实地进行分析。在他对癔病的分析中恰如其分地体现了他的这种品质。夏科教授知道当时的权威观点是癔病只发生在女性身上，男性是从来不会得癔病的。但他在临床中看到了许多男性也有癔病症状。他客观地描述并承认了这种病症的存在。弗洛伊德正是在这里第一次确切地看到了癔病、男性癔病的大量病例。

如一八八五年四月进院的一位马车夫，他从马车上摔下来，伤了肩与胳膊。后来右臂完全丧失了知觉，针刺不痛、入热水不知烫、入冰水不觉冷。但半年过去了，病人的手看上去与正常的手没有什么不同，肌肉仍富于弹性，没有出现长期缺乏使用必会导致的萎缩。这就表明，手的皮层、表层神经以及传导感觉的脊椎都没有受伤，他的头没有摔着，大脑中枢神经当然也没有受伤。

还有一个年轻女子，她的症状是全身瘫痪，几乎只有眼珠间的转动表明她还是活人，但是有时她却自己站起来，大喊："血、血，快跑啊！"然后马上倒下来，再也不能动了。她是在经历过一次火灾后得这种病的，当时她从屋里跑出来后，只是在街上摔了一跤，经仔细检查，她的各处神经都没有受损，连皮都没有擦破一处。对这些病症，即使夏科教授也毫无办法。

但有时，这种病却莫名其妙地好了。像前面那位从马车上摔下来瘫痪了右臂的马车夫，在医院闲得无聊，便和人玩起了多米诺骨牌。玩时那人有点儿不老实，他们吵了起来，吵得越来越凶，马车夫跳了起来，一拳朝那人捣去——用的竟然是右手。

面对这些病例，除了断定它们是癔病外，弗洛伊德找不出任何其他可能。就这点而言，他与夏科是英雄所见略同，但他与夏科却存在另一个基本区别：夏科教授认为，癔病是由神经系统的损伤造成的，即使是很轻微的损伤，这与当时的流行见解完全一致。但弗洛伊德在对因这类癔病而死亡的人的大脑进行解剖后发现，死者的大脑没有任何受伤的迹象。他就此写了一篇文章《癔病性与机体性症状学的比较》，它的基本论点就是：在癔病性瘫痪与癔病的其他表现中，不存在器质性损伤。

一八八六年四月，弗洛伊德回到维也纳，一边准备开业行医，同时就任了维也纳第一国立儿童病院的神经科主任，这是奥地利最古老的儿童病专业医院，一七八七年由约瑟夫二世下令成立。但又是一个慈善性质的医院，敞开大门免费接纳所有贫困阶层的病儿，医生没有任何报酬，自愿参加，差不多所有医生都是犹太人。

九月，他与玛莎结了婚。蜜月过后，他开始了人生的另一个漫长阶段。他将时间分成两半，一半开业行医，挣钱养家，一半用来搞他毕生向往的纯科学研究，把重点放在男性癔病上。他了解这个观点与传统有所区别，但作为科学家，他的责任是将事实澄清。于是，他在奥地利医学协会上作了题为《论男性癔病》的报告。

他用从萨尔医院那里得到的大量例证试图说明，癔病不是来自器质性损伤。患者也并非装病者，在癔病症状中存在着可以确定的规律，这种病症对于男性与女性是同样存在的。

这样的会议对于医学界是一件大事。维也纳医学界的头面人物大都来了。弗洛伊德的报告无疑对于他们是当头一击，但他们给弗洛伊德报告的反应不是以批评回击，而是用嘲讽的态度对待这个初出茅庐的年轻人。尤其是对他一向很好的迈内特教授。他微笑着摇着他满头白发的头，发表了以下评论：

> 先生们：弗洛伊德博士先生通过奥地利海关带进来的这种法国进口货，在巴黎那种稀薄的神经病学气氛中也许会被当作一种实实在在的固体；不过它一出现在维也纳明亮的科学阳光之下，转眼就化为气体了。在我作为病理学家和神经病学家的三十年里……我并没有发现过任何男性癔病的迹象，也没有发现过造成瘫痪、失语症或者麻木之类失调的可能性；而且所有这些失调都是生理性疾病的先兆。

他这话结束后，大家哄笑了一阵，把弗洛伊德的报告丢到九霄云外去了。

面对这种情况，他感到自己羞愧得无地自容。但他不会就此让他的观点也随这些哄笑飘去，暗下决心用事实来说话。

他终于找到了一个他认为清楚得像明镜、有力得像大象一样的病例。

患者是一个叫奥古斯特的五金匠。他八岁那年给马车撞了一下，将右耳鼓膜震破了。三年前，他跟欠他钱不还的弟弟吵了起来，弟弟拿起刀来要砍他，没有砍着，但把他吓坏了。回到家后他就晕了，以后一连几周四肢无力，头疼得厉害，左边脑袋发胀，但他坚持工作。这时，一个女人控告他偷了东西。他顿时出现了剧烈的心悸，变得十分忧郁，扬言要自杀，左臂和左腿开始发颤，舌头像被“钉子钉在了嘴巴里”。弗洛伊德给他做了细致的检查。发现除了右耳，病人左边的感觉器官完全失灵了，甚至他用针扎进他的皮肤里都不觉得痛。但与他在巴黎看到的那些癔病患者一样，病人没有肌肉萎缩的现象。他想起了在巴黎用一针蒸馏水治好的漂亮女子，顿时有了主意。

奥古斯特第四次来治疗时，弗洛伊德给他讲了他听说过的最好笑的笑话，把病人逗得哈哈大笑。他趁机请他把大衣脱下来，病人马上照办了。他又叫他用左手捏住鼻子，他也照办了，做得像正常人一样好。从大笑冷静下来后，弗洛伊德再叫他做相同的动作，他却怎么也做不出来了，他的左半边又瘫痪了。此后，弗洛伊德又用各种办法使奥古斯特将这样的过程重复了几遍。

一八八六年十一月二十六日晚，同样在医学协会，弗洛伊德将奥古斯特亮了出来，引导他重演前面的事。

在演示开始前，弗洛伊德直率地说：

> 先生们——当十月十五日，我荣幸地向诸位报告夏科最近在男性癔病上所做的工作之时，我受到了我所敬仰的迈内特教授的挑战，将癔病的躯体表象——即夏科所称该神经病的“癔病烙印”——能够被清楚明白地观察到的病例带到协会之前。今天我接受这个挑战，诚然它有所不足，但却是足以印证我的主张的临床材料，将一男性癔病患者带至你们面前，他表现出了最强烈的半麻痹症状。在开始我的演示之前，我还想补充我所呈示的并非稀有的或特殊的病例，相反，我认为它只是不断出现的极普通的病例中的一个，虽然它们常为我们所忽略。

接着开始了演示，奥古斯特出色地再现了前几天做过的事。结束后，弗洛伊德认为自己应当令这些固执的维也纳同行们相信他的话了，但当他进行了总结分析后，除了少数几个他相熟的年轻大夫略略说了几句祝贺的话，大部分人站起来就走了，好像他根本没有作过报告一样。

弗洛伊德默默地接受了这个结果，这对他不是第一次了，他回去后继续给奥古斯特治疗，不出三个月，他就连奔带跑回去干五金活去了。

除了研究男性癔病，弗洛伊德婚后最初几年的时间是这样安排的：首先是开门诊，他现在不是一人吃饱、全家不饿了，像每个已婚男人一样，他先得养活老婆孩子。其次是科研。他翻译了三卷本的《夏科选集》，以及后面要讲的伯恩海姆关于催眠的著作。至于写作，他写了一系列的涉及各个领域的文章，包括一篇关于神秘象征物的短文。这些著作已经体现了弗洛伊德以后的写作特征：范围广博。但使他获得一定名誉的，是他在儿童医院关于小儿麻痹症的研究。他发表了好几篇有关的文章，引起了相当大的反响，成了这个领域的权威。法国杰出的神经病学家、夏科的继承人皮埃尔·马里评论弗洛伊德于一八九三年写的一篇长达168页的论文说："这无疑是关于现在还知之极少的小儿麻痹症的最全面、最精确、最深刻的论文。"当罗森纳格尔教授主编鸿篇巨制《医学百科全书》时，他特请弗洛伊德撰写"小儿麻痹症"条目。

以上已经用整整一节的篇幅写了弗洛伊德的神经病研究，这主要是因为神经病与弗洛伊德后来毕生研究的精神神经症既有密切的联系，又容易引起混淆。因而我们了解它一方面固然因为它是弗洛伊德这一阶段的重要经历，如同他大学时期在布吕克教授生理学研究所的经历一样，另一方面也是因为了解神经病对于清楚地认识弗洛伊德以后将要创立的精神分析，以及精神分析将要分析的神经症有重大意义。

催眠术

我们都听说过催眠术这个词。这个名字也名副其实地道出了它的内容：它是用人为方法促使人进入睡眠或昏睡状态的一种技术，它一般是催眠者用心理暗示的方法对被催眠者的神经活动进行不须采用器械或者药物的抑制。这使催眠术在许多人眼里显得神秘。

弗洛伊德远在大学时代，就看到过当时一个叫汉森的魔术家表演过催眠术，他看到被催眠者躺在那里跟死了一样，他甚至想他也许真的死了，然而魔术家将他又救活过来。一八八五年，在一个叫奥贝斯泰纳的人开办的私人疗养院里他甚至做过尝试，他在那里工作过几个星期，看见了拿破仑的唯一后代，一个极衰弱的年轻人，生下来就被封为意大利国王。但直到一八八五年十月到次年二月在巴黎留学时才从夏科教授那里深入接触催眠术。夏科教授的每一堂课都受人欢迎，那最受欢迎的还是他的“大癔病”展示课。不光是学生们喜欢，巴黎的太太小姐们也喜欢。

演示课在医院最大的教室举行，一大早，一辆辆马车就载着巴黎各式时髦人物，花花公子、交际花、记者、艺术家、靠吃利息过日子成天闲逛的先生们，来了。他们像看歌剧一样，早早地坐在座位上等着教授的来临。上午九点钟，教授衣冠楚楚地进来了。他先大概讲了讲癔病是怎么回事，一挥手，助手们带上来四个迷人的姑娘。夏科的助手巴宾斯基带领助手们对姑娘们进行了催眠，她们很快就进入了昏睡。

一个助手将一只手套扔在一位姑娘的脚下，对她说这是一条蛇。她吓得尖叫起来，拉起裙子遮到脸上，春光外泄都顾不得了。手套一拿走，姑娘便咯咯娇笑起来。又一个助手把一瓶清水放在第二个姑娘面前，说这是香水，姑娘便大闻特闻，连夸好闻，据情形看，即使这是一瓶粪水她也会说好闻的。他又告诉她这是在教堂里，姑娘马上跪下祷告起来，清醒的人十有八九没这么虔诚。第三位姑娘得到了一根细长的木炭，告诉她说这是巧克力，她张口就嚼，津津有味。最后一个姑娘更不幸，她被告知是一条狗，她便马上趴下，手脚并用地爬起来，口里还“汪汪汪”地叫。后来她又被告知是一只鸽子了，她就张开双臂扑腾，像要飞起来，逗得观众们肚子都笑痛了。

接下来算是夏科教授的“大癔病”演示了。他首先指出催眠状态是一种人为的精神神经症状态，只能用于神经过敏或精神上有毛病的人，后来弗洛伊德发现这是错的。夏科教授将催眠分成三阶段：嗜眠阶段、僵直昏厥阶段、松弛睡眠阶段。并又做了催眠示范，他使姑娘进入第二个阶段后，她就像死了一般，四肢硬如木，浑身惨白如僵尸，针刺她都毫无反应。但她还没有死去，还可以听夏科教授的指示做出各种麻痹姿势，好像这就是她的麻痹病症候似的。有些姿势，例如她闭了眼睛头向后仰，仰到那样程度，正常人肯定要摔个四仰八叉。在她经过第三个阶段醒来后，她就伶伶俐俐地回答起教授和观众们的问题了，好像什么也没有发生过，她们不曾啃过木炭，也不曾学狗叫，使观众们目瞪口呆，好像做梦一样，醒过来后，疯狂地鼓起掌来。

夏科的演示同样给弗洛伊德很深的印象，他不由得想，这些被催眠者在被催眠时到底处于什么样的意识状态呢？她们真是处于“睡眠”中吗？但我们对一个在睡觉的姑娘说要她学鸽子飞她会理你的茬儿吗？如果不是，那为什么她们的意识与身体确实处于麻木呢？为什么一旦进入被催眠状态，被催眠者就会像木偶一样听从催眠者的指挥？他下定决心，以后有机会一定要研究一下催眠，看看它对神经症有什么效果。

从巴黎回来后，在治疗癔病的过程中，他感觉到病人的主要病因在于受到某些“观念”的束缚，“相信”自己病了、瘫痪了。于是就真的瘫痪了，也就是说他们表现得像真的瘫痪了一样。可以近似地将他们的瘫痪归结为患者无意识中用思想对自己下了命令，倘若能撤销这一命令，或者将之改为“我可以走了”“我完全用不着害怕它，它不过是一个吃的苹果”这类的自我暗示，那么病人就同样会按照这个暗示去做，病也就好了！我们要知道，癔病是“意”病，患者身体并无器质性损伤，病与不病，只在一（意）念之间啊！

这样看来，癔病应当很好治疗，对病人大喝一声：“喂，别傻了，干吗自讨苦吃？醒来吧！”这样一个当头棒喝，病人哪还有不醒的？除非男人想装病躲避兵役，女人呢想装病西施勾引男人。

实际的癔病绝非如此简单。主要原因有二：一是病人根本不知道自己其实没有病，或者病是用意念自造的。他们自己想好转过来的愿望一点也不比治疗他们的大夫弱，只是他们不能；二是即使大夫告诉他们了他们的病是癔病，他们的器官其实没有受伤，他们也不会相信，或者即使相信了，也无法医生一叫好就好。这有点像对一个虔诚的基督徒说：科学已经证明上帝根本就不存在，干吗还那么傻乎乎地信？

这样可以看出来，治疗癔病的关键在于将“你其实没有病”的意念塞进病人的思维里，并且使之占有主导地位、使之能控制病人的行为。如果能做到这一步，由于病人的肌体实际上是正常的，他们就一定能恢复正常！

归根结底，癔病治疗也就成了采用什么办法使病人相信“我没有病”，并且能用这个意念去控制病人的精神，去除其心中“邪念”，最终控制他的行为。

这样看来，最好的办法当然是催眠术了，它不正是能完美地控制人的行为与精神吗？说是这样说，弗洛伊德最先用以治疗癔病的并非催眠术，而是当时很盛行的“电疗法”。这种办法是用一种专门的“电疗机”将强弱不等的电流通到病人身上，刺激病人的神经，以达到治疗目的。弗洛伊德很快发现了这种办法的荒唐，在《自传研究》中，他用忏悔的口气说：“认识到那位德国的大人物的著作并不比在廉价书店出卖的‘埃及人’的释梦书与真实有更多关系是痛苦的，但它使我避免了我那时仍未克服的对权威天真的信仰。”“那位德国大人物”指厄布，电疗法的权威，他介绍电疗法的小册子在当时像今天介绍气功治病的书一样，马路书店都能买到。

丢弃电疗法以后，弗洛伊德终于转到了催眠术上来。

其实，早在一八八二年，弗洛伊德就从他的朋友布洛伊尔那里知道了著名的“安娜·O病例”（布洛伊尔与著名的安娜·O病例对于弗洛伊德与精神分析的诞生都至为重要，将在下章专门讲述），布洛伊尔用当时就用过的催眠术治疗过安娜·O的癔病，并且取得了初步成功。加之他在巴黎得到的经验，因此，在老法子没有效、面对癔病束手无策时，他就自然而然地想到了催眠术。

一八八六年五月十一日，弗洛伊德在生理学俱乐部；五月二十七日在精神病学协会宣读了有关催眠术的论文。

大约在一八八七年十二月，他开始采用催眠暗示的方法治疗患者，并且很快像以前用电疗法一样频繁了。其中有一位意大利妇女，她一听见“苹果”这个词就会浑身发抖，瘫成一团泥。弗洛伊德就将她催眠后，告诉她根本用不着害怕“苹果”这个词，以后要是再听见，就想想果子铺子里的又红又香的大苹果或者糕点铺里的苹果馅饼。这个妇女醒过来后，马上表示要去买一大包苹果馅饼吃。

不单如此，他还想把催眠术推向市场，翻译了两本有关的书。其中一本是现在法国南锡的伯恩海姆所著，另一本大约是奥贝斯泰纳写的，还写了大量的书评给催眠术唱赞美诗，成了维也纳少数几个提倡催眠术者的领头羊。

但是，随着使用催眠术次数的增加，他渐渐感觉他的技术还太嫩，确实，催眠术不是吃饭喝奶，可以不学而知的，虽然弗洛伊德是个医生，也很有悟性，这也许能使他掌握催眠术的皮毛，但要深入下去却难。他曾经在巴黎看到过夏科教授和他的助手们的催眠术，只几句话就让那些迷人的姑娘睡得死了一般，他可差远了。他听说伯恩海姆的技术比夏科教授的还要高明。他想如果他掌握了那样好的技术，治起病来该是多么感觉良好，他于是下决心去南锡向伯恩海姆学习。

一八八九年七月，弗洛伊德从维也纳坐火车直达位于法国北部的小城南锡，他穿过斯坦尼斯拉斯广场，广场周围华丽富贵的巴洛克式建筑，向近郊的南锡医学院走去。在他的大踏步之下，用不了几分钟就到了。医院和医学院在一块，这正像维也纳大学，这里的建筑远没有维也纳大学校园那么富丽堂皇，但到处一尘不染，鲜花烂漫。

在来之前他已和伯恩海姆教授有过联系。五短身材、面貌平常、留着两撮法国最常见的小胡子的伯恩海姆教授见到这位来自异国的求学者十分高兴，他眼下正被夏科教授和他的医院压得透不过气，空有一身好本事没法出名，他打算将南锡学派的法宝倾囊相授。

他告诉弗洛伊德，在南锡医学院，只有那些用其他任何办法都无法治愈、并被确诊患了癔病的患者才能得到催眠治疗。治疗时只能对病人进行劝慰式的暗示，但不准命令病人做什么事情，像夏科教授对他的姑娘们做过的一样。病人们只是坐在那里处于催眠状态中，让他们的杂念在医生的暗示中流失。他们已经积累了数以千计的病例资料，根据过去的经验不断提高疗效。

弗洛伊德请他进行示范治疗。他将弗洛伊德带到治疗室，病人是一位得了痢疾的年轻妇女，教授一开始催眠，弗洛伊德就不由得对自己那点技术自惭形秽了。进行催眠的伯恩海姆教授眼睛、声音、手势、身体的每一部分无不变得使人昏昏欲睡。年轻妇女几乎立刻就进入了催眠状态，教授用一种梦呓般的，也可以说是神示般的语调不容置疑地告诉病人，她的疾病全是她的想象，其实她非常健康，只要她相信这点，忘掉自己的幻想，她就好了。

病人醒过来后，真的发现自己好了。这样，一个上午教授已经治好了十余名病人。全是用相同的方法，催眠后暗示病人说他们已经好了、不能做的事其实能做，催眠结束后，病人全都好了或者有了好转。

伯恩海姆教授还带弗洛伊德去拜访了也在南锡行医的奥古斯特·安姆布罗斯·李白尔特，他与伯恩海姆教授同为催眠术中南锡学派的代表，擅长、但不专用催眠与暗示的方法治疗癔病，还对那些接受催眠法治疗的病人实行免费。他是一个戴着小帽、留着浅浅的花白胡须、神情极和蔼的老人。催眠技术比伯恩海姆教授更加惊人，他论催眠术的专著《睡眠及其类似状态》只卖出去一册，但他所创立的许多概念像“口头暗示”“诱发睡眠”等却大有人接受。

他治病时只是握住病人的拇指，用充满慈爱的、像施了魔法的声音告诉他入睡，然后暗示他怎样做好，病人醒来之后常常就好了。

弗洛伊德在南锡待了两个星期，自信催眠技术有了进步，临走时他向伯恩海姆请教了他一直深为苦恼的问题：为什么有的人会因为一件小事而得癔病，而对于另外的人它不会起作用？到底是他们自己的什么使得他们致病呢？用暗示压制的到底是一些什么样的意念呢？它们为什么能使人致病？对这些问题，伯恩海姆教授认为无关紧要，因为催眠术是用来治病的，只要它能达到这个目的就得了，不需要任何理论。

弗洛伊德不这么认为，他隐约看到了在那隐去的症状后的东西，它们犹如一座山，因隔得太远而似乎缥缈若无，他想走近去看得更清楚。

关于这次南锡之行，他后来回忆道：

> 抱着完善我的催眠技术的念头，我在一八八九年夏去南锡旅行，在那儿度过了几个星期。我目睹了年老的李白尔特在劳动阶级的贫穷的妇女和儿童中间穿行诊疗的令人感动的情景，我是伯恩海姆在他的医院的病人身上令人惊讶的实践的验证者，我得到的最深刻的印象就是在人们的认识之外仍然有潜藏的强大意念过程的可能性。想想它是有启发意义的，我还劝我的一个病人跟着我来南锡。她是一个天赋极高的癔病患者，一个出身高贵的女人，谁都拿她没办法，所以她被交给了我。通过催眠的影响我已经使得她变得不那么令人难以忍受了，我一定要想法使她摆脱她的悲惨处境……我与他（指伯恩海姆——作者注）有好几次激动人心的会谈，并且着手将他的两本关于暗示及其疗效的著作翻译成德文。

回到维也纳后，弗洛伊德继续运用催眠术，也的确取得了不小疗效。但为时并不太久，大约在一八八九年五月一日，他在治疗埃米夫人时，就开始将新方法，即“宣泄疗法”与催眠法一同运用。这主要有三方面的原因：

一是他慢慢发现催眠术并不总管用，疗效也很难持久。

催眠术治疗病人，在大多数情况下是将引起病人产生癔病症状的“邪念”用暗示的方式镇压住，但这个“邪念”并未被消灭，被用催眠术压住一段时间后，它总还要顽固地冒出头来。这样，催眠术的疗效也就到此为止了。弗洛伊德在他运用催眠术的过程中，不能不看到一个事实：那就是对每一例癔病，他都可用催眠术起到一定作用，但却很少有他用催眠术完全治愈了的病例——正如完全没效的一般少。像卡茜莉病例、普芬道夫夫人病例、冯·诺伊斯塔特夫人病例等。

弗洛伊德深深感到催眠术的治疗实际上是治标不治本的办法，对于真正严重的癔病束手无策。作为一个医生，如果看到一种疗法的缺陷而不去改进是不正当的，当然，在找到更好的办法之前他还会继续运用老办法。

二是此时他初步找到了更进步的疗法。在治疗中弗洛伊德感到用催眠术治病，催眠者用暗示法命令病人放弃致病的意念，无异于用硬堵的办法治理洪水。这样的结果可想而知，这也是为什么他的一些病人在初次治疗后病情得到了明显好转，但过不了多久又找上门来，而且症状更加严重。如卡茜莉病例，卡茜莉夫人第一次找他治病时他用催眠术挺方便地治好了她的牙痛。但过了一年，她却复发了，而且更厉害，后来又转到大腿、眉心。那么，怎样办才好呢？他想到了安娜·O病例，布洛伊尔用一种独特的催眠疗法基本治愈了她的严重癔病。他先用催眠法使安娜进入睡眠，然后不是命令她忘记那些使她治病的意念，而是叫她说出来，尽情倾吐，他的新疗法当以此为起点。

他后来说道："无论病人还是医生都不能再无限制地容忍一方面暗示对错乱坚决否定，另一方面却又对错乱毫无必要的认识这一矛盾的存在。"

三是他遭到极严厉的批评。就在弗洛伊德开始用催眠术之时，便已成了维也纳医学界的众矢之的。维也纳的医生们向来将催眠术看作哄人的玩意儿，是江湖骗术，正经医生绝不用这方法治病。弗洛伊德在科学协会大放厥词还罢了，反正没人听他，现在竟然要拿病人开刀，那还得了！他们马上群起鸣鼓而攻之，以他的恩师迈内特教授为首。

迈内特教授本来一直将弗洛伊德当作他的得意门生，在弗洛伊德评讲师、得奖学金的过程中出过大力。而且他离开医学院，独自开业后，按规定是不准再使用学院的实验室的，迈内特教授却一直私下让他自由使用他的实验室，后来还将他自己的一门课交给他讲，好让他挣点学费。但弗洛伊德从巴黎回来后，却向恩师发起了猛攻，他的目标当然不是他的老师，但实际上是一样的，弗洛伊德所反对的那些观点恰恰都是迈内特教授坚持的。如他在医学协会大讲男性癔病，并说癔病与神经损伤无关，这就是向迈内特教授的权威提出了公开挑战。因为迈内特教授对于神经病的基本观点是：所有神经病，当然包括癔病，无一例外是神经受到损伤的后果，至于男性癔病，那是瞎说，癔病只有女人才能得，男性哪会得什么癔病！这从"癔病"的名字就可以看出来，癔病的拉丁文原文来自希腊语，在希腊语里那即是"子宫"之意，男人有子宫吗？前面提到过，因为这事，在医学协会他当场给了弗洛伊德一个难堪。

后来，当弗洛伊德又采用了维也纳人所不齿的催眠术后，他对弗洛伊德的意见更大了，他几乎公开地表示了他对弗洛伊德及他采用的方法的蔑视。一八八九年，他说催眠术"把人降低到没有意愿与理智的动物，这样只会加剧他的神经和心智的衰退……它导致了人为的精神错乱"。甚至说弗洛伊德"只是一个搞催眠术的人"。

他的这些话使弗洛伊德又气又伤心。他进行了坚决的回击。他说：

接受一个科学家在神经病理学的某些领域已取得丰富经验并且有深刻了

解的同时否认他在别的任何方面也是权威，这对于大多数人来说是困难的，的确，对于伟大的尊敬，尤其对于伟大的知识的尊敬属于人类本性中最好的品质。但更应尊重的是事实。当我们通过对事实的研究而获得了自己的判断时并不要羞于将权威暂搁一边。

他的这些毫不妥协的回答更加恶化了他与迈内特教授的关系，也恶化了他与整个维也纳医学界的关系。前面，当他想找一个迈内特教授要他找的证明男性癔病的病例时，他被禁止使用医学院及总医院的病例。这样，他开始度过他一生第一个孤军奋战的时期：没有地方搞科研、没有地方演讲、没有杂志发表他的论文，他甚至连一起喝酒的人都没有了。这些虽说后来都有了改变，但已经深深地伤害了弗洛伊德的感情。

到一八八九年五月，他已经不再专门使用催眠术了，但仍将催眠术作为一种辅助治疗手段，一八九六年他才完全放弃，并且转而谴责将它作为一种疗法。但运用催眠术这个阶段的意义却并不会因为弗洛伊德的弃用就变得空无。实际上，这个阶段对于弗洛伊德以后的研究起着的作用即便再高评价也不会过分的。具体地说，它主要在三个方面对弗洛伊德以后的思想发展有重大影响：

一是他初步认识到了在被催眠者的意识后面还有一个广大的精神世界，这个世界就是无意识世界。他将向这个世界扬起探索之帆，它对于精神世界的意义与哥伦布的探险对于物质世界一样重要。

二是他正是在催眠中了解到不能一味压抑被催眠者的致病意念，而是要让它们释放出来，这样它们就不会再待在患者心灵中作怪了。这直接促使了以后的宣泄疗法与自由联想法的诞生。

三是在对病人进行催眠的过程中，他不止一次地听到了病人吐露的心灵深处的秘密，如在对普芬道夫夫人、埃米尔、冯·诺伊斯塔特夫人以及一个少女的治疗中，他都发现那些致病的因素几乎全与性有关，因缺失而对性的渴求或者令人恐惧的性经历。而病人那些潜藏在心灵深处的意念也就都与性相关。这对于精神分析以后的形态特征有极大关系。众所周知，精神分析是将性当作主体内容之一的。

第四章　曙光与阴影

我之所以要在这里为弗洛伊德树碑立传，其原因不言自明：因为弗洛伊德是精神分析的创立者。为弗洛伊德立传也就是为精神分析树碑。现在弗洛伊德已在他的人生苦旅上行走这么久，而精神分析似乎尚未诞生。所以，这一章里精神分析该在东方透出第一缕朝霞了。然而，这精神分析之曙光却给它的创立者笼罩上了一层阴影——这阴影后面，那暴风雨眼看就跟来了。

患难之交

这一节我们将要讲述弗洛伊德一生中爱情之外的另一个重要内容：友谊。友谊对于弗洛伊德之重要，正如它对于我们之重要一样。人作为社会动物，不可能在没有交流的情况之下生活，友谊就像西瓜一样，给予我们的不但是解渴，在满足需要的同时使我们吸吮生活的甜蜜。弗洛伊德一生之所以能摆脱早期的经济困难、中期和晚期的孤独、被攻击与被侮辱、谩骂，除了他自身的坚定意志之外，还与他朋友们的坚定支持不可分割。他的朋友们，虽然比起他的敌人来为数不多，却都是才智非凡之士，此所谓慧眼识英雄，识英雄者必是有慧眼者也。

这一节主要讲弗洛伊德早期，即他成名之前的朋友们。这些朋友对于弗洛伊德的生活与事业都绝不同于一般意义上的朋友：不只是生活的调味品，而且是他生活幸福、事业成功的必要条件。

弗洛伊德年轻时期的生活有两个特点：一是他的钱之少，这个我们已在前面说过了。二是他的朋友之出色。

一个伟人，即便不会像我国古代传说中一样，生下来就天生祥云，瑞气罩于屋宇，但其在成为伟人之前，也必表现与常人大不相同。他们独特的智力与思维同样会付诸日常举止言行，所产生的那一种说不出来的风格，使那些本身也略有不凡之处、因而也有一双与众不同的慧眼之士一眼相中，顿成莫逆。

我们还记得弗洛伊德刚出生时吉卜赛老女人的预言。弗洛伊德在他成名之前所交的朋友中无一不是当时的出类拔萃之辈，而且他从这些友谊中所获可谓良多。

有记载的他最早的朋友之一，是他的忘年交，是他中学时的老师哈默沙格教授，他的圣经与希腊文教师。哈默沙格教授是最仁慈的人，面貌很平常，有着一双极温和的眼睛。一看就使人觉得这人连一只蚂蚁都舍不得踩死。他的妻子样子像他，只少了胡子。虽然上帝没有赐给她子女，但她有一双慈母的眼睛。夫妇俩待弗洛伊德如同亲生。那时弗洛伊德家里很穷，常得到他们的资助，他毕生都感念着这对老夫妻，很久后他还回忆起一件老师仁慈的逸事：

老教授……告诉我说……一个阔佬给了他一笔钱要他给一个需要的有出

息的年轻人，他提起了我的名字并且即刻就把钱给了我……这不是第一次老人用这种方式帮助我了……我不知道还有没有比他们更好的人，更仁慈、更远离了任何不高尚的动机……自从我离开学校后在我与亲爱的老犹太教师之间已远不只是深深的同情。

他在中学时还有两个同龄好朋友，一个是爱德华·塞巴斯蒂安，看这个名字就知道他具有西班牙血统，他也像西班牙人一样热情而富于幻想。弗洛伊德在写给玛莎的信中回忆这个儿时老友道：

我们那时并不把交朋友看作一种游戏或者一项资本，而是需要一个朋友分享彼此的所有。我们那时成天待在一块，可不是待在教室的凳子上。我们一起学西班牙语，从伟大的塞万提斯的对话中编造我们自己的神话和秘密的名字……我们一起组织了一个奇怪的学术团体“卡斯特拉那学会”（A.C.），搜集了大量幽默故事，它们肯定还留在我的旧作文里；我们分享俭朴的晚餐，从没有厌烦对方的陪伴。

长大后这位爱德华·塞巴斯蒂安成了一个颇有成就的银行家。

弗洛伊德另一个少时的好伙伴是海因里希·布劳恩（1854—1927）。弗洛伊德大约在第一学年的年度报告会上认识了他，不久他们就成了形影不离的好朋友。布劳恩是个精力充沛、独立性很强的人，凡事有主见，是个天生的领导者。弗洛伊德十分崇拜他，坚信他总有一天会成为拿破仑第二。长大后的布劳恩，宽广的额头、深深的眼窝、鹰钩鼻，目光犀利。蓄着马克思似的大胡子。弗洛伊德的眼光虽然夸张了一点，却也没大错，布劳恩在二十九岁时就与考茨基、威廉·李卜克内西等一起成立了德国社会民主党，后来负责编辑了社会民主党的许多重要刊物，成为著名政治家。

进大学后，弗洛伊德开始很长一段时间没交什么朋友，这一是由于当时维也纳大学反犹风的暗暗滋长，弗洛伊德作为纯种的犹太人受到同学的排挤。二是弗洛伊德生性羞怯。他固然有很多优点，但不善于表露，因此他给人的第一印象不深，我们知道第一印象对交朋友是多么重要。这就决定了他的朋友从来不多，但只要与他有多次交往，就会发现他的优点，交往得越多，弗洛伊德给人的印象也就越深，这样的结果自然是，弗洛伊德虽然朋友数量不算多，但却都不是等闲之辈。庸人们看人只看表面，像不能理解深刻的道理一样不理解深刻的人，像这种人自然不会在意做样子不出众又不很大方的弗洛伊德的朋友。

弗洛伊德这时期的重要朋友前文大致已提及了，主要有约瑟夫·帕内斯、弗莱施尔、伊格纳茨·索恩伯格与布洛伊尔。在这些人中，除伊格纳茨外，都是有钱人，因此他们都曾在经济上帮助过弗洛伊德。

约瑟夫·帕内斯是弗洛伊德的同事，他曾建立过弗洛伊德所说的“帕内斯贷款”或“玛莎基金”。一八八四年四月，那时弗洛伊德与玛莎正处于热恋之中，但弗洛伊德每月的收入不过四十来盾。帕内斯主动给弗洛伊德一笔一千五百盾的贷款，并给弗洛伊德计划每年拿利息八十盾去看未婚妻，本金用于结婚。弗洛伊德十分高兴，他给玛莎写了一封半玩笑的信说：“一个有钱人想法子减少我们出生的不公平和他优越地位的非法性真是一件好事。”

这些人中，伊格纳茨·索恩伯格是弗洛伊德的知己之交。他们两人有许多相同之处，都出身贫寒，都是犹太人，又都天资出众。伊格纳茨是个很单纯、诚恳的人。他一八八一年时就与玛莎的妹妹敏娜订了婚，倾心相爱，但他命运多舛，打进维也纳大学起就患了当时被称为“大学病”的肺结核，一直生活在痛苦之中。他在梵文研究中取得了杰出的成就，二十八岁时就受聘牛津大学，与梵学大家威廉姆斯共同编纂梵文字典。但到牛津后不到一年病情加剧，无法继续工作，只好辞职，回到家乡，他自知命不长久，为了不耽误深爱的未婚妻的青春，毅然与她解除婚约。不久就去世了，年仅三十岁。

弗莱施尔是弗洛伊德另一个与伊格纳茨际遇不同但结局同样不幸的朋友。他不但出身高贵，还有着与超群相貌相匹配的超群才智，是十九世纪欧洲最出色的生理学家之一，也是一位物理学家，布吕克教授的得意门生和助手，为人善良而慷慨。这样一个堪称完美的人物一生却极不幸。我们来看看弗洛伊德对他的描述：

> 他绝对是一个本性与教育融合得最完美的优秀人物……在他男子汉的外表下有着真正天才的印记，他英俊，优雅，具有多方面的天才，能够对绝大多数事物提出独创性的判断，他从来都是我心目中理想的人。

他的不幸来自一次医学事故。一天他解剖尸体时他的大拇指被割伤，伤口受到尸毒的严重感染，无法愈合，而且从伤口里不断长出一种腐烂的肉芽，就像地里长出竹笋一样，这无异于在里面插进一根根竹签，其痛苦之剧烈难以想象。在余生中弗莱施尔无时无刻不忍受着这样的痛苦，一八九一年去世时年仅四十一岁。

在他患病后的岁月里，弗洛伊德经常通宵不眠地陪伴他，想尽办法为他止痛、陪他下棋、打牌、聊天，将他的注意力从痛苦引开。弗洛伊德去世时，他的身边有一尊精美的古罗马头像，就是弗莱施尔死前送给他的礼物。

在这些朋友当中，最重要的、最有名的当然数约瑟夫·布洛伊尔了，他不仅因为是弗洛伊德的朋友而闻名，对于精神分析的诞生他也有着不可磨灭的贡献。这一节将主要介绍他。

约瑟夫·布洛伊尔（1842—1925），犹太人，内科专家兼生理学家，像弗洛伊德一样，曾是布吕克教授的学生。他是维也纳最有名望的医生之一，享有“点金术师布洛伊尔”的美称，什么病别的医生没办法了，到他这里后，常能“山重水复疑无路，柳暗花明又一村”。他不仅是高明的开业大夫，也是出色的生理学家，在生理学领域有不少发现，比如呼吸的自动控制，耳朵内半规管对于身体平衡的作用等。二十五岁时他就做了维也纳大学医学院内科教授奥波尔泽的助手和继承人，但教授去世时他还很年轻，做不了教授，新聘来教授后，他就离开了医学院，自己开业。同时也像弗洛伊德一样仍在布吕克教授的实验室里搞研究，并取得了不少有重要意义的发现。一八六八年他成为维也纳大学的私人讲师，一八九四年五月，被选为维也纳科学院通讯院士。提名他的人是西格蒙德·埃克斯内、赫林、恩斯特·马赫这些科学史上鼎鼎有名的人物。也就是在布吕克教授的实验室，他认识了年轻的弗洛伊德，那还是十九世纪七十年代的事。共同的爱好与互补的性格使弗洛伊德不久就成了他家的常客，他自己也成了年轻的弗洛伊德爱情与事业的顾问兼银行出纳。

布洛伊尔外表平常，前额本来不是特别宽广，顶谢了一半后，就显得宽广得很了。淡淡的八字眉，鼻子较高，留着维也纳常见的大胡子。最突出的特征是一对硕大的招风耳，像随时在洗耳恭听。他本来就是个谦虚的人，这下更显得谦虚无比了。他的妻子玛蒂尔德是个有着椭圆的脸庞、高挺的鼻子的漂亮女人，有一双忧郁而温柔的眼睛。他们生有好几个子女，其中一个女儿于一九四二年在纽约自杀。一九三八年纳粹入侵奥地利时，布洛伊尔已去世十三年，他的长子也已去世，长子的未亡人在纳粹逮捕她一家、欲将他们送往死亡营前夕来找弗洛伊德，弗洛伊德是时正被纳粹羁于维也纳，但想方设法先将他们一家送到了美国。非止一次，弗洛伊德在他的信里、自传里表达了他对布洛伊尔与他妻子的尊敬与友谊，他说与布洛伊尔谈话“使我如坐春风”，“他从来理解我”。每当在科研或者生活上遇到难题，他一般抬腿就往市中心火场街八号跑，因为那儿不但有布洛伊尔动听的话语，还有玛蒂尔德美味的布丁。他将自己的烦恼一股脑儿向布洛伊尔吐出来，布洛伊尔总一声不吭地听他说完，然后沉思一会儿，和蔼地说出他的看法，布洛伊尔是天生的心理学家，懂得什么样的意见是他这位年轻、牢骚满腹的朋友所需要的。弗洛伊德常是垂头丧气而来，意气扬扬而去。可以想见，这样的劝导与友谊在弗洛伊德四面楚歌的时候是多么重要，那时，他常口袋里空无一文，对于未来一片迷惘，与心爱的姑娘结婚遥遥无期。这样的忠告叫他怎能不感动？他有次写信给布洛伊尔：“当我想起我与你及你的妻子的关系时，我认识到我应当特别地感谢你给我的好意见，那对我目前的处境是一个极大的促进。”

布洛伊尔给他的不仅是精神的鼓励，还有物质的帮助。弗洛伊德向布洛伊尔借的新债旧债加起来，当他结婚时竟达到了两千三百盾，这些事在前面已经说过了。弗洛伊德开业行医后，由于对于新医生维也纳人像世界各地的人一样是不大信任的，病人一般不会主动找上门，而这正是他最需要钱的时候，布洛伊尔几乎每天都要给他送个把病人来，弗洛伊德就这样度过了他艰难的创业时期。这比借钱给他要好得多，钱借了终究要还，而且花完就没了，可治病既不用他还钱，又因此增长了他的声誉，得到了许多回头客，自己来找他的病人也日渐增多起来。

婚后，弗洛伊德随着学识与经验的增长，他与布洛伊尔的对话就是平等的交流了。他们对许多问题共同切磋，有时，布洛伊尔遇到疑难病人也给弗洛伊德送去，尤其是神经症患者，就是在神经症患者的治疗中，弗洛伊德从布洛伊尔那里学到了“宣泄疗法”，这是他的“集中注意”疗法和“自由联想”疗法的基础。布洛伊尔一八八〇年到一八八二年在治疗有名的安娜·O病例时，采用了一种独特的疗法——宣泄疗法，让患者说出而非压抑其意念，这是精神分析疗法的萌芽，也是创立精神分析理论的第一步，这将是后一节的主要内容。

一八九五年，他们的合作结出了硕果：《癔病研究》（或音译作《歇斯底里研究》），这是精神分析思想诞生的标志。然而就在这时，他们的关系变得微妙了，已处于友谊与陌路的岔口。这可悲的情形并非这时才开始，许久以前，他们的友谊就面临深刻的危机了。

一八八六年弗洛伊德从巴黎归来，将男性癔病理论带到了维也纳，并且在医学协会作了《论男性癔病》的演讲，这个演讲受到了猛烈抨击，尤其是迈内特教授，甚至嘲笑了他。这使弗洛伊德感到非常痛心，像往常一样，他又去布洛伊尔那里寻找安慰，但这次布洛伊尔没有像往常一样无条件地支持他，只是说虽然他的理论不是没有道理，但却很不完善，因此他需要进一步研究。这话无懈可击，但表明了布洛伊尔的观点与弗洛伊德并不一致，使弗洛伊德满腔希望化作泡影。

这个事件对他们的友谊没有造成太大的损害，布洛伊尔同以往一样把病人往他这边送。希望弗洛伊德作为一个神经病专家能对他们有所帮助，弗洛伊德确实开始帮助他们了，并且还采用了一种新型方法：催眠术。这种方法当时在维也纳的名声之臭只有粪便可以相比，弗洛伊德受到了比宣称存在男性癔病之后更猛烈的攻击。迈内特教授撰文讽刺他是个“催眠术士”之流的医生。这使他伤心又恼火，决定给予毫不客气的回击。这次又是布洛伊尔阻止他，一则他对于催眠术的看法与弗洛伊德不同，虽然他并不完全反对，偶尔也会用到，但却不认为它真能称得上是一种治疗方法。他还认为迈内特教授毕竟是他的老师，也是神经病学的权威，对他谦让为好。弗洛伊德根本听不进去这些话，他公开地进行了毫不留情的回击。这前面已经述过了。

这两件事表明他们不再如从前一般亲密无间了，但并不说明他们不再是亲密的朋友。弗洛伊德也一如既往地尊敬、看重他的老朋友和指导者。然而他们的友谊命中注定长久不了，下面的一件事终于给他们十余年的友谊蒙上了浓浓阴影。

一八九一年，弗洛伊德出版了他的第一本著作《论失语症》，他悄悄地在扉页上题着“献给约瑟夫·布洛伊尔博士”，下面还有一行小字“为表达敬意与友谊”。

他这样做无非想给朋友一个惊喜。这本书是他几年来在神经病学领域探索的总结，是他心血的结晶，作为他的第一本书，他像犹太人喜爱头生儿子一样爱它。将如此宝爱的东西献给布洛伊尔，足以表明他对这位朋友的爱戴之情是何等深切了！他想当然地觉得布洛伊尔会感激地与他拥抱，向他致谢。书开始出售的那天，他一大早去书店选了一本，叫店里给朋友送去，然后喜滋滋地在家里等着。一天、两天、三天，布洛伊尔影子都不见，他大感奇怪，匆匆往布洛伊尔家赶去，他想，八成是书店伙计偷懒，没有送到，又在兜里揣了一本。

他走到布洛伊尔家门前了，看不见一点喜庆的气氛。他在书房里找到了伏案研究的老朋友，布洛伊尔看见他来，颇感意外似的。

弗洛伊德有点觉得大事不妙，仍忍不住叫道：“约瑟夫，你收到了那本书吗？”

布洛伊尔冷冷地道：“收到了。”

弗洛伊德本想跟着有一声“谢谢”的，等了好一会儿，什么也听不见，他不由得又伤心又气愤地说：“你看到我的献词了吧？！”

布洛伊尔鼻子哼了一声，喉咙里咕哝了一声："谢谢。"蚊子哼哼都要响三分。

弗洛伊德终于明白他的献词是拍到蹄子上去了，他的火药脾气给点着了，但他忍住了，说："你为什么不喜欢它？"

一直坐着的布洛伊尔站了起来，背着手踱了一会儿，开口了，滔滔不绝的说道："你这本书的立足点就是错的，你将肉体与精神混为一谈，它们也许都能致病，但它们是完全不同的两个因素，你这样将它们混到一起对谁都没有好处，对科学没有，对病人没有，对你自己也没有……还有，你干嘛那么喜欢对权威指手画脚？好像世界上就你掌握了真理……你这样做谁都不会信服你，医学院学生不会、教授们不会，连我都不会！"布洛伊尔说罢，又坐下去了，再不吭气。

弗洛伊德像给打了一闷棍，回过神来后，百米冲刺般地离开了布洛伊尔家。在路上他将布洛伊尔诅咒了一百次，发誓永远不再进那扇一个钟头前还令他觉得每个毛孔都爽快的门。

事实证明布洛伊尔的话是明智的，弗洛伊德这本书是他的第一本书，也是他最失败的一本书，它总共印了八百五十册，九年之后只卖掉了二百五十七册，剩下的被打成了纸浆。

果真，弗洛伊德有好多天没有登布洛伊尔的门，但不久后，布洛伊尔又给他送来了一个病人，卡西莉·马蒂亚斯夫人，她患了牙痛病，可当牙医声称她的牙坏了，要去拔掉时，马上就不痛了，这是个有趣的癔病病例，弗洛伊德感激之余，将对布洛伊尔的不满丢到一边去了。

《癔病研究》是弗洛伊德与布洛伊尔合作的高峰，也是他们由朋友转成陌路的分水岭。

《癔病研究》，又名《歇斯底里研究》，癔病的俗称就是歇斯底里病，出版于一八九五年，但其材料始于安娜·O病例，布洛伊尔是一八八〇年十二月到一八八二年六月治疗安娜·O的，因此书的基本材料也早在这时就具备了。当弗洛伊德第一次听布洛伊尔说起这个病例后，就产生了浓厚的兴趣，感觉到这个病例极其重要，一直力劝布洛伊尔将之公布于众，但布洛伊尔以医生必须为病人保守秘密为借口，一再拒绝弗洛伊德的提议，这里面确实涉及病人的许多隐私，就像绝大多数类似的病例一样。不过只要不用病人的真名，不利之处是可以避免的。弗洛伊德也这样认为，但布洛伊尔仍旧不同意。

好久之后，弗洛伊德明白了布洛伊尔不愿吐露的真实原因。那是有一天，弗洛伊德正为一位年轻女病人进行宣泄法治疗时，她突然伸出手抱住了他的脖子，他的女仆刚好走进来。但他问心无愧，倒也并不在意。这样的行为不会使他放弃治疗，也不能使他不敢将那个病例公布出来。弗洛伊德告诉布洛伊尔，他一听，大受震动，心头之结解开了。于是，他同意了弗洛伊德的建议：由他们二人合作，撰写一部癔病专著。

布洛伊尔不久承认，“我相信这将是我们两人必须公之于世界的最重要的东西”。这个“最重要的东西”分两部分公之于世，第一部分发表于一八九三年一月，取名为《癔病的心理结构》，第二部分出版于一八九五年，就是闻名于世的《癔病研究》。

关于《癔病研究》的意义不是个好讨论的问题，这里只引用诗人、文学史家、戏剧评论家、维也纳大学文学史教授、帝国剧院总监阿尔弗里德·冯·伯格勒的一句评论：

> 我们隐约地有了这样一个意念：有朝一日它（指《癔病研究》——作者注）可能使得揭示人类个性最深处的秘密成为可能……

《癔病研究》由三大部分组成：第一部分是几篇相关论文的重印。第二部分是五个病例，第一个是安娜·O病例，由布洛伊尔撰写，其他四个由弗洛伊德撰写。第三部分是布洛伊尔的一篇理论文章和弗洛伊德为全书写的结论，它介绍了宣泄疗法这种新型的心理治疗法。

弗洛伊德的四个病例也是精神分析史上有名的病例，分别是：埃米尔夫人病例、伊丽莎白夫人病例、露茜小姐病例、卡萨丽娜病例。这些病例有的已经提到过，有的在后面还要分析，它们实质上是四幕人类爱欲之悲剧。

这本书虽然后来有名又畅销，刚出世时却受到冷落。第一版八百册十三年后才卖掉了六百二十六册。两名作者各得的版税约八十五美元。对于它的备受冷落，已见惯不怪的弗洛伊德一笑置之。这对布洛伊尔可是个打击，他也许觉得，他的书无人问津就说明他的思想大家不接受，而大家不接受在他看来八成就是错的，至少是没意义的。而且认为这对他号称全维也纳最讨人喜欢的医生的名誉也有损害，例如，以前他每次讲座座无虚席，现在的听众却寥寥无几，这不啻打了他一记耳光。他也许还无意识地视之为弗洛伊德的错，是他把他拖下水的，对于老友的态度就有所变化，至少一个事实是，以后他再不与弗洛伊德搞什么合作了。

但不合作还不会导致友谊的破裂，使他们破裂的是见解的对立。

弗洛伊德在对无数例癔病的治疗中，感觉到病人之所以致病的主要原因在于性——弗洛伊德为什么把性看得这么重要，这样做是他的主观倾向还是有它的客观起因？这是一个大问题，得进行专门讨论，留待下节再说——布洛伊尔对性的作用的态度就有点怪哉了。开始他不相信性失调是癔病的主要致病因素，但后来在写作《癔病研究》时却有了大改变，他写道："这一结论（关于癔病的性质）本身暗含着性是癔病的主要组成成分之一。""导致（癔病）变态发泄的更大量的与最重要的被压抑的观念包含有性的内容。"这使得弗洛伊德惊喜不已，马上写信给他的另一个重要朋友威海姆·弗利斯说："你会认不出布洛伊尔了，我会再次忍不住毫无保留地喜欢他……他完全地转到我的性理论这一面来了。"并且，几个月后，在一次医生公会会议上，布洛伊尔再次表示同意弗洛伊德性病因的观点。然而，当弗洛伊德会后向他表示谢意时，布洛伊尔竟说："那些话一个字也当不得真！"

就这句话，他们之间的关系一下降到了冰点，从此不会再升温。实际上，一八九四年写完《癔病研究》后，两人再也没有讨论过学术问题，也很少来往，这话也就成了他们历时近二十年的友谊终结的标志。但他们仍保留着朋友关系，直到两年之后。至于是什么使得他们的友谊破裂，成为陌路，不得而知，很可能并没有一件特别的大事，只是不再来往，其他联系也越来越少，到了一八九六年，终于彻底断绝了一切形式的交往。

旧事物的死亡意味着新事物的诞生，生活大抵如此，就在一八九六年春天，弗洛伊德开始了他第二个友谊蜜月，这次是与威海姆·弗利斯，其热烈的程度较之与布洛伊尔有过之而无不及。这也将是弗洛伊德一生中最重要、最富于创造力的时期之一。

弗洛伊德与布洛伊尔精神的纽带已经断裂，但是物质的纽带还留着，那就是他欠布洛伊尔的两千三百盾。一八九八年他开始偿还，布洛伊尔表示那是他送给弗洛伊德的礼物，而且弗洛伊德曾给他的家人治病，钱理当不还。这本是布洛伊尔的好意，却一下惹火了弗洛伊德，他认为这是布洛伊尔对他的侮辱，把他看成欠钱不还的人，对他的友谊是早没了，这下更恼恨起他来。后来弗洛伊德在一封信中说他非常高兴与布洛伊尔断交了。

现在让我们分析一下弗洛伊德与布洛伊尔分道扬镳的原因。

这个原因其实就是因为他们的气质与禀赋大相异趣。弗洛伊德是一个永不因循守旧、渴望有所创新的人。这种创新精神与他的境遇固然有关，但最主要的还是他内心有一股这样的欲望，要求突破权威的束缚而达到自己的思想。布洛伊尔完全不同，他四平八稳，对待学术就像对待病人一样，不敢冒险，他的研究成果也止于那种显微镜下的成就，只要仔细地盯着就行了。这样，虽然天意将安娜送到他面前，本可以使他在人类的精神领域发现一片新天地，如同弗洛伊德所做的一样，使他成为精神分析的创立者，成为与爱因斯坦和马克思比肩的巨人。但他不敢兴风作浪的秉性使他与成功失之交臂——他在伟大发现的门槛上窥了窥，赶紧溜之大吉，这样的后果，不但使他终生在平庸之中默默度过，而且使他昔日的良友成为今日的陌路，思之惨然！晚年时弗洛伊德在自传中评论他与布洛伊尔的友谊说：

> 他是才智出众之人，年长我十四岁。我们的关系不久就更加密切了，他成了我的朋友和我处境艰难时的救助者。我们习惯了分享彼此对科学的兴趣。在这样的关系里受益者自然是我。精神分析后来的发展使我失去了他的友谊，对于我来说付出这样的代价太大了，但我无法逃避。

安娜的故事

现在我们要讲一个动人的故事，这个故事和它年轻的主人公在精神分析事业中的作用比许多重要的分析家都来得重要——如果不是更重要的话。

安娜·O，原名帕莎·彭帕海姆，一八五九年二月二十七日生于法兰克福，在维也纳长大，一九三六年五月二十八日逝世。她的父母是虔诚的新教徒，从她十六岁中学毕业后，就不许她上学了，也不许她看书或者看戏，认为这些“有损于她这样一个纯洁的处女”。在她得病以前，她的确是美丽又纯洁。从照片上看，她瓜子脸，长长的金发盘在脑后，纤细的眉毛，大眼睛，美丽下面透出深深的忧郁，但这仿佛不是在为她自己的苦难叹息，而是在怜悯世间一切不幸者。忧郁的眼睛下面是高高的鼻子，薄薄的嘴唇。

帕莎刚二十岁时，父亲得了重病，她夜以继日地在病床前侍候，废寝忘食。父亲的病一天天加重，她也一天天衰弱，终于病倒了，四肢麻木，还伴有痉挛、贫血，不想吃东西，瘦得厉害。她的家人赶紧为她找来了医生，这时彭帕海姆家的家庭医生正好是布洛伊尔，他发现帕莎的病已经不轻了，除了上面的症状，她还患有神经性疾病，失眠，还有幻听和幻视，常叫嚷房间里有死人和骷髅头，她扎头发的带子也成了毒蛇，伸长了信子要舔她。她一会儿亢奋异常，一会儿又十分焦虑，担心自己会变得又聋又瞎，越来越吃不下东西，后来干脆不吃了，身体越来越虚弱，眼看就要走上她父亲的老路。

布洛伊尔开始一段时间对她毫无办法，因为根本检查不出帕莎的身体各器官有什么毛病，但正当危机来临，转机随之出现。一天他发现帕莎的情绪又开始转换了，一段时间来她一直在这样变来变去，有时像个正常人，有时像淘气的小姑娘，有时又是十足的歇斯底里症患者，明显的双重人格。布洛伊尔发现指导她这种转换的是某种类似于自我催眠的东西。他断定，她患的是极重的癔病。当时，对这种病没有什么办法，但帕莎自己找到了办法。有一次她发作起来，就把她的苦恼向布洛伊尔吐露了几句，发现好过多了，接着又来了个歇斯底里大发作，不过是另一种效果的。她将她白天各种不愉快的经历一股脑儿吐出来，她的幻觉、她的难受，等等。这样说出来后她的痛苦小多了，不久就养成了向医生倾吐烦恼痛苦的习惯。这种疗法对于医学也许是一个难得的发现，但对于日常生活却常见也容易理解。我们遇到不愉快时，只要向别人——哪怕不相干的人——倾吐一番，就会舒服多了，这是一种简单的生活经验。

除了美丽外，帕莎还是个才智远过人、富有诗意的奇女子。她发现了这种奇妙的治疗法，就给它取了个名字“谈话疗法”，有时还戏称“扫烟囱”，这个名称一直沿用到现在。

但好景不长，帕莎又不愿同他交谈了，症候也逐渐复现。布洛伊尔知道对于癔病患者没有什么后果是不可能的。他思之再三，想起帕莎是在自我催眠中对他倾吐的，既然自我催眠能使她放松，人工催眠想必也能。他于是大着胆子对她进行了催眠。然后暗示她，她的病其实很轻，她完全可以听得清、看得见，她的麻痹也是可以消除的，只要她愿意。至于她父亲的死，那不是她照顾不周的缘故，她对父亲已经仁至义尽了，他布洛伊尔可以做证。他就这样与催眠状态中的帕莎展开对话，使她又愿意与他交谈了，只是她似乎忘记了她的母语德语，只用英语与他交谈，幸亏他对英语也略知一二。为了测验帕莎的语言能力是不是真的退化了，有了多大的退化，他给了她几本意大利语和法语书籍，帕莎也能读出来，只是不是用意大利语，也不是用法语，而是用——英语！她直接将这些意大利语与法语著作用流利又地道的英语读出来。

面对这样的奇女子，正常的男人很少会无动于衷。从第一天为帕莎看病起，布洛伊尔天天都要来，开始只是出于医生的责任心。但这个病例是如此奇特，对他产生了巨大的吸引力，到他天天给帕莎施用催眠术时，他已经将这个病例不当作病例，而是他生活的一部分了。他每天要花一个小时给帕莎催眠，给她消除各种症状。这时帕莎已经发现，她一旦将某个症状仔细描述给医生，那个症状便突然消失了，她也不难受了，她便积极地这样做起来，布洛伊尔也就天天有事干了。令布洛伊尔大感惊异的是，帕莎的症状竟然如雨后春笋般一个接着一个冒出来了。他今天用催眠术暗示她她的眼睛很好，她能够看得清楚，她果然能看得清楚了，但第二天，她的腿又麻木了，腿好后又是手……它们简直像在赛跑。这仿佛无穷无尽的病症使布洛伊尔的治疗也像要一直延伸到永远。但病人和大夫似乎都没有将这当作可怕的事，帕莎虽然还有这种那种症状，但由于都只那么一天就没影子了，并不难受。她已经能够说德语，也不再失眠，这困扰着她日常生活的两大问题解决了，其他的症状又算得了什么呢？

在这漫长的治疗中病人和大夫都不难受，但某一个人却在难受，那就是玛蒂尔德，布洛伊尔的妻子。从一年之前治疗帕莎起，她发现丈夫不但天天去看病人，天天的话题也是病人了。布洛伊尔对这个病例太有兴趣了，他不由自主地每天回来都将当天的治疗情况向妻子仔细叙述，描述中自然还会对帕莎的形象也描述一番。玛蒂尔德开始还像她听惯了的其他病例一样听着，后来一天天听下去，她觉得自己的心不再像从前一般平静了，再后来，她难受起来，但她什么也没说，只是失去了往昔的欢颜，终日满面忧伤，愁眉苦脸。她隐隐觉得，丈夫对这个病人有点与众不同。布洛伊尔也没有觉察妻子的脸色，仍天天去看帕莎。

帕莎的病现在已经大有起色了，她各种各样的症状都来过之后，似乎病症也累了，就在布洛伊尔考虑结束治疗，并且向病人暗示了时，她又发作了，这次是肚子痛，还作呕。一天晚上，只有她与布洛伊尔在一起，她的疼痛剧烈起来，布洛伊尔正准备再次给她催眠，她突然捂着肚子说：“我快要给布洛伊尔医生生孩子啦！”

布洛伊尔好一会儿才明白她说了什么，他的第一个反应是看看门口，幸好，只有他们两人在一块。天哪！他一辈子从来没遇到过这样的事，他的胆都要吓破了，立刻给她催眠，等她呼呼大睡后，逃也似的离开了彭帕海姆家。

他知道帕莎一觉醒来，就会把晚上说的话忘到九霄云外。

他回到家时已经很晚了，妻子还在等他，看见他进来，她突然满脸泪痕，捂着脸哭起来。

布洛伊尔听着她伤心至极的哭声，好像明白了什么，他又想起来玛蒂尔德好久以来都没有笑过了，他一直顾着那个新奇的病例，没顾得上妻子的心病，但现在他似乎明白了。他温柔地走过去，拥抱着亲爱的人，叹息着说："亲爱的，对不起，这一年多让你伤心了。你放心，帕莎的治疗已经完成了。"

玛蒂尔德惊喜地抬起了头，顾不上擦去脸上的泪痕，盯着丈夫的眼睛，那里面只有怜爱，没有玩笑。她喃喃地说："你对我太好了，亲爱的！"

第二天，夫妇俩就上威尼斯二度蜜月去了。布洛伊尔从此没有再去过彭帕海姆家。

自从那一晚布洛伊尔匆匆离去后，帕莎就没有医生了，因为其他医生对她一点办法也没有，只将她当作一个神经病人，她的病一天天又沉重下去。这时布洛伊尔已经离开了维也纳。家里最后只好将她送到了位于格罗斯—恩泽史朵夫的一座精神病疗养院。在那儿她几近死亡边缘，但每次都奇迹般地起死回生。帕莎是个聪明、美丽、诗意的姑娘，又有个性，她一去疗养院就引起了不小的轰动，包括她的神经病医生，疯狂地爱上了她，向她求婚，但她拒绝了，除了她自己，谁也不知道为什么。

疗养了很长一段时期后，她的病情逐渐缓解，在疗养期间，她开始关心妇女问题。经常阅读杂志上有关妇女权利与妇女解放的文章，离开医院后，她立即投身妇女运动，成了一名社会工作者。

在十九世纪和二十世纪初，社会工作者和妇女运动还是新名词，从事这项工作的人更是少之又少。帕莎成了世界上最早的社会工作者，也是妇女运动最早的领导人之一。她先后办了好几份宣传妇女解放与维护妇女权利的重要刊物，还开办学校训练妇女，使她们有一技之长，能做一些力所能及的工作。除了这个，她从事的另一项工作是保护儿童。当时，波兰、罗马尼亚等国都出现了大规模的镇压与骚乱，造就了一大批孤儿，他们流落街头，随时有生命危险。帕莎冒险进入这些地区，为拯救这些儿童做了大量工作。

她终身未婚，也从没有过恋爱记录，正如她的病从来没有全好一样，白天她忘我地工作，还感受不到太大的痛苦，但一到晚间，她的病痛就发作了，像弗洛伊德的老朋友弗莱施尔一样度过了无数个孤独难熬的漫漫长夜。但弗莱施尔有许多医学界享有盛名的医生朋友尽力为他治疗，减轻他的痛苦，帕莎什么人都没有。弗莱施尔只活了四十一岁，帕莎则活了七十七岁。

去世前几年，她就在几家报刊上给自己发了讣告，听说讣辞很是幽默，可惜无从找到。

帕莎的一生，就像那些圣人说的："她将一生献给了主。"

弗洛伊德本人并没有参与对帕莎的治疗，也不能确定他有没有见过帕莎本人。但帕莎身份的确定却有赖于他，确切地说，是他夫人。前面说过，帕莎是德国人，后来迁居维也纳，玛莎也一样，她们同在维也纳受的教育，而且是在同一所学校。有一次玛莎上街，回来后对弗洛伊德说，她碰到“安娜·O”了，她现在很健康，在研究妇女问题。她以后可能还不止一次地去过安娜·O家里，安娜·O也来过她家，弗洛伊德也就知道安娜·O是何人了。

在《自传研究》中，弗洛伊德是这样记述的：

> 甚至在我去巴黎以前，布洛伊尔就已经告诉我他在一八八一到一八八二年之间用特殊方式治疗过的一个歇斯底里病例，那使得他深入探讨了癔病症候的病因及其后果……他屡次给我阅读病史记录，较之任何当前的观察，它对于神经症的了解都前进了一大步。在我到达巴黎后，我下决心将这一发现告知夏科，我事实上也这样做了。然而这个伟人对于我对这个主题的概述没有显示出兴趣，因此我再也没有说起它，让它在我的大脑中逝去了。
>
> 当我回到维也纳后我又一次转向布洛伊尔的观察，并且让他告诉我更多关于它的情况。病人是个受过良好教育并且具有非同寻常天赋的年轻姑娘，在照料她的父亲时——她深深地爱着他——得了病。当布洛伊尔对付她的病症时它呈现了伴着挛缩的麻痹、压抑与精神失调的不断变换的症状。

弗洛伊德听布洛伊尔说起这个他当时念念不忘的病例时已经治疗结束几个月了。具体而言，治疗是一八八二年结束，弗洛伊德则于当年十一月十八日听说此事。

布洛伊尔在《癔病研究》中比较详细地叙述了他治疗的过程，他写道：“我那时常常在晚上去看她，当我发现她处在催眠状态中时，我就把她从我上次治疗过后积累起来的所有幻想堆积物中整个地解脱出来……她恰当地描写了这个疗程，认真说时，是‘谈话疗法’，有时开玩笑地叫它作‘扫烟囱’。”但正是这帕莎偶然发现的、开玩笑地叫作“扫烟囱”的治疗法却对她之后的无数与她有相似疾患的患者，乃至人类的思想史带来了福音，遥遥指出了一条未来之路。

以前我们说过，弗洛伊德开始治疗癔病时，用的是当时像现在的气功一样时髦的电疗法，这个方法乍一看好像很管用，但不久弗洛伊德发现都是假象，是纯粹的安慰剂。他看到这时髦法子的可笑后，就大胆采用了在神经病权威夏科那儿见到的催眠术，就是说，用催眠病人的方法摧毁他的病态意念，让它们消弭于大脑之中。但这个方法也被证明是用堵的办法对付洪水，那只会产生一时的效果，过后仍然是癔病，反而可能会更严重。实际上，弗洛伊德这时早已熟悉了布洛伊尔的“宣泄法”，这是帕莎“谈话疗法”或“扫烟囱”的“科学化”，它将这种方法的形式特征表述得更加准确。由于对时髦与权威的敬畏，弗洛伊德一直没有采用宣泄法，但时髦与权威都被证明是靠不住的，他明白这一点后就大胆运用了新方法，说它是新方法，因为它尚未公开，也只在帕莎一个人身上试用过。

催眠法的致命弱点在于它对于病人的意念一概加以否定，甚至听都不听，而一味强求病人放弃缠绕他们的意念，并且在病人自己无能为力时——病人十有八九是这样——便用催眠这样霸道的办法逼他们就范，这样在病人与医生之间存在某种对立的关系，他认为必须改变这一点。怎样改变呢？同催眠法相反，应该：

1. 在病人说话时，不要事先给他们做任何引导，而是完全给他们以自由，说什么、怎样说、什么时候说都由病人自己决定，让他们的思想插上翅膀，像雄鹰一样自由翱翔。

2. 在病人自由联想完毕后，不能将他们所说的弃之一边，让他们说了也白说。而是要对他们的话进行分析，在分析中找出病因。弗洛伊德的一个基本观点就是癔病的病因存在于病人早年的经历之中，而这早年的经历究竟是什么，是总会在病人的自由联想中露出蛛丝马迹的，关键就是要对病人自由联想的内容进行分析。

这两个要求导致了弗洛伊德对催眠术的否定与对宣泄法的青睐，但最终也导致了他对宣泄法的再否定，因为它虽然与这两个要求趋近，但差异还不可谓小。

弗洛伊德大约是在一八八九年五月，他使用催眠术十八个月之后开始使用宣泄疗法的。这时他正在治疗埃米尔夫人，她是一个巨大的工业联合企业的管理人，她丈夫，一位工业巨子，十四年前去世，她逐渐得了安娜似的怪病，例如，她说话时常会突然停下来，脸上露出恐惧的神情，手往前一拦，说：“别动！别碰我！别说话！”脸上的肌肉麻痹，说话口吃。弗洛伊德开始单纯用催眠疗法，给她催眠，命令她放弃这些无聊的坏习惯，他起初也得到了一点效果，但像以前常有的情形，过不了多久那些症状又旧戏重演了，他终于相信，用催眠法强压服的那些意念并没有真的消失，只是暂时潜藏起来了，要使病人痊愈，必须找出她得病的原因，这原因只能从病人的“胡言乱语”中去找。采用的方法，便是他早已熟悉的“宣泄法”了。他凭直觉相信，在病人的胡言乱语之中有真正的病史与病因，因为病人在这时展现的是真我，所说的都是意识之中的真实内容。

弗洛伊德采用宣泄法约有两年，从一八八九年到一八九二年，随着治疗的深入，宣泄法的弱点也日益明显了。

首先是因为宣泄法仍基于催眠术，其顺序是先对病人进行催眠，再让病人说话，这实际上是引导，病人并不能畅所欲言，而且由于病人与医生关系过于密切，病人常会揣摩医生的心意而说些中其意的话。这大大妨碍了真实病因的揭示。其次是催眠并不一定能成功，尤其是病人常难进入所需要的深度催眠。第三是像前面分析过的一样，宣泄法不对病人所说的话进行深入分析，只让病人发泄一番，疗效难以持久。

弗洛伊德感到有必要找到一种能完全摆脱催眠术的治疗方法，从一八九二年起，在治疗伊丽莎白夫人时，他开始尝试一种新方法——“集中注意”。他让病人躺在长沙发上，告诉他们要把注意力集中到一个特殊的症候，然后思索它的来源。如果病人什么也想不起来，他就把手指压在病人的眼皮上，向他保证一定会有某个意念出现在脑海，一次不行两次，两次不行三次，通常总能成功。病人这时将大脑中出现的图像描述出来。这时病人常常先会说“这个一点也不重要”或“我想它对你一点也没有用”或“这个一点意思也没有，我想你不会爱听”。这时，弗洛伊德马上要求病人一定要将这个意念说出来，有时还会在一边提示、询问、鼓励。

但治疗伊丽莎白夫人时，有次他又在提示，夫人生气地说他打扰了她，要他让她自己说下去。她的话给了弗洛伊德很大触动，他想，也许他真应该让病人自己说下去。在以后的治疗中，弗洛伊德就逐渐少干预病人了。先是不再要求病人怎么想，在病人说时也不再给予提示，后来又不再要病人闭上眼睛，也不把手指压在他们的眼皮上，最后连从症候讲起的惯例也消失了。保留的只是那永远的长沙发，病人还是坐在舒适的沙发垫上说话，他自己则坐在旁边一把坐起来一点也不舒服的硬木凳上。

到这时，弗洛伊德已经不知不觉地跨完了达到自由联想法的漫长旅程。他的自由联想法，顾名思义，就是让病人自由想象，不给其以任何限制，让他在自己的回忆中找到症结的所在，这时大约是一八九五年。

自由联想法的特征在于它的“自由”，我们知道，神经症患者的特征在于其内心存在某些意念，这些意念可能来自患者早年的不幸，或其他创伤性经历。它们潜藏在人的意识里，造成伤害。我们在以后的文中会知道，它们通常并不像前文所说的那么简单，只是看见过一些死人之类，而是通常有悖人伦、为社会所不容的经历或者意欲，它本来就不敢示本来面目于人，如果还给它以阻碍，那么它很可能就此躲起来了。而在弗洛伊德试过的所有疗法中，只有自由联想法给了这些本不敢出来的意念以充分的机会，因而也最有利于癔病的治疗。

自由联想法的形成是精神分析诞生的门槛，作为精神分析的基本治疗方法，它不但治愈了难以计数的神经症患者，而且在治疗中弗洛伊德发现了人类精神的奥秘，精神分析的主要发现：力比多、无意识、俄狄浦斯情结、自我、超我与本我等无不是用自由联想法进行的实际治疗中得到的。对于弗洛伊德而言，他运用了自由联想法后，标志着他从此走上了发现精神分析这块人类心灵中未知大陆的康庄大道。通过自由联想法究竟发现了什么将是下一节要讲的内容。

安娜・O虽说只是一个病例，但它的作用远非典型病例可比，不要忘记，“安娜・O”——帕莎・彭帕海姆名义上是患者，实际上又是“宣泄法”的发明人。而精神分析，正像弗洛伊德在《精神分析引论》中所言：“精神分析是神经错乱的一种治疗方法。”这正是精神分析的实质特点之一，是它得以存在的基础，这一基础的基础便是宣泄法。而且，虽然由宣泄法到自由联想法精神分析的治疗方法有了大的改变，其基本特征却仍是外甥打灯笼——照舅（旧），因此，如果没有“扫烟囱”，也就没有宣泄法，也就可能没有自由联想法，也就没有精神分析了。当然这只是对历史的假设，没有实际意义，帕莎・彭帕海姆——安娜・O对于精神分析的意义、对于弗洛伊德一生的意义，却是可以想见的。

与“性”相遇

性对于精神分析犹如重力对于牛顿力学一样。没有它很难想象精神分析将是何种模样。

这不等于像那些对精神分析要么无知，要么不怀善意的人所言的那样说精神分析是性学。精神分析内容之博大远非用几个字、几句话就能描述出来，正如它不是几句话就能批评或抹杀得了的。

这种批评与抹杀，无论在精神分析诞生之初还是现在——精神分析已经在世界上占有牢不可破的地位——都大量存在，举不胜举。像一切神经症的产生一样，这种批评当然不是无因之果，而是与精神分析的特征有密切的关联。其中最主要的特征便是精神分析对于性的重视。从产生之日起，它就将性列为它的主要内容。也许同样可以说：没有性因素的存在也就没有精神分析的产生。理解性、理解性在精神分析中的地位、理解精神分析为什么要将性放到如此重要的位置，以及在精神分析中性的具体形态与特征，对于了解精神分析是极其重要的，也是必不可少的。但由于精神分析中有关性的内容太丰富，在短短的一节中讲完是不可能的，我们将在以后的章节中继续分析，直到本书的结束，现在就让我们来初窥门径吧！

弗洛伊德本人一直到三十岁才结婚，毕生忠于妻子，对性丝毫没有与众不同的兴趣。他之所以与性打上了交道，完全是治疗实践与科学研究使然。

弗洛伊德对性的研究也许是从鳗鱼开始的，当他还在上大学二年级时，一八七四年夏，他在著名动物学家克劳斯教授设在亚得里亚海边的动物实验站里进行了一段时间的研究，克劳斯教授交给他的第一个任务是寻找鳗鱼的睾丸。广义上来说，这也可以说是关于性的研究。当然这时他还远没有对性表现出特别的兴趣，他这时的兴趣是神经节。

在一九一四年的一篇文章中，弗洛伊德说他开始接触性因素在疾病中的作用是在他去巴黎实习前好几年，他是一八八四年去巴黎的，好几年之前当是刚毕业，或者开始在总医院实习时了，具体内容现在无从知道。

一八八三年五月一日，弗洛伊德进入迈内特教授的维也纳总医院第二精神病诊所，当时他正在总医院实习，准备开业行医。他在诊所里遇见了大量病例，这些病例的特征与他在其他科遇到的大不相同，明白地说，它们大都与性有这样那样的关联。试举几例：

在女病房，他遇到了一个年纪已经不小的妇女，她的屁股、阴部、大腿内侧都长满了毒斑，当她对他说话时，就把两个乳房露了出来，弗洛伊德立刻叫来了女看护，病人越说越兴奋，又将裙子撩了起来，还做下流动作。

又一个年轻的匈牙利领带工人，她一边说受到男人迫害，一边又老是不由自主地去接近男人，还想自杀，护士只好将她用网罩罩住。弗洛伊德命令护士解开网罩，她立刻跳起来拥抱他。弗洛伊德使她平静下来，她说她本来总躲着男人，后来她发现只有男人能治好她的病，所以她一看见男人就想去拥抱他们。

另一个女病人请求在她的房间里放一张沙发，因为“圣灵晚上要来与她性交”。还有一个老处女老幻想街上的人对她怒目而视，责备她不该将狗带回家与她口交。

这大量的病人都被迈内特教授诊断为哪个器官有毛病，虽然他分析得井井有条，却很少能治好他们。病人要么被送进精神病院，要么被锁在家里，一直到死。弗洛伊德深深同情这些不幸的人，看到他们虽然有病，却无药可治，心深忧之。

这时弗洛伊德虽然发现了这个现象，但他仍是迈内特教授生理病因说的忠实信徒，压根儿没有将性与神经病的致病因素联系起来。

但随着所见所闻的增多，他的认识也渐渐变化了，终于意识到性因素在神经症中的意义。一九一四年的一篇文章中，弗洛伊德提到有三件事给了他很深的印象。

第一件事发生在一八八二年七月，他当时刚进入总医院实习，一天他与布洛伊尔在街上走，一个男人过来和布洛伊尔说话。那人走后，布洛伊尔告诉弗洛伊德那是他的一个女病人的丈夫，他的妻子一到社交场合就行为古怪，丈夫将她当作精神病人带来给布洛伊尔治疗。“这种病一直是房事中的秘密。”他告诉弗洛伊德，医生对于这种病无能为力，他的话使弗洛伊德的心情久久不能平静。

第二件事是一八八五年他在夏科教授那里进修神经病学时，在他离开巴黎的前一个星期，夏科教授请他吃饭，饭后他与夏科及他的助手布罗代尔一起讨论几个神经病例。一对远道而来求医的年轻夫妇，妻子患有严重的神经病，丈夫是个性无能者。夏科教授用不置疑的口气说：“这总是，夫妻床上的秘密，总是！”边说边肚子一挺一挺地强调。

第三件事则是他结婚后的事了。一八八六年，科罗巴克，维也纳大学医学院妇科教授，弗洛伊德称之为“维也纳所有大夫中最出色的一个”，推荐给他一个病人：普芬道夫夫人。她憔悴不堪，十分依赖医生，要求每天随时都能找到他，弗洛伊德用尽了办法想使她的病有一点起色，但毫无效果，失望之余，他对科罗巴克教授说不想再干下去，教授力劝他不要这样，因为这样等于杀了夫人，至于她的病，教授坦率地说药方很容易开，但没有办法买这种药，那就是“正常的阴茎，反复使用”。病因就是普芬道夫夫人结婚十八年了，仍然是处女，她丈夫是个彻底的阳痿。而普芬道夫夫人又是一个很贞洁的女人，不愿像其他女人一样去找情人来满足自己。

这三个事例联系起来，对弗洛伊德产生了强烈的影响，他认识到了性因素对于神经病的产生有着强大的作用，虽然他还不知道原因，但他想这一定有原因。

自从弗洛伊德开业后，他接待的各种神经症患者就更多了，在前面的《神经病》《催眠术》《安娜的故事》等节中已经讲过不少病例，这些病例要么表现为对性的渴求或者恐惧，要么通过治疗弗洛伊德发现它们的病因与性有关系。例如埃米尔病例，她的丈夫去世十多年后，她就患了各种各样的病症与怪癖。卡米莉病例里，卡米莉的丈夫多年不愿与她同床，于是她的牙齿莫名其妙地痛起来，结果给拔了七颗好牙，这里再举几例。

伊丽莎白是个很迷人的姑娘，未婚，症状是大腿痛，有时痛得不能走路。弗洛伊德给她做了仔细检查，没有发现足以引起剧烈疼痛的器质性病变，他断定这是一例癔病，便先用催眠术给她治疗，但当弗洛伊德用惯常的方法用催眠的声音对她说“你的眼皮合上了，你就要睡着了……”时，她却笑着说“可是，医生先生，我没有睡呢”！

弗洛伊德于是决定采用新的方法：自由联想法。当然，这还是自由联想法的早期形态。他用大拇指压住病人的眼皮，说：“你现在在脑子里会出现某些回忆，请你将它们说出来，一个字也不要漏掉。”

伊丽莎白小姐于是一幕幕地回忆起了她幸福的童年，来到匈牙利后她父亲的得病和死亡，接着是母亲的手术，后来妹妹又去世，她的妹夫带着孩子离去。犹豫了一段时间后，她又回忆起她曾在舞会上认识一个青年，他送她回家，她觉得他们像是一对儿，但几天后她父亲就死了，她认为是她没有照顾好害死了父亲，就拒绝再见那个青年。到这时，她的回忆停止了。

弗洛伊德问：“你当真觉得自己害死了父亲吗？”

姑娘表示否定。于是弗洛伊德使她进入更深层次的回忆。她终于说出来了：“我希望能像妹妹一样有个丈夫，像她一样有幸福的婚姻。”

这是她的愿望，但弗洛伊德想知道是什么使她致病。一天，弗洛伊德在她家给她进行治疗时，她听到隔壁有人说话，一下站了起来，露出惊喜的神色，喊道：“我妹夫又回来了！”

弗洛伊德一下明白了，他告诉她她是爱上了妹夫，她因为这个感到愧疚，就用得病的方式来惩罚自己。弗洛伊德劝她正视现实，不必用这种方法来折磨自己。伊丽莎白刚开始愤怒地否认，后来经过进一步回忆与分析，她终于将过去整个地回忆起来。原来她妹妹安葬那天，就在葬礼上，她想：“现在妹妹死了，那我就可以和妹夫……我们也会有自己的孩子。”这些念头使得她愧疚不堪，接着就病了。

还有一位年轻的未婚女子，她痛恨一切与性有关的事，发誓终身不嫁，她的症状是时刻害怕小便失禁，只敢待在家里的厕所旁边。弗洛伊德带她找过泌尿科专家，发现她的膀胱并没有毛病。他用暗示式的自由联想方法使她回忆起了她一次在剧院看歌剧时，她身边的一位男子引起了她的好感，她顿时感到了性兴奋，下面发胀，像小便快要失禁了，从此时刻怕起来。

这些病症不能不使弗洛伊德感觉到性在神经症病因中的作用，他为此发表了好几篇文章，论述他对这个问题的观点。

一八九四年六月一日的一篇《防卫型神经精神病》中，弗洛伊德说癔病，尤其是女性的，主要病因是她们忍受不了的性意念。强迫性神经症也是一些这样的性意念在作祟。第二年的一篇文章中，他写道："……每一例神经症都是基于压抑的，总具有性的内容。"

弗洛伊德没有将对性病因的研究停止在这个阶段，一八九六年，他又挖进到更深的深度，即病人的幼年时期。弗洛伊德在治疗中发现，有大量病人虽然回忆到了创伤性经历，并且也有一段时间病情似乎有了明显的好转，但过了一段时间，旧病又复发了。这样的状况屡次出现之后，弗洛伊德不由得想他们的病根一定还没有找到。其次是他在催眠或使病人自由联想时发现有相当的病人将他们的创伤追到了他们的童年时期。

这一发现有着极为重要的意义，在迄今为止所有的理论中，认识性的有，意识到人心中那不为自我所知的无意识的有，承认童年经历的也有，但只有弗洛伊德，将病因一直回溯到久远的过去的性经验，这个特点是非同寻常的创造性观念，如同他的俄狄浦斯情结一样，属于弗洛伊德所有理论中最富有独创性的一个。弗洛伊德在反对当时法国流行的认为神经病主要起因于遗传的观点时，指出所有神经症的"特别"病因在于病人性生活的失调，更精确地说是病人性成熟前的被动性经验。这个性经验可以是诱奸，也可以是目睹性行为或者手淫，等等。他经过大量病例观察，还推测说能够致病的大约是三岁或者四岁，但出现在八岁或者十岁后就不会导致神经症了。为了证明他的论点，他举了几十个经过充分分析的病例。

有一位年轻姑娘，患有严重的迫害症。她觉得周围人都在议论她，说她是个破鞋，说她爱上了她们家的一个房客，又被这个房客甩了。她自己清醒时也知道这只是瞎猜疑，但却忍不住一次又一次、一天又一天地想下去。

弗洛伊德经过让她自由联想，不久就知道了她早年的一件事。那时她们家有一个房客，是个很讨人喜欢的年轻男子。她们姐妹俩都觉得同他待在一起很快乐，后来这个年轻房客突然一去不复返了。

但这足以引起神经症吗？弗洛伊德再三让她进行联想，甚至将老武器催眠术都拿出来了，但都徒劳无功，他感到在她的内心深处筑起了一道鸿沟，难以逾越，只好求助于病人的姐姐，她们俩从小常在一块。她姐姐告诉了弗洛伊德，那是一天早晨，她们家的房客还在床上，将她妹妹叫了过去，她过去后，房客掀开被子，将他勃起的阴茎放在了她的手里。

类似于这样的早年性创伤，弗洛伊德在以后的漫长治疗生涯还要遇到很多，例如，对于弗洛伊德晚年的生活有相当影响的他的一个学生玛丽·波拿巴公主，拿破仑·波拿巴之兄约瑟夫的孙女，希腊王妃，就是因为两岁时看到过一次性行为而罹患神经症。她来向弗洛伊德求医后，深为弗洛伊德与精神分析所折服，甘以公主之尊而做弗洛伊德之学生，后来成了一名著作甚丰的精神分析专家。

一八九六年五月二日，弗洛伊德在精神病学与神经病学协会上发表了题为《癔病病因论》的演讲，提出了这样的设想：在每一例神经症的背后都有某种类型的童年性经验，即性创伤在作祟，这童年甚至可以追溯到一岁时，而治疗则可以在几十年后重新找回那段创伤的回忆。弗洛伊德事后认为这对于神经病理学理论是一场重大的革命。但他的演讲在当场却受到了冷遇。会议主席、弗洛伊德所尊敬的克拉夫特·埃宾教授评论道："这听起来像是一场科学神话。"

这个评论给了弗洛伊德很大的打击，倒不是从心理上，这他已经习惯了，而是他在维也纳医学界的名声更加坠落了。医学会从此一下冷落了他八年。下次他站在这讲台上要一直到一九〇四年，那时他声誉已隆，无须再依赖这样的讲台宣扬自己的主张了。

一八九八年初，弗洛伊德发表了另一篇文章《神经症病因中的性》，大声疾呼正视神经症病人的性生活，指出这样将大大有利于神经症的治疗。在这篇文章里，他提出了精神分析最独特的观点之一：儿童性欲。他说：

> 如果忽视儿童的性生活我们就完全错了，据我的经验儿童有着所有精神的与许多肉体的性活动。正像人的全部生殖器官并非由外生殖器与两个生殖腺组成一样，其性生活也不开始于发情期的来临，像那些漫不经心的观察可能显示的一样。

儿童性欲与儿童期的性创伤并不是同一回事，这不难明白，儿童性欲是自在自为的，如同个子的生长一般，然而儿童期性创伤却是被外界施予的，儿童在这里扮演着受害者的角色。儿童性欲是弗洛伊德最"惊人"的观点之一，与他以后的许多重要理论相关，如无意识理论，以后将有专门论述。

至此，作者已经用相当的篇幅述写弗洛伊德在他创立精神分析之初对于性因素在神经症中的作用、性的发现史以及性本身的特征进行了叙述。不难看出弗洛伊德对于性的重视。那么，是不是弗洛伊德刻意想从病例中寻找性呢？不是，正如他自己在一八九六年所言：

> 我只想说，在我的病例中我并没有先入之见向我指出癔病病因中的性因素。两位研究者，布洛伊尔和夏科，我是作为他们的学生开始我的工作的，尤其没有这样的预设。事实上他们对之有个人的（反感）倾向，我一开始也这样。

由这我们可以看出，是性将自己呈现在了弗洛伊德的面前，而非弗洛伊德去寻找性，他只是在尽一个医生的本分，为疾病寻找病因与治疗方法罢了。

难言之隐

对于精神分析来说，没有比无意识更为基本的概念了，无论在以前，还是以后，精神分析的每个重要概念如果本身不是无意识，那么在它的里面几乎可以将无意识发掘出来。它就像糕点中的发酵粉一样，糕点品种各不相同，里面总有它的成分。也正由于无意的这个特征，我们在研究它和它的起源时，不得不将前面说过的神经病、催眠术乃至美丽的安娜一齐搬来。但是，无意识又是一把最有力的刀，经过它的雕刻之后，原来也许显得杂乱的前面几节就会有棱有角，它又是一根线，将从神经症到癔病，从布洛伊尔到帕莎·彭帕海姆连成一体，使我们看到精神分析的内在统一性。精神分析具有这样难得的优点，那么，什么是无意识呢？

简而言之，无意识就是没有为我们的意识所意识到的意识。

这个概念也许吓了你一跳，让你觉得：还是不说的好，不说的话我还可以来个顾名思义——无意识，就是没有意识呗，现在，看，这个名词解释把什么都弄糊涂啦！

这个责备很有道理，名词解释不是玩弄名词，也不是名词堆砌，它应当使被解释的概念更加清楚，而不是相反。但在我们对无意识这个名词进行解释时，我却是有意识绕这样一个弯子，下面将会看到，这对于我们以后理解精神分析著作与思想是很有必要的。首先，它有助于我们理解无意识本身。

在“无意识就是没有为我们的意识所意识到的意识”这一释义中，每一个词的意义都是不相同的，第一个“无意识”中的“意识”一词与“无”是一个整体，共同构成“无意识”这一专有名词，而并非像它可能看起来的一样是个表示“没有意识”的词组。这一点对于认识无意识是首先要注意的。

第二个“意识”在精神分析的著作里有时特别被意译称作“显意识”。这是个陌生的概念，它是伴随着无意识的产生而产生的。在传统的看法里，“意识”指与物质相异的人类精神活动内容的总和。这是哲学式的定义，在我们日常生活中，意识一般而言指的就是认识，说意识到什么，也就等于说认识了什么。而当我们认识了某物时，我们就说我们对于这物有了“意识”，即意识到了这物，这里的意识实际上就是显意识，如我知道我此时正在打字，这是显意识。

然而，我们意识的整体却不应当止于此，因为这里有着一个假定：即我们认识了我们心中的所有意念，或者说，只有已为我们所知的意念才是意识。这个观点看起来理所应当，我们心中所想的我们自己当然明白，要不然怎么能说自己有这个意识呢？或者说，如果一个意念我们自己都不知道，那么怎么能算是我的意念，又怎能断定它的存在呢——无论说它是什么样的意识？这正是精神分析意识概念的独特之处，弗洛伊德正是从这里开始发掘无意识——即那些存在于我们心中而又不为我们自己所知的意念。精神分析认为，只有将这一存在于内心而不为主体所知的无意识与已为主体所知的显意识相加才能称得上作为人类精神内容整体的意识。这也是我们下面，乃至于整部传记所要记述的东西。

精神分析将这个观点作为它的立足点之一：我们的确不知道我们自己在想什么。这里的“我们”，并非单指神经症患者，而是指每一个人。精神分析认为，在每个人的心里，都有着大量的，也可以说是无限的我们自己并不“知道”的东西，我们说不出来，也压根儿想不到那些是什么东西，这就是“无意识”。所以无意识的第一个特征是它是“有”，而非无，是和看到一个美丽的女子坐在湖边哭泣时，忍不住会想“她为什么会哭？她一定有什么伤心事了！”一样存在着意识。无意识的第二个特征是它是“无”，即它虽然存在于我们心中，但不为我们所知。它又分成两种情形，一是暂时没有被认识；二是永远也不会被认识到。对于这两个看上去有些叫人莫名其妙的特征，其实都不难理解。

俗话说“一心不能二用”，也就是一个人的心思同时只能放在一个对象上。这也许有点夸张，但顶多也就可以放在两三个念头上吧。例如我现在在写东西，就很难再拿出心思想其他，故意想想也就是晚上要不要开夜车、现在几点钟了之类，但我只知道这三两件东西吗？即使我是个天字第一号傻瓜也不止。我不但完全可能而且必定有其他无数念头此刻正潜伏在我心中的某个地方呢，一到时候它们就会跳将出来。但在我现在尚不认识的时候它们就是无意识的。这时候，也许有人说话了：“这就是你的无意识吗？这并没有什么难懂的啊。但你那个永远都不会被认识的无意识又是个什么东西呢？如果永远都不会被你认识，那么你是怎么知道它存在的呢？”

这个问题问到了点子上，这正是弗洛伊德提出的无意识观念的独特之处，在我们心中而又不为主体所知，这个特征是弗洛伊德在神经症的治疗实践中得出的无意识的特征，是他千百次辛苦观察、反复思索的成果。这节的主题就是要从弗洛伊德的临床实践中揭示无意识产生的过程，了解它的含义与意义。

在“无意识是没有为我们的意识所意识到的意识”这一定义中，第三个意识是动词，就是认识的意思，这好理解，在日常生活中，意识通常的用法也就是这个。如“我意识到从前天起她就没有笑容了”“你有没有意识到你的错误”等。

第四个“意识”就是哲学上的作为与物质对应的、人类精神活动总称的意识了。

对于精神分析而言，它恰恰重视的就是那些虽存在于人们心灵之中，却并不为主体意识到的意识，认识无意识的这一特征的过程也就是精神分析早期的发展过程，也就是弗洛伊德大约从一八八三年直到一八九五年《癔病研究》完成的重要经历之一。一八八三年，弗洛伊德进入了迈内特教授的总医院第二神经病诊所，在那里，他第一次大量接触神经病人，在这些神经病人中有着各种各样的症状，前面我们已经分析过不少，像那个年轻的匈牙利姑娘，大腿、阴部到处长了毒斑的地主老婆。这些病例都是与明显的过去性经历有关的，弗洛伊德从这里知道了性对于神经症的意义。还有的病例却给了他不同的启示。像一个葡萄农的妻子，她老沉思着，在病房里踱来踱去，头低到了胸脯。当弗洛伊德问她问题时，她总说“我的罪太多了，我不配住在这样好的地方，我连饭都不配吃，你该把我杀了，我的父母本来就不该生下我”这一类的话。但当弗洛伊德询问她为什么这样说时，她却说她什么都忘了。

这样的病例，不用专家都看得出来这个女人大约是做了什么坏事，或自己以为做了什么坏事，因而愧悔得患神经症了，就像日常所谓急得发了疯或伤心得发了疯一样，过度兴奋、愤怒、伤心、负罪都能导致神经症，这是一个事实，我想大家如果没有在生活中见到，也在小说里见到过，像范进、祥林嫂之类。这位葡萄农的妻子难道真的像她说的一样把什么都忘了吗？如果这样，即像平常所谓忘了，将旧事像冰激凌纸一样扔到了垃圾堆，它还会使她发疯吗？如果没有忘记，那么这个女人为什么又什么都不记得了呢？它们藏在了什么地方？她心灵之何地？

这些问题像小偷一般悄无声息地袭向他的意识深处，又像一阵晚风一样悄无声息地飘走。在弗洛伊德心里留下了淡淡一个阴影，它们虽然好像逝去了，但真的像他点过雪茄烟的火柴棍一样扔掉了吗？不，他以后的思想说明，它们也成了无意识，也就是说，它们只是蛰伏下来了，像秋蝉一般，一到夏季来临，又会在骄阳下长吟了。

对于这样的神经病当时没有任何有效的治疗方法，要是病情不太严重，或者是抑郁症之类，就给他们服镇静剂或安眠药，如果是狂躁型的，就用网罩罩在床上。弗洛伊德在神经病诊所实习时，就亲自将不少看上去无治愈希望的病人送去了设在大山深处的奥地利精神病院。他看到精神病人那可怜的处境，不能不想他们的病因，也不能不想治疗的方法。

在总医院的实习结束后，一八八五年十月，他去巴黎留学，向当时神经病学界的泰山北斗夏科教授学习先进的神经病治疗法，在那里他又看到了许多相类似的病例，夏科教授对于神经病的病因的认识与迈内特教授如出一辙，也认为是神经某处受到损伤而致病，但他却使弗洛伊德有了两个大收获，一是认识了男性癔病，二是见识了催眠术的威力。这两者对于他未来的思想与研究都是十分重要的，且是无意识发现的必经阶段。

前面曾经述过夏科教授用年轻美丽的姑娘来展示他的大癔病症状，引得巴黎的公子哥与交际女郎都来瞧热闹。那些姑娘们在经受催眠后，就会又学天使又学狗叫，但一旦催眠结束，她们就全忘了所做过的事，好像她们并没有“当众出洋相”。还有另一种延时催眠，就是在催眠时并不叫被催眠者立刻做什么，而是命令她在催眠结束一段时间后，再做什么事。弗洛伊德也曾做过这样一次催眠。他的一个女病人右腿麻痹，但他没有发现她的器官有病变，他就命令病人在第二天上街时将雨伞折断，这样她就不得不走路。第二天，病人的母亲告诉他女儿昨天在街上的怪异举止，她走着走着突然将雨伞在地上弄断了——她本来是将它当作拐杖用的，自己大踏步走了起来。在这种情形之下，病人被催眠后根本不记得她曾经被命令做什么事，但这个命令却会毫不含糊地起作用，连时间都不会差。如果病人不记得了就等于真忘记的话，那么它们何以能起作用呢？这只能说明，其实他们并没有忘记，只是那些意识藏在他们心里他们自己所不知道的地方罢了。也就是说，它们成了无意识。

从这个例子我们又可以看到，在意识与无意识之间并无绝对界限，而是可以相互转换，此时是无意识的，彼时会变成意识的，此时是意识的，彼时又可以变成无意识——除了那些因为某些原因而永远处于无意识中的，这样的无意识虽然我们不能看到，但可以间接证实。如同我们不能看到无限远的天体，我们却能相信它们的存在一样。

弗洛伊德在去巴黎之前，可能只在大学时在讲堂上听说过癔病的名字，来到巴黎后，癔病成了他主要的研究内容之一。前面讲过，癔病可以形象地称为“意念之病”，它的起源主要是病人受制于某些主观意念，这些意念暗示他们，形成种种病状。当时，弗洛伊德并没有意识到这是无意识的作用，他只是觉得奇怪，因为这些人似乎自己想自己得病，因此，癔病又常常被称为是“装病”，在很长一段时期内，他们甚至没有被承认是病症。如果病人真的知道是自己的意念使自己得病，那么他当然也就不会得病了。但问题是病人并不知道自己的真实病因，他还以为自己确实病了，而且病情确实与一般器质性疾病无异。如果不是他亲眼看到了这种病的神奇治愈，他也许会真的认为病人是器质性疾病呢！

例如那个美丽的女子，双腿长期瘫痪，夏科的助手波拉克用一针蒸馏水就把她治好了，只是告诉她这一针后，她要么死，要么在一分钟内就康复。病人信以为真，她不愿意死，就康复了。弗洛伊德与波拉克一起治疗了这个病例，看着波拉克得意地走了，弗洛伊德却不能像他一样，不想想这是为什么：是什么样的意念使病人不愿意舒服地走路而去瘫痪呢？为什么她自己也不知道这个意念？这是一种什么样的意念——他对这个问题的思考就是无意识的起源。

从巴黎回来后，弗洛伊德开业了，主要是作为一个神经病专家。他所接待的病人有相当一部分也是神经病人，他对这些病人采用了在维也纳臭名昭著的催眠法。

弗洛伊德刚开始采用的是与夏科一样的形式，即将病人催眠，告诉他们没有病，他们的腿能走、眼睛能看、口也能吃东西，只要他们愿意，并且暗示他们催眠结束后怎样怎样。他这样做时，并不让病人说话，也不想想是什么意念使他们得病。这样常常具有一定疗效，但弗洛伊德不但想知其然，而且想知其所以然的性格使他陷入了沉思，他不能不分析它们，了解它们的实质。

例如有这样一个病例：一个叫苔丝的姑娘，一直健康地生活着，但突然一天，一到晚上八九点钟就出现神经症状，半裸着身子跑到大街上去了，好像有人在后面追赶她。弗洛伊德经诊断发现她只是得了癔病，就给她催眠，告诉她她是个健康又快乐的姑娘，她待在房间里很安全，根本没有必要往外跑。苔丝的病就这样好了。他不由得想，是什么使苔丝这样呢？她为什么突然要半夜起来往大街上跑？是什么念头使她这样？

他感觉自己像个往大海边走的人，大海虽然还没有出现在眼中，但他鼻腔中有了股咸味，那是大海的气息。他决心要看到那大海，这使他改变了催眠的方式，不再只命令病人放弃邪念，而是让他们说出他们所想的，他在一边给予安慰、暗示或者解释。这实际上就是安娜发明的用来要布洛伊尔治疗她自己的办法：谈话疗法或者叫“扫烟囱”。具体说是“兵来将挡，水来土掩”，对于病人不同的意念，他都给予相适的话语：负疚者让其不再负疚、恐惧者消去其恐惧、沉湎于幻觉中者拉他出来。

在以前记录过的埃米尔夫人病例中，夫人本来神态娴雅、从从容容地与弗洛伊德说着，突然间露出了恐惧的神情，手一拦说：“别动！别说话！别碰我！”一会儿后又像刚才一样地侃侃而谈了，循环往复。弗洛伊德为她催眠后，询问她为什么要这样。夫人沉默了一会儿后，说起来了：“我小时候，哥哥常常往我脸上扔死动物，我吓晕了，可妈妈说我是丢人现眼……七岁那年看见我姐姐躺在棺材里，脸像雪一样白……哥哥常常把白床单蒙在脸上来吓我……”

第二次催眠时，她又说：“……那时，哥哥用吗啡上了瘾……突然抓住我，像要扼死我，我喊‘别碰我’……”

弗洛伊德当即告诉她这些事已经过去了，她不必再害怕它们，等等。当她醒过来后，弗洛伊德再问时，她一点也不记得自己说过刚才的话了，但症状却消失了。因此，弗洛伊德不能不看到，深藏心底的回忆便是她致病的因素，过去的一切不幸虽然她并不记得了，但它们却并没有离开她的心灵，它们像一只只小小的幽灵，时刻准备冲荡而出，扰乱她的心神。

“对于其他病人，难道不如此吗？他们不也如埃米尔夫人一样，成为悲惨过去的牺牲。如果我能将那些埋藏心底的魔鬼都抓出来，那不就等于治愈了他们吗？”弗洛伊德想。那么，治疗的主要任务将是寻找那折磨他们的记忆。

也正是这时，他意识到了无意识的存在。这些病人，他们身遭不幸，这不幸不是来自外在压迫，也不是来自现世的痛苦，而是受制于那遥远的记忆。那记忆他们自己并不知情，如果不是他给他们施以催眠，让他们的意志不受自己控制，那么他们或许永远不会知道就在自己心中并且在折磨着他们的秘密，这也就是说，这些秘密的意念是以无意识的形式存在着。

在这里，我们可以很方便地借用古希腊戏剧家索福克勒斯的名剧《俄狄浦斯王》中的一段话，来形容那不为我们所知而又在损害我们的无意识。盲先知忒瑞西阿斯对俄狄浦斯之母伊俄卡斯忒说：

> 我说你是在无意识中和你
> 最亲近的人可耻地住在一起，

却看不见自己的灾难。[1]

可怜的癔病患者，他们自己给自己背负了沉重的苦难，却茫然无知，他们终生痛苦，甚至命赴黄泉，却又有多少人临死才知道他们是死于自己心灵之中的魔鬼的？他，弗洛伊德医学博士，神经病专家，难道不应该为他们寻找那魔鬼，使它们原形毕露吗？

他当然应该，但怎样做呢？他必须找到一种方法，使他能“看到”病人的无意识。这就是“自由联想法”。

关于自由联想法前文已经说过了，它是医生不干预病人的思维，在引发他们的联想后，就退居幕后，静听病人独白。而病人则让他们的思想插上翅膀、自由翱翔。自由联想法并不是一开始就完成了的，而是有一个渐进过程，先是，弗洛伊德在采用催眠术时，让病人说出他们的思想，他在一边做评论员，后来又不再评论，催眠后任由病人自说自话，这样一直到干脆放弃催眠术——因为催眠就意味着某种干涉——完全让病人自己去想、去说。这个过程持续了大约三年，从一八九二年到一八九五年。

现在我们已经了解了弗洛伊德是怎样发现无意识及其作用的。该引入下一个问题了：无意识都讲了些什么？

由于本书是弗洛伊德的传记，作为整体的无意识不是本书的内容，这里要记述的是弗洛伊德发现的无意识之内容，并且不是弗洛伊德在他的整个一生中所发现的无意识，而是他在创立精神分析时朝向他的无意识。

从他在迈内特教授的神经病诊所接触神经病起，到他在巴黎对癔病发生兴趣，到他自己用催眠术治疗，在这些过程中，他所接触的病例向他呈示或使他推测的无意识之内容是患者过去的经历，同时这也是他们致病的因素。这些我们在上文中已有记述，这里只做一下概括。

这些无意识，总的来说是患者早年的创伤性经历。这些创伤性经历的内容是有所不同的，可以简单地分一下类：（一）恐吓创伤；（二）性创伤。

关于恐吓创伤的病例相对较少，它指患者在童年或成年时经历过的引起患者极大恐惧的事件。这些事件往往并没有大的肉体损伤，但却在被恐吓者的心灵之内留下难愈的伤痕。它们大多并没有当即表现出来，而是等到时光流逝好久，恐吓事件已经在

1　此诗转引自《心灵的激情》。

被恐吓者的记忆里消失后，才会显示它的威力。一般的形式是它受到另一次偶然事件的激发，这次事件本身并不重要，但是它却起了一种媒介或催化剂的作用。像一个一直正常生活的二十岁青年，一天上街，看到一条狗跑过去，口里衔着一只红鞋子，立刻昏倒在地，醒过来后就患了严重的神经症，怕上街，怕看见动物，后来连腿也瘫痪了。经过自由联想，他也许会回忆起他四岁时的一天，目睹他六岁的哥哥被一条狼狗活活咬死，狼狗的嘴巴糊着鲜红的血，他当时吓得瘫倒在地。

性创伤是弗洛伊德在他的治疗实践中所观察到的主要病因。

在前面一节《与“性”相遇》里已经专门讨论了这个问题。性之所以成为精神分析的一个主要内容之一，并非因为弗洛伊德对它情有独钟，而是它——性——对于精神病青眼相加。在凡有神经病的地方，都要来插上一脚。性创伤大概分成两种形式：性压抑与童年性创伤。

在以前举过的病例中，普芬道夫夫人的丈夫是个彻底的阳痿者，她结婚十八年了还是处女；埃米尔夫人的丈夫死了十三年；卡西莉太太的丈夫好几年前就拒绝与她发生性关系。虽然情形各不相同，但有一点是相同的：三位夫人的病都是性欲受到长期压抑的后果。由于性的反常缺欠而致患神经症，这种情形对于我们的现实生活并非陌生之事，也不是难以理解之事。

儿童性创伤理论是弗洛伊德一个独特的理论，也是他众多独特理论中第一个被创造出来的。在一八九六年五月一日他在维也纳精神病学与神经病学学会的一次公开报告里，弗洛伊德陈述了他的儿童性创伤是癔病起因的观点。他指出，经过许多病例的分析，几乎在每一例癔病病例里都可以找到一次或数次的童年性创伤，对它们的回忆构成了癔病患者创伤回忆的主要内容。就在这一年里他在一篇用法语写的论文里，对十三个病例进行细致分析后，精确地指出三至四岁时的性创伤几乎肯定会导致神经症。另外，在一八九八年初发表的一篇文章《神经病的性病因》中，他写道：“我们忽视儿童的性生活这是犯了一个大错误……”

在这些病例中，有的是受到了性侵犯，有的是看到了性行为，它们在幼小的心灵中留下了创伤，等到他们成年后，这些创伤一被触发就导致了神经病或者癔病。但是，当他们进行回忆时，总设法用“抵抗”“压抑”等办法来掩盖这样的往事，抵抗、压抑是精神分析中两个重要的概念，所幸的是这两个概念我们可以顾名思义，所以用不着详细解释。

不难看到，无论是恐吓创伤还是性创伤，它们都有一个基本特征：它们都难以启齿。尤其是性创伤，弗洛伊德的医疗实践表明由之而引起的神经病占了绝大多数，它们像一个个的霸王一样占据着患者的心灵，使他们遭受巨大的痛苦，更为可悲的是，遭受这种痛苦的人们却不能向外人言明，连大夫也不能，他们只能默默地忍受着、强压痛苦，直到这痛苦将他们吞没。

我们用但丁《神曲·地狱篇》[1]中的一段开场白作为《难言之隐》这一节的结束：（要知道无意识也犹如一座恐怖的山谷，那里充满了欲望、迷惘与不堪忍受的痛苦！）

就在人生旅程的中途，
我来到一座山谷之中，
因为我在那里迷失了正确的道路。
唉！要说出那是一片如何荒凉、如何崎岖、
如何原始的森林是多难的一件事呀，
我一想起它心中又会惊惧！
那是多么辛酸，死也不过如此：
……
有一只“母狼”，她愈瘦削
愈显出她无边的欲望；
她以前曾使许多人在烦恼中生活。
她的容貌恐怖
使我的心头变得这么沉重，
我竟失去了登陟的希望。

精神分析的诞生

我们之所以要为弗洛伊德作传，并非因为他是个医术通神的医生，医术精湛者每个历史时期皆有，而得以享如此大名者仅弗洛伊德一人而已。所以，他的功绩不在于治愈了数以千计的病人，而在于他发明了一种方法，这种方法的运用不但使弗洛伊

1　此诗翻译参考朱维基译《神曲·地狱篇》，人民文学出版社 1984 年 2 月版。

德自己能在有生之年治愈病人，而且在他进入天堂后无数后来者能阅读他的著作，从中得到启示，也像他一样去治疗那些深受痛苦折磨的人们，这个过程已经延续了百年之久，现在遍及美欧的精神分析诊所就是最好的证明。以这种方式而受惠的人有多少呢？恐怕难以计数吧！

所以，对病人有益固然使弗洛伊德伟大，但使得弗洛伊德成为人类思想史上与马克思、爱因斯坦比肩的巨人的也并非他是一个伟大的医学家，而是一个伟大的思想家——精神分析的创立者。

我们前面已经屡屡提过精神分析的名字了。精神到底是一门什么样的学问呢？

弗洛伊德在《精神分析引论》里开篇曾给精神分析下过一个简单的定义："精神分析是神经错乱症的一种治疗方法。"这诚然是不错的，从前面的内容我们就可以看出，弗洛伊德作为私人开业医生，他的每个理论都是从临床实践中得来的，并且也是指导如何治疗神经症的。在精神分析之初讨论它时，应当牢牢记住这点。

但是，精神分析后来的发展却远远越出了神经病的范畴、越出了医学的范畴，而与对人本质、人类文化的认识联系在一起，弗洛伊德用他从对神经症患者那里得到的理论广泛用于阐释人的本质、人类文化的起源及其未来等问题。正是这些使弗洛伊德跃居于历史上最有创造精神的思想家的行列，将在我们面前展示一副"人"的全景图，这将是以后的主体内容之一。但在这里，让我们先给精神分析的诞生过程一条清晰的脉络。

神经症是有关于神经的病症，所以，我们就从弗洛伊德开始研究神经起进行精神分析诞生过程的回忆吧。

弗洛伊德上大学三年级时，他的动物学教授克劳斯教授曾带他到位于亚得里亚海滨的动物实验站进行研究，那也是他进行独立科研的开端。在那里他主要的成绩是确定了雄性鳗鱼睾丸的位置。解决了动物学界争论已久的一个难题，克劳斯教授在科学院公开宣读了他的论文，这年他二十岁。第二年，一八七七年，他开始研究八目鳝脊椎的后神经根起源问题，次年又公布了关于七鳃鳗脊椎神经节的发现。这些成果都变成了论文。弗洛伊德最早的几项研究工作不是有关性器官，就是有关神经，这都与他后来毕生的研究至少在名字上有关，这也许是冥冥之中自有天意吧！

一八八一年弗洛伊德大学毕业后，在布吕克教授的生理学研究所做助手。弗洛伊德的理想本来不想开业行医，他一直渴望像布吕克教授一样在实验室一辈子搞纯科学研究。但是布吕克教授得知他的这个理想后，就直率地指出了他不能这样，因为他是个穷人，他靠学校发给研究助手的那点薪水连自己都养不活，更不用说结婚养家了。这样，弗洛伊德在实验室工作一年多之后，于一八八二年七月三十一日，转入了总医院实习，实习后他就能开业行医了。

在总医院里，他于一八八三年五月一日到了迈内特教授的第二神经病诊所，在这里开始了神经病研究。他在这里第一次正式接触了他将一生关注的神经病，第一次在这里发现了在神经病人的症状下可能存在那连得病者本人都毫不知情的意念，这也是无意识思想的萌芽。这最终将直接导致精神分析的产生。故可以说，弗洛伊德开始研究神经症之日，也就是他开始创立精神分析的开端。

一般而言，精神分析可以分成两部分：即它的理论与方法。我们可以从这两个角度分别研究精神分析的起源、进步的过程。

精神分析是从方法，而非理论开始的，这是它的特征。进入迈内特教授的神经病诊所后，弗洛伊德接触了大量神经病人，对于这些病例，迈内特教授统统说是器质性损伤的结果。不是这根神经受了伤，就是那根神经产生了病变，虽然他说得头头是道，但却对于绝大多数病例毫无办法，只有将他们送到精神病院去，在那里关一辈子。面对这种情形，弗洛伊德不由得感到困惑又难过，他想作为医生的责任应当是将病人治好，而不是将他们关起来，但这时他对于新方法可以说一无所觉。

一八八四年十月弗洛伊德到了巴黎，夏科教授是当时最有名的神经病学家，他对于精神病的治疗方法其实与迈内特大同小异，同样认为神经病的主要病因是神经系统受到器质性损伤。但他对神经症的认识却要深了一层，他的研究给弗洛伊德最大启发的是男性癔病。这对于当时的传统是一个冲击，其次是他对于催眠术的应用，虽然他并没有用来进行治疗，但是他的“大癔病”展示却使弗洛伊德进一步认识到了催眠术的威力，使他懂得用之可以控制病人的行动甚至思维。还有就是他在夏科教授那里看到的大量病例，那些病例表现出了病人是受到某些意念的控制而致病，而这些意念是可以用外力克服的，像夏科的助手波拉克用蒸馏水治好了那位美丽女郎一样。

从巴黎回来后，弗洛伊德自己行医，如果说以前他对于神经病人还只是旁观者与同情为主的话，这时他却要自己对他们负责了，因为病人们一旦到来，就是将希望寄托在他个人身上，他应当对他们负责，尽最大努力治疗他们，至少让病情有所缓解，但已存的方法不能满足这个要求，这就要求他必须寻找新的治疗方法。他所用的方法是一个渐进过程，我们在前面已经看到过了。可以这样简述：电疗法——催眠术——谈话疗法——自由联想。

电疗法是他回来后采用的第一种治疗方法，其实他以前对于这种方法根本不了解，完全是因为这种方法是当时最为流行的治疗方法，但不久他就发现这纯粹是胡扯，于是毅然改用当时在维也纳臭名昭著的催眠法。这时他已经发现癔病患者无非是受到某些意念的控制而致病，如果他能让患者确信他的这些意念都是错的，他其实没有病，他能够做他现在以为自己不能做的，那么癔病也就得到了治疗。他早已知道催眠术能控制病人的意念，当然就用催眠术了。为了提高他的催眠技术，他还于一八八九年夏天去法国南锡向当时催眠治疗技术最为出色的"南锡学派"学习了催眠技术。这种方法他一直用了将近三年，后来虽然不专门使用了，但有时也会拿出来作秘密武器。

由于催眠术无视迫害病人的意念，只能治标不能治本，且疗效难以持久，他便采用了他实际上久已知道，并且能弥补这一缺陷的"谈话疗法"来治疗。这种方法也有时采用催眠，但却是用这办法使病人供出在他们心底作祟的意念。所谓谈话疗法，就是与病人倾谈。我们在《安娜的故事》中已经知道，这种办法是安娜发明的，由布洛伊尔介绍给弗洛伊德，因此就治疗方法上而言，安娜・O病例是精神分析中的重要一步。

在以上四种方法中，前面三种都是弗洛伊德借为已用，这些方法也都只是精神分析方法探索中的个别阶段，它们自身算不上是真正的精神分析方法，真正的精神分析方法是由精神分析祖师爷弗洛伊德发明的自由联想法。它综合了以前几种方法之优点，而免去了其缺陷。它的基本特征是它只有一个目的，就是让患者，毫无拘束地诉说他们心中的秘密。所谓自由，就是这个意思，而联想，则是指它的方法，具体来说，自由联想时，弗洛伊德会在病人冷静下来后，告诉患者，在他的心中会看到某些东西，然后病人就从这里——随便的一点——想下去，我们知道，那使病人得病的经历——一个创伤性事件——在病人的心中必占有重要地位，病人如果能任意识漂流，那么必定会想到那个事件上去，就如同火灾来了，我们最先抢救的总会是我们最重要的物件一样。虽然那个致病的创伤往往以象征等隐蔽的方式来表现，但在弗洛伊德犀利无匹的眼光之下那些隐藏又隐藏得了什么呢?

自由联想法的产生是一个渐进的过程，这个过程大约是从一八九二年到一八九五年。

自由联想法确立以后，精神分析的方法便确立起来了，从那时直至现在，精神分析的基本治疗方法仍然是自由联想法，其他新方法也以之为基础。

至于精神分析的理论，由前面的论述我们可以将早期的精神分析理论概括为两种：一是早期的无意识理论；二是早期的性欲理论。

关于精神分析理论的发现与方法的形成的时期是大体一致的。当弗洛伊德寻找精神分析的治疗方法时，他便看到了在病人的症状后面可能存在的意念，正是这潜在的意念使他想用一种方法将它们找出来，找出来就意味着神经症的治愈。找到病因等于治愈是神经病的特征，当然这病因必须是深藏在病人心灵深处的真正使他致病的创伤，而且是一个具体的事件，而非某种思想与意念。而所谓无意识它的内容并非意识，而是实在的事件；然而这些事件又不是以物质的形式存在的而是思想意识，因为它是意识主体所不能意识到的，因此叫作无意识。

弗洛伊德开始感觉到无意识的存在也许是他听到布洛伊尔谈起安娜症状的时候，在布洛伊尔对安娜催眠后，安娜会向布洛伊尔倾吐她在清醒时所不能说的话。一旦这些话说出后，安娜的症状就会得到缓解甚或消除。那么，他自然想到，这些症状应是早就埋藏在安娜的心里了，只是安娜自己不知道罢了。

当他在迈内特教授与夏科教授处实习与学习时，那些病例的特征便已经使他感觉那无意识存在的可能性之大，并且其主要特性也许与性有关。因为，如前所述，那些病人的病状容易使人联想到性。

开业之后，他运用“谈话疗法”治疗病人后，那些病人在谈话治疗时所吐的话语使他基本确定在病人的内心有着那致病的意念，并且那意念是与性有关的，有关的病例在前面已有不少的介绍了，这里不再繁叙。

关于无意识中性的具体内容是个很长的话题，可以涉及弗洛伊德一生的发现，但在这里，即他创立精神分析的阶段，其主要内容除一般的性创伤外，主要是所谓儿童期性经验，或曰儿童期性创伤。指儿童在性成熟前所经历过的被动性经验，如被性玩弄或看到性行为，将导致其成年后的神经症，而那些经历也就成为早期无意识的主要内容。

弗洛伊德做出了这些发现后，就勇敢地决定将它们公布于世，由于书中的许多内容是与当时的医学理论乃至传统伦理相悖的，因此公布需要很大的勇气。这时，弗洛伊德还远没有将这些理论置于人类整体之上，而是仅将其视作神经症病因之内容，但这些内容已经与精神分析将要发展的内容大体地轮廓了进来，也预示了精神分析将来的发展方向。

这本书的名字叫《癔病研究》，出版于一八九五年，因此，这年就被当作精神分析的诞生之年。

第五章　社会弃儿

精神分析并没有给弗洛伊德带来荣誉与财富。他的理论诞生之时便是他开始遭受攻击之日。这一攻击将与他的生命同在，直至现在。但这时弗洛伊德心灵所感受到的重压较之未来更重。因为这时他还没有同志，他孤身承受着暴风雨般的打击，较打击更令他难受的还是孤独，像历史上许多伟大的先行者一样，他们超越时代的发现给予时代的冲击使他们遭受同时代人们的误解与攻击，沦为其生活时代的弃儿。

刎颈之交

在这一节里，我们要讲述弗洛伊德一生中一个特殊时期、一个特殊的人，这个人对于弗洛伊德一生中最富有创新精神的年华有着特别重要的意义。在弗洛伊德最为孤立的一段时期里，他也许是极需要友谊的弗洛伊德的唯一朋友，不但是友情上的朋友，而且是事业上的知己。这个人的名字在前面已经提到过，他就是威海姆·弗利斯。

虽然由于催眠术事件，弗洛伊德与迈内特教授闹了矛盾，但迈内特教授毕竟是学界泰斗，并没有因此就对自己的得意门生耿耿于怀，不但如此，他还将自己的一门课程“大脑解剖学”交给了弗洛伊德上。当时弗洛伊德已经是维也纳大学私人讲师了，有权在大学开课，虽然大学不会支付给他薪水，但他可以通过向听课的学生收取学费而捞点外快。他于一八八六年开了第一次课，效果相当好，于是，第二年，他接着开了第二次。

这次来听课的只有五人，当他讲第二次课时，他一走进讲堂就发现了一个新人。这人一身漆黑笔挺的西装，与这里其他学生的白大褂形成鲜明的对比。他眼睛不很大，但精光闪烁，使人见了不由得精神一振。蓄着与弗洛伊德形状相似但稍短的大胡子，躬起身子单独坐在第一排。弗洛伊德顿时对他有了好感，像所有的教授一样，弗洛伊德喜欢坐在前排的学生，这总表示他们对这门课有兴趣。他对着新来者点了点头，容易看出来他的年龄与他差不了多少，因此弗洛伊德没有将他当学生看。他拿出讲义，顿时将所有其他一切，当然也包括这位新来者，抛到了九霄云外，他眼虽望着前面，脑海中展开的是大脑复杂奇异的结构。他用艺术家的语言，仿佛是描述心爱的孩子一样描述着大脑的每一个区域、每一根神经的功能。当他从沉醉中醒过来时，两节课已经完了，学生们都站起来走了，他看见那个新来者还一动不动地坐在位子上，双眼放光。

弗洛伊德微笑着走到他的面前，他们的眼光相遇了，他们都在对方的眼睛里看到了闪光。

弗洛伊德先伸出了手。

那人热情地笑着，握着这位与他年岁相仿的老师的手，道：“您好，尊敬的弗洛伊德博士。我是威海姆·弗利斯，柏林开业医生，布洛伊尔博士推荐我来听您的课。”他马上又补充道，“我很高兴接受了他的建议！因为您的课精彩极了，我都忘记下课了。”

弗洛伊德也非常高兴，笑道：“太感谢您了，威海姆医生，我好久没有听到有人称赞我了，现在维也纳把我看作三个最坏的人之一呢——第一个是我！”

弗利斯医生笑道：“博士先生，现在维也纳像个不识好歹的孩子，总有一天他们会对您感激不尽的！顺便说一句，我决定回到柏林后用催眠术治疗鼻炎。”

弗洛伊德吃惊地看着这张因容光焕发显得格外年轻的面庞，他一点也不像在开玩笑，他想起了自己运用催眠术后许多意想不到的效果，笑道：“太感谢了，尊敬的同行，我把这看作最大的支持，要是维也纳也有您这样的大夫就好了！”

弗利斯充满信心地说：“会有的，尊敬的博士，一定会有的！”

几句话之间，他们觉得他们已经认识了很久，弗洛伊德收拾起了讲义，说：“弗利斯博士，我们去中心咖啡馆坐坐好吗？那儿是维也纳医学界的圣地！”

弗利斯医生当然很乐意，路上，他问弗洛伊德：“为什么维也纳的医生们都把‘去咖啡馆’说成‘去中心咖啡馆’？”

弗洛伊德笑着说：“那是因为在中心咖啡馆每个医生都可以得到晋升，只要你戴着眼镜，他们马上会把你叫作博士；如果你真是博士呢，就会被叫作教授；如果你是教授，侍者们会恭恭敬敬地向你九十度鞠躬，在你的名字前加个‘冯’，你立刻被封为贵族了！”

他们不由得齐声大笑，手挽着手往位于市中心的中心咖啡馆走去。

就在这一天，中心咖啡馆奶油色的桌布边，弗洛伊德知道了威海姆·弗利斯的一切，从他一八五八年出生于汉堡，一八八一年从柏林大学医学院毕业，现正在柏林私人开业，是耳鼻喉科专家，到他这次来维也纳是为了进行一番毕业后研究，他以后还会尽量多来维也纳，因为他想娶个温柔的维也纳姑娘。他推心置腹地说：“你去过柏林，弗洛伊德博士，那里的姑娘你见过，地道的普鲁士人！脸上的表情就像普鲁士兵的钢盔！”（三年之后，一八九一年九月，弗利斯与艾达·邦迪结婚，她是维也纳最富有的人之一，大商人菲利浦·邦迪的独生女儿。）

我们从前面的内容知道，这时正值弗洛伊德已经开始使用催眠术，并因此遭到全维也纳医学界的责难，从男性癔病的报告后再次受到孤立。而在这些争执中，他的朋友们没有一个公开支持他，他以前的恩师像迈内特教授等已经与他公开争论，甚至布洛伊尔，他以前总可以从他那里获得安慰与支持的，现在也变了面孔，倒不全是因为反对他的见解，而是因为他们都是十分谦逊的人，不愿与权威们对立，也不愿批判自己坚持了多年的观点。这样，弗洛伊德就处于空前孤立的时期，而他是极其需要朋友的，正像他往往也需要争论的对头一样，弗利斯的友谊无异于是雪中送炭。所以，他们在几天之内就成了无话不谈的朋友。

弗利斯回到柏林后，一八八七年十一月二十四日，弗洛伊德给他写出了一封信：

尊敬的朋友与同事：

这封信是职业事件引起的。然而我必须承认，从一开始，我就希望与您保持联系，您已给我留下了深刻的印象，能够轻易使我坦率地说出您在我心中占有什么样的地位。

弗利斯收到这封信之后马上就回了信，信中还附上了一件礼物作为缔结友谊的象征。可以想象这使弗洛伊德多么高兴，也许仅次于一八八二年六月十七日，玛莎接受他的亲吻。不多久，弗洛伊德在给弗利斯的信中附上了自己的照片，这是弗利斯要求的。

弗洛伊德的第一封信是就一个病人的治疗方案向弗利斯请教而写的，这当然可以看作是借口。这也是他们从现在起直到五年之后的一九〇二年间写的数百封书信中的第一封。从此，他们之间的通信就成了各自生活中不可或缺的部分，像用餐一般紧要，也像用餐一般准时。

关于这些书信有一段曲折而令人伤感的故事。

这段友谊，也像弗洛伊德与布洛伊尔的友谊一样以分手告终，为什么分手是以后要讲的事，这里先讲他们的书信。弗洛伊德在与弗利斯分手之后将弗利斯写给他的所有信件都烧掉了，要么恨，要么爱，这是弗洛伊德一贯的作风。但弗利斯没有这样做，他保存着弗洛伊德的信件，直到去世。他去世后，他的夫人艾达·弗利斯将弗洛伊德写给弗利斯的信，连同他在信中所加的科学注解，还有一部分弗洛伊德寄给弗利斯的著作手稿作价卖给了柏林的书商莱因哈德·斯塔尔。她想弗洛伊德一旦知道肯定会要求收回它们，就要求斯塔尔做出承诺绝不可将它们交给弗洛伊德。

希特勒掌权后，作为犹太人的斯塔尔逃往法国，在那里他将这些珍贵的文献转卖给了玛丽·波拿巴公主，她为此付出了一百英镑，在那个时期这算得上是一大笔钱。公主这时正要去维也纳找弗洛伊德治疗她的神经症，就将它们一同带去。到达维也纳后，公主见到弗洛伊德后向他提起了这件事。弗洛伊德听说后不由得又惊又怒，惊的是弗利斯还没有将它们烧掉，怒的是艾达竟将他的信卖了钱！他当即提出由他再出钱将这些信买回来。

“那您准备将它们怎么处理呢？”公主问。

弗洛伊德这时的下颚已经给切掉了一大半，说话都有困难，但他仍勉强笑着说："殿下，您知道犹太人怎么用孔雀做菜吗？"——我们知道孔雀是吃不得的。

公主当然不知道。

"他们先将它杀了，再在地上挖个洞，将孔雀埋进去，一个星期后取出来。"

公主惊讶地笑着说："那么，然后呢，教授先生？"

弗洛伊德回答说："然后扔掉！"

公主当然不肯将她那么敬仰的导师的书信当作垃圾，婉言拒绝了这样的提议。虽然弗洛伊德再三要求，但公主坚持保留它们，这恐怕是弗洛伊德第一次遭到这样的拒绝，但无可奈何。回法国之前，公主将这些书信存放在罗斯柴尔德银行。

一九三八年四月，希特勒侵占了奥地利。公主当即赶往维也纳，一方面力劝弗洛伊德离开奥地利，一方面用希腊及丹麦王妃的名义要求准许她将她的东西从罗斯柴尔德银行的保险库里取走。由于罗斯柴尔德家族是犹太人，因此他们的一切财产均被纳粹没收了，凭着公主的地位，她的要求得到了满足。这些书信被运往巴黎。

但希特勒紧接着就侵入了巴黎，公主不得不回到她的希腊去了。临走之前她将这批书信存放在丹麦大使馆，大使奉公主之命竭力保护了它们。在纳粹败退巴黎之际，希特勒曾命驻法德军司令将巴黎炸为焦土，但冯·霍尔比茨将军拒绝执行这样的命令。感谢上帝，要不，弗洛伊德的书信也必与卢浮宫一起灰飞烟灭了！

但它们的厄运还没有结束。当它们最后被装船运往英国时，船在英吉利海峡差点被鱼雷炸沉。最后总算大难不死，安全抵达英国，在那里安娜·弗洛伊德，弗洛伊德的女儿，当时已是重要的精神分析学家，与恩斯特·克里斯一同对它们进行了整理，做了许多脚注后，选择一部分公开出版。这本《弗洛伊德与弗利斯通信集》现已成为研究弗洛伊德思想与生平的重要文献，如同琼斯的著作一样是写作弗洛伊德传记的重要原始资料来源。

这些文献的重要性在于，它们是弗洛伊德一生最富有创造力时期的最真实而完整的记录，也是唯一的记录。因为在这段时期，他与玛莎已经结婚，没有再通信了，弗洛伊德没有记日记的习惯，也没有多少需要通信的朋友，尤其是能够发表他对一切他所关心的问题的看法——从如何改进治疗技术到对人的本质的哲学沉思——的朋友仅弗利斯一人而已！如果没有弗利斯，没有这些书信，我们现在也就无从知晓弗洛伊德创立精神分析、思考儿童性经验时的所思所想了。

同时，我们从这些书信里还知道了弗洛伊德不但是一个伟人，才智超卓，富于创见；也是一个有强烈的爱与恨，时而满是信心与希望、时而伤心又失望的常人。从这些信我们知道了弗洛伊德远远走在世人前面，因为太超越而太孤独的时候，他虽然伤心过、失望过，但从来没有绝望过。

现在我们要来谈谈弗洛伊德与弗利斯友谊的基础与大致历程。

说真的，从弗洛伊德与弗利斯的通信中，我们所看到的热烈与忠诚除了马克思与恩格斯外，很难再找到那么热情奔放的友谊了。为什么会出现这种情形呢？它们的基础是什么？

这里的原因是多方面的，有必然，也有巧合。

论必然，是他们的性格。弗洛伊德是典型的多血质加胆汁质气质，对朋友襟怀坦白、热情奔放，一旦订交，恨不得将心都挖出来。但他同时又对朋友要求严格，有时显得器量不足。这里面也就潜藏着危机了。与弗洛伊德一样，弗利斯同样也是性格外露之人，对朋友十分热情，朋友有什么值得称赞的地方，他绝不会吝惜赞美之言，弗洛伊德值得赞美的地方自然不少，这对于遭到的否定太多，正需要肯定来平衡一下的弗洛伊德是太及时了。

他们的经历也相似，弗利斯也是犹太人，大学进的也是医学院，毕业后同样没有从事纯科学研究，而是开业行医。他们上大学时，正是霍尔姆霍茨学派在柏林与维也纳的物理学界、生理学界处于统治地位的时期，这样，他们在大学所受到的教育、接受的观点都差不多，思想自然也有不少的相通之处。更有趣的是，他们虽说一位是神经科专家，一位是耳鼻喉科专家，但彼此都对两个问题大感兴趣：性与神经病。这就使得他们永远有说不完的话、交流不完的思想。

最后一个原因是他们的相遇适逢其时，那时一方面正是弗洛伊德四面楚歌，极需要朋友与支持者的时候，弗利斯的来临，他的热情称赞，对他无疑是雪中送炭。像他在一封信中所言："你的赞扬对我有如甘露。"

另一方面，弗洛伊德这时除需要称赞外，还同样需要一个批评者与指导者。弗洛伊德一般而言是个意志坚定的人，不会为时人的批判而妥协，但他不是什么时候都意志如钢，有时也会陷入苦闷与失望，对自己的工作缺乏信心，对自己思想的价值表示怀疑，这时他就会渴望有个人在一边给他提供指导、树立信心。弗利斯对这份工作完成得非常之好，弗洛伊德定期地写信给他，向他介绍他最近研究的进展、遇到的疑难、感到的困惑，像他在一八九〇年八月一日写的一封信中所言：（那时他没有能够去柏林作预定的会见。）

> 我现在非常孤独、对科学感觉迟钝、懒惰而不思进取。当我与你交谈，留意你会如何看待我时，我对自己的感觉就会更好一点了，你所表现出来的充满信心与力量的情景不会不给我留下难忘的印象。在医学知识上我也会从你那里得益匪浅，因为我已多年没有老师了。

每当这时，弗利斯总会适时适当地提供热忱的祝贺、解决的设想、充满信心的鼓励。这每一个字对于弗洛伊德都极为宝贵，他总怀着感激之情接受下来，又怀着同样的热情回答弗利斯的信，这些信的内容与他自己的信大体是一致的，也是报告、疑难与困惑。弗洛伊德也总会同样热烈地给予祝贺、意见与鼓励。

在这样的情形之下，怎不会燃起激动人心的友谊之火呢!

在长达十三年的火热友谊中，他们除了大量的书信外，还通过两家的相互拜访与结伴旅行来增进友谊加深了解。

他们会晤的通常地点是维也纳，一则因为维也纳是当时欧洲的医学中心，医生们自然常常要来了解一下医学的最新动态；二是弗利斯的妻子是维也纳人，她出身维也纳最有名望的家族之一，得空便要来看望父亲。弗洛伊德与玛莎也应邀去过几次柏林。最让他们激动的是，他们像两个偷空跑出家去玩的小学生一样，每过一段时间就都离开家里，然后到某个预定的地点会合，快快乐乐地待上两三天，在海边湖畔流连，山间小路漫步，倾心交流别后的思想与研究进展。这样的会晤一直延续了十年，从一八九〇年到一九〇〇年。

在弗洛伊德的信里，他时常显示出他是多么渴望这样的会面，在一八九六年六月三十日的一封信中，他写道他“如饥似渴地”期待着他们的会晤。一八九八年四月，当他们不能会面时，他写道：

> 在每一次会晤后的几周内，我重新变得坚强了，新思想扑面而来，在艰辛工作中得到的乐趣也恢复了，在燃烧着的丛林中发现一条路的希望之光也坚定和美好了。这样的离别算不了什么，因为我永远懂得我们的相会对我将意味着什么。

然而，像俗话说的“美景不常，盛筵难再”，他们深厚友谊的天空不知什么时候涌起了乌云。

割袍断义

也许，从一开始，他们的友谊就埋伏着阴影，这阴影之所在也就是他们的友谊之基础，即性格与事业。

弗洛伊德的性格我们在前面已经见识过了，他对朋友真诚而热情，但同时又要求甚严，也许因他自己才智非凡，无形中他也将朋友看作同等的人了，当朋友没有达到他的要求时，他有时不由得心中暗暗不满，这种不满他平时自己并不知情，像他自己创立的理论一样，是“无意识”的。但当事到临头，也就是说在某些特殊情形之下，当朋友的思路跟不上他时，他就心中不由不快。这在他的表情上就能看出来，这难免有伤朋友的感情。当他与弗利斯交往时，他的才智明显优于弗利斯，而弗利斯也是心高气傲之人，他虽对弗洛伊德一向敬慕，但这更激发了他的自尊心，他也要极力显示他并不比他的朋友差到哪儿去，进而，当他们偶尔意见不合时，弗利斯为了显示自尊而强硬地坚持自己的观点，这样往往变成难以调和的争执。弗洛伊德交友的另一个特点是：道不同，不相与谋。这当然只指那些他引为知己的人，而非一般朋友。像弗莱施尔，他们的友谊是由时间之力凝聚起来的，是纯粹感情的，是生活上的朋友，这种朋友只有死神能夺走他们的友谊。但被弗洛伊德引为事业上的良伴后，他就要求他们与他共享他的观点与对这种观点的信心，当朋友不能做到这一点时，他就感到不平甚至愤怒，这样的结果只能招致更大的分歧，最后的结局不难想见。像他与布洛伊尔的友谊正是这样的情形。当布洛伊尔只是他生活上的朋友与职业上的帮助者时，他们相处得十分和谐，但以后布洛伊尔治疗了安娜·O病例，并将之告于弗洛伊德，最终引起了弗洛伊德极大的兴趣，他开始与布洛伊尔共同研究这个病例，他们起初的合作也很成功，因此布洛伊尔也就转成了弗洛伊德事业上的同志。但当弗洛伊德公开大量采用催眠术，后来又对神经病中的性因素显出不寻常的重视时，就与很传统的布洛伊尔发生了冲突，使得他们的友谊直线下降，终至破裂。

与布洛伊尔的情形有所区别，弗利斯从来不是弗洛伊德生活上的朋友，对于事业的共同兴趣是将他们联系在一起的唯一纽带，这就必然决定了他们的友谊与他们的事业息息相关，也就是说，他们作为朋友的基础是他们对于对方的研究的尊重与意见的一致。那么，实际上是怎样的情形呢？

弗利斯是耳鼻喉科专家，但他的兴趣远不止于此。他对于医学的各个分支乃至生理学都有广泛的兴趣和广博的知识。对于每一类感兴趣的问题都做过一定的研究，说起来头头是道，这使得爱好同样广泛的弗洛伊德十分高兴，甚至有点崇拜了。但弗利斯并不单是个“博士”，他自有他的专门研究领域，在这些领域他也有自己独特的理论，他对这些理论的爱好与对于它们价值的自信丝毫不下于弗洛伊德。他的独创性理论主要有三个：

首先，他对于鼻子的用处有特别的认识，认为鼻子是人体最受忽视但却最重要的器官。它与人体的几乎所有功能以及其他器官都有这样那样的联系，他还认为所有疾病都可以通过鼻子来预后和治疗。一八九七年，他出版了他的第一本书，书中宣称他发现了一种新的疾病，他取名叫“鼻反射神经症”，它的症状十分广泛，从头痛脚痛肚子痛直到神经失常和内分泌失调等，它治疗也很简单，通常是在鼻腔黏膜上涂上一点可卡因。应该说明的是，弗利斯对弗洛伊德最大的敬意来自他认为弗洛伊德是可卡因疗效的发明者，他的这个疗法就是从弗洛伊德的文章中得到启发的。这个赞美使弗洛伊德特感动，他为了可卡因的事受的指责真是太多了。至于他的“鼻反射神经症”，除了他，没有其他医生认为这是“一种”病，或者是神经症。

弗利斯的第二个创见是他的周期理论。在弗利斯笔下这是个十分复杂的理论，简单说，他认为人的一切生理活动都是有一定周期的。他的这个理论来自两个现象：一是月经的周期性；二是鼻黏膜的活动与性器官的活动有一定关系，当性兴奋或者生殖器兴奋时，鼻黏膜也会膨胀。他由此推而广之，将它与整个人体联系起来。更进一步地，他提出了两个数字：23与28。23就是从上一次月经尾到下次月经头之间的时间间隔。28则是两次月经之间的间隔。他宣称，这两个数字决定了人的一切：生理活动、人生诸大事，从他什么时候生、什么时候死、什么时候结婚到什么时候生孩子、生下孩子是男是女，等等。

弗利斯的第三个理论是他的双性理论。他认为每个人身上同时存在两性的特征。与他的数字理论联系起来，他认为28标明了女性成分，23标明了男性成分，这两个成分在男女身上并非互不相干的，就像23+5=28、28-5=23一样，它们你中有我、我中有你，就像有部小说叫作《男人的一半是女人》，女人的一半也是男人，这就是“双性”，它们合在一起解决了男女的所有问题。

我们知道，在科学上弗洛伊德完全没有成见，对一切权威都敢于怀疑，也对一切新思想敢于提出、敢于接受，无论它是多么离经叛道标新立异。当弗利斯第一次见面就把他的新理论说给弗洛伊德听后，弗洛伊德当即表示极大的兴趣，并且不久也相信起它们的正确来。在他的信中，他总要询问弗利斯研究的进展。而弗利斯自然也总要向弗洛伊德报告一下他的新发现，就像弗洛伊德报告他的无意识与儿童性经验的研究情况一样。对于每一次弗利斯宣称的进展，他都表示由衷的敬佩。在一封信中他写道：

> 面对你在性生理学中的革命我只能屏住呼吸看着并且表示深深的敬佩。虽然我所知有限、没能力评论它们，但是我想它们是最优秀与最重要的东西，希望你不要限制它们的出版，即便还是假设。人类不能没有那样的人，他们有勇气在没有证实以前就敢于相信新事物。

这样的观点对于弗洛伊德是非常难得的，因为他从来是个坚持以临床事实为基础、以实践证实为准绳的人，反对凭猜测进行科学研究，虽然他的理论颇有些傲岸不群甚至稀奇古怪，但可以肯定地说，每一个都是他从无数次实践之中得到的，经过了大量临床验证。像他自己所言：

> 我并不以我避免了猜测而自傲，但我的每一个假设的材料都是通过最广泛与辛苦的不断观察而收集起来的。

弗洛伊德对于弗利斯显出了不寻常的宽容。也许这是因为他对于弗利斯非同寻常的友谊，也许是他自己内心深处也渴望能让思想超脱事实的束缚而自由飞翔。不管怎样，他对于弗利斯思想的这种态度正是弗利斯对他怀着同等态度的原因。弗利斯的性格有一点与弗洛伊德相似，就是他对自己的观点极端自信，但他也有一点与弗洛伊德不同，那就是弗洛伊德能容忍异见，并且能够认真地听取批评，也许在大多数情况下仍会坚持自己的主张，但至少认真听取。弗利斯则有所不同，他对于自己的观点有一种教条主义似的坚持，因而他不能容忍不同意见，更不能容忍批评。他就像一个独裁者一样，将一切异见都看作是敌视，而将提出批判的人看作敌人。

在他们友好的多年中，弗洛伊德对于弗利斯的观点都无一例外地喝彩，这并非说明弗洛伊德想讨好朋友，那是他永远也做不出来的，他只是真心地认为弗利斯的话不会错，都是伟大的突破。他之所以这样认为，一方面固然是因为对朋友的迷信，另一方面也是因为他对于弗利斯的研究不熟悉，弗利斯在他的研究中大量采用了数学运算，弗洛伊德的数学向来不行，面对复杂的公式他唯有啧啧称赞的份儿。

斗转星移，随着交流的增多，弗洛伊德逐渐发觉弗利斯理论的苍白。首先是他的“鼻反射神经症”，弗利斯提出这个神经症后，因为它与弗洛伊德的理论有点儿亲戚关系，因此弗洛伊德表现出浓厚的兴趣，企望弗利斯会进一步进行系统分析，像一般情况下发现一种新症候一样，撰写一篇论文，提出详细的预后、病状、治疗方法及症状之间的内在联系等。但弗利斯对弗洛伊德只是大谈他的发现的重要与伟大，而从来没有进行过科学的说明。到后来，他自己也忘记他的伟大发现了。

另一件事是有关弗利斯的专业治疗。一八九五年初，弗洛伊德接受了一名女神经症患者艾玛·贝恩。她是弗洛伊德一个老相识人家的女儿，是一个极端女权主义者，痛恨奥地利男人将女人称作“4 K”（kinder——孩子、kirch——教堂、kuche——厨房、kaffeeklatsch——闲聊），艾玛·贝恩的神经症症状是肚子痛和流鼻血。弗洛伊德一面用自由联想法引导艾玛联想起她的童年，她对父亲的爱与恨并存——父亲对她进行过性猥亵，但她又非常渴望父亲的爱抚。弗洛伊德在采用联想法上面取得了很大的成功。但这次弗洛伊德好不容易得到了一个鼻子有反应的神经症，怎会放过听取朋友的意见，他先仔细研读了弗利斯的《精神神经症的鼻腔反应》，又请刚巧要来维也纳的弗利斯进行会诊。弗利斯检查后，断然宣布艾玛的病起因于鼻腔，由于鼻腔不通畅，不但引起了她的肚子痛，还会使她的性器官也难受，他的手术可以手到病除。

手术完成后，弗利斯返回了柏林，没多久，艾玛的鼻腔里冒出了难闻的臭气。几天后鼻子口里同时出血，艾玛生命垂危，弗洛伊德请来了维也纳一位耳鼻喉科专家罗克尔教授，他重新切开了病人的鼻腔，在里面抽出了一根半米长的纱布条，是弗利斯手术结束时忘在里面的。

弗利斯的另一个“伟大”发现是他的“生命节律”理论。即他的“23与28”理论，前面说过，他由月经的周期性特征出发，将人的一切都用这两个数字统一起来，认为它们决定了人体的一切生理运动，且由之进行推理可预知人一生的命运。但弗利斯远没有停留在这个地方，他又将这两个神奇的数字扩展到了动植物的生长进化乃至全宇宙，他认为从天体运转到万物发育都遵循他的这两个数字所包含的规律。中间他经过一系列复杂的运算后得出的数字的确与已知的情形似相符合。

弗洛伊德对弗利斯的这个理论开始非常信服，甚至企图把它同自己的理论联系起来，他找出了两种神经症，认为它们与23、28这两个数字有某种关联。在一八九八年八月二十六日，他写信给弗利斯说：

> 昨天我得到了你的好消息，世界与生命之谜终于开始找到了谜底，像这样的思想成果之消息超越了任何梦想。无论通到最后的目标——用数学方法做出决断的道路是长是短，我感到它一定向你张开了双臂。

弗洛伊德所以对弗利斯这个理论特别称赞还有一个原因。根据弗利斯这个观点，人的性活动是有节律的，女人的受胎也是有规律的，那么就可以用他的公式进行运算，算出女人什么时候容易、什么时候不容易怀孕了。这有两方面的好处：一是可以使那些想早生贵子的夫妻得遂所愿；二是使那些不想怀孕的男女做爱时能既尽兴又没有怀孕的危险。这第二个用处对于弗洛伊德有特别重要的意义，他在探讨神经症的病因中发现，有相当一部分都是起因于患者进行间断式交媾，即为了避免怀孕，男方往往在射精前的一刻中止性行为，长此以往极易造成焦虑性神经症。如果能找到一个公式，男女双方拿出笔来一算，就知道什么时候是“安全期”，什么时候“不安全”，那么就可以在安全期放心地进行完整的性交了。这样的话，神经症自然也就消弭于无形了，这可是弗洛伊德梦中都想的美事。

可惜的是，弗洛伊德这次满怀希望地等着弗利斯将他的最后公式拿出来，这他在信中早已信誓旦旦了。在得到这个消息后，弗洛伊德给他去信说：“你的消息让我高兴得要喊了起来。如果你真的解决了这个难题，我就要问你喜欢哪一种大理石了。”——他相信那时每座城市都会为弗利斯树立一座大理石纪念碑。然而弗利斯什么也没有拿出来，他倒是给他看过一些公式，但那些都复杂无比，只有他一个人能够用。这不免使弗洛伊德失望之余，对他的公式产生了小小的怀疑，当然，他一直将它们藏在心里，或者说是无意识里。直到十年之后，那时他们的友谊已经终结，弗洛伊德有一次对也读过弗利斯那本《生命的节律》并且问起他的厄内斯特·琼斯——琼斯问倘若有什么现象打破了弗利斯的节律公式的话，他会怎么办——弗洛伊德说：“那不会难倒弗利斯。他是位算数专家，通过在23与28之间进行不同的加减乘除，或者通过更为复杂的计算，他总能得到他要的数字。”

由于弗洛伊德已经对弗利斯一味想象的节律理论产生了怀疑，当有一次弗利斯宣称所有的神经症都受他的节律理论的控制时，弗洛伊德与他产生了争执，弗洛伊德认为神经症的主要病因是众所周知的。这次的争执是他们的友谊裂缝的开始。

另外还有一个比较特别的原因，当他们的友谊达到高潮时，弗洛伊德的情绪波动了，陷入了焦虑之中，什么也不想做，几乎对一切都产生了厌倦，包括弗利斯，这时，他不愿与弗利斯进行他们的定期会晤。在一九〇〇年四月二十三日的一封信中他说：

> 我从来没有像刚过去的六个月那样地渴望与你和你的家庭相聚。你知道我正在经历一个深刻的内在危机，你会看到它已经使我变得怎样的苍老了。因此你的我们在复活节相会的建议极大地激动了我。然而如果一个人不去解决自己的矛盾他将会发现它会变得不可理喻。因此我没有马上同意你的建议。事实上更可能的是我会躲开你。

在下一节中我们还会看到，这时候弗洛伊德正处于身心交困的时期。就像黎明前的黑暗一样，眼前一片漆黑，黎明却不知何时会来。

以上由于有关性格、理论、心理的差异使他们的友谊在很久以前，即使是他们依然是好朋友的时候就悄悄地萌生了裂缝。这裂缝看似狭小，却是来自心底深处的，有质的差异。这就意味着，它终将慢慢扩展、扩展，直到吞没那曾经对于它们的所有者那般重要的友谊之光。

这致命的一击发生在一九〇〇年夏，旅游胜地阿肯色。他们将要在这里吟唱他们友谊的“天鹅之歌”。

阿尔卑斯山的夏天满是凉意，湖面倒映着蓝天白云，弗洛伊德和弗利斯并肩走在湖边山道上，看着清澈无比的湖水，弗洛伊德不由得想：“要是人的心灵也如这湖水就好了！”

比他稍微矮点的弗利斯走在他的身边，脸色有点苍白，但看得出来不只是爬山的缘故。他的嘴唇抿了好久，像下定决心似的开口了：“西格，你听着，我要告诉你一个不幸的消息！”他又犹犹豫豫地说，“我很不安，但想还是告诉你的好。”

弗洛伊德早就感到他们今天的会面远没有往日的热烈了，他觉得弗利斯没有了以前相晤时的热情，他有点茫然，隐约感到一丝不妙。他听到弗利斯这样说，忙温和地说：“没关系，尽管说吧，弗利斯，朋友之间没有秘密。”

弗利斯吞了口口水，说话了：“西格，我不得不说，你那些理论全都是假的，你的自由联想疗法、儿童期创伤、性病因，都只是假象。”

弗洛伊德抬起头，简直不相信自己的眼睛，他盯着弗利斯的眼睛，它们仍然精光闪烁，但这时像在躲闪，说：“威海姆，你不是说我这十几年的研究成果全都是一场梦吧？”

弗利斯摇了摇头，断然地说：“的确是这样，西格，你的那些理论，它们并不是全都错了，谈不上，它们全都只是——你的幻觉！”

弗洛伊德感到他是在做梦，握着手杖的手心湿漉漉的。过了半天他才喃喃地说："那么，我为什么治好了那么多病人呢？"

弗利斯这下流利地说开了，这些话显然他在心里准备若干时日了："那只是你在将你自己的思想装进病人的脑袋里，跟神经病一点关系也没有，你的话就像矿泉水，病人喝不喝都一样……"

一丝气愤从他的心里冲了出来，他冲着弗利斯大声说："那么他们的病是什么治好的？矿泉水吗？"

弗利斯也激动起来，他掏出一张纸，在弗洛伊德面前扬着说："你看，这就是他们好了的原因！他们的节律！他们的病是由他们的生理节律决定的，坏的节律一来，他们病了，好的节律一来，他们就好了，同你的理论一点关系也没有，正如你在信中说的一样，我是生物学界的哥白尼，你看看，我已经将人的所有节律用图表绘出来了，以后治疗病人就只要像解数学式一样运算了，我的表就是运算规则。承认真理吧，弗洛伊德博士！不要虚荣了！"

弗洛伊德像给推到了湖里一般，感到狼狈不堪，头昏眼花，他没有看弗利斯，垂着头说："威海姆，我们回旅馆去吧，我累了，我们明天再讨论。"说着往山下走去。

弗利斯在他身后扬着纸喊道："没有什么可讨论的了，我知道你不会承认我找到了真理！你从来不敢正视现实！"

当天，弗利斯就收拾行装打道回府了，没有与正把自己关在房间里的老朋友打招呼，他知道他们的友谊从此真的"老"了。他觉得一阵轻松，是的，他在弗洛伊德的压力下生活得太久了，他——威海姆·弗利斯，不承认任何人在智力与创造力上胜得过他！

第二天得知弗利斯走了，弗洛伊德也回到了维也纳，他又伤心又气愤，但还不相信十多年的友谊就这么结束了，他以后又给弗利斯写过一些信，但弗利斯的回信既少又冷淡，对他再述旧谊的呼吁不置一词。弗洛伊德终于知道过去的像岁月一样过去了。一九〇二年他去意大利时，在永恒之城罗马给弗利斯寄去了一张明信片。

从此，他们真的断了。

身心交瘁

弗洛伊德的思想和思想所受的伤害，我们已经谈了很多，这一节我们来谈谈他的身体和身体所受的损害。

对于一个思想家，他的身体绝不是无足轻重的。无论多么伟大的思想，都必须有一个承担者，这一承担者、载体，就是思想者的身体。即使存在柏拉图那种没有物质形态的纯粹理念，如果没有柏拉图向我们昭示，这个理念再纯粹也不能为我们所知。另一方面，身体不但是思想的承担者，它有时与思想本身也密切相关。一个思想家怎样思想，与他当时或从来的身体状况都有关系，就像小说《拿破仑与疥癣》中，拿破仑之所以要发动侵俄战争，是因为他患了奇痒无比的疥癣，这只是一个隐喻，从这里我们不但可以想象重大历史事件与屑小的身体疾病的关系，而且可以推测在思想的主体与思想本身之间有着牢固的联系。哲学家尼采的思想是用狂风暴雨般的语言写成的，每一个字眼儿里似乎都看得见痛苦与疯狂，这不能不说与他的身体状况有关，尼采一向多病，最后死于疯狂。我想，简而言之，尼采的心中蕴藏着巨大的能量，也许类似于弗洛伊德所言的力比多，尼采由于多病，不能将他的力比多用正常的方式发泄出来，例如通过恋爱与结婚，甚或加入军队、参加战争，故而他只能将他的力比多用文字的形式泄诸纸上。

这些规律对于弗洛伊德也是同样适用的。他的一生、他的思想，作为一个意志坚定的人，他不会因为疾病而太大影响他的思想与工作，但病痛却绝不因为诡计不能得逞就远离他，相反，它们常常要与他捣乱。更为严重的是，弗洛伊德所受的不单受着普通肉体疾病的困扰，相当长的一段时间内他还受着精神性疾病的困扰，也就是他自己专门治疗的神经症，我们先从他身体的疾病说起。

早年的弗洛伊德得过些什么病，现在没有什么记载了。但从一八八二年起，他的身体似乎垮了不少，有了不少病历记录。一八八二年，他被诊断得了流行性霍乱，幸运的是病情较轻。就在同一年八月，他又患了严重的咽喉炎，好几天里不能吃东西，连说话都不能，把他饿得头昏眼花。当终于能吃东西时，他“像一头饿了一个冬天的熊一样向食物扑去”！一八八四年四月，他得了坐骨神经痛，足有一个多月只能躺在床上，他虽没有哼哼唧唧，但心里难受得直想把床捣个窟窿。一八八五年，他又患了天花，幸亏治疗他的教授与他有点私交，没有将他送进传染病房去，他就在自己的房间里挨过了一段可怕的日子，成天把一面镜子抱在怀里，要是脸上哪个地方发了点痒，就吓个半死。他连给玛莎写信都不敢了，怕那可怕的天花病毒会像他的思念一样装在信封里寄到万兹贝克。要是玛莎脸上……他想都不敢想下去了。

在这些病中，最叫他难受的也许是脊背和胳膊的“风湿痛”了。我们知道风湿的特点，那就是痛起来没完没了，并且常常与生命同在。弗洛伊德在信中曾多次提起这叫他苦恼不堪的东西。

除了这些，弗洛伊德得过的有名有姓的病还有鼻黏膜炎、窦炎并发症等，这个鼻炎引起了弗利斯莫大的兴趣，他认为是老天用它来向老朋友展示他的鼻子中心理论的，他保证只要弗洛伊德的鼻子治好了，他的其他毛病自己就会好。为了治疗弗洛伊德的鼻子，弗利斯给弗洛伊德动了两次手术。切掉了他的鼻甲骨，当一八九五年第二次手术时，他又给弗洛伊德大开起可卡因来。治疗的结果可想而知，弗洛伊德的病不但没有什么起色，他的两个鼻子反而不断涌现大量脓液。弗利斯于是将这一切都归于弗洛伊德还处在得病的周期，因此与他的医术无关。

一八八九年，弗洛伊德在一场严重的流行性感冒后得了心率不正常的毛病，这本不是太重的病，但在五年之后的一八九四年，弗洛伊德又得了一场重伤风，他的心脏病顿时变得危险起来。这时弗利斯又正好在维也纳，他便断定弗洛伊德是尼古丁中毒，要弗洛伊德戒烟。这无异于叫弗洛伊德戒面包，但其难受程度远甚于戒面包。弗洛伊德那时对弗利斯的话还是当圣旨一般，他真的戒了——原来他每天要抽二十支雪茄。但结果却又不大妙，他写了一封信给弗利斯，说：

> 戒烟的头几天还受得了，我甚至开始写一封信描述神经症的难题了。但心脏突然来了大毛病，比我吸烟时还要严重得多……伴随着它的是情绪的压抑，死亡的意象代替了关于事业的更为正常的幻想。

上面的都是大病，至于小毛病，那是车载斗量。虽然弗洛伊德有着一般人不能比的坚强意志，但他对痛苦的知觉却并没有因此而麻木。有一次，他的那个有名的女学生洛·安德烈亚斯—萨洛美写了首诗，诗中说要是她能活一千年，就算这一千年里只有痛苦，她也心甘情愿。弗洛伊德听了鼻子里哼哼说：“我那脑袋里的发冷叫我没有这样的奢望。”“脑袋里面的发冷”是他的鼻黏膜炎引起的症状，得过这种病的人才知道它比这个名字更使人难受。

此外，弗洛伊德一生都受到周期性偏头痛的折磨。

这些生理性的疾病诚然痛苦，但较之另外一类病——他的“心病”来，简直算不了什么。这样的“心病”约有四类：一是与玛莎的远别；二是他的观点所引起的后果；三是他的性格所引起的悲剧；四是他患的神经衰弱症。此外，还有生活的艰难在他心中投下的阴影。

在前面，我们已经知道，弗洛伊德在与玛莎相恋的四年中，有三年是在分离中度过的。他对玛莎怀着的深深的爱使得这种分离更加痛苦，无尽的相思使他身心憔悴。像他在给玛莎一封信中所言：

> 虽然我是用坚硬的材料做的，但在这两年我的状态很不好；生活是如此之艰难，我真的需要你的陪伴所带来的快乐和幸福来保持健康。我就像一只好久没有修理的表，所有的零件都蒙上了灰尘。因为有了你，我自己也变得重要了，我不得不更多地注意我的健康，不让自己累得灯枯油尽。

至于第二点，这对于弗洛伊德倒没有什么太大的痛苦，他已经变得麻木了，甚至有了一种宿命论的观念，认为他天生就是要与大多数人作对的、与权威和传统作对的，并且必然地受到他们的孤立与批判。话虽这样说，但弗洛伊德何尝不与常人一样，希望自己的观点为他人所接受，希望他能因为自己的思想而享有名声、得到荣誉？当他呕心沥血而得的新思想不但没有得到承认，而且受到众口一词的攻击、谩骂，好像他做了大恶事，是十恶不赦的坏蛋时，心中何尝不苦？何尝不痛？

弗洛伊德的性格在前面讲他与布洛伊尔与弗利斯友谊的破裂时已经讲过，他对朋友忠诚而且热情，但却甚少考虑朋友自身的特点，他常想按自己的模式去想朋友、要求朋友，如果朋友不能达到他的要求，他就会有所不满。当然，这是指他的事业上的同志加朋友而言。但与他同时代的人当中，又有几人能与他才智相当且又那么大胆，几乎完全无视他人、传统与权威的歧见呢？因此，又有几人能长久成为弗洛伊德事业上的朋友呢？尤其是在他为创立那般标新立异的精神分析孤军奋战之时。弗洛伊德是极需要朋友的人，他需要朋友与他共享生活与事业、痛苦和美好，每失去一个朋友都在他心上烙下一个难愈的伤痕。这样的伤痕在他心上远不止一个，有的是天灾，像死于肺结核的伊格纳茨·索恩伯格、死于感染的弗莱施尔、上吊的拿坦·魏斯。有的是人祸，像布洛伊尔、弗利斯与他的恩师迈内特教授。

至于生活的艰难，那是不用说的了，弗洛伊德的一生，从他四岁时举家迁至维也纳，直到三十岁结婚以后的头几年，都是在口袋空空地度日。

在这些造成弗洛伊德身心交困的因素中，最内在、深刻而持久的还是最后这个因素：他的神经症。

早在若干年以前，弗洛伊德就得了“神经衰弱症”，使他深受其苦，这里的原因也许就是上面那些不幸。与玛莎结婚使他的神经衰弱症得到了缓解。到了十九世纪九十年代后，有十年之久，弗洛伊德患了严重的精神神经症，其延续的时间与他同弗利斯的友谊保持的时间大体相同。

在精神神经症发作期间，弗洛伊德变得忧郁、压抑、情绪波动、脾气暴躁。他觉得脑子里空空如也，什么也写不出来。一连几小时地坐着，什么也不想做。有时，找了亚历山大来下棋，却一盘下不完就不下了。看书也没法集中精力。还变得孤独，同谁都不愿说话，像上面说过的，即使弗利斯这样的老朋友要见他也不愿。有时还寻玛莎拌嘴，玛莎在谈恋爱期间就见识过弗洛伊德一会儿和风细雨，一会儿狂风暴雨的性格了，总是温言解劝、礼让三分。

他与弗利斯之间最初发生的不快也与他的神经症有关。他的神经症的表现之一就是某种逆反心理，这种心理使他对与他最亲近的人，尤其是他有所依赖的人产生最大的敌意。此时，弗洛伊德正处在一个空前孤独的时期，在这个时期，除了弗利斯，他几乎没有其他朋友，因为弗莱施尔、伊格纳茨都已经去世，他与布洛伊尔之间也已少来少往，只剩下弗利斯，他可以向其尽情倾诉他的一切希望与失望、快乐与忧伤。这使他在不知不觉之间对弗利斯产生了很深的依赖感。这种心理对于弗洛伊德那种个性极强、自尊极高的人无疑是件丢脸的事，这使他内心对弗利斯产生了逆反心理、无意识中培养了某种敌意。这样的心理在许多人身上都可能见到，尤其是那些自视甚高的人，当他们对谁产生依赖，就会止不住地恨谁。弗洛伊德在他的一封信（写于一八九七年七月七日）中隐约显示出他对自己的这种心理已经有所认识：

> 我一直不知晓自己心里面在想什么。从我自己的神经症最深处冒出来的某些东西阻止了我对神经症的进一步了解，你在一定程度上也卷了进去。我看我写作能力的麻木是用来阻碍我们通信的。对这一点我没有保证，它是一件感情上的事——十分朦胧。

也许就是对自己的这种逆反心理的模糊的意识吧，弗洛伊德在与弗利斯的友谊破裂后，心里觉得这并不全是弗利斯的错，他自己也有可惭愧的事，因此他一直试图挽回那段曾经那么激动人心的友谊，但都被弗利斯无言地挡了回来。

大约在一八九七到一九〇〇年弗洛伊德的神经症发展到了高潮，这种困扰已经不是简单的心绪不宁了，它使得弗洛伊德不得不像对待他的天花一样对待它。他知道，只要神经症一天不除，他就一天不能真正了解神经症的奥秘，也不能静下心来治疗病人。

但怎样治疗呢?

——像他治疗其他病人一样，用精神分析、自我的精神分析。这就是弗洛伊德生涯中决定性的一步之一，与他当初接受布克教授的劝告，放弃纯理论研究，转而开业行医一样重要。在自我分析之中，他不但治好了自己的精神神经症，还了解了自己的病因——那病因是他自己连做梦也想不到的，要是他想到了，他会感到恐惧——并进而对他对于人类心灵深处的认识前进了一大步。详情请见《自我分析》一节。

社会弃儿

弗洛伊德的本命年确如传说一样，是个不吉利的年份。前面已经说过，在这个年头他的神经症已接近高峰，与弗利斯的十年交情出现了裂缝，身体像情绪一样，时好时坏，总的来说，他已身心交瘁。

但折磨人的命运并没有停止她的恶作剧，新的苦难又向弗洛伊德接踵袭来。一是这年十月，弗洛伊德之父雅各布·弗洛伊德逝世。在这以前好几年，雅各布·弗洛伊德的身体就不太妙了。但作为八十岁的老人，要求他的身体好到哪里去呢?他久已身患心脏病，为了让老人躲过维也纳火炉般的夏季，弗洛伊德为父母与妹妹杜尔菲在巴登租了一座别墅。

这时，原来极盛时达十余口人的弗洛伊德家已风光不再，只剩下区区四个人了，若是杜尔菲好看一点儿，就会只剩下亚历山大与年老的父母待在一块了。从巴登回来时，雅各布又添上了脑出血和肠道麻痹症。终于，在一八九六年十月，一个秋风萧瑟的夜晚，雅各布·弗洛伊德竭力仰起头，看完了他对人世的最后一眼，合上了双眼。这年他八十一岁，他的长子伊曼努尔·弗洛伊德六十一岁；第三子西格蒙德·弗洛伊德四十岁；幼子，也是最小的孩子亚历山大·弗洛伊德三十岁。

父亲的逝世对于弗洛伊德是一个莫大的打击，正像他自己所言：

在公开的意识之后，通过一条黑暗的小道，我父亲的死深深地影响了我。我极热爱他也非常了解他。他的将深刻的智慧与富于想象力的随遇而安巧妙结合在一起的品质深深融进了我的生命。他已去世，他已完成了他的人生之旅，然而在我的内心，他的去世是一个诱因，唤醒了所有我早年的回忆。现在我感觉脚下已失去了土地。

如果我们也跟随弗洛伊德一起回忆一下他早年与父亲度过的日子——父亲牵着他的手，在家乡弗莱堡的青草地上散步，当他在小床边的窗口遥遥望见远方朦胧的群山，以童音向父亲说起对那边的向往，那也许是他一生第一个向往，雅各布就携他到了那神秘的大山里，在巨伞般的栓皮栎下飞跑、在清清小溪边流连，他对大自然的热爱就是从那时开始的，他对人类的热爱不也可能从这里就开始了吗？这些爱的回忆使弗洛伊德心潮起伏，他感觉他的生命中的一部分也与父亲一同逝去了。有好长一段日子，他终日怅然若失，什么事都无心去做，甚至神经都紧张起来，出现了日益明显的神经症症状。他于是感到，父亲的死给他带来的并不仅仅是悲伤，他的心底有一些、也许是许多东西要喷薄而出，他必须给它们一个回答、一个解释—— 这就是他的自我分析，我们将在下节进行这种分析。

父亲的死使他痛苦，但没有使他沦为社会弃儿，使他沦为社会弃儿的是他自己、他自己的思想。

就在父亲死前半年，即一八九六年四月，弗洛伊德在精神病与神经病学学会做了一次讲演。这在前面已经提过了，名字叫《论癔病病因》。会议的主持人，一直对他颇为友好的克拉夫脱·埃宾教授在会后公开宣称他的主张“像一篇科学神话”。第二天这句话就传遍了维也纳医学界，成为同行们引为经典的笑话。

但这样的攻击和笑话对于弗洛伊德早已是家常便饭，因此他不但没有从原来的立场退却，还打算将他的演讲写成论文发表。他将他的打算向他的熟人们公开宣布。他必定知道，他的熟人们会将他的打算也告诉他们的熟人们，这样，全维也纳医学界不用到第三天就会知道弗洛伊德博士会把他臭名昭著的观点白纸黑字地在他们的眼皮底下散发出来。这等于说是向他的对手们扔下了挑战的手套。那么他的对手们都是谁呢？是维也纳医学界的百分之九十九点九！这些人中，包括他几乎全部的朋友与支持者。这篇文章的内容，我们在前面已经大略谈过了，是有关儿童的性经验与性创伤。

弗洛伊德在他的神经病临床治疗中，经过上百个的病例的详细分析，得出这样一个结论：儿童远在性成熟以前，就有了性经验。这些性经验与成年后的性经验大不相同，它们并不是自觉的性经验，而是被迫的，更具体地、不讲情面地说，主要是来自他们父母的被动性经验。孩子们或者亲眼看见了盲目认为小孩不懂得性，因而在行房时将孩子放在床榻边的父母之间的性事，或者纯粹偶然地看见了性交过程，或者只是看见了异性父母的裸体，这都可能在他们幼小的心灵中留下难以磨灭的记忆，这记忆沦为无意识，潜藏在他们心灵深处，一到时机就会来闹个天翻地覆，使得它们藏身的脑子爆发神经症。

这样的观点已经足以引起传统脑袋的大夫们皱眉了，但如果弗洛伊德止于此的话，他们也许就皱皱眉毛罢了。可惜的是弗洛伊德从病例中大量观察到的还有一个事实：在病人对童年性经验的回忆过程中，有相当一部分的性经验表明不但来自他们的父母，这里一般是父亲，而且是来自父亲的暴力、变态性行为，如猥亵亲生女儿。像卡塔琳娜病例，她亲眼看见她父亲将十三岁的表姐压在身下，又在一天晚上，喝得醉醺醺地爬上她的床，要与她发生性关系。弗洛伊德将观察到的这个事实写入他的文章之中，作为神经病病因的主体之一。

这个观点说明了什么是明摆着的，就是很多父亲都对他们的女儿进行过性猥亵。请问，哪个朝代，什么样的父亲，会容得下这样的批判?

弗洛伊德的文章发表之前，他就受到了熟人、朋友们的劝告、警告、批评，劝他不要将这样的观点公之于众，因为它们与基本的伦理原则相悖，缺乏足够的旁证，意思是说，除了他弗洛伊德，并没有其他人有相同的发现，维也纳的其他神经病专家也一致声称弗洛伊德所言的乱伦回忆他们在临床中并没有见过。也就不能排除是弗洛伊德看花了眼甚或有意哗众取宠。克拉夫脱·埃宾教授特意约见弗洛伊德，同弗洛伊德的一位以前的同学与同事瓦格纳·约雷格教授一起劝他放弃发表计划，他们毫不客气地告诉弗洛伊德，他那样的文章一旦发表，流布于众，不但会有伤天下父母的心，而且将极大地损害他的母校维也纳大学医学院的百年清誉。

但弗洛伊德不为这一切所动，他将他在精神病与神经病学学会的讲稿做了一些修改润色后，发表在《临床医学周刊》上。像把一颗抱在手里好久的大石头终于丢进了平静的湖面，结果呢，就像我国俗话讲的，一石激起千重浪。不过，这浪是平静冷漠的浪。

为了避免预料的不快，弗洛伊德首先辞去了他在卡索维茨基研究所的儿童神经科主任之职，他在那儿已经免费干了足有十年，诊治了数以千计的病儿，投入了他生命中最有创造力的年华中的相当一部分。现在他也不是嫌那儿没有报酬，只是他觉得应当退了，同时也是由于维也纳大学的名声被他无可奈何地损害了，他不想再拉上本来就没多少名气的研究所，使它也“臭名远扬”。

他一意孤行的结果可想而知，他一时在维也纳成了最没有朋友的人——但也许是最有名的人，不过是——臭名，他被骂作是“内心肮脏”“大淫棍”“伤风败俗”“下流无耻”，种种不一而足，人们似乎认定，既然是他那样说了，那么那些事一定是他做了，他不是有五个女儿吗？他以前的同事们在大街上一看见他，老远就躲了开去，好像他是大麻风，要是不幸迎头相撞就“顾左右而言他”。他的家里本来常有几个朋友来玩玩牌九的，从他的文章发表之日起，他家的牌桌就再也没有铺开了。玛莎也整日躲在家里，因为她的医生太太的朋友们都怕她沾上了丈夫身上的气味。

他的新思想也受到了文章的牵累，再也没有什么团体或协会来请他去做演讲了，许多杂志也对他的文章敬谢不敏。

这些都是精神上的无形攻击，要是发展到这一步就完了也就罢了，但没有，它们继续向物质领域蔓延开去。那些攻击通过大夫们、大夫太太们的传播，散布到全维也纳的病人中去了，与以前的朋友不登门一样，他的老病人们也无影无踪了，他的诊所门口由一度车马喧喧变成现在的门可罗雀。他不得不靠积蓄过日子，还戒了与他的面包一般重要的哈瓦那雪茄。

这些铺天盖地的攻击弗洛伊德都承受住了，他不再抽哈瓦那雪茄，不再打牌，碰到不愿与他打招呼的熟人他也扭头走了，一句话，他耐受着空前的寂寞。

这样寂寞的日子弗洛伊德忍受了很长一段时间，他也准备再忍受下去，但除了一种，他可以让他的嘴唇不吸哈瓦那雪茄，也可以星期六晚上不玩牌，但他不能让他的思想也睡大觉，他必须为它们找到一个可以让它们从他口里发出来，传到许多双耳朵的地方。偶然地，他找到了这样一个地方，那就是布里斯班的“犹太人读书协会”。也就是在这里，他看到了没有成见的面孔，他知道了他也应当有一个他可以自由传播思想的地方，有一群可以听他自由发表思想的人！

他必须结束社会弃儿的日子。

自我分析

自我分析的意思就是它的名字，即分析自我，这里，分析者将自己当作普通的需要分析的他人甚至病人，依据分析的一般规则进行自我剖析。较之对于他人的分析，自我分析有着鲜明的特征，进行分析的原料是充足的，因为没有他人会比分析者自己更清楚自己的童年经历或者其他思想意识，分析就是从这些东西入手的，但这完全不能说明自我分析比对他人的分析要来得容易，相反，它要更艰难些，也更危险些。说它更艰难，因为人最难了解的其实就是自己，虽然我们明明能看到摸到听到意识到自己，但这些材料的真实性有多高呢？又如何去判断其真假呢？这就像考试时自己出题自己制定标准答案一样不可靠。我们所分析和判断的并非客观之我，而是主观之我，泰戈尔说："你所看到的不是你自己，而是你的影子。"说它危险，因为人之内心犹如一锅沸腾的开水，分析的过程就是一个揭锅盖的过程，揭得不好是要烫伤手的，自己去揭更容易这样。

弗洛伊德进行自我分析有三个契机：一是他的神经症，这是基础。二是与弗利斯友谊出现裂缝，而之所以出现裂缝主要原因之一是他不由自主产生的对弗利斯的敌意，这一敌意也许是潜意识的，但他自己也已隐约意识到，他感到这里面有深刻的原因，也许就是他的心理危机。如果要克服这场危机，他就必须进行自我分析，找出它的根源，像他治疗他的病人一样。用他自己的话说是："当我不能由自己去了解他人时我觉得这有点不可思议。"三是他父亲的逝世使他的精神神经症达到了一个高潮，迫使他不得不正式开始这场旷日持久的战争。

"战争"于一八九七年夏天开始。它包括两部分的内容，一是他对儿童的性观念的转变；二是解析自己的梦，二者方法是一致的，即是释梦。

上一节讲过，弗洛伊德在一八九六年发表的《癔病病因论》中，提出了他的癔病病因说，认为癔病主要是因为儿童期的性创伤，这种性创伤来自被动的性行为：或者偶尔窥见异性父母的裸体，或者为自己的父亲所性猥亵，从而留下创伤。依据这一观点，必有大量的父亲对女儿实施过性猥亵，这个观点无疑是对天底下无数做父亲的刑事控诉，他自然遭到愤怒的父亲们的攻击，但弗洛伊德认为他是通过大量的临床治疗而发现这一秘密的，虽然惊世骇俗，但仍坚持已见，并公开发表。

弗洛伊德的许多同样惊世骇俗的理论被表明是他对了而反对他的大众错了，印证了一句老话："真理常掌握在少数人手中。"但这次弗洛伊德是老打猎的反被兔子咬了，他的理论被表明是他的病人们"欺骗"了他。不过是他自己，而非他的批判者们，发现了这一点。

大约在一八九六年，他就发现儿童们可能并不是那么无辜的，他们的性经验并非全来自外界的被迫，像被强奸一样，而来自他们可能并不那么纯洁的内心。他早就说过："即使在儿童时代可能也并不是没有微妙的性兴奋的。"不过他认为这些微妙的性兴奋只指向儿童自身，与他人无关，而且兴奋的程度也不大，不足以致病。

然而在释梦的过程中他彻底地改变了这个观点。

弗洛伊德最早的释梦发生在一八九五年七月，那时他第一次充分地分析了他自己的一个梦。以后又在写给弗利斯的信中表明他一直在间或地分析自己的梦。这些都还算不上真正的自我分析，因为自我分析与分析自我不同，分析自我是一件事，而自我分析则是系统地分析自我，是一个系统工程，需要相当长的时间，也需要高明的分析技巧，还要加上时机的成熟。弗洛伊德在一八九七年七月，即他父亲去世后的九个月，开始了他的自我分析，这时他的精神神经症已经发展到了高潮，非治不可了。他的自我分析开始的标志就是开始有规律地经常释梦。

将近两年，弗洛伊德对他的几乎每一个记得的梦都尽量做出细致的分析，这样下来，分析的梦当然是非常之多的，这里只记述有重要意义的三个梦，分别重现他的分析过程。

第一个梦并非是他当时新做的梦，而是他记得的早年的一个梦，他在成年后还屡次记起它。他是这样记述这个梦的：

> 我看见我可爱的母亲脸上露出极其安详的蒙眬欲睡的神态，被两个（或三个）长着鸟嘴的人抬进屋来，放在床上。

梦到这里他就被惊醒过来，吓得哭着跑到父母卧室，看见母亲还好好地在那里，才不哭了。这个梦为什么会屡次出现呢？他决心分析它。

分析梦也就是分析梦中出现的情景——其中的每一件物事。他首先分析了那最注目的穿着奇形怪状的衣服、身材高大的鸟嘴人。他记起了从小放在他家桌子上的《圣经·旧约》，那里面有很多插图。正好，在他三十五岁时，父亲按照传统，将这本家传的圣书又传给了弗洛伊德，从那以后它就从父母家的桌子上移到了弗洛伊德家客厅中间的大桌了。他走到这本从他能看东西起就一直躺在眼皮底下的闪光的大书，它有着暗黑发黄的羊皮封面，老气横秋地躺在桌子上，仿佛就是历史本身。他打开书，扉页上有父亲送给他的题词：

> 于汝生之第七载，主之灵始在尔心萌发，且告诫尔："习吾之书，兹可致尔明理、智识与性理之甘泉。"

他一页页地翻看下去，每一页都似曾相识，字里行间处处蕴藏着儿时的回忆。书中还附有许多插图，在《申命记》一切的插图中，他看到了埃及诸神：拉（太阳神）、奥西里斯（冥神）与伊西斯夫妇等，他们头上戴着鸟嘴状的帽子，穿着古代埃及的奇异服饰，正像他梦中之所见。又在《撒母耳记》中看到一幅画，一位神态安详的女人躺在棺材上正被抬走，两旁是身材高大，穿着古怪衣裳的人，他们上面有鸟儿在飞翔。他知道了这就是他梦的来源，但这个图像又象征什么呢？

他又记起了小时候常常翻看这本书的情景，他最喜欢的是押沙龙的故事，押沙龙赶走他的父亲大卫后，就在以色列人的眼前，与他父亲的嫔妃交欢。他小时候看到这里时总恨不得一睹为快。还有那些鸟头是什么意思呢？他记起了一个儿时的小伙伴，他是门房的儿子，比他大几岁，没有上学，他们常在一起玩，他常用的脏话是“鸟事”，德语里就是性交的俗称，写作“Vogeln”,而鸟则写作“Vogel”。这样，他明白了鸟在这里是起着性象征作用，性的对象则指向他的母亲。这是弗洛伊德认识恋母情结的起始，也是从此他对于童年性经验有了初步的意识。在他以后的梦中，他将继续做出探讨。

关于鸟的性象征意义是一个极有趣而且深奥难解的问题。我经过认真考察，发现一个事实：在许多语言中，“鸟”这一词都有性的象征意义，这一象征意义也表现于语言上。如在英语中，“the birds and the bees”是“有关两性的基本常识”之意。而“bird ”在美国俚语中有少女之义，相当于“chick”。在汉语中鸟有两个读音，“niao（上声）”与“diao（上声）”。当读作第二个音时就是男性生殖器的俗称。这仅仅是巧合吗？还是在其中有着深刻的内在意义呢？它是否说明鸟与性之间有着准天然的、却仍不为我们所知的联系？不得而知。

他所分析的第二个重要的梦是他所记的童年时期的少数事件之一，它屡次侵入他的梦中。

那年他大概七岁，一天夜里，他走到父母的卧室门口，里面没有点灯，他模模糊糊地看见床上有两个黑影在翻腾，还听到奇怪的声音，接着记忆就中止了，后来是他走进房间里，扑进母亲的怀里，撒起尿来。

这个情境一次次出现在他的梦里，每次他都感到一阵焦虑甚至伴着痛苦。他想：“我为什么会在父母卧室里撒尿？我为什么要在那里撒尿？我都七岁了，早在五年之前就不尿床了，但为什么突然那个夜里会走进去撒尿呢？”他凭直觉感到，这梦境里有两个因素是关键的：一是他在门口听到的声音；二是他撒尿。他必须分析出来这两个情节象征着什么。

第一个，他很快就明白了其中的含意，那天他听到的是父母做爱的声音。

第二个呢？他苦思冥想了好久，但都没有确切的答案。他仿佛感到脑海中有一个东西在翻腾，却不知是什么，就像星光依稀的夜里远处的人影，但又像站在身后的一个人，他明明知道那是谁，却一时记不起来，或者不敢记起，因那仿佛是一个手执斧头的敌人、一匹龇着獠牙的饿狼。

这使得他的情绪陷入了低潮，变得烦躁不安，容易发怒，对玛莎也有点不耐烦了，这可是他们结婚来极少有的事。一天夜里，他躺在床上，突然想："我该有个答案了。"这个答案便像一支箭一样地射进了他的脑子里——

"我是想阻止父母正在做的事！"

他顿时有如拨开乌云见了青天。恍若眼前有一面明镜，将他少年时的心境在三十四年之后呈现在他眼前，清晰有如蓝天白云。他顿时承认了他这么久以来下意识地不敢承认的心理：他一直在嫉妒着父亲，恨着他们所干的事，他不满、他想阻止他们！他还要承认：他这时早有了性的潜意识欲望。而且，这性的潜意识欲望可以说是与生俱来的！

不久他又有了第三个梦：到处一片黑暗，他的眼前突然冲起一片火光，似要将他吞没。他想逃走，但一点也走不动，突然一股什么力量将他拉起来，从火光中穿了过去。一阵快感向他袭来，他兴奋得浑身发抖。

他再三分析，只发觉他可能是在一列火车上，但为什么会有火光呢？更奇怪的是，那阵快感从何而来？

后来，他又记起了他那可能是在他们离乡去莱比锡的火车上。他于是在一天回家时，问阿玛莉他们在往莱比锡的路上有没有一处地方发生了火灾。阿玛莉惊讶地叫道："西格，你的记性真了不得，对，那天我们经过一个车站时那里起了火，好吓人！我看见你出神地望着火光，眼睛瞪得溜圆。"

这天晚上，弗洛伊德又做了这个梦，但他终于明白他的眼睛为什么瞪得溜圆了。那晚，他与母亲睡在列车上一间小小的包厢里，他趴在床上，看见母亲将身上的衣服一件件脱下来，直脱得一丝不挂，然后拿起一件睡衣从头上套了下去。他那时感到兴奋得发抖。

这个梦明确地告诉他，他那时已经对母亲怀有欲望了。他一时感到不能接受这个事实。母亲，他一直这么尊敬的母亲，怎么会产生性欲呢？这是不是一种乱伦的行为？这种欲望是他才有的吗？这些问题使他陷入了更大的痛苦。有许多日子，他沉浸在痛苦的探索之中，像失去了家园的狼，在荒野中流浪，他也失去了精神的家园，在那从没人走过的心灵之旷野徘徊，脑海一片迷惘。他知道无论是他的神经症，还是他的思想，必须找到一个根、一个平衡支点。他好在那里既建立他的理论，又安宁他的人生。这种儿童对母亲怀有欲望的分析将是弗洛伊德以后的另一个重要理论——恋母情结的雏形。

他的第四个梦是他梦回故乡弗莱堡，他发现又站在了他出生的那幢小楼里，楼下的锁匠似乎还在嚓嚓嚓地修锁，他站在客厅，靠着窗子，母亲正坐在椅子上哭泣，父亲指着他的鼻子骂他，另一只手指着客厅中间，那里有一口小棺材，棺材上面有一块布，上面好像写着“朱利叶斯”。他知道父亲是在骂他，但他一点也不在乎。他好像在梦中就知道他是在梦中了，所以还在梦中时，已经开始进行解梦了。

醒来时，他感到一阵愧悔之情从心底升起，好像是用来弥补他梦中的无动于衷。他不由得记起了小朱利叶斯的事。在他两岁时，阿玛莉生下了他，在那以前，他一直是母亲关注的中心，但小弟弟出生后，父母便把大部分注意力放到了新生儿上，他觉得受到了冷落，而在心里恨起这个抢走他母爱的婴儿来，也许还暗暗希望他死去。六个月后，小朱利叶斯真的死了。

“我心里其实一直在自责啊！”他感叹道。他明白了他心中一直潜伏着负疚感，这正是他的神经症的起因之一。在这种负罪感之下，他觉得自己是杀死小弟弟的凶手，感到自己犯了可怕的大罪，他既恐惧又负疚，这样的心理一直存在于他的心里，精确地说，是存在于他的潜意识里，造成了他的犯罪感，这种犯罪感随着岁月的增长加重，与其他因素叠加在一起，产生共振，终于导致了神经症。

现在他找到了病因，他的犯罪感一下就消除了，因为他当然知道，小朱利叶斯的死其实与他无关，他根本用不着负疚，他只是那样希望过罢了，但“罪如只在心中，便不算罪”这一原则他还是懂的。可是，有多少人正是受着这样的意念的折磨而坠入痛苦的深渊？在他治疗过的许许多多病例中，病人并无真实的罪，只是由于内心深处存有这样的意念、这几十年前的意念就心存负疚，以至于罹患神经症，痛苦终身，有的以至于死！就像那位女患者，她不停地呕吐，不肯吃东西，以至面黄肌瘦，几要香消玉殒，但其实她的病因不过是她有一个幻想，希望生很多孩子，继而又想要是跟许多男人生许多孩子就更好了。她为自己这样的欲望感到羞耻，就不停地呕吐，想以自苦来赎罪，就像中世纪的苦行僧们一样。但其实她又有何过，要自苦如此？不过正说明了她的道德感之强。

知道他的大部分病因后，弗洛伊德感到他的神经症轻了许多，但他需要的是彻底治愈，并且借此对自己进行深入的分析，这种自我心理分析对于他了解病人，以至于了解人的本性都是必要的。当然，他没有能在这次进行彻底的自我分析，这一过程一直要持续很久，不过那时他不是如今天这样专门进行自我分析罢了。

他将他做过的梦一个个联系起来，运用自由联想，尽情追忆那些明知在统治他心灵的往事。

他想起了老保姆，她用自己洗过澡的水给他洗澡，那时她正来了月经，水泛着红色，给他洗完澡后，她给他穿衣服时抚弄一下他的阴茎说他将来会成为顶好的男子汉；他想起了吉赛娜，那么漂亮娇小的她，现在怎样呢？还记得曾结伴在树林游逛的他吗？他甚至想起了小朱利叶斯，要是他没有死去，该四十岁了吧，现在会是怎样的一个男人呢？他不由得低吟起歌德的诗句：

> 相爱的人们的身影出现了，他们带来了最初的爱情和友谊，犹如一段古老的、几乎被遗忘了的神话。[1]

但他想得最多的还是伊曼努尔，他记得，当雅各布抱着他，看着伊曼努尔的马车消失在尘土中时，他才真的知道伊曼努尔不是他的父亲，他的父亲是雅各布。他又想起他分析过的一个个梦，终于明白，也就是从那时起，他开始恨起雅各布来——而在这以前，他是恨伊曼努尔的——他恨雅各布夺走了他的母亲，而母亲在他童稚的眼中是属于他一个人的！他也许还在无意识中诅咒他死掉，这就是他神经症的病因。就像朱利叶斯的死使他蒙受负疚感一样，雅各布的死使他的负疚感更重，因为他是他的父亲，他也深深地爱他，正像他相信雅各布也深深地爱他一样，这种深厚的爱使他那无意识中的恨变得更加不可饶恕。雅各布还好好的时，这种罪恶感深深藏在心底，他的神经症也就没有大发作，但当雅各布去世之时，他的负疚感突然觉醒了，将父亲死去的责任一肩担当起来，好像是它们，而非心脏病与脑出血杀死了他，再加上积聚已久的负疚之力，产生共振。弗洛伊德，这位神经症治疗专家也抵挡不了它们的进攻，终于陷入严重的神经症之中。就像他治疗过的一个男病人一样，他一直正常地生活着，与父亲的关系也很好，但父亲去世之后，他就患了严重的神经症，口口声声称自己是

1 此诗句转引自《心灵的激情》。

谋杀父亲的坏蛋。

“这个人比我更爱父亲！”弗洛伊德想，不由得微笑了。

他的思想不由得再回到十年之前，当他与玛莎、布洛伊尔、玛蒂尔德一起观看《俄狄浦斯王》时，听到的台词，自那之后，它们深深地镌刻在了他的心中：（俄狄浦斯忧心忡忡地对他的王后伊俄卡斯忒说：“难道我不该害怕玷污我母亲的床榻吗？”伊俄卡斯忒答道。）

你不用害怕玷污你母亲的婚姻，
在此之前，在神谕里，也在梦中，
已经有许多人娶过他们的母亲。
然而那些对此不以为意的人，
反而生活得怡然自得。

他想：“只要我们只在梦中娶过母亲，我们的确可以怡然自得的。”因为，他已经看到，这种弑父娶母的潜意识欲望在儿童心里是多么普通。他打算给它命名为“俄狄浦斯情结”，以悼念不幸的俄狄浦斯。

弗洛伊德在这次为治疗而进行的系统自我分析中完成最后一个梦的分析的时间大约是一八九九年四月。在这个时期他写了一封信给弗利斯，说自我分析给了他莫大的好处，他现在已经大好了。

自我分析对于弗洛伊德而言是一场不折不扣的战争，这场战争对于他的一生可以说有决定性的作用。这不单是指他因之而发现了并通过亲身体验发现了证实了童年性经验、俄狄浦斯情结等精神分析的基本概念及其对于神经症形成的作用，而且使他通过了解自己而更深切地了解了病人，勘破了自我与他人的本质同一性，以释家的话说，是勘破了“我相”与“人相”，认识到了万众皆备于我，我即是人，人即是我。这样，他对病人的分析也可以说是他对自己的分析，而他对自己经过了彻底分析后，也就奠定了他对他人进行彻底分析的基础，也就为他对人——大写的“人”——的本质分析奠定了基础。

第六章　曙光再现

创立精神分析之初，弗洛伊德度过了十年孤独，但命运并没有使他永远孤独下去。真理毕竟是真理，他的理论随着时光的流逝终于为一部分人所接受。他们通过各种途径来到弗洛伊德身边，或在遥远的地方为它摇旗呐喊，这许许多多的人——荣格、阿德勒、布洛伊勒、琼斯、弗仑齐等——成了支撑起精神分析大厦的顶梁柱。精神分析像初升的太阳一样闪烁在世人眼前，一场崭新的国际性思潮：国际精神分析运动发出了它的吼声。

伟人琐事

弗洛伊德是一位伟人，但正如鲁迅所言，英雄也并不每时每刻都在叱咤风云，也一样要吃喝拉撒。弗洛伊德当然也如此，我们现在花点时间来谈谈弗洛伊德的家庭琐事，一些有关他的“油盐酱醋、鸡毛蒜皮”。

由于孩子们像雨后春笋般地冒出来，原来在“安抚楼”的房间不够用了，于是，一八九一年九月二十日，弗洛伊德家搬到了贝格街十九号。在这里他将一直住到一九三八年六月三日被纳粹赶出奥地利。一开始弗洛伊德家只租了二楼的一部分，有六大间，另有浴室、厨房等。第二年，当楼下的一个老钟表匠搬走后，他又将楼下租下来做了他的诊所，共有三小间。二楼另外的房间被他妹妹罗莎租住了，一九〇八年罗莎的丈夫去世后，罗莎搬走了，弗洛伊德就将整个二楼租下来了。他的诊所又搬到了楼上，楼下用来作了孩子们的游戏室。

弗洛伊德的门诊收入也多起来，尽管有一些波浪式的起伏，但总的趋势是不断增加，一八九六年十二月的一天挣了一百盾，一个星期挣了七百盾。这在当时是相当了不得的收入了，要知道布吕克教授一个月的薪水也只是两千盾，这个数目在当时大得吓人。这样，弗洛伊德又抽得起一天二十支哈瓦那雪茄、租得起足够供十个人住的大房子了，同时还能满足他的两个代价不小的爱好：收集古董和旅行。

收集古董是弗洛伊德一生的主要私人爱好，精神分析的特点之一就是从人类的现存表象中寻找其远古的精神孑遗，对远古精神感兴趣的人对远古的物质感兴趣是可以理解的，所以，我们也不难理解弗洛伊德为什么创立精神分析伊始就对于人类的史前文明产生了浓厚的兴趣，他在一八九八年八月二十日写给弗利斯的一封信中说：“我对于人类所有史前遗物一直抱着兴趣。”如前所言，这与他的精神分析研究有内在联系，因为精神分析研究的是人类意识表面之下的无意识，这些无意识被深深地埋在看得见的意识下面，要进行艰苦发掘才能找出来。弗洛伊德也许觉得他就像著名的谢里曼，挖开压在上面的不同时代的一座叠着一座的七座城市后，终于找到被埋藏了几千年的特洛伊城，他弗洛伊德为了找到那致病的无意识，不也要重重挖掘吗？他旅行时，每到一地，都要上古物市场看看，遇到中意的就买下来——如果买得起的话。到晚年时，他收集的古董已经够开半座博物馆了。

一九三八年，弗洛伊德流亡伦敦，他以为他毕生的心血已经毁于一旦，他没有料到，当他坐在伦敦梅尔斯菲尔德花园新住所的书房里时，他的古董们已经整整齐齐地排着队等他了，这全亏波拿巴公主在纳粹封闭他家前将这些宝贝运了出来。

犹太人是一个永远在迁移着的民族，他们到处受到迫害，从两千多年前起就像野狗一样被赶来赶去，这使得犹太人习惯于走来走去，或者被迫走——流亡，或者自己走——旅行。因此，弗洛伊德热衷于旅行的习惯并不令人奇怪。每年八月底或九月初，他常和他的弟弟亚历山大一起去搞夏日旅行，当与弗利斯友善时，他也一有机会就邀弗利斯在某座城市相会，两人借机旅游一番。他最爱去的地方是意大利，尤其是罗马，一八九六年夏，他与亚历山大畅游了意大利，从波罗那、威尼斯、帕度、拉文那直到佛罗伦萨，在佛罗伦萨拜谒了但丁墓。令人不解的是，他没有去罗马 ，走到距离罗马城只有五十英里的特拉西米诺湖时，他止步了。

弗洛伊德在这里显示了对罗马的矛盾感情，一方面渴望踏上这座“万城之城”，另一方面却又对之怀着某种奇特的恐惧，致使在城门之前犹豫彷徨，逡巡不进。这令我们想起他少年时所崇拜的汉尼拔，他毕生以征服罗马为理想，公元前二百一十八年，率领大军徒步翻越白雪皑皑、高入云霄的阿尔卑斯山，连续重创罗马军队，并在特拉西米诺湖取得了古代战争最伟大的胜利之一，像奥斯特里茨战役中的拿破仑一样，以少胜多，完全凭着高超的军事指挥艺术，以装备不整的三万名雇佣军歼灭由两名执政官亲自率领、骁勇善战、纪律严明的十万罗马大军，接着横扫亚得里亚海沿岸，一直打到意大利半岛东南角，又回师挺进罗马，攻占那不勒斯，在距罗马只有三英里的地方安营扎寨，准备最后占领罗马城，摧毁罗马帝国。然而，他迟迟没有发动最后攻击，在意大利转战十五年后，撤回迦太基去了。以后，他在战场上接连失利，终于祖国被罗马人彻底征服，自己流亡小亚细亚，被罗马人逼迫自杀，也给后人留下了一个千古之谜——他为什么不进攻罗马？难道对罗马城有着某种神秘的恐惧吗，就像两千年之后的弗洛伊德一样？

弗洛伊德推己及人，相信家里人也同他一样喜欢旅行，因此，每年夏天，他都要为全家安排度假旅行，在维也纳附近租栋房子过两三个月，一般是六月份去，九月份回来。他自己却并不整个暑假都与家里人待在一起，而是回到维也纳，一个人待在家里行医、静静地思考。他很重视这段难得安静的日子，一八九九年，他这年的收入颇丰，他第一次将家小送到了远离维也纳的巴伐利亚的里美莱度过炎热的夏天，他自己也没有孤身回到维也纳，而是与家里人共度了一个美丽的夏天。也就是在这一年九月，是时他经过自我分析，已治愈神经症，也摆脱了对罗马城的恐惧，终于完成了渴望已久的罗马之行。

这段时间发生了弗洛伊德一生中相当重要的一件事：他由“弗洛伊德讲师先生”变成了“弗洛伊德教授先生”。

早在一八八五年七月十八日，弗洛伊德被聘为维也纳大学私人讲师，到一八九七年已经足有十二年了，这是一段相当长的时期了，很多远没有弗洛伊德名声与成就的人早当上了教授。因此弗洛伊德觉得他也可以做弗洛伊德教授了。他倒不是为了争这个虚名，而是做了教授之后，他的病人势必会增加，诊费也可以收高些。两年之前，玛莎已生下了第六个孩子安娜，养六个孩子靠原来的收入已经不够。他正要将他的想法与罗森纳格尔教授谈时，教授主动告诉他，他已经和克拉夫特·埃宾、弗兰克尔·霍希华特教授一起提名他为神经病理学副教授候选人。

这次弗洛伊德又失望了，他的名字呈上教育部之后，被拒绝了。以后连续三年，他的名字年年被提上去，又年年被刷下来，那原因不言而喻——他是犹太人！犹太人做副教授或者教授的也不是没有。但他们需付出的努力、遭受的挫折较之一般人要多得多。

到一九〇〇年，被提名上去的人全都被批准了，除了弗洛伊德。他也感到厌倦了，于是不再努力争取当正式的副教授了，只要求批准他为“名誉副教授”，这是个与编外讲师相似的职位，大学不安排正式课程，也不给薪水，而只给予在大学开设课程的权力。他的这个努力开始也没有奏效，后来他直接去找埃克斯内，他在布吕克教授手下做示范实验员时的老师兼同事。这时布吕克教授早已去世，埃克斯内是所长了，同时是教育部的顾问，也算个官了。埃克斯内告诉他，教育部的反犹太分子们反对任命他，他想要成功就得找门路。弗洛伊德于是先找了伊莉莎·贡贝茨，她是西奥多·贡贝茨参事的妻子，语言学教授，公共教育大臣冯·哈斯泰尔的同行兼朋友。但伊莉莎·贡贝茨的努力一点也没奏效，大臣先是装着忘了弗洛伊德被提了名，叫弗洛伊德再找人推荐一次，后来干脆躲着贡贝茨夫妇，连他们家美味的星期三晚宴也不去了，在这以前他连着去了三十年。弗洛伊德觉得只有等他死后才能追认他为教授了。

但“山重水复疑无路，柳暗花明又一村”，一天，贡贝茨夫人向她的女友谈起了弗洛伊德的事，这位女友叫玛丽·菲斯泰尔夫人，是奥地利驻德国大使菲斯泰尔男爵的妻子，弗洛伊德曾治好了她的焦虑性神经症。男爵夫人听说弗洛伊德竟然还不是教授，大吃一惊，先向弗洛伊德兴师问罪一番，怪他没有找她，接着向哈斯泰尔大臣发动了进攻，大臣一则抵挡不了男爵夫人脸蛋儿的魅力，二则抵挡不了男爵夫人送给他的奥里克的名画《摩拉维亚乡村教堂》的艺术魅力，终于缴械投降。一九○○年三月一个寒冷的下午，菲斯泰尔男爵夫人冲进弗洛伊德的诊所冲他喊道：“我干完了！”

几天之后，教育部发布通告，任命西格蒙德·弗洛伊德编外讲师先生为维也纳大学医学院神经病理学名誉教授。弗洛伊德觉得在整个任命事件里，他是一头十足的驴子，任由人牵着鼻子走。他在一封信中略带讥讽地写道：

> 大家热情高涨，祝贺与鲜花雨点般地落上身来，好似皇帝陛下公开承认了性的角色，大臣会议也承认了梦的重要性。癔病的精神分析疗法也被议会以三分之二多数通过了。显然，我刹那间又名声大噪了，那些过去对我躲躲闪闪的“崇拜者”现在老远就向我打招呼。

《梦的解析》

一九○○年，弗洛伊德已过不惑之年了，到目前为止，他的一生是备受误解与不公正批评，他的思想、理论与著作，甚至疗效都没有得到应有的承认。相反，他独创性的思想给他带来的只是误会、攻击与辱骂。他以前的著作，包括《论失语症》《癔病研究》所遭受的命运正如他的人一样。但弗洛伊德并没有因此而停止发表著作，就如他没有停止思想一样，一八九九年十一月，他出版了他的第三本著作《梦的解析》（或译作《释梦》），这本厚达六百余页的著作不单是弗洛伊德所有著作中篇幅最长的，也是他等身的著作中他自已最喜爱的一本，他曾亲口对厄内斯特·琼斯这样说过。

弗洛伊德像许多人一样，对于梦从小就抱着一种天然的兴趣，并且喜欢在信与笔记中描述自己所作过的梦，他是一个善于观察的人，同样善于描述他的观察，但那只是描述罢了，与分析有大大的不同。弗洛伊德为什么不止于观察，而要长篇大论地写《梦的解析》？答案很简单：为了治疗。正如他到目前为止所有的理论一样，无不围绕着怎样为病人服务这个中心话题。弗洛伊德在治疗实践中，逐渐发现患者的梦与病因之间有极大的联系，梦中的图景就像一幅患者的自画像一样，不过是一幅心灵自画像。梦中千奇百怪的景象说明这是一幅现代派绘画，像马蒂斯、毕加索、夏加尔一样充满了象征。这些象征所指的本物就是患者的潜意识，这潜意识中必包括其致病的潜意识。他的解梦简而言之就是从梦的图景中通过分析找出那些图景所象征的潜意识，从这些潜意识中找出病因来。

《梦的解析》的写作过程实际上就是发掘致病的无意识的过程。从这个角度说，弗洛伊德从一开始用谈话疗法寻找患者的心理病因就可以被看作是释梦的前驱，因为二者的本质是一致的。当然，他正式开始为写作做准备应是他释梦活动的开始。弗洛伊德第一次释梦是在一八九五年，由艾玛·贝恩的治疗引起的。我们在前面已经介绍过弗利斯给艾玛鼻子动手术的事，那次手术差点要了艾玛的小命。但她并没有“大难不死必有后福”，鼻子好了后癔病又发了。弗洛伊德在一天晚上做了这样一个梦：

一间宽敞的大厅——我们请了好多客人，艾玛也在其中。我把她拉到一边，好像要回答她一封信，责备她仍不接受我的解决办法（弗洛伊德查出她的病因是丈夫死后性欲得不到满足而致病，因此劝她再找个丈夫，但艾玛声称她不能到大街上拉一个男人回来做丈夫——作者注），我对她说：“如果你还觉得疼的话，那就是你的错了。”她回答说：“你要是知道我现在我的嗓子、肚子、小腹有多疼就好了——我痛得喘不过气来了。”我吃了一惊，打量起她来，她看上去苍白又浮肿。我暗想，不管怎样，我一定忽略了什么器质性病变。我喊她到窗前，要看她的嗓子，她显得勉强，像那些不愿给人看见假牙的女人一样。我说完全没有这样的必要。她张开嘴，我在右边发现了一大块白的东西；又在另一处看见一大块灰白色的溃疡，附在一个显然是按照鼻甲骨形状构成的弯曲物上。我急忙叫来布洛伊尔。他重新检查了一遍，肯定了我的发现……布洛伊尔看上去和平常大不一样，他脸色苍白，步履蹒跚，下巴刮得挺干净……我的朋友奥斯卡也站在艾玛身边，另一个朋友利奥波德正隔着她的衣服听诊，说：“左下方有浊音。”他还看出她的左肩有一块皮有浸润（我也注意到了，尽管艾玛穿着衣服）。布洛伊尔说：“毫无疑问是感染，但没关系……会出现痢疾把毒素排掉。”我们也很清楚感染的起因。不久前当艾玛不舒服时奥斯卡曾给她注射过丙醇制剂——丙醇……丙酸……三甲胺（我看见这药剂的配方像印成黑体字浮现在眼前），注射这种药不该如此草率……而且注射器也可能不干净。

他对这个梦产生了不寻常的印象，决心对之展开彻底分析，这就要求他能对梦中的每个元素进行分析，弄懂其意义。这些元素具体分析如下：

一、首先是他对艾玛的责备。他为什么要责备她？因为她没有接受他的建议——去设法找个丈夫。他认为她的病因就是在这里，作为医生，他只要指出这一点来就够了。现在他指出了，因此艾玛的病没有好也不关他的事。至于面色一向红润健康的艾玛何以会变得苍白浮肿，那是他用玛莎代替了艾玛，因为玛莎刚生了第六个孩子不久，身体很不好。这种形象倒错是梦的主要特征之一。

二、布洛伊尔面色苍白、步履蹒跚，肯定了他的诊断，还说“毫无疑问是感染，但没关系……会出现痢疾把毒素排掉”。这是句荒唐的话，因为痢疾不可能将毒素排掉。

我们知道，由于布洛伊尔在与弗洛伊德一起写作《癔病研究》时对性的意义表现出的反复无常等原因，弗洛伊德与他的友谊已经出现了裂缝，甚至濒临破裂。弗洛伊德在这里就用象征的方式表现了他对布洛伊尔的不满：他将布洛伊尔“打扮”成一个面露病容、路都走不稳的糟老头子了。而且说了一句荒唐话，弗洛伊德也就在这里暗暗嘲笑了他一番，并且将自己的诊断技术看得比他高明。

三、奥斯卡·李给艾玛注射丙醇制剂，这是一种不能随意使用的特殊药物，奥斯卡却随便就给艾玛注射了，而且针头都没弄干净。这样，他一方面开脱了自己的责任：艾玛的病发了是由于奥斯卡的缘故，与他没关系；另一方面将自己打扮成比奥斯卡高明的大夫。

通过这一系列分析——当然远不止上文的内容，须知一个小梦的完整分析就足可以写满好多页，但大体思路是这样的——弗洛伊德了解了梦的主要特征是：梦是愿望满足的一种方式。这种方式尽管是曲折的、但反映的却是梦者心灵深处的意念与愿望。这是梦的本质特征，也是弗洛伊德关于梦的第一个伟大发现，他做出这一发现的时间是一八九五年七月二十四日，他当时正在维也纳森林里的“望景楼”别墅度假。后来，他在一九〇〇年六月十二日的一封信中半开玩笑地说：“在望景楼每个人都过得很快活……你不认为将来有一天会在这幢房子的前面竖上一块大理石纪念碑吗？上书：‘公元一八九五年七月二十四日，西格蒙德·弗洛伊德博士揭示梦之奥秘于此。’”

以后，自然而然地，弗洛伊德会想到，由这个方法，我们可以通达人类心灵深处，挖掘他们的无意识，找到神经症患者的病因。这也是他在对自己及患者的神经症治疗中所得到的启示。

这次只是弗洛伊德漫长的释梦过程的一部分，却是相当重要的起点。

弗洛伊德第一次释梦高潮是为他一八九七年七月开始的对自己的精神神经症进行的治疗，这在前面已经说过了。在那一系列的系统释梦里，弗洛伊德由他的梦出发深入回忆他的童年，找到了他致病的因素在于他的恋母情结，一方面他看到过母亲的裸体，产生了原始的性冲动，使他感到极其羞愧自责；另一方面他由于想独占母亲，而父亲使这成为不可能因而使他也恨起父亲来，甚至愿他死掉——当然这一切都是在无意识中进行的，他自己并不知情，即使这无意识使他患了严重的神经症——这样的心思使他深以为愧，当父亲还健在时，他的愿望并没有实现，因而还不怎么使他痛苦，当父亲去世后，他的无意识不能不使他陷入自责之中，他的无意识认为，父亲是因他的诅咒而死。诅咒死了自己一直那么爱着的人，这样的负疚会多深可想而知！

但在对他的梦进行分析之后，他对自己的无意识有了了解，也知道了这种意念对于每一个男人都是正常的，这个疙瘩一解开，他的神经症自然也就治愈了。并且，由之而带来的技术可以用到他人身上去，使他的治疗技术达到一个新的高峰。

弗洛伊德从很早以前的治疗中就感觉到，病人无论在被催眠状态还是自由联想状态，他们的意识都不同于正常情形下的意识，它们与梦一样，是一种意识的不由自主地流动，是“准梦”。而且病人在述说他们的意念时，往往也与他们的梦直接相关。按弗洛伊德的话说是“在梦的坚硬外壳之下蕴含着神经症的病理”。因此弗洛伊德想，为什么不干脆对病人的梦进行分析呢？

当然是可以的，在《梦的解析》里，弗洛伊德采用了大量他在医疗实践中所获得的患者的各式各样的梦，其总数不下百个。弗洛伊德就是用他从自我分析等方式所得到的经验与理论来对病人的梦进行分析，以找出病人的病因。这里试列举一个短梦：（见第六章《梦的运作》第五节《梦的象征》）

> 夏天，我在街上行走，戴着一顶形状奇怪的草帽：它的中间部分向上弯卷，而两边则向下垂（在这里，病人的叙述稍微犹豫一下），其中一边比另一边垂得更低。我兴高采烈，同时深具自信；当我走过一堆年轻军官的时候，我想：“你们都不能对我有所伤害。”

这是一个患了广场恐怖症的年轻妇人的梦。弗洛伊德是这样给她析梦的：两边弯曲而中间部分竖起的无疑是男性性器的象征，中间竖起的是阴茎，两边下垂的是睾丸。为什么一边比另一边低呢？弗洛伊德由此断言她丈夫的睾丸一个比另一个小。她兴高采烈，深具自信，在于她认为她丈夫具有十分漂亮的性器，因而她不必害怕被年轻的军官们勾引而伤害她的名誉。

她患广场恐怖症的原因在于她害怕被人引诱而失贞，因而不敢上街，不敢与年轻男人相见。她害怕被引诱的缘故在于她对于自己丈夫的一边睾丸比另一边小深感奇怪，不由得想看看别的男人是否也一样——这种好奇心如果付诸实施结果不言而喻。这种观念令作为妻子的患者深感羞愧，她的潜意识欲望、羞愧及由之而产生的对丈夫的负疚使她患上了神经症。

一开始女病人想否认弗洛伊德的诊断，但当弗洛伊德指出她丈夫性器的特征时，她承认或发觉了她的欲望——那一欲望原来是潜意识的，现在则成了意识了，在了解了这使她致病的潜意识之后，病人的症状也就消失了。

这只是弗洛伊德所举的大量病人的梦例中短小且普通的一个，由于篇幅所限，这里只选这样一个，有兴趣的读者可以去阅读《梦的解析》原著，国内至少有三种译本，其中之一是赖其万、符传孝先生的译本（作家出版社，一九八六年八月一版），这也是本书采用的标准。原著里大量的梦可谓千奇百怪，分析堪称震撼人心，相信不会令读者失望。

就结构与语言而言，《梦的解析》称得上是精神分析的经典之作。全书共分七章，章下分若干节，严格遵循弗洛伊德的写作特色：在最充分地占有材料的基础上进行入木三分的分析，每一结论都必须有充分的临床病例材料，不作妄猜，但只要是基于实际病例的，就敢于说出来，绝不怕触怒世人。例如，在书中几乎任何具体之物——从帽子、山岳、建筑物、台阶、柱子到桌子、箱子、复杂的机械等如出现在梦中都被作为生殖器的象征。而上楼梯、骑马、跑步、打枪等身体之运动都被作为性交的象征。这样看来，难怪弗洛伊德认为性梦之多了，因为要找出没有上面这一切的梦着实不容易，而要在随便哪个梦中找出这些中的一个或几个那是难得失败的——就像在生活中一样，我们试着放眼望去，除了漆黑一团的深夜，要在视野中找出这样一些东西来是不会那么难的。这样的观点就是精神分析的支持者也难于接受，但弗洛伊德是从他的治疗实践中得到这些象征的，他毫不犹豫地将之写出来。且书中的语言既有论文之精确，又具散文之优美，更兼小说之生动，一举奠定了弗洛伊德德语散文大师之地位（四十年之后他将获得歌德文学奖）。

那么弗洛伊德到底是怎样解梦的呢？这是复杂的技术问题，不是这本传记所能包容得了的。这里只用最简明的句子描述一下：精神分析认为，梦所表达的是梦者的潜意识愿望，释梦即是找出这个潜意识愿望。具体方法是将梦者所记忆的情节逐一分析，依据象征规律——什么象征什么——并综合梦者的白天的生活经历进行推理，最后找出被梦者用象征手法表达出来的潜意识愿望。

最后我们简单谈谈《梦的解析》的具体写作过程。在一八九七年五月十六日的一封信中弗洛伊德就说想写一本有关释梦的书，大约到这年底他就开始正式动手了，这时他的自我分析已经进入高潮。

一八九八年五月二十四日他在另一封信中说书的第三节“梦的结构”已经完工了。

一八九九年夏，弗洛伊德全家第一次到远离维也纳的地方避暑，住在巴伐利亚的一座名叫“里美浓”的大农舍里。它背依雄伟的阿尔卑斯山，门前有一个不小的花园，花园里鲜花盛开，浓荫蔽日，弗洛伊德就在这里完成了书的绝大部分。他在一八九九年八月二十日写给弗利斯的一封信中说：

> 我在这里工作得非常好，心情平和，没有什么来打扰我，而且百分之百地健康；工作之余去散散步，流连在群山与深林。你得包涵我，因为我全心全意地沉浸我的工作里去了，其他什么也写不了。目前我正沉浸在“梦的工作”这一章里。

这年十二月，书完成了。

像弗洛伊德的其他大部分著作一样，《梦的解析》也是由多伊迪克出版社出版的。多伊迪克原准备于一九〇〇年年初出版，书的封面也印上了“弗朗兹·多伊迪克一九〇〇年”字样。但由于书提前印好，因此在一八九九年十一月四日就正式发行了。封面题着古罗马诗人维吉尔的伟大史诗《伊尼特》第七章第三一二行：

> 若不得折服上天诸神，则吾宁入地狱。

曙光初照

弗洛伊德对于《梦的解析》的出版寄予很高的期望，深信它的意义，希望它不致像他以前的书们一样，出版一本就给自己增加一批敌人，希望它能使自己摆脱孤独，赢得三两同志。他在《自传研究》中说：

> 从前精神分析关注的只是解决心理病理学现象……但是当它与梦打交道时，它处理的不再只是病理症候，而是可以出现在任何健康人身上的正常精神生活现象。如果梦被弄清楚是像症候一样结构起来的，如果它们的解释需要同样一些假设……那么精神分析将不再只是心理病理学的补充，而更是一门对于了解正常人的精神也同样必要的新的和更深刻的科学的起点。

弗洛伊德对于自己著作的认识是准确的，它们的确重要，但他似乎忽视了重要与重视是两码事，自己觉得与别人认为也是两码事。《梦的解析》第一版总共印了六百本，开始六星期卖掉了一百二十三册，包括弗利斯在柏林买了送人的十几本，以后两年内共只卖出了二百二十八本，弗洛伊德得到的稿酬是五百二十二点四盾，约合二百零九美元，不过比他变成纸浆的《论失语症》好一点儿。六年之后六百册《梦的解析》才卖完，那主要得益于弗洛伊德名气日渐增大带来的名人效应。外文译本相继出现：英语与俄语（1913）、西班牙语（1922）、法语（1926）、瑞典语（1927）、日语（1930）、匈牙利语（1934）、捷克语（1938），德语原文到一九二九年已经出到了第八版。这都是弗洛伊德生前的出版情况。现在，几乎每一个重要语种都有了译本，为它写的书评乃至博士论文数不胜数。

但这些都是后来的事，刚出版那阵子，弗洛伊德从它得到的主要是沉默，其余的基本上是攻击与挖苦。在它出版后的一年半时间里，没有一篇科学性质的评论，一九〇〇年一月六日，维也纳的《时报》上发表了一篇书评，充满俏皮话，用文人的话将弗洛伊德博士的新作挖苦得体无完肤，作者是古堡剧院的一名导演。以后《周报》与《维也纳新闻》上也出现了类似的文字。这使《梦的解析》在维也纳成了比茅坑还臭的东西。按医学界的流言：“垃圾桶放在后门没关系，可弗洛伊德非要将这臭气冲天的东西摆到客厅中央。更可恶的是，他现在要把它搬到每个人的被窝里来了，甚至让它的臭气冲进育婴室。”维也纳大学精神病诊所一位助理医生雷曼在他举行的一次癔病讲座上，面对四百名医学院学生进行了更为伤人的攻击，他将矛头直指弗洛伊德的动机：

> 诸位看到了这些病人想摆脱精神负担的倾向。这个城市里的一位同行利用这种情形拉扯了一套关于这个简单事实的理论，好填满自己的腰包。

这一闷棍将弗洛伊德打得昏头昏脑，也将《梦的解析》打出了维也纳人的脑袋，弗洛伊德再度失望了。

但这次失望也许是弗洛伊德一生中最后一次类似的失望了，从它起，他以后的几乎每一本书都获得了或大或小的成功。《梦的解析》虽然一开始受到了不寻常的冷遇，但这只是暂时现象，它们终究会成为西方思想史上的经典之作，正如他也将成为经典作家一样。不太久之后，他的著作逐渐开始为人重视，讨论他的思想与著作的文章开始在各种刊物上见到，有的文章长达数十页。在医学界向他表示尊敬的人也多起来，弗洛伊德的境遇渐趋改变，十年孤独将成为历史，成功的曙光在东方的天空露出了第一点鱼肚白。

当然，如我们前面所见，这孤独的摆脱像他的治疗方法一样，不是一蹴而就的，而是一个缓慢然而坚定的过程，每进一步都凝聚着弗洛伊德的辛劳与汗水。

首先是弗洛伊德为病人流的汗水。弗洛伊德的理论为什么能逐渐被人所接受？终究主要是由于他的方法的疗效。任何一种治疗方法，无论理论上多么好听合理，受人欢迎，如果它治不好病人，终究会被淘汰。相反，任何一种治疗理论，无论它看似多么荒谬，只要它在治疗实践上能取得疗效，就不可能永远得不到认可，没有病人会仅因为一种治疗理论听起来荒唐而无视它的疗效，因为他不能无视自己的痛苦。

弗洛伊德十年行医中，在原来医学界一直束手无策的癔病领域治愈了无数病人。这些病人如果看到了弗洛伊德因为发明和采用治好了他们的方法而受到攻击谩骂怎会无动于衷？像前面帮助弗洛伊德拿到名誉副教授的贡贝茨夫人和菲斯泰尔男爵夫人——这件事本身就对弗洛伊德摆脱孤独有很大意义。教授在维也纳人眼里简直是半神似的人物。即使那些不相信他的理论的同行，现在当有了自己无法治愈的病人时，也会送到弗洛伊德教授这里来，像布洛伊尔与克拉夫特·埃宾教授。好几次弗洛伊德在接到这样的病人后，忍不住抱怨说："你们不能够这样，一面说'我一点也不相信你的观点'，另一方面又对我说'我这里有一个病人，我想你会有办法'。"

这样历时既久，人们的观念在事实的感召下自然有所改变。后来，不但有维也纳与奥地利的病人来找他，大量病人从匈牙利、俄罗斯、罗马尼亚、德国、英国、法国、美国等世界各国涌来，他每天不得不门诊十二个小时以上。

因此，我们不难看出，疗效是精神分析与弗洛伊德医生最好的广告，是拨开笼罩着他的乌云的第一道朝霞。

所谓摆脱孤独，无非指他有了朋友与追随者。弗洛伊德经过长久的沉默之后，逐渐下定决心主动将他的理论推向人们，寻找知音。他的第一个行动是找到了一群不那么守旧的人，他们不会因为一个理论的与众不同或者离经叛道而将之视为洪水猛兽。

他找到的是一个叫"犹太人读书协会"的团体。这里聚集的是一群爱好各种新思想的犹太人，弗洛伊德在这里作了关于释梦的几次演讲，后来，他终身与这个团体保持着联系。他又在大学里开设了课程，一八九九年春季学期，他原想开设"梦心理学"课程，但只有一个学生报了名。一九〇〇年夏季学期，《梦的解析》出版六个月之后，他再次开设这门课程，这次有四个人申请听这门课。两个本科生及两个开业医生：马克斯·卡海勒与鲁道夫·里特勒。两人都是维也纳大学医学院毕业生，自然也是医学博士，在维也纳没有医学博士学位是不能开业行医的。卡海勒对于弗洛伊德的理论并没想全盘接受，他还坚持使用弗洛伊德十分反对的电疗法。里特勒则相反，他后来在弗洛伊德这里接受了训练，并成为弗洛伊德之后第一个进行精神分析治疗的人。这两人对于精神分析成为一场运动、对于维也纳精神分析学会的建立都起了一定的作用，并成了第一批会员。

弗洛伊德摆脱孤独的最主要标志是"星期三心理学协会"的成立。

卡海勒虽然最后离开了精神分析运动，但他用另一种方式做了一个特殊贡献：他一次偶尔向他的一个朋友威海姆·斯泰科尔提起了弗洛伊德的名字。斯泰科尔也对儿童性欲问题颇有兴趣，并曾在一八九五年写过一篇论述儿童期性行为的文章，他这时正受着精神神经症的折磨，听卡海勒说后，他立即来找弗洛伊德求助。弗洛伊德经过几次短暂的分析就知道他患有严重的早泄，弗洛伊德治好了他，斯泰科尔是个性格十分外向的人，由此对精神分析产生了极大的信任与兴趣，之后就采取了一系列行动，一是在《新维也纳日报》上发表了两篇长文章，宣布精神分析是一门伟大的新科学；二是建议弗洛伊德找一些人，成立一个小团体，定期进行讨论。弗洛伊德接受了这个建议。一九〇二年深秋的某一天，他寄了一张明信片给卡海勒、里特勒、阿德勒、斯泰科尔四人。

亲爱的同事：

经有关人士建议，我们拟举办一次科学讨论，敬请参加，如蒙惠允，请于×月×日八时半光临贝格街十九号。

谨致最良好的祝愿

您忠实的

西格蒙德·弗洛伊德博士

在这四人中，有三人已经为我们熟悉了，只有阿德勒是陌生的。阿尔弗里德·阿德勒也是开业医生，他通过斯泰科尔认识了弗洛伊德，是弗洛伊德最早的追随者之一，同时是社会民主党员，激进的社会主义者，后来成为奥地利社会主义运动的领导者之一。他是个其貌不扬而才智超群之人，不堪久居人下，后来脱离弗洛伊德建立了自己的学派："个体心理学"，也是现代心理学的重要流派之一。他提出了著名的"自卑情结"，分析这个概念的《自卑与超越》是心理学的经典名著；他对于工人大众抱着深切的同情，他虽然医术高超，可以从富人那里大发一笔，但没有那样做，他将自己的诊所开在贫民区，与普通工人、贫民为伍。

从弗洛伊德发出明信片后的第一个星期三起，"星期三心理学协会"就成立了。从此，每个星期三他们都聚集在弗洛伊德的候诊室里、一张特别长的桌子边，讨论各种问题，当然主要是精神分析问题。弗洛伊德在这里第一次向一群固定的人，不是他的批判者，而是他的信奉者，讲解他的精神分析理论。

斯泰科尔自愿担任秘书之职，他常把先一天的讨论记下来，然后发表在第二天的《新维也纳日报》上，这对于宣传精神分析，提高它的知名度所起的作用可想而知。这种"星期三讨论"持续了将近七年，从一九〇二年到一九〇八年。

讨论的规模没有静止在四人，通过各种途径，或者是参加者的辗转介绍，或者通过《新维也纳日报》的"广告"，或者为弗洛伊德的医术所倾倒，来参加讨论会的人日渐增多。这些人中有些人的姓名已湮没无闻，但有的人却在精神分析学史上留下了他们的名字：如一九〇二年加入的雨果·海勒，他以后是弗洛伊德著作的出版者；一九〇六年加入的奥托·兰克，他后来成为一名富有创新精神的精神分析学家，他的

“出生伤创”概念成为精神分析的重要概念；一九〇八年加入的桑多·弗仑齐，他与下一年将加入的汉斯·萨克斯是以后弗洛伊德的核心委员会、“铁卫队”的主要成员之一。

除了这些主要来自维也纳的正式成员外，“学会”又有了一批非正式的“访问”成员，他们中的一些后来也成了国际精神分析运动的主力军。像一九〇七年一月三十日来访的卡尔·荣格、同年十二月十八日来访的卡尔·亚伯拉罕、一九〇八年来访的A.A.布里尔和厄内斯特·琼斯等。

在这样的讨论会上，会员们围坐在大桌子旁，通常是弗洛伊德居首席，奥托·兰克坐在他左手，他是讨论会的秘书，负责将所有的发言都记下来，弗洛伊德因此付给他一定薪水，以缓解他的贫困。阿德勒坐在所有人的中央，他的才智与论文水平使他自动得到了这个位置。每一次讨论都预定一位论文宣读者，讨论一开始，先宣读论文，然后休息一会儿，再从一个碗里边抽出一张倒扣着的木牌，上面有号，抽到一号的就先发言对刚才的论文做出评论，依此下推，会议结束时定下下一次论文宣读者。在这些讨论里会员们提出了许多重要的思想，包括弗洛伊德的许多著作也是先在这里宣读，接受批判后再出版的。

前来参加讨论的人日渐增多，会员们终于觉得他们有资格不再借用心理学这个宽广的名词了，他们应当有自己的、能反映自己特色的协会名字。于是，一九〇八年四月十五日，“星期三心理学协会”正式改名为“维也纳精神分析学会”。它是“国际精神分析学会”的胚芽。

自从有了“星期三心理学协会”，弗洛伊德的孤独年代也就一去不复返了，虽然他还将受到无数的攻击与谩骂，但他也有了自己的信徒与追随者，也有了人在各种场合为他、为精神分析伸张正义。精神分析也开始在世界各国，尤其在英美国家流行开来，成为一股向世界传播的精神电波。

一九〇六年五月六日，为了向弗洛伊德表达敬意，他的弟子们与朋友们特意请著名雕刻家卡尔·玛丽亚·斯韦特勒为弗洛伊德制作了一个纪念章，一面雕着弗洛伊德的侧身浮雕像，另一面刻着索福克勒斯《俄狄浦斯王》中赞颂俄狄浦斯的诗句：

> 他解开著名之谜，具有神力无边。

朋友遍天下

五十大寿堪称弗洛伊德人生中的分水岭，这时，他的星期三讨论班已经不仅仅是几个弗洛伊德追随者的小组了，不但成员的数目有了很大增加，而且他们中不仅有来自维也纳一隅之地，更有来自五湖四海的，从奥地利到德国，从英国到美国。这些异国知音们的到来标志着精神分析已经跨越了国界，成为国际性的思潮，西格蒙德·弗洛伊德也成了一个享有国际声誉的科学家。当然，拥有来自五湖四海的支持者与求学者不能作为国际性成功的充分标志，作为一门新学科、一种新思想，像其他的新学科与新思想一样，它产生影响的主要证据应当是评论与引用他的著作的情况，就像现在评价一篇科学论文的重要程度往往用“被引用次数”作为标准一样。

即使在弗洛伊德尚处于孤独岁月里，他的著作虽受世人冷落，但也不是完全无人评论，除了大量批判与诽谤的外，也还有一些善意的肯定与称赞。并且有意思的是，这些称赞不是来自他的母语德语刊物，而是主要来自英语，来自英美国家的报刊。一八九三年一月，英国神经病学家H.迈尔就在英国精神病研究协会上赞扬了弗洛伊德与布洛伊尔的工作，那时他们正准备出版精神分析学的奠基之作《癔病研究》，后来他将他的赞扬写成论文发表。在《癔病研究》出版后，迈尔博士又在协会上以《癔病与天才》为题予以肯定，这些对于弗洛伊德与精神分析早期是非常稀罕宝贵的。

另一肯定来自著名的性研究专家，性学奠基人之一哈洛克·霭理士。他在一家美国刊物上发表了文章，文中指出弗洛伊德所说的癔病中的性病因是正确的。后来，在他的名著《性心理学研究》（国内版本译作《性心理学》）中，他说弗洛伊德的研究是“引人注目并且极其重要的”。

此外，日渐增多的人开始写信给弗洛伊德赞扬他的工作，甚至表示要来维也纳向他学习，以便自己也能用精神分析方法治疗神经症，事实上也已经有许多精神病学家和神经病学家依据从弗洛伊德著作中学到的知识，依葫芦画瓢地治疗某些其症状刚好与弗洛伊德著作中引用的某个病例相似的患者。如格拉茨的奥托·格劳斯博士，他不但用精神分析法进行治疗，还发表文章，指出他的治疗证明了弗洛伊德关于力比多、压抑、象征等的理论。一九〇四年，德国德累斯顿的A.斯特尔格曼博士也报道了他用精神分析治疗神经症的成功。

这些评论至少表明精神分析已经不是草创时期的孤立无援，弗洛伊德也不再是社会弃儿了，精神分析有了它的知音。

这些知音最早的当然是“维也纳小组”的成员，也就是参加星期三讨论会的成员，但从一九〇四年起，情形有了改观，支持者们开始从国外走来。这年秋天，弗洛伊德得知他有了两个强有力的支持者，他们就是艾根·布洛伊勒与卡尔·荣格，他们将对精神分析事业产生转折性的影响。这主要是因为精神分析到目前为止只是一个“民间”学派，它的思想没有得到科学界的承认，没有一所医院公开将它作为一种治疗方法、没有一所大学为它开设课程，精神分析仍被作为科学界的私生子备受歧视。这对于弗洛伊德是痛苦的，就像一个人一样，无论它多么强大，如果他的父亲不承认他是他的孩子，那他就永远是地位不明的私生子。弗洛伊德也渴望着他的精神分析能被承认是科学之子。要达到这一步就得有一所正统的医院采用它作为治疗方法、有一所大学为它开设课程，正是布洛伊勒在这里为它打开了第一个缺口。布洛伊勒在一九〇四年写信给弗洛伊德说，他两年以前就开始采用精神分析方法进行治疗了，取得了积极的效果，他还一直在苏黎世大学讲授精神分析学，这令弗洛伊德感动不已。三年后，他在《精神分析运动史》一文中说：

> 到一九〇七年，情形完全出乎我的意料地变化了。显示出精神分析不那么引人注目地引起了人们的兴趣并且获得了朋友，甚至有一些科学工作者准备承认它。在这以前布洛伊勒在通信中已经告诉我我的著作在布尔赫尔茨利医院已经被研究着和运用着。

布洛伊勒是著名的精神病学家、苏黎世大学精神病学教授、州疗养院主任、苏黎世大学精神病诊所“布尔赫尔茨利”医院院长，他的承认与赞扬对于弗洛伊德来说意义非小，他知道后面将有更多的大学与医院跟着布洛伊勒。

弗洛伊德第一批国外支持者主要来自瑞士，除了布洛伊勒与卡尔·荣格外，还有马克思·埃廷根、普菲斯牧师、里克林、艾多尔德·克拉帕尔德、宾斯瓦格等，他们组织了维也纳之外第一个研究弗洛伊德学说的团体“弗洛伊德小组”。这些人当中，马克思·埃廷根与普菲斯特牧师与弗洛伊德保持着终生的友谊。

长着一撮日本军官式小胡子的马克思·埃廷根堪称弗洛伊德的心腹之交，正如弗洛伊德在给他的一封信中所言：

你是走近孤独者的第一个密使，倘若我再一次被抛弃，你无疑将是最后一个与我站在一起的人。

埃廷根一九〇七年一月来到维也纳跟从弗洛伊德学习，每天傍晚与弗洛伊德肩并肩散步，接受他的分析，并于一月二十三日与三十日参加了两次星期三讨论会。一九〇九年十月他再次来到维也纳接受进一步的分析训练，第二个月就迁居柏林，一九二〇年在那里建立了第一个精神分析诊所。一九二七年到一九三二年当选为国际精神分析协会主席。

普菲斯牧师在弗洛伊德的所有追随者当中独树一帜，他是他们当中唯一的牧师，并且是以教规严酷而闻名的瑞士新教即加尔文教派的牧师，他因为追随弗洛伊德吃了不少苦头，差点被开除教职、赶出教区，但他依然坚持研究精神分析，因为他在他的儿童教育实践中相信，精神分析有助于儿童教育，他将之视为毕生研究方向。他是一个道德高尚、热爱孩子的人，不但赢得了弗洛伊德的尊敬，也赢得了弗洛伊德孩子们的热爱，当他第一次来到弗洛伊德家，就被孩子们爱上了，他们请求父亲不要将客人从他们身边带走。

一九〇七年从瑞士来拜访弗洛伊德的另一个重要人物是卡尔·亚伯拉罕，他也是犹太人，早在一九〇四年就开始研究弗洛伊德的著作了。这年七月他将他的一篇有关精神分析的论文寄给了弗洛伊德，弗洛伊德很欣赏，邀请他来维也纳，一九〇七年十月十五日，他来到了维也纳，几次谈话之后就与弗洛伊德建立了金子般的友谊。亚伯拉罕本来与荣格一起在布尔赫尔茨利医院共事，但由于他不是瑞士人，在以民族主义色彩浓厚而闻名的瑞士前途渺茫，就于这年十一月移居柏林，一九一〇年他建立了柏林精神分析协会，一九二四年到一九二五年继荣格之后担任国际精神分析协会主席。一九二五年，他因一根鱼刺扎进肺部引起感染而去世，年仅四十八岁。

除了来自瑞士的布洛伊勒、荣格、埃廷根、亚伯拉罕、普菲斯特等人外，一九〇四年到一九〇九年期间到访的重要人物还有来自匈牙利的桑多·弗仑齐与来自英国的厄内斯特·琼斯。

桑多·弗仑齐是个地球仪似的人物，大头大肚、短胳膊短腿短身子，但他有一双热情的眼睛，里面闪出善良的目光，他出生在布达佩斯附近的米尔斯克镇，是书店老板的十四名子女中的第五个，生长于书店使他博览群书。像大部分多子女家庭中的孩子一样，他自小养成了外向、善于与人相处的性格。一八五六年毕业于维也纳大学医学院。后在市立医院工作，并兼任皇家法院的医官，在布达佩斯深受尊敬。《梦的解析》刚出版后不久，他就看到了，但看了前面几十页后就把它当作垃圾扔掉了，因为弗洛伊德在这本书里创造了一个吉尼斯世界纪录，他的书的头一百页将历史上关于梦的学说一一列举，只为了说明它们都是错的，实在枯燥无味。到一九〇七年，他读了卡尔·荣格赞扬《梦的解析》的书评，就去买了一本，一下就被迷住了，从此下定决心将精神分析作为一生的事业。

他先是写信给弗洛伊德，又于一九〇八年二月二日，一个星期天，前来拜访弗洛伊德，他那热情诚恳的性格立刻获得了弗洛伊德的青睐。当弗洛伊德发现他不但有好性格，而且真正地掌握了精神分析时，他就更加喜欢他了，他邀请弗仑齐夏天去贝赫特斯加登和他们家一起度假，他自然高高兴兴地去了，不久像兰克一样成了弗洛伊德家的一分子。如果不是玛蒂尔德自己找到了丈夫，他也许真有可能成为弗洛伊德的乘龙快婿。但他可以说成了弗洛伊德一生最亲密、最忠诚的朋友与学生，他对弗洛伊德像对待父亲，而且他不像阿德勒和荣格，丝毫没有不甘生活在弗洛伊德阴影下的念头。

在弗洛伊德那里经过一定的训练后，弗仑齐回到布达佩斯开辟精神分析事业，克服了重重困难后，于一九一三年成立了匈牙利精神分析协会，一九一八年到一九二〇年他是国际精神分析协会主席。

以后的历史表明，厄内斯特·琼斯的到来是精神分析也是弗洛伊德的福分。琼斯是威尔士人，他的特长并不是精神分析研究，虽然他在这方面也干得不错，但他对于精神分析的最大贡献在于他出色的管理技巧和交际手腕。当纳粹分子一九三八年将弗洛伊德拘于维也纳后，他的积极活动是弗洛伊德得以释放的原因之一，他还通过皇家学会为弗洛伊德申请到了英国的工作签证。从一九三二年直到一九四九年他一直是国际精神分析协会的主席，并且是弗洛伊德遗嘱执行人，是有权接触弗洛伊德留下的大量手稿与书信的第一人。他为弗洛伊德写的传记《西格蒙德·弗洛伊德——生活与作品》是写弗洛伊德的所有传记中部头最大、最权威的一部。

一九〇七年二月二十七日对于弗洛伊德与精神分析都是一个重要的日子，这天是星期天，弗洛伊德没有出诊，正在书房里阅读，但他没能如往日般集中精力，因为他正等待着一个人：卡尔·荣格的来访。在这之前，一九〇四年，他就接到了荣格的书信，告诉他他从一九〇二年起就开始运用弗洛伊德教授的精神分析方法了，并且已将之运用到了好几个新领域。从他寄过来的文章，弗洛伊德知道荣格的确才智非凡，堪当重任，他久已在等待今天的第一次会晤了。

上午十点钟左右，他听到门铃响了，他有点奇怪自己的听力今天似乎大超以往。他站起来，等待着。一会儿，门开了，他的眼睛与荣格相遇了，有一会儿，两人都没有说话，互相静静地打量。首先使弗洛伊德惊叹的是荣格巨人般的身材、宽广的肩膀。他身高在六英尺以上，有一颗与身材相配的硕大的头颅，宽阔无比的额头，双目极富神采，直直的鼻子下面是淡淡的小胡子，这是他身上唯一小的地方了。

互相打量过后，他们热情握手，互致问好，荣格激动地在房间里走来走去，双手不停地挥着，不停地说了整整三个小时。从他对弗洛伊德的仰慕，为今天相会的高兴开始，到他的出生、他的学业、他的婚姻，一直讲到他开完国际神经病学会议，来到弗洛伊德教授先生的书房为止。

从他的谈话中弗洛伊德知道了荣格出生于瑞士一个新教牧师家庭，他父母的家族共出了八位牧师。但他不想做牧师，就学了医，想找到一种新的治疗方法，不是对某种方法的小小的改革，而是一种革命性的新方法，他天生就是要为这种新方法而活着的，但在读到弗洛伊德教授的著作以前，他一直在黑暗中摸索，他眼前的黑暗在读了弗洛伊德的《梦的解析》以后就结束了，他从那一刻起就是弗洛伊德教授的忠实信徒，他一辈子都要为精神分析与弗洛伊德教授的荣誉而战斗。

荣格说话的样子也是个十足的斗士，漆黑的西装敞开着，弗洛伊德宽敞的书房他两三步就从这头走到了那头，风从他的脚下生成，吹得他的衣服往后摆动开来。最后，在不知疲倦地来回走了三个小时之后，他终于停了下来，握着弗洛伊德的手说：“尊敬的教授，您就像太阳，照亮了我一度沉浸在黑暗中的心，您的思想是人类认识自己的明灯，在这以前，人类只知道他们的意识，但他们不知道这意识只是他们心灵中微不足道的一小部分，您透过重重帘幕看到了那隐藏在我们心底的另一个世界，那是比我们以前看到的世界更大、更了不起、更神秘的世界，你是探索人类心灵的哥伦布和哥白尼！”

弗洛伊德在这三个小时里一点也没有打断荣格，他简直被荣格迷住了，在荣格说完最后一句话之前，他已经凭直觉将他看作未来精神分析运动的领袖了。他不由得想：“他是个天生的领袖，世界精神分析运动再也找不到比荣格更好的领袖了！”

在此以前，他们已经通信有将近三年，他们都想不到对方对自己有这么大的吸引力，不仅有思想的，还有个性的吸引力。对于荣格来说，弗洛伊德的无限的智慧、大海般的深邃、慈父般的风范都令他心驰神往；对于弗洛伊德，荣格的活力、热情，对精神分析的忠诚，还有渊博的学识都是他极为欣赏的。荣格超人的体魄与魅力也满足了他久已有之的一个渴望——为国际精神分析运动寻找一个领袖，他坚信这一运动将会到来。

这些来自五湖四海的支持者，并肩站在弗洛伊德的大旗之下，随着人数的增多，就渐渐自发组织起来了，最早的当属前面的“星期三心理学协会”；瑞士的布洛伊勒、荣格、宾斯瓦格、里克林等人组织起来自称的“弗洛伊德小组”，荣格是小组的领导。

下一步将是为这些不同国度的弗洛伊德主义者们建立一个组织了。这个建议是由当时也在苏黎世布尔赫尔茨利医院学习，准备应邀赴美国担任一个研究所所长的厄内斯特·琼斯向荣格提出来的。迅速得到了荣格的赞成，作为一个出色的组织家，他立即着手进行各项准备工作，邀请人员、准备场地，前者不成问题，这是所有精神分析研究者一直忠心思之的事情了，只是都自感没有出面召集的资格与号召力。荣格是个天生的领袖人物，众所周知已在精神分析运动中得到了王储的地位，由他召集最好不过。组织的建立第一步是将世界各地的分析学家们召集来举行一次会议。这不复杂，发些邀请书，找处场地就行了，最方便的场地当然是旅馆，这些事情很快就完成了。一九〇八年四月二十六日，会议在奥地利萨尔茨堡召开。

这是一次名副其实的国际会议。精神分析的研究者们，不顾重重困难，研究这为千年传统和众人所不齿的思想，大部分人各自为战，常常感到孤立无援，现在在一面旗帜之下统一起来了，他们的力量从此大增，未来将是一条光明大道。

这次会议参加人数达四十二名，几乎与国际精神病学与神经病学的年会人数一样多。分别来自奥地利、瑞士、德国、英国、美国、匈牙利等国，来自美国的是A.A.布里尔，未来精神分析发展的另一个重要人物，美国精神分析事业的顶梁柱。他是个面貌平常、戴着金丝夹鼻眼镜的人，眼睛里总露出略带嘲讽的微笑，仿佛在嘲讽不能将他打倒的苦难。他一生历经磨难，靠打工修完了学业，得到医学博士学位，也是在用传统方法治疗神经症走投无路时找到了精神分析，从此决心献身于之。他在美国几乎是孤军奋战，所幸在一九一一年二月建立了纽约精神分析协会。

虽然有许多成立国际精神分析协会必办的事这次会议没有办，如大会的名称只是“弗洛伊德心理学会议”，也没有提出正式成立国际精神分析协会，没有订立章程，没有建立常设机构，没有明确招收会员、收取会费等，但这次会议仍被看作是国际精神分析协会的成立大会。会议只持续了一天，地点是布里斯托尔旅馆。共宣读了九篇论文，分别是：

弗洛伊德：《“鼠人”病例》

琼斯：《日常生活的分析》

里克林：《神话解释中的一些问题》

萨德格尔：《同性恋的病因》

斯泰科尔：《焦虑性神经症》

阿德勒：《生活中的虐待狂与神经症》

亚伯拉罕：《癔病与早发性痴呆的性心理差异》

荣格：《论早发性痴呆》

弗仑齐：《精神分析学与教育学》

弗洛伊德的《“鼠人”病例》报告完毕后得到了长时间热烈的掌声，这是精神分析史上最著名、最典型的病例之一。“鼠人”病例的主人公是名叫雷尔琴的律师。他很有才能，神经症症状是受制于几个强迫性观念：一是担心他生活中最重要的两个人——父亲与未婚妻会死去；二是强烈的自杀冲动。他自动回忆起童年的性史，他四五岁时有过一个叫彼得小姐的年轻漂亮的家庭教师，她准许患者钻到她的裙子下面去，抚摸她的下部，他从那时起就对女性生殖器有了深深的好奇，成了观淫癖。当他作为军官参加演习时，有一次另一个军官告诉他一种处罚犯人的酷刑：让犯人坐在一个坛子上，坛子里面装满了老鼠，再刺激老鼠，它们就会从犯人的肛门钻进去。他听到这个残酷的刑罚后就再也忘不了，并诱发了他的神经症。经过分析之后，弗洛伊德找出了律师的病因：他对父亲强烈的恨和压抑着的同性恋欲望。这个病例和它的治疗过程堪称是精神分析理论及其治疗的典型。

除了宣读论文之外，会议最重要的事是决定创办一份精神分析的专业刊物，取名叫《精神分析与心理病理学研究年鉴》，简称《年鉴》以摆脱其他刊物对精神分析学文章的歧视甚至封锁，使精神分析的研究者们有自己的园地与喉舌，以扩大精神分析的影响。经弗洛伊德提议由荣格担任《年鉴》的主编，他与布洛伊勒共任编委会主任。

这次会议标志着弗洛伊德自嘲的“光荣孤立”时代像过去的岁月一样一去不复返了。精神分析从此将走向国际，成为一项世界性的思想运动。

这时的弗洛伊德年届五十二，身高五英尺二，头顶已露出些许银丝，双眼犹若鹰鹫，凛然生威，从双耳下一直延伸到下巴的胡子修剪得整整齐齐，手里常捏着一根粗大的哈瓦那雪茄。恰如尼采谓叔本华所言：“他是一个表情严肃冷峻的堂堂男子，一个骑士！”

美国纪行

精神分析的第一次国际会议结束后，一九〇八年九月弗洛伊德去英国旅行，到曼彻斯特看望了他的老兄伊曼努尔和菲利普。在那儿做了一个星期客后又前往伦敦，在伦敦买了一支烟斗。他发现将雪茄塞在烟斗里抽感觉不错，以后就又多了一种抽烟的法子，他像找到了一种新治疗方法一般高兴。在伦敦的一星期里他几乎成天泡在大英博物馆，晚上则待在旅馆里看博物馆的导游图，研读明天要看的古希腊或者古埃及的文物的背景资料。最后一天他去了一下英国的国家美术馆，欣赏了雷诺兹和庚斯博罗的作品。他可能想从他们的作品中找到某些能反映画家精神的东西，像他以后对达·芬奇童年时期回忆的探索一样，从他的《圣母子与圣安娜》里找到灵感。我们不知道为什么弗洛伊德会在五十二岁时要进行这样一次远行。他上次去英国是他刚从人文中学毕业时，那年他十七岁。

从英国回来时，他绕道去了瑞士，同荣格待了四天，在这四天里他们的友谊更进一步，弗洛伊德仿佛感到，他与荣格的情谊将与阿尔卑斯山一样绵长，但是我们知道，他的这次直觉错了，他被友谊迷住了双眼。

一九〇八年真是他的旅行之年，从英国回来后，这年年底，他收到了来自大洋彼岸的一封信。给他写这封信的人他从没见过，他是美国克拉克大学校长、实验心理学创始人之一斯坦利·霍尔博士。校长先生在信中邀请精神分析的创始人西格蒙德·弗洛伊德教授前去参加克拉克大学二十周年校庆，并作有关精神分析的演讲，学校将付酬金四百美元。校长在信中说：

> 我未曾有幸认识您本人，但多年来我对您与您的追随者们所从事的工作深感兴趣，我本人也对此做过孜孜不倦的研究。

斯坦利博士的话没有夸大，他从《癔病研究》出版开始就关注精神分析这一几乎是全新的学科，在他的《青春期》一书中，五次提及弗洛伊德的著作。收到这封信使弗洛伊德十分高兴，他倒不是高兴四百美元的酬金，而是第一次有一所大学公开承认了他的学说——不是几个感兴趣的教授将精神分析介绍给学生，像布洛伊尔在瑞士伯尔尼大学的所为一样，而是以官方的名义公开地承认他，并请他在大学的讲坛公开宣讲，对于在欧洲一直遭受官方的医学院、研究所、医院排斥拒绝的精神分析学这无疑是个历史性的转折。弗洛伊德的高兴劲可想而知，但高兴归高兴，他却不能接受这个邀请，他知道这一去就得一个月以上，而且是春天，这时的维也纳人恨不得在一个月内将一年的病都生完了，好夏天后没病没痛地去郊区甚至国外玩个痛快。他要是耽搁了这一个月，明年的日子就不好过了。

弗洛伊德这时虽然行医的收入已经不算少了，但由于要供养的是一个有十六个常住人口的家庭，其中有六个要上学的孩子，还有父母与未出嫁的妹妹，那支出之大可想而知。所以，即使在没有额外支出的年份，他的收支也只能大体持平。但人怕出名猪怕壮，精神分析的追随者多起来后，来找他、向他请教的人日益多起来，弗洛伊德每次总是茶时请喝茶、饭时请吃饭。几乎每天都有四五个人来他家拜访，有时更多，弗洛伊德总是在给他们补充物质食粮后，再给他们补充精神食粮。这样的开销自然不菲，他必须多看几个病人了，有时只好从他有限的存款里支取。现在霍尔博士的机会虽然难得，但一家老小的生活更要紧一点。于是，他婉言谢绝了邀请。

弗洛伊德也许以为这样就没他的事了，但他对霍尔博士的自尊心了解得还不够，博士在接到他的信后，立即回信，表示他的酬金可以加到两千马克，并且克拉克大学将授予他名誉法学博士学位。这个学位可是鼎鼎有名的，很难有人抗拒得了，尤其对于弗洛伊德，他相信这也许是他一生可能得到的唯一一个名誉头衔，事实上这是他一生得到的唯一一个名誉博士头衔，这对于精神分析也是很宝贵的。另外，两千马克足够补偿他一个月不行医的损失，这样，他别无选择了。但他不想一个人去，他又邀了弗仑齐同去。当他再听说荣格也被邀请去克拉克大学表演语词联想实验后，就更觉得将不虚此行了。

一九〇九年八月十九日，弗洛伊德启程出发了，玛莎、亚历山大、孩子们全都来到北梯洛尔的一座别墅为他饯行，他将先从维也纳坐车到欧柏兰默格，再到慕尼黑，再到布勒门，最后从布勒门乘船横渡大西洋，他温柔地拥抱看上去比他小二十岁的玛莎、他流泪的孩子们，与因为没有能跟他一起去而有点垂头丧气的亚历山大亲切地握手，就登上了北上的火车。八月二十日黄昏时分，在火车上度过了疲乏的一天的弗洛伊德抵达了这次旅行的欧洲大陆最后一站布勒门港。

他一走出车厢，老远就看到了巨人般的荣格正在接站的人群里朝这边东张西望，弗洛伊德感到荣格周围的一切都因他的存在而变小了。他再一次庆幸精神分析有了这样的信徒。“光是他的体魄就足以让人不敢小瞧精神分析！”他不由得有点得意地想，张开双臂迎了上去。这时他才看见站在荣格身边，比他低一个半头的弗仑齐，两人都兴奋得满面红光。

他们好好休息了一个晚上，第二天又恢复了精力，在海港上各处转了转，午饭由弗洛伊德做东，弗洛伊德与弗仑齐一杯接着一杯地干葡萄酒，荣格却在一边笑着看，一副隔岸观火的样子。弗仑齐已经喝得有三分酒意了，先拉着荣格怂恿他放弃戒酒主义。弗洛伊德这时也放弃了平日的大教授模样，同弗仑齐一起哄荣格“喝一两滴”。荣格被他们哄服了，果真生平第一次让舌头尝到了酒味。但这一晚喝醉的不是荣格，而是弗洛伊德，饭局结束时他倒在了地板上。所以这晚创造了两个第一：荣格第一遭喝酒；弗洛伊德第一遭醉酒，也是唯一的一遭。

一九〇九年八月二十二日，弗洛伊德、荣格、弗仑齐登上了乔治·华盛顿号轮船，他们站在甲板上，看着欧洲大陆渐渐消失在水天相接的地方。

在船上他们一共待了差不多六天，这六天里弗洛伊德原准备用来写讲稿，但三个人在一块后都成了小孩子，半点看书写作的心思都没有了，成天站在甲板上饱览海天一色的壮观景象，互相释梦。一天弗洛伊德在餐厅看到一个侍者手里捏着一本《日常生活的心理分析》，他心里涌起了一股旧梦成真的感觉，第一次想起他也许真的已经“著名”了。六天一眨眼就没有了，八月二十七日下午，他们远远地看到了在薄雾中闪烁的自由女神像，纽约港到了！

迎接他们的是兴高采烈的布里尔。他那老是带着讥笑一般的脸上今天可是真正舒心的笑。他使劲摇晃教授的手，说：“尊敬的教授先生，美国的精神分析从今天起开始了一个新时代！”

弗洛伊德高兴地凝视着这位忠诚的追随者，笑着说：“亲爱的同事，我希望新时代从大都会博物馆开始。”还在家里时他就决定了到美国后第一个要看的是大都会博物馆，它与卢浮宫、大英博物馆合称世界三大博物馆，喜欢历史与古董的弗洛伊德将见识它当作他首要的目标。

走在纽约的大街上，面前尽是高耸入云的大厦，仰痛脖子才看得见顶，路人个个行色匆匆，脚下生风，像有一头狼在后面赶一般。“与维也纳完全两样！”弗洛伊德想，“不过与我完全一样！”他一向认为他是全维也纳唯一走路像跑步的人。最令人惊讶的是大街上成群结队的黑人，他们露出洁白的牙齿，全身如煤炭一般的黑，也同白人一样昂首挺胸。

但布里尔像所有的美国人一样认为只有自己才知道什么才是最值得看的地方。他第一天带客人们去看的是中央公园，然后驱车经过唐人街并参观了弗洛伊德的犹太同胞们的社区，下午游览了长岛。第二天才去了教授心仪已久的大都会博物馆，在那里他着重欣赏了古代塞浦路斯和希腊文明的大量遗物。这些东西他来以前进行了专门研究，因此反为布里尔做起向导来，纵然荣格是古代文明的专家，也不由得折服在弗洛伊德渊博精微的学识之下。

第三天厄内斯特·琼斯也赶来了，他的导游水平显然比布里尔高出一筹，他带他们去看了电影，这时电影还是刚出生的娃娃，弗洛伊德等三个欧洲人从来没有看过这玩意，弗仑齐高兴得像个小孩子，荣格也露出了最大的好奇，只有弗洛伊德对这些现代的奇技不太感兴趣，只是面带微笑地欣赏了一会儿，他钟情的是古代而非现代的物事。

克拉克大学位于新英格兰、马萨诸塞州的罗彻斯特市，距离纽约还有不小一段路程，在纽约待了一个多星期后，一九〇九年九月四日，弗洛伊德一行五人启程前往纽黑文，然后乘火车经波士顿到达罗彻斯特，在火车上弗洛伊德开始构思他将要进行的系列演讲。

他原来想过是否只讲一些他认为能为美国听众所接受的东西，例如解梦，但这样带来的负面效果是可想而知的，美国人也许会认为他的学说就像那些算命先生的玩意。他决定仍像他在欧洲所为的一样，从精神分析的理论出发，而非从美国人的耳朵出发。“忠言逆耳啊！”弗洛伊德暗叹道。

到达罗彻斯特后，校长派来的接待人员将他们分成两批接走了，其他人被安排在大学附近的斯坦第斯旅馆，弗洛伊德则被接到了霍尔校长家。校长怀着亲切与敬意接待了弗洛伊德。他已年过六旬，身材适中，脸部缺乏肌肉，满头白发，雪白的胡子有点向左歪，目光犀利，但眼睛稍稍嫌小，整个人显得有点冷峻。他的住宅很大，每个房间里都铺着地毯，都有大量的书，教授似乎将它们都看作书房。弗洛伊德住在一间相当豪华的客房里，与他自己朴素的书房颇不相同，令他有点不自在。

第二天讲座开始了，地点是约那斯·克拉克大厅，它是以捐赠者的名字命名的。上午九时许，弗洛伊德一改往日散步那种冲来冲去的速度，稳步走进大厅，他已经听说听众中不乏知名之士，像哈佛大学神经病学教授詹姆士·普特南、著名哲学家威廉·詹姆斯等。他对台下扫了一眼，点点头，算是行了个注目礼，以一种缓慢、清晰的语调开始了他的演讲，他声音不大，仿佛面对的不是数百人济济一堂的大讲堂，而是维也纳小组的十来位同志。但他的话语并没有因声音不大而听不清楚，相反，弗洛伊德就像金庸武侠小说中内功深不可测的少林高僧一般，每个人都觉得教授就在他的耳边对他说话，十分清楚。当然，如果他不懂德语就没有办法了。

女士们、先生们：

来到新世界，面对抱有很大希望、学而不倦的听众作讲演，我感到既新鲜又担忧。毫无疑问，我之所以能享有这样的荣誉，是因为我的名字与精神分析学这一主题联系在一起。因此，我所要同诸位讲的也是精神分析学。对于这一全新的诊查和治疗方法的历史与未来，我都将尽可能向大家作一个简要的概括。

如果精神分析学的诞生也是一份功劳的话，这份功劳并非属于我。这一学科的创立没有我的份儿。记得我还是个学生，正在准备期末考试时，维也纳就有一位名叫约瑟夫·布洛伊尔的医生，在一八八〇年到一八八二年期间，首先在一位患有癔病的姑娘身上试行了这种方法。我们现在直接来看一看这位姑娘的病历及其治疗吧。这方面的详细情况可以在布洛伊尔与我合著的《癔病研究》中找到……

当他演讲时，台下鸦雀无声，人们似乎被他的声音催眠了，他的话音一落，满堂掌声响起来。弗洛伊德的心情难以平静，这是他第一次听到他的演讲赢得如许掌声！饱经批判与谩骂之后，他知道在新世界里他的学说将赢得胜利。

弗洛伊德一共做了七场演讲，每场持续两个小时左右。他依照自己的计划，谨慎地引导听众进入精神分析的每一个主要领域：无意识、俄狄浦斯情结、宣泄疗法、自由联想等，每当进入“敏感”题目时，他总小心地避免用极端的词语，委婉但绝不回避。这样，他虽然也谈了神经症中的性病因、幼儿性经验等，却并没有遭到他在欧洲所遇的暴风骤雨般的批判，甚至没有批判，听众都冷静，还相当热情地接受了他的观点。每次都对演讲做详细记录的新闻记者也没有回去后大肆渲染性因素，他们的报道忠实而友好。做这样报道的包括《快报》与保守的《消息报》。

做完一周的演讲后，弗洛伊德在霍尔校长家接受了克拉克大学授予的名誉法学博士学位，荣誉证书上写着：

> 维也纳大学的西格蒙德·弗洛伊德，他创立的教育学新学派，方法新颖，硕果累累，他是当今性心理学、精神疗法和精神分析学研究的泰斗，特授予法学博士学位。

站在大众之前，接受这迟迟的荣誉，听到掌声满耳，弗洛伊德有点难以相信这是事实，他充满感情地说：“这是我们的努力第一次得到正式的承认，是精神分析童年时代的结束。”

仪式结束后，弗洛伊德就往他在美国诸多风景名胜中唯一向往的尼亚加拉瀑布去，站在几乎大海一般宽阔的瀑布边，听着震耳欲聋的水声，他的灵魂与瀑布共鸣。

与尼亚加拉大瀑布作别后，弗洛伊德与荣格和弗仑齐一道，拜访了位于阿迪诺达克山、靠近普拉西湖畔的普特南宅第，弗洛伊德美国之行的另一个最大收获是获得了普特南教授的友谊，教授以其道德的高尚与思想的深刻在全美国深受尊敬。

一九〇九年九月十九日晚，弗洛伊德再次抵达纽约港，二十一日在暴风雨中登上了恺撒·威廉·德·格劳斯号轮船，同月二十九日中午回到布勒门港。

第七章　国际精神分析协会

经过十年孤独，弗洛伊德终于初次找到了第一批同志，精神分析开始走向世界，它不再是一个孤独散步者的遐想，开始成为一项国际性的思潮，这本来是一段难得的好日子，但弗洛伊德刚踏出黑夜，又走入了黑暗。

走向世界的精神分析

在《朋友遍天下》一节里，已经介绍了精神分析已逐渐在世界各地获得了支持者，但那些只是几个精英似的人物，精神分析的传播不能满足于在几个人中间产生影响，它须如同阳光一般洒遍大众：由众人来接受或者批判它。从这个角度看，当然最好的办法一是介绍各地精神分析协会的建立，二是介绍各国对它批判的增长。这两者相辅相成，共同促进了精神分析在各地的传播。为什么将批判也看作传播的形式之一呢？因为一个思想遭到批判说明批判者至少对这个思想有所了解，只是不赞成它而已，传播不即是要人了解吗？而且，有许多追随者正是看到了喧嚣尘土的批判而对精神分析发生兴趣，转而成为它的支持者的。任何一个思想害怕的不是无人支持，而是冷漠与无视。那时，思想家就会如鲁迅所说的：

> 凡有一人的主张，得了赞和，是促其前进的，得了反对，是促其奋斗的，独有叫喊于人生中，而生人并无反应，既非赞同也无反对，如置身于毫无边际的荒野，无可措手的了，这是怎样的悲哀啊，我于是以我所感到者为寂寞。

弗洛伊德虽然一生充满了攻击、诽谤与谩骂，这是不幸的，却甚少那更大的悲哀：叫喊于生人中而并无反应，这是他的幸运。

精神分析最初的传播是从他的祖国奥地利开始的。

前面已经说过，弗洛伊德的著作渐渐有了读者，读者们渐渐来向这位备遭批判的创立者请教，他在维也纳大学开设的讲座也吸引了一些敢于吸收新思想的医生与学生。传播的正式开始以一九〇二年秋“星期三心理学协会”的成立为标志。开始的几个成员是卡海勒、里特勒、斯泰柯尔与阿德勒。后来这个小团体规模渐渐扩大，参加的人不断增多，像奥托·兰克、桑多·弗仑齐、卡尔·荣格等杰出之士的到来使“协会”感到自己的影响在扩大，觉得应当以自己的思想命名自己的组织了，于是，一九〇八年四月十五日“星期三心理学协会”更名为“维也纳精神分析协会”。直到一九一〇年纽伦堡会议举行、弗洛伊德决心将精神分析的中心转移到瑞士以前，维也纳一直是精神分析研究与运动的中心。

精神分析传播的第二个圣地是瑞士名城苏黎世。早在一九〇四年，弗洛伊德就收到了来自布洛伊勒的信，他是瑞士苏黎世大学的神经病学教授，也是著名的布尔赫尔茨利医院院长。他在信中说，两年之前他已经关心起弗洛伊德的学说，并且开始在大学里讲授精神分析了。这是精神分析除弗洛伊德自己在维也纳大学开课外第一次堂而皇之地登上大学讲坛、进入正规医院，而且是闻名于世的苏黎世大学和布尔赫尔茨利医院。对于国际精神分析运动比布洛伊勒更为重要的是，他的第一助手卡尔·古斯塔夫·荣格对精神分析也产生了极大的兴趣，他在《梦的解析》出版之后不久就读到了它，从神秘的释梦技巧中找到了他所毕生向往的神秘主义，也由此对弗洛伊德与精神分析产生了浓厚的兴趣。他从一开始就将弗洛伊德的思想推向了一些新的领域，出版了相关的著作，像《群体诊断研究》——这本书是他的“集体无意识”思想的苞芽，还有《论早发性痴呆》等。这些著作使弗洛伊德惊叹不已。从一九〇六年起，弗洛伊德与荣格之间开始了有规律的通信。在瑞士，荣格勇敢地、公开地站出来捍卫精神分析，与敌视它的人展开了激烈的辩论，他与布洛伊勒一道，成为精神分析的主要卫士，犹如赫胥黎之于达尔文和进化论一样。

布洛伊尔与荣格影响的结果是精神分析的影响在瑞士急速扩大，不断有人从瑞士来向弗洛伊德拜师学艺，如一九〇七年到来的马克思·埃廷根、普菲斯特牧师、卡尔·亚伯拉罕等，他们都将在精神分析以后的发展中起重要作用，如亚伯拉罕后来成为国际精神分析协会的第二任主席。一九〇七年，以荣格、布洛伊勒为首成立了“弗洛伊德小组”，成员有来自日内瓦的艾多尔德·克拉帕尔德、来自克鲁茨林根的宾斯瓦格、荣格的亲戚里克林等近二十名，其人数之众不下于“星期三心理学协会”，他们经常聚集在布尔赫尔茨利医院讨论弗洛伊德的著作。这是维也纳的“星期三心理学协会”之外第一个研究精神分析的团体。那时，原籍英国威尔士的厄内斯特·琼斯正在布尔赫尔茨利医院学习精神病学，也就是在这里他接触了精神分析并且成了它的追随者，他建议荣格举行一次精神分析的国际研讨会，这导致了一九〇八年萨尔茨堡会议的召开，它标志着国际精神分析运动的兴起。

萨尔茨堡会议后荣格成为国际精神分析运动的领袖，一九一〇年纽伦堡会议后，他当选为国际精神分析协会第一任主席，苏黎世成为协会总部所在地，也当然地成了国际精神分析运动的领导中心。

精神分析的第三个传播中心当属美利坚合众国。美国与欧洲大陆虽然相距遥远，但交通与通信的发展使距离大为缩短，弗洛伊德的思想也很早就伴随他的著作漂洋过海到达了大洋彼岸。一九〇五年，波士顿的莫顿·普林斯写信给弗洛伊德，赞扬他的“举世闻名之作”，并请弗洛伊德为他创办的新杂志撰稿。一九〇六年，詹姆士·普特南，哈佛大学神经病学教授，在二月份出版的《变态心理学》创刊号中撰文评述精神分析，这是第一篇对精神分析做出充分论述的文章。一九〇八年四月的萨尔茨堡会议上，有来自纽约的A.A.布里尔，会后他与弗洛伊德一起去了维也纳，在那里接受了弗洛伊德的训练，并成为弗洛伊德终生不渝的朋友和学生。

一九〇九年八月弗洛伊德的美国之行是精神分析在美国大行其道的关键一步，弗洛伊德被克拉克大学授予名誉博士学位并作了著名的《精神分析五讲》，他演讲的内容与他的风度征服了美国人，在欧洲报界对精神分析一向不友好，但美国报界对于弗洛伊德博士和他的讲座加以赞扬。弗洛伊德离开后，精神分析便在美国取得了正式地位，没有人将它视作旁门左道，这在欧洲还只是一个遥远的梦想。

这时，厄内斯特·琼斯、A.A.布里尔、詹姆士·普特南成了在美国为精神分析打天下的三剑客。普特南撰文充分肯定了弗洛伊德所作的演讲，但他的文章中的一句话使弗洛伊德颇为不快，他在文章中说弗洛伊德“不再是个年轻人了”。弗洛伊德写信给琼斯说这句话“加给我的伤害超过了所有其余的快乐”。不久后，弗洛伊德小小地报复了一下，他在为《精神分析中心报》翻译普特南的一篇文章时，在一个脚注中说普特南“很不年轻了”。他们这年一个五十三，一个六十三，说到老，半斤对九两。

但普特南身为哈佛大学神经病学教授，不可能将精神分析作为专业，将他的时间都用来讲授、宣传精神分析。这个工作得由厄内斯特·琼斯与布里尔来完成。他们两人在美国并肩开展了一场声势不小的精神分析广告战，一方面在各种刊物，如《变态心理学杂志》《美国心理学杂志》上大发文章，与反对者展开论战。这时，有关精神分析的文章在美国各个科学杂志受到普遍欢迎。另一方面翻译弗洛伊德的著作，并积极筹备一个组织来宣传精神分析和从事分析治疗。翻译的事主要由布里尔来做，他在维也纳时就请求弗洛伊德将他一些著作的翻译权交给他，弗洛伊德同意了，因为布里尔是他的朋友，他没有想布里尔是否做得好这个工作，这样的后果相当不妙，由于布里尔的母语是德语而非英语，他的译文总是德腔英调，常看得英国人莫名其妙。当琼斯向弗洛伊德指出这一点，请求让他来译时，弗洛伊德也许想琼斯是嫉妒了，不客气地说：“我宁肯要一个好朋友，不要一个好译者。”

琼斯这时就是精神分析运动的“外交家”了。他到处活动筹备成立一个组织。他与普特南商量，计划先成立一个非专业的精神分析团体。一九一〇年五月二日，在华盛顿的威拉德旅馆，“美国心理病理学协会”诞生了，主席是莫顿·普林斯；秘书是G.A.惠特曼；理事是费城的A.G.阿伦、纽约的奥古斯特·霍赫、巴尔的摩的阿道尔夫·迈尔、波士顿的J.J.普特南和厄内斯特·琼斯，他们都是精神分析的坚决支持者。另外选举了五位名誉会员：日内瓦的克拉帕尔德、苏黎世的福勒尔、巴黎的热内特，以及弗洛伊德和荣格，《变态心理学杂志》成为协会会刊。

美国心理病理学协会的成立有力地推动了精神分析运动在美国的发展。但它还不是专业的精神分析协会，随着一九一〇年纽伦堡会议的召开和欧洲各国的国际精神分析协会分会的出现，美国也势必要成立分会。但这时美国的精神分析运动已经由厄内斯特·琼斯和A.A.布里尔形成了两个中心。布里尔只在纽约活动，但他的活动取得了很大成绩，厄内斯特·琼斯在纽约以外的美国其他城市活动，琼斯希望全美国成立一个统一的国际精神分析协会分会，凭他的能力、资历和同弗洛伊德的亲密关系，组织无疑应当由他来领导，但布里尔不想让出自己的地盘，他是个懂得知足常乐者，也不想成为全美国精神分析运动的领导。他们两人一直是好朋友，尊重彼此的意见，就商定成立两个相互独立的分会。

一九一一年二月十二日，布里尔成立了国际精神分析协会纽约分会，有会员二十名，主席是布里尔，副主席是B.欧纳夫，秘书是H.W.弗林克。

这年五月九日，琼斯在巴尔的摩成立了美国精神分析协会，会议只有八个人出席，其中四人来自巴尔的摩。但这只是暂时情况，到第二年开会时就有了二十四名会员，另有不少人正在申请加入。

直到二十世纪三十年代，一九三六年八月二十六日在瑞士卢塞恩举行的国际精神分析大会上，两个性质相同的协会才实现统一，到今天，“美国精神分析协会”已经发展成了一个规模庞大的学术组织与开业医生团体，美国也早已成为国际精神分析的研究中心与运动中心。

精神分析第四个发展中心是匈牙利，与瑞士和奥地利一样，它也一度成为国际精神分析中心。精神分析在这里的发展与匈牙利和奥地利同属奥匈帝国毫无关系，它主要归功于一个人的艰苦努力，这个人就是匈牙利人桑多·弗仑齐。

一九〇八年二月二日，弗仑齐来到维也纳访问弗洛伊德，他的活泼与忠诚立即赢得了弗洛伊德的喜爱。他从弗洛伊德那里接受了精神分析训练后，回到布达佩斯开展精神分析运动，但弗仑齐的工作一直进展缓慢。一九一一年二月十二日，他在布达佩斯医学协会宣读了一篇有关暗示的文章，但被与会的医生同事们大泼了一盆冷水，幸好他人缘极好，才没有受到进一步攻击。弗仑齐仍不屈不挠地努力着，他并没有冒昧地去大声疾呼精神分析多么合理，而是和声细语地跟同行的朋友们“摆事实，讲道理”，用病例去说服他们。这样，经过实际观察，布达佩斯终于有一部分不那么顽固的医生相信精神分析的用处了，于是也开始试着用精神分析疗法，有时遇上没有办法的病例也送到弗仑齐这里来，终于渐渐有医生来向他学习精神分析疗法了。这样，几年过去，弗仑齐训练了一批精神分析学家，精神分析协会成立的时机成熟了。一九一三年五月十九日，弗仑齐正式成立了“布达佩斯精神分析协会”，有四名会员，主席是弗仑齐；副主席是霍罗斯；秘书是拉多；剩下的最后一名会员没有职务，权作听众。

一九一四年第一次世界大战爆发了，对于精神分析这是一次不小的灾难，因为大批精神分析学家都被赶上了前方，生死系于一线，当时的精神分析学家总共才那么几十百把人，损失一个就是损失总数的百分之一以上。但战争对于匈牙利的精神分析事业却起了不小的促进作用。这是一个极特殊的情形，是这么回事：

第一次世界大战以德国和奥匈帝国的失败而告终，一九一八年的一场革命使继任弗朗茨·约瑟夫的卡尔皇帝被废黜，奥地利由帝国变为共和国，匈牙利从奥地利的统治下解放出来。新政府是由库恩·贝拉领导下的共产党政府，弗仑齐对共产党一向持同情态度，也有许多朋友是有地位的共产党人，共产党政府上台后，全力支持弗仑齐就任布达佩斯大学教授，并且准备设立一座精神分析培训中心，专门训练精神分析医生。这时正是维也纳等其他地方的精神分析家们日子最难熬的时候，而且自从一九一三年慕尼黑大会以来，国际精神分析大会就没有召开过。

一九一八年九月，得到政府重视的弗仑齐在布达佩组织了一次国际精神分析大会，第一次有政府官员出面表示了祝贺，布达佩斯市市长宣读了政府的贺词，拨了一艘游艇供代表们游览蓝色的多瑙河。德国、匈牙利、奥地利三国的官员列席了会议，看是否能从这里找到治疗战后大量出现的战争神经症病人的法子。会后，有许多精神分析学家留在了布达佩斯，这里成了国际精神分析运动中心。

除了奥地利、美国、匈牙利三国外，其他国家都没有成为过国际精神分析运动的领导中心，但精神分析也在其他国家得到了广泛传播。

德国虽然与奥地利相邻，奥地利人与德国人同文同种，但精神分析在这里的传播从一开始就遇到了很大困难。德国精神病学家似乎对犹太人发明的精神分析这玩意儿不屑一顾。直到一九〇四年，才有个德累斯顿的A.斯特格曼写信给弗洛伊德说他用精神分析的方法治好了几个病人。一九〇六年德国《神经病和精神病》期刊上发表了一些简介似的小文章，它们还免不了要顺便将精神分析损几句。但这时精神分析的两名重要人物亚伯拉罕和埃廷根都来到了柏林，他们努力使这种局面得到改观，收效甚微。柏林的医生们简直不愿搭理这个外来者，只有弗洛伊德的老朋友威海姆·弗利斯向他表示了好意。但亚伯拉罕不畏艰险，继续努力，终于找到了朋友。一九〇八年八月二十七日建立了“国际精神分析协会柏林分会”，共只有五名会员，实际进行精神分析治疗的就亚伯拉罕一人。埃廷根虽说愿辅助亚伯拉罕的工作，但他不肯加入分会。亚伯拉罕乘胜前进，一九一〇年三月纽伦堡会议举行时，分会会员已经增加到了十名。

第一次世界大战结束后，有钱的埃廷根在柏林建造了一座开展精神分析教育的学校，并将它移交给了柏林精神分析学会。从此柏林成为唯一拥有专业精神分析医生培训学校的地方，训练了大批精神分析医生。因此，到一九二二年柏林代表大会时，在参加大会的一百一十二名会员中，来自柏林的竟达九十一名，柏林也成为精神分析医生的训练中心。

英吉利民族对于一切新事物都具有敏锐的眼光，也在奥地利之外最早介绍了精神分析。一八九三年一月，弗洛伊德与布洛伊尔在《神经病学中心报》上发表了《癔病现象的心理作用机制》，它是著名的《癔病研究》的前篇。仅隔三个月之后，英国精神病学家F.W.H.迈尔就在精神病研究协会全会上进行了评论，这年六月他的评论发表在《进展》上。也就是说，精神分析在奥地利诞生仅五个月之后英国读者就知道了他的存在。一八九七年迈尔又在这个协会上发表了《癔病与天才》的讲演，对《癔病研究》作了长篇评述，评述的简写本不久出现在协会会刊上，全文则发表在一九〇三年出版的迈尔博士遗著《人的个性》里，这时他去世已有两年。迈尔博士的文章在英国引起了不小的反响，这些反响像其他地方的一样，大部分不是很友好。

但英国有一个特点，“以名声论英雄”，当精神分析在欧美广泛传播后，英国人也就对它产生了好奇，对它的力量产生了某种敬意。于是，一九一一年初，弗洛伊德被选为英国精神病研究协会名誉会员。英国却无人去组织建立精神分析协会，像英国这个欧洲大陆首强没有分会是不可想象的。这一重任落在了厄内斯特·琼斯身上。这里毕竟是他的祖国，他在建立美国精神分析协会后不久，写信给弗洛伊德要求让他去英国建立分会。弗洛伊德回信说：

> 可以说，你在两年之内就征服了美国，我不敢说当你远离时事情会朝哪个方向发展。但我仍很高兴你打算回到英国，我希望你将为你的祖国做同样的事，在你离开后这里已经成了更肥沃的土地……我已经从像布拉德福德这样的城市收到了来信，至少有一个医生，奥斯勒，已经送来了一个原来一直在费登治疗之下的病人。因此你的工作可能比你想象的要容易一些。

确实，这时英国人对于精神分析似乎表示了有限度的接受，神经病学的权威杂志《脑》发表了一系列文章论述弗洛伊德思想。一九一一年七月二十八日，M.D.弗登在英国医学协会神经病学分会上面对八个听众宣读了一篇精神分析专论，当他读到神经症的性病因时，那八个听众像听见爱尔兰共和军的炸弹爆炸声一样逃跑了。

到达伦敦后，琼斯进行了艰苦的努力，取得了缓慢的进展，一九一三年十月三十日终于建立了国际精神分析协会英国分会，第一批成员共九人，主席是琼斯，副主席是道格拉斯·布莱恩，成员中最有名的当属性科学创始者哈威洛克·霭理士，但他和另一个会员威廉姆·麦克道格尔不久就退出了。

以后琼斯在英国还遭遇了许多挫折，但他以特有的外交手腕和坚韧劲顽强奋斗，逐渐使英国人认可了精神分析，训练了一批从事精神分析的医生。到一九二二年柏林代表大会时，正式参加大会的英国会员就有三十一名，仅次于拥有精神分析专业训练学校的柏林。

二十世纪三十年代开始，大批精神分析学家逃离了纳粹横行的欧洲大陆来到英国，弗洛伊德本人也在一九三八年流亡英伦，英国的精神分析事业遂得到了大发展。

在俄国，情形与欧洲大陆其他地方不同，也许是因为俄国人民的胸怀像他们的国土一样宽广，从一开始就没有因为精神分析的“伤风败俗”而对之加以批判抵制。弗洛伊德的著作一问世，他们就积极地组织翻译，莫斯科科学院甚至设立了一项奖金，专门颁给优秀的精神分析论文的作者。分析学家M.沃尔夫，由于宣传精神分析而被柏林的一家医院赶了出来后，移居到了俄国的奥德萨，在那里从事精神分析治疗，并通过与弗洛伊德和弗仑齐通信的办法来提高自己的分析技巧。圣彼得堡也有一位医生宣布，他将采用精神分析法进行治疗。一九〇九年，莫斯科出版了一份新期刊《心理治疗》，主要用来发表有关精神分析的论文。一个叫L.德罗塞的俄国医生告诉弗洛伊德，他们正积极地筹备建立国际精神分析协会的俄国分会。

但俄国分会始终没有正式建立起来，后来第一次世界大战爆发，国际精神分析运动停止了。战争结束后，俄国爆发了十月革命，精神分析这个“资产阶级腐朽思想的干儿子”在俄国的集体活动像克伦斯基政府一样完了，但是弗洛伊德的著作在后来的苏维埃政府并没有成为禁书，而是成了畅销书。

在这个时期，精神分析的唯一一块盐碱地是法国。我们知道，一八八五年，弗洛伊德曾在巴黎的夏科教授那里学习神经病学，那对他一生的思想与事业都产生了决定性的影响。在弗洛伊德创立精神分析以前，法国巴黎一直是世界神经病研究与治疗的中心，法国人引以骄傲，但在弗洛伊德创立精神分析以后，世人都将眼光转向了维也纳，这使得法国人心理失去了平衡，对精神分析采取了完全的抵制。尤其是夏科之后法国最重要的神经病学家皮埃尔·热内，他先是声称他才是精神分析的发现者，因为它最基本的概念“无意识”是他最早开始使用的，但后来他又公开说他认为自己发现的这个概念毫无价值。他的地位和这样的宣称对精神分析相当一段时期内在法国的发展宣判了死刑。

来自法国唯一的好消息是，一九〇九年普瓦提埃一个叫R.莫里肖—博桑特的医生给弗洛伊德来信预言说，法国终将成为精神分析的沃壤。

在弗洛伊德情有独钟的意大利，最早在一九〇八年出现了第一篇论述精神分析的论文。也就在这时，安可拉的莫德纳医生给弗洛伊德寄来了他写的一篇论文，弗洛伊德大大地赞扬了一番，他随即又送来了他翻译的弗洛伊德的《性学三论》的意大利文译本。一九一〇年十一月，佛罗伦萨的阿萨吉奥利在意大利性学会议上宣读了一篇有关升华的论文。

然而，生性快活、无忧无虑的意大利人是难得得神经症的。意大利的神经病医生为数很有限，研究精神分析的人就更少了，彼此之间也缺乏联系，因此直到大战结束始终没有建立精神分析协会。

在荷兰，从一九〇五年起，奥古斯都·斯泰克就开始运用精神分析法进行治疗。从雷登来的一位冉·凡·艾姆登医生请求弗洛伊德收他为学生，并与他的另一位同胞A.W.梵·伦特盖姆一起参加了一九一一年在魏玛举行的国际精神分析大会。

荷兰精神分析运动的高峰是一九二〇年九月八日在海牙举行的国际精神分析大会，这是第一次世界大战结束后国际精神分析协会的第一次正式代表大会，也是一年多之前还相互是敌国公民的人们第一次为了科学事业而友好相聚。荷兰的精神分析学家为那些沦为战败国而囊中羞涩的奥、匈、德国同行提供了路费和住宿。

此外，在欧洲其他国家，瑞典、丹麦、芬兰、挪威等国也有医生运用精神分析治疗神经症。

在亚洲，以重视精神的自我内省著称的印度也来向精神分析的祖师学习精神人为分析的方法——来自德里的苏德兰在维也纳与弗洛伊德进行了许多次长谈，他正在将《梦的解析》译成孟加拉文，他的话语使弗洛伊德受益匪浅。

在大洋洲，一九〇九年悉尼有一小帮医生在研究他的著作，一个叫唐纳德·弗拉色的医生建立了一个精神分析小组，并且在各个协会作了一系列的有关演讲，弗拉色又是一位以教规严格闻名的基督教长老会教长，由于宣传弗洛伊德的思想，他被解除了教会里的职务，像德国的M.沃尔夫一样，成了精神分析运动的殉道者。一九一一年，安德鲁·戴维森博士，澳大利亚医学代表大会心理医学和神经病学分会秘书，邀请弗洛伊德在澳大利亚医学大会宣读论文，弗洛伊德高兴地寄去了一篇。他的论文在大会上受到了谨慎的欢迎。

以上是精神分析在欧、美、亚、大洋洲的传播简况，材料止于一九二二年柏林代表大会。这段时期是精神分析运动国际化的童年期，但犹如一个人的早年经历决定了他将来的精神状况一样，这个童年期的发展也决定了精神分析发展的远景。由于资料所限，上文所提供的情况可能不很完整，但大体如此。在第一、二次世界大战之间，国际精神分析运动得到了进一步发展，也经历了新的挫折，这在以后还要叙述。

国际精神分析大会

“组织性”可以称为人类本性之一，它来自人类从动物阶段就起源了的群居，像现在的大猩猩和猴子一样，精神分析家们，作为比猴子们要高级得多的灵长类动物，群居性自然也要高级得多。他们不是像猴子一样居在一块就拉倒，他们要建立一个组织，它与群居根本的不同之处在于：他有用文字表述出来的规则，这些规则将制定他们行为的特征以及在一定时期的行动，这使得他们即使没有居住在一个地方，也能像群居者一样集体行动。这种行动，主要是指国际精神分析协会的成立以及相关的国际精神分析大会的召开。与世界各地成立分会一样是精神分析走向世界，成为国际性思潮的另一个主要标志。

一九〇八年四月二十八日的萨尔茨堡会议被公认为是国际精神分析协会的成立大会。但在那次会议上既没有规定协会章程，也没有选举管理机构，很难说一个没有主席、章程的组织是一个正式的协会，但在那次会议上也做了许多直接导致完整的精神分析协会产生的事情，如决定了下次会议的召开、出版一本专业刊物《年鉴》等。

一九〇九年弗洛伊德周游了英美瑞士等国，将他的主要精力都投到这上面去了。美国之行结束后，已经是九月底了，十月份是弗洛伊德门诊的高峰期，再往后天气就冷了，因此，这一年就没有开成另一次国际精神分析大会。

第二届国际精神分析大会于一九一〇年三月三十日在德国纽伦堡召开。这次会议是由上次弗洛伊德与荣格商定由荣格筹备的，弗洛伊德提前到达了会议的举行地点，他决定将这次大会当成国际精神分析协会正式的成立大会。

弗洛伊德找到了桑多·弗仑齐，请他起草一分国际精神分析协会的组织大纲。弗仑齐感激地接受了这个光荣的任务，这足以表明弗洛伊德对他的倚重。由于弗仑齐忠诚的天性，弗洛伊德从认识他开始就对他抱着绝对的信任，这也是他所有的信徒中唯一享有这样信任的。他坦率陈述了他对于国际精神分析协会应该成为一个什么样组织的看法，他说：“精神分析的形势不足以达到民主的平等：应当有一个柏拉图所说的哲学王性质的精英。”他的话与弗洛伊德心中所想的完全一致。弗洛伊德告诉弗仑齐，他希望国际精神分析的中心从维也纳转移到苏黎世，由荣格出任国际精神分析协会的“终身主席”，凡在《年鉴》上发表的文章都要经由荣格同意才能发稿。他还带点怨气地告诉弗仑齐——他最早的跟随者：维也纳的同事们让他头痛，他们钩心斗角、拉帮结派。他的这些话都像他的其他教诲一样深深地印在了弗仑齐的头脑，它的效应马上就会爆炸开来。

三月三十日会议正式举行，第一项是宣读论文，弗洛伊德宣读了题为《心理分析疗法的未来图景》的论文，亚伯拉罕的论文是有关恋物癖的，阿德勒的论文是有关精神性两性畸形的，荣格也提供了出色的论文。

下午，会议继续举行，大会主席弗仑齐站起来提出了三条建议：

一、正式成立国际精神分析协会，我们还记得上次的萨尔茨堡会议名字只是“弗洛伊德心理学会议”。

二、由荣格担任协会的主席，并且是终身主席；里克林出任协会秘书，负责收集会费、承认各国成立的精神分析协会、答复会员来信等。

三、为了使《年鉴》成为纯粹科学的刊物，给协会主席荣格以审查所有要发表的文章的特权，他将全权决定一篇文章是否发表。

弗仑齐话音未落，下面已经像被捅开了的马蜂窝，维也纳的会员们站了起来，大声嚷嚷：

“我们不要独裁者！”

“要自由选举！”

“精神分析的中心应在维也纳！”

“凭什么压制维也纳人，抬高瑞士人？”

最后一句话终于惹起了好脾气的弗仑齐的火，他厉声说：“因为他们的方法不论在内容上还是形式上都更为科学，他们都是大学科班出身的精神病学家，在这一点上你们维也纳人望尘莫及。你们都是被遗弃的人，没有一所大学，没有一所医院，甚至没有一家受人尊敬的诊所是属于你们自己的！”

这些话大大地伤害了维也纳人的感情，或者说是捅着了他们的痛处，他们跟从弗洛伊德七八年来，就是因为坚持了弗洛伊德的思想才遭受了世人的冷落攻击，才没有被大学和医院接受，而现在这竟成了他们受到歧视的借口，是可忍，孰不可忍！他们恨恨地退回了旅馆房间。

弗洛伊德跟了进去，发现除他外所有的维也纳人都在斯泰科尔房间里，他们将不满对着一向尊敬的教授先生冲去。他们当然知道，弗仑齐的发言多半是受弗洛伊德的委派而发的，难道他那些不逊之辞也是教授指示的吗？

面对这种情况，弗洛伊德只得将他这样做的另一理由告诉了他们：这是为了避免反犹分子最恶毒的攻击。

我们知道，精神分析这批最初的追随者几乎是清一色的犹太人，即使在国外，大部分的会员也是犹太人，这使得精神分析在许多敌意的杂志上被称为“犹太人的杂碎”，是“这个民族低劣淫荡的象征”。弗洛伊德知道这样的攻击对于精神分析是致命的。精神分析想早一日摆脱这样的指控，就得早一日将它与非犹太人联系起来，最好将它的指挥权交给非犹太人。这样就难以将它骂作“犹太人的杂碎”了。也只有这样，精神分析才能在未来赢得立足之地。

弗洛伊德将他的苦衷向与他历经磨难的同志们诉说，最后他激动地说：“我的敌人们恨不得眼看着我饿死；他们都想从我身上把我的大衣剥下来！”

他的话使房间里陷入了死寂，他们何尝不理解弗洛伊德的话，要不是今天的情形令他们忍无可忍，他们一定会反过来安慰弗洛伊德，他们的火气被熄灭了。弗洛伊德用他洞察一切的眼光了解了一切，但他不能以熄灭他们的怒火为满足，他得提出让他们觉得满意的解决方案。他建议在瑞士的《年鉴》之外，在维也纳创办一份刊物，由阿德勒与施泰柯尔任编辑，杂志的名字叫《精神分析中心报》。另外，他还想从维也纳分会主席上退下来，由阿德勒接任，施泰柯尔任秘书。这样，最不平的两个人被安顿好了，这个事件也就告一段落了。他们提出的唯一一个修改是荣格不能任终身主席，两年后必须重新选举。因为他们相信，荣格迟早会离开精神分析事业，弗洛伊德一点也不信。

第二天的会议在相对平静之中结束了，荣格就任国际精神分析协会主席，里克林就任秘书，并负责一分新的刊物《国际精神分析协会公报》，简称《公报》。

对于这次弗仑齐的提议所引发的冲突，弗洛伊德很感悲伤，他在不久后给弗仑齐的一封信中说：

> ……你令人振奋的提议不幸惹起了这么多争吵，使得他们忘记了感谢你放在他们眼前的重要建议。任何分会都不感谢你，但那没有关系……我将放弃维也纳分会的领导职务，并且不再进行公开的活动……我甚至不相信他们会感到有多难过。我差不多扮演了一个令人不满的、不需要的、叫人头痛的老头子的角色。

纽伦堡会议给人留下了难忘的印象，但它的作用也是显而易见的，它使精神分析第一次有了一个正式的组织，开展了公开的活动，给将来进一步的发展提供了良好的契机。它标志着精神分析从此将不再只是一些有相同或相近观点的人，而是一种国际性的思潮、一个运动，它的成员属于一个有组织的集体，它具有更强大的生命力。精神分析之舟将历经风吹浪打，永不沉没。

第三届精神分析会议于一九一一年九月二十一日至二十二日在德国魏玛举行。它是因歌德而闻名的城市，歌德曾长期在魏玛大公国做官，贵为枢密顾问，市内有歌德亲自监督建造的大皇宫。参加会议的有来自欧美各国的约五十五名代表和旁听者，第一次有了女医生参加，她们是苏黎世的斯韦斯特·莫尔泽、柏林的冯·斯塔克、慕尼黑的玛莎·波丁豪斯等。

参加这次会议的旁听者中有一位特别的女士，她就是有名的洛·安德烈亚斯—萨洛美。

萨洛美身材高大，双眼大而传神，有着一张充满无法描述的魔力的脸，她是那种不是十分美丽却有着不可言说也不可抗拒的魅力的女人。她出生于俄罗斯一个富有而有教养的家庭，有六个极爱她的兄弟，她嫁给安德烈亚斯的缘故是他威胁她如果不和他结婚他就自杀。她在提出这样一个条件后答应了他，那就是他永远不能强迫她与他发生性关系。她替他雇了一个年轻漂亮的女仆来满足他，自己则在欧洲到处旅行，不断寻找新的情人来激发她的灵感。她在旅行中发表了大量小说、诗歌、散文，她有过数不清的情人，他们都是些有才华的人：当里尔克处于他创造力的巅峰时，她是他的情人；她是孤独的尼采一生中最爱的女人——如果不是唯一的话，但她却没有将尼采视为她的情人。痛苦的尼采这样喊道："天下唯有她方理解我哲学中无法言说的那部分！"像所有有才能的人一样，她也多少有神经症的症状，这使得她能轻易地理解精神分析中许多"正常"人看来奇怪甚至荒唐的理论，并且能发现它们超越常理的真理性。她请求弗洛伊德允许她去维也纳拜访他，当然，她今年五十岁了，也知道弗洛伊德幸福的婚姻生活，不会是去找他做情人。她一是想由精神分析的鼻祖分析她的精神：她自己尚不知情的无意识、她已忘却的童年经历等；二是想对精神分析做出她自己的观察。久仰大名的弗洛伊德同意了。后来，萨洛美果真来维也纳接受了弗洛伊德的分析与训练，训练结束后回到老家哥廷根成了非专业的精神分析专家。

会议的第一天按常规宣读论文，亚伯拉罕的论文是有关躁狂抑郁精神病的研究；弗仑齐的是有关同性恋的；荣格除潇洒自如、妙语连珠地主持会议外，自己也宣读了题为《精神病和精神神经症的象征意义》的论文。所有论文赢得最持久的掌声的是兰克的《诗歌与神话传说中裸体意象的动机》。这些文章都是精神分析著作中的闻名之作，尤其是兰克的论文已经成了神话研究中的名著。

这次会议有一篇意义特殊的论文，名为《哲学对于精神分析未来发展之重要性》，宣读者是美国著名神经病学家，同时称得上哲学家的詹姆士·普特南。他这次特意随美国代表团一同前来参加会议，使弗洛伊德与荣格既高兴又深感荣幸。从这个事实就足以让某些美国人攻击的精神分析不道德的种种谣传成为废话。至于他散发着新黑格尔主义晦涩气味的论文，弗洛伊德像往常评价哲学一样，敬而远之。后来他说："普特南的哲学使我想起建筑中的天顶装饰，每个人都仰慕它但谁也不会去碰它。"

这次会议也是到目前为止三届国际精神分析大会中最完满的一届。阿德勒这时已经带着他的一帮朋友离开了弗洛伊德的精神分析事业，建立了他自己的"自由精神分析协会"。维也纳分会其他成员都是弗洛伊德的忠实追随者，不会再拗弗洛伊德的意与荣格为难。荣格与弗洛伊德的友谊正处于最和谐的时期，弗洛伊德在来魏玛前曾去荣格耗资巨大的库斯那赫特的新家做客。荣格与弗利斯一样，娶了一个有钱的妻子，他的妻子艾玛是瑞士最大工业家之一的女儿，两人一同在美丽的苏黎世湖上泛舟，讨论各自研究的进展。弗洛伊德相信荣格终有一天会与他一样得享大名而不会如他一样饱经磨难。在这次会后，厄内斯特·琼斯与汉斯·萨克斯结伴去拜访了尼采的妹妹、当时也住在魏玛的伊丽莎白·福斯特—尼采。她与尼采一生有极深的关系，尼采终身未婚，也可以说终身在母亲与妹妹两个女性的照料之下度过，尤其是患精神病之后，伊丽莎白成了唯一接近他的人。她此时正在写作尼采的传记。琼斯他们向她介绍了精神分析与她兄长的思想的关系，这她倒不关心，这种崇拜她的哥哥、想与他的思想或他的人搭上关系的人多的是，她只是对也来参加会议的萨洛美极表痛恨。她认为萨洛美这个“恶魔”，先是勾引，继而又拒绝她哥哥的求婚，与他晚年精神病大发作以至于死很有关系。

本来，下一年，即一九一二年，第四届国际精神分析大会将要举行，但就在这一年，荣格在夏末去了纽约，在那儿作了一系列的演讲。接着，九月份，一个名叫史密司·艾利·杰利弗的人促使一所耶稣教会学院邀请荣格举办讨论精神分析学的一连八个讲座，这样，这一年荣格就没有时间再在欧洲主持国际精神分析大会了，没有了他这个主席会议显然开不成。以后我们可以知道，这实际上是荣格的一种躲避。

第四届国际精神分析大会推迟了一年之后，于一九一三年九月七日在德国慕尼黑举行。参加会议的有来自有分会的美国与欧洲各国，共约八十七人。这个时期正值弗洛伊德一生中最多病多痛的时期之一，感冒、神经痛、风湿痛、结肠炎一齐涌来，令他苦恼不堪。他在给琼斯的一封信中说：

> 我一生中几乎从来没有像现在这样充满小病小灾的。这就像碰上一阵坏天气一样，只有等着瞧，看看到底是我能抵得住，还是这鬼天气占了我的上风。

弗洛伊德本想将这次会议宣读论文的时间让给年轻会员，自己不再宣读论文，但在荣格、亚伯拉罕、琼斯等人的恳切请求下，弗洛伊德让步了，他宣读了一篇题为《强迫性神经症之诱因》的论文。其他的论文则平平无奇，瑞士分析家们的论文充斥着各种统计表格与数字，读起来令人眼皮打架，这使弗洛伊德极感失望，他对琼斯评论说：“所有各式各样的批评都冲着精神分析来过了，但这次又有了新的一种：谁都会说它令人厌烦。”

这次会议的另一个特点是充满了火药味，维也纳人与瑞士人之间展开了激烈的相互攻击，国际精神分析运动的分裂已成定势。这将放在下节来讲。

在慕尼黑会议之后不久，荣格辞去了国际精神分析协会主席及《年鉴》主编之职，后来干脆退出了协会。他的职位由卡尔·亚伯拉罕接任，他是弗洛伊德最忠实的学生之一。从此直到弗洛伊德去世，精神分析运动再没有大的背叛出现，一直将弗洛伊德的理论作为协会的基础。

第五届会议本来定在次年，即一九一四年举行，但接替自杀的鲁登道夫为皇太子、将继任奥匈帝国帝位的斐迪南大公改变了一切。他于一九一四年六月二十八日在萨拉热窝被塞尔维亚民族主义者刺杀，奥匈帝国于是向塞尔维亚宣战，英俄德法相继投入，第一次世界大战爆发了。

不久，精神分析学家们，奥托·兰克、萨克斯、陶斯克等相继被奥军征召入伍，弗仑齐在匈牙利做了军官，亚伯拉罕也在医院做了军医，许多原来的同志成了战场上相互残杀的敌人。弗洛伊德的三个儿子全部被征入军中，弗洛伊德天天只顾为孩子们担心，第五届国际精神分析大会也就成了弗洛伊德抽屉里的一纸空文。

这样的情形一直延伸到一九一八年大战结束。这年，在匈牙利春风得意的弗仑齐邀请弗洛伊德夫妇到匈牙利的塔特拉山脉度一次久违的假，还筹备了第五届国际精神分析大会，会议于九月在布达佩斯召开，共有来自奥地利、匈牙利、荷兰、德国的四十二名精神分析学家与爱好者。

由于大家都忙于战争，这次会议宣读的论文质量不高，却是国际精神分析大会中前无往者、后无来者的最风光的一届，列席会议的除了精神分析学家与爱好者们外，还有了正式的官方人士。会议开幕式上，布达佩斯市市长代表政府致欢迎辞，还宣布提供一艘游艇供代表们游览蓝色的多瑙河。德国、奥地利、匈牙利三国的官员们出席了会议，他们想听听精神分析的理论是否能把那些在战争中大量涌现的各种战争神经症患者变成战前一样的正常人。这时，精神分析学家们才又惊喜又得意地发现他们的学问不仅能治病救人，还能为国效力。

战后第一次国际精神分析大会是一九二〇年九月八日在海牙举行的第六届大会。来自欧美诸国的共六十二名代表出席会议，分别是：美国两名；奥地利七名；英国十五名；德国十一名；荷兰十六名；匈牙利三名；波兰一名；瑞士七名。此外还有五十七名人士作为客人参加了会议，包括安娜·弗洛伊德，她这时已经随父亲学习精神分析。

从这些参加者们我们可看出，它们中有许多原来是敌国公民，但为了科学这一无国界的伟大事业，亲密地聚集在一起，精神分析于是也超出了科学的意义，成为和平与友谊之桥梁。正像《国际精神分析报》在战时扮演的角色一样，它一度是全欧洲唯一在战时坚持出版发行，并冠之以“国际”头衔的国际性科学刊物。

弗洛伊德做了题为《释梦理论的补充》的学术报告，亚伯拉罕也宣读了《女性阉割情结之表现》的精彩论文。

弗洛伊德对这次会议相当满意，不仅它是战后最早召开的国际会议之一——倘若不是最早的话，还因为他在这里看到了精神分析并没有因战争而衰落，而是相反，战争哺育了它：一方面，它用大量事例证明了弗洛伊德理论之正确性；另一方面，它又用治疗实践表明了它对于人民、对于国家能够做出积极的贡献，像它能治疗战争神经症一样！弗洛伊德不止一次地说过，他“为这次大会感到自豪”。

以后，国际精神分析大会仍按时举行着，但这里不做一一记述。弗洛伊德生前最后一次重要大会是一九二二年九月二十五日到二十七日在柏林举行的，这也是弗洛伊德生前参加的最后一次国际精神分析大会。弗洛伊德在会上宣读了题为《无意识略论》的论文。这时的国际精神分析协会规模已经非同小可了，共有二百三十九名正式会员，另外还有许多人在排队等候。来柏林参加会议的会员有一百一十二人，另外还有一百一十五名客人，与会者中十一名来自美国、三十一名来自英国、九十一名来自柏林、二十名是没有跟荣格走的瑞士人，其他大部分来自奥地利与匈牙利。面对这济济一堂的弟子们，已经六十六岁的弗洛伊德怎能不感慨万分！

这次会议中最令弗洛伊德喜悦的是新一代分析家们的成长，年轻的会员们纷纷提出了高质量的论文：像弗朗茨·亚历山大和卡伦·霍妮关于女性心理学的论文，格查·罗姆将精神分析用于人类学研究的论文都引起了弗洛伊德的很大兴趣。他知道精神分析将会发展下去，即使他有朝一日不能再站在这儿听取他们稚嫩然而铿锵有力的声音。

背叛风潮之一：阿德勒

从本节开始，将要讲述精神分析发展过程中仅次于理论本身的一件大事：精神分析内部的分裂。

国际精神分析运动主要有两次著名的大分裂：分别是阿尔弗雷德·阿德勒和荣格

与弗洛伊德精神分析运动的决裂。他们的决裂对于精神分析运动与弗洛伊德都造成了不小的影响，也成了学术史上两件屡屡被人提起的大事，有许多对精神分析怀着莫名的敌意，而且对于它并没有充足的了解的人，都借此对弗洛伊德提出了尖锐的怀疑与批判：你瞧，他自己的朋友、弟子与接班人都离开了他，不是说明精神分析荒唐的最好根据吗？有人似乎想当然地认为，离开精神分析的人都是由于“良心发现”而迷途知返的。像一家英国报纸在得知荣格与弗洛伊德分道扬镳的事后，在报纸上登出整栏新闻，标题是：瑞士人迷途知返了！

但事实到底是怎样的呢？在这两个事件中弗洛伊德扮演了什么样的角色？它的前因后果究竟如何？它对于精神分析的未来发展与弗洛伊德的人生产生了怎样的影响？找到这些问题的答案是了解弗洛伊德生平与精神分析发展史的必经之路，我们将要一一解读，由于这两件事的来龙去脉相当复杂，将分两大节分别讲述。

阿尔弗雷德·阿德勒是精神分析的第一批追随者之一，也是第一批追随者中的翘楚，关于他的大致情况，我们在前面《朋友遍天下》一节中已经作了简要介绍。这里主要讲述他与精神分析运动及弗洛伊德的关系。

一九〇二年深秋的一天，弗洛伊德写下了一张明信片，维也纳人通常用它来作请柬，上面写着：

亲爱的同行：

经有关人士提议，我们将举行一次科学讨论会，特邀请您参加，如蒙惠允，请于×月×日八时半光临贝格街十九号。

顺致最良好的祝愿

您忠诚的
西格蒙德·弗洛伊德博士

在接到这张明信片的四个人当中，就有阿德勒和威海姆·斯泰科尔二人，他们后来结伴离开了弗洛伊德与精神分析事业。

从第一次聚会起，精神分析事业有了第一批同志，他们每星期三都聚集在弗洛伊德的住所，讨论有关精神分析的诸多问题。

阿德勒是怎样与精神分析事业联系在一起的呢？这是斯泰科尔引荐的结果。找到几个同志共同讨论弗洛伊德的著作这个主意本来是斯泰科尔提出来的。他是个热情而又喜欢出谋划策的人，而且老早就与弗洛伊德是好朋友和最早自称的弗洛伊德主义者之一了。当他向弗洛伊德提出这个主意时，还没有忘记推荐哪些人可以作为适当人选。他向弗洛伊德介绍说，阿德勒也是医生，在医生们习惯一起喝咖啡的多姆咖啡馆，他与阿德勒是邻桌，后来他们又都转到了中央咖啡馆，那儿是知识分子们讨论时局的中心，阿德勒在那里成了一群人的中心，从很早起，他就是一个热情的政治参与者了，说精确点，他在那里热情洋溢地宣传社会主义，找到了不少信奉者，成了一帮人的头头。也是在那里，他公开站出来说精神分析的好话，断定弗洛伊德的发现有重大意义。

弗洛伊德得知有这样一个既有眼光又有能力的人对于精神分析有好感，自然异常高兴，马上给他寄去了明信片。

从照片上看，阿尔弗雷德·阿德勒是个面貌平凡，甚至有点难看的人，这也许是他后来的思想中将男性的器官缺陷放在重要地位的原因之一。他头不大，圆圆的，肤色很黑，一头又粗又乱蓬蓬的头发，蒜头鼻子，厚嘴唇，脸上唯一出众的是他那自信而威严的目光。使人觉得他天生是领袖，而非追随者。不错，从第一次会议起，他就向弗洛伊德明确表示，他并非弗洛伊德教授的弟子，也非追随者，他是独立的阿德勒，他接受弗洛伊德的许多思想，但也对他另外许多观点心存疑虑，他还有许多自己独创的观点，他希望能与弗洛伊德平等地共同探讨。弗洛伊德对他的话毫不反对，这就是他们开始时良好合作的基础。

这样，从一开始，阿德勒就与弗洛伊德保持着明显的距离，他与弗洛伊德的交流只是星期三的讨论会，其他时间他们之间基本上没有私交。这是可以理解的，知识分子之间的友谊常常是以观点之间的相同或相近为基础的，这样他们才有“共同语言”，现在他们之间既然有那么多不同，也就难成挚友了，至于相同观点的存在，可以用星期三的一起讨论作为补充。阿德勒没有说明他们之所以不能成为追随者的另一个主要原因：弗洛伊德，作为精神分析的唯一发现者，在这一领域是无可置疑的权威。这一事实直接影响到他的人际交往，小组其他成员根本没有想过要与弗洛伊德一争高下，也不认为自称为弗洛伊德的弟子有什么丢脸的地方。但阿德勒却不同，他天生无法承认任何人比他高明，也不承认任何人可以做他的导师。这是他出众的才智所必然导致的结果。我想这是容易理解的，我们见过几个才华横溢者甘居人下呢？

所以，讨论开始之时，即是他与弗洛伊德分歧开始之日。起初这些分歧只是科学工作者之间正常的关于科学上的歧见，他们各自宣读论文，然后对不同意之处展开讨论，求同存异。这样，即使不能达到歧见的消除，也没有更进一步的害处。

使这种正常的分歧状况发生变化，也就是说，使分歧公开化的是一九〇八年的萨尔茨堡会议。在那次会议上，在讨论出版一份新的刊物时，弗洛伊德没有邀请维也纳的同事们参加，只是在布洛伊勒的房间与荣格、卡尔·亚伯拉罕、弗仑齐、布里尔等人一起商讨了有关出版事宜，并决定杂志在瑞士由瑞士小组资助出版，由荣格做主编，弗洛伊德与布洛伊勒做编委会主任。会议完毕后，在回维也纳的火车上，他的最早的同志们向弗洛伊德发动了进攻，为首的就是阿德勒。

阿德勒直言不讳地说他们都认为这次会议上弗洛伊德冷落了维也纳人，把他们当作“穷亲戚”，专门去向瑞士的“阔亲戚”们大献殷勤。他这样做大大伤害了他们，多年来，他们是他的唯一支持者，在他四面楚歌的时候，只有他们勇敢地与他站在一起，而现在当精神分析事业有了发展，他的支持者多了后，他就将老同志们丢到了一边。他的言下之意当然容易听得出来，是“过河拆桥”“嫌贫爱富”之类的话。

这些话听起来是有道理的，弗洛伊德于是耐心地做了解释，首先他当然不是有意冷落同乡们，他们经常在一起讨论，回到维也纳后也有的是时间，这次好不容易与远方的瑞士人聚在一处，机不可失，他就与他们多待了一些时候，完全是形势所致。其次，虽然在三名主要编辑人员中有两名瑞士人，但发表的文章却与这个比例无关。他们维也纳人在《年鉴》中发表的文章仍将占其中的大多数，他的意思大概就是说，瑞士人不过帮忙掏掏钱罢了。

这番话使阿德勒等人的不平之气平息下去了，却已在脑子里留下了阴影。回到维也纳不久，在阿德勒等人的要求下，星期三讨论会的地点由弗洛伊德家移到了维也纳医生公会礼堂，使讨论会在形式上不那么弗洛伊德化了。这并没有减少成员之间的争论，他们像一个兄弟众多的家庭一样，长大了的兄弟们性格各异、气质不同，又大都是自负之辈，因此每当一个人宣读毕论文，到了评论时间时，往常冷静客观、以共同促进为目的的评论逐渐退化成了互相攻击，而且一次攻击更带来另一次的报复，因为每一个人都有相同的机会宣读论文，也就有了相等的被攻击的机会。在这样漫无休止的战争中，成员们逐渐分成了两派，一派是弗洛伊德的忠实弟子，应该指出的是，弗洛伊德自己与支持他的这一派毫无关系，至少从来没有就凭他们是他的忠实弟子而支持他们的观点。另一派则是阿德勒的好朋友们，两派之间的分立自然也以弗洛伊德与阿德勒之间观点的分歧表现出来，后来，每次讨论会都成了两派之间的一次次批斗大会，每一次互相攻讦都加深了弗洛伊德与阿德勒之间的分歧。

一九一〇年三月三十日，在德国纽伦堡，第二次国际精神分析大会召开了。这次会议上，弗洛伊德在会前向弗仑齐授意他提出一个报告，建立国际精神分析协会，由荣格出任终身主席，也就是说要将国际精神分析运动的领导中心由维也纳移至苏黎世。这些条件对于一直以精神分析起源地与中心而自居的维也纳人简直是侮辱。他们一听到弗仑齐这些馊主意就在下面窃窃私语了，当弗仑齐说到荣格将有权对一切在《年鉴》上刊登的文章做出审查，并全权决定是否发表时，终于引发了维也纳人的大乱。他们像示威游行时一样，在下面高呼起口号来，使会议被迫中止。这在前面介绍历届大会时已经作了记述。

弗洛伊德在回到旅馆后，对他最早的追随者们做了细致动情的思想工作，告诉他们他这样做事出无奈。由于维也纳分会的几乎所有成员都是犹太人，他的敌人们将这个作为攻击他的主要把柄之一，将精神分析称为犹太人的肮脏勾当，这是精神分析受到那么多不讲理性的抨击的重要原因。他最后激动地说："我的敌人们恨不得看着我饿死呢，他们恨不得将我的上衣从我的背上扒下来！"

这一次的大闹不用说是阿德勒牵头的。上次会议上他没有在《年鉴》编辑中得到任何权力，这次他还是协会的一名无名小卒，这与他的才智和他在维也纳分会的势力大不相称，他对此有多么不平可想而知，他满脸的阴郁就反映了这一点。

弗洛伊德对此岂有不知，他决定做出进一步牺牲，以不使精神分析的祖国受到不可弥补之损害。他辞去了精神分析协会维也纳分会的主席职位，由阿德勒继任。又另办一份在维也纳出版的精神分析刊物《精神分析中心报》，由斯泰科尔和阿德勒任编辑。他自己则无官一身轻，只想安安静静地做学问。

回到维也纳后，一九一〇年十月十二日，维也纳分会举行会议，正式选举阿德勒为主席、斯泰科尔为副主席、斯特纳为司库、希契曼为图书管理员、兰克为秘书，弗洛伊德只担任了一个特别职务：学术顾问，这是为了聊以安慰他作为精神分析缔造者而特设的名誉职位。他维也纳的朋友们给予这个安排中的掌声使弗洛伊德怅然若失。他在此前不久给弗仑齐的一封信中说，对于这个安排，"我不相信他们会有多难过，我成了一个叫人不满的令人头痛的不需要的老头子"。

弗洛伊德并非现在才知阿德勒的异心，他也深知阿德勒是维也纳会员中才能最高的人，在整个精神分析界他也是才智仅次于荣格的人物，为了挽留这样一个人物，他愿做出力所能及的牺牲。他在给弗仑齐的信中说："我将放弃维也纳分会的领导职位，并且停止对之施加任何公开的影响。我将把领导职务交给阿德勒，并非因为我喜欢这样或者感到满意，而是因为他毕竟是那里唯一的人选，在这个职位上他也许会感到维护我们的共同基础的义务。”当然，像以后会看到的一样，弗洛伊德白做了这个牺牲，阿德勒不是那种小恩小惠可以拉拢得了的人，他继续坚持与弗洛伊德的异见，并且从不在任何场合隐晦它们。他与弗洛伊德之间的分歧也就日益公开、日趋严重了。但其外表上不是弗洛伊德与阿德勒之间的分歧，而是维也纳人与瑞士人之间的对立，而在这场对立中，弗洛伊德的立场是公开的，瑞士人现在的地位本来就是他捧起来的。这样他在家乡反而显得孤立了。

借着这些分歧，阿德勒表现出了越来越多的坏脾气，他与弗洛伊德的思想越来越不相容了。分歧日大一日，争执日强一日，在这些场合中，他的老搭档是斯泰科尔。

阿德勒与弗洛伊德的主要分歧是他不认为性因素的作用有弗洛伊德所说的那么大。他认为，无论是在神经症中还是在个体的发展中，起主要作用的并非由性因素而引起的俄狄浦斯情结等，而是“男性抗议”“自卑情结”等他所发现的他的思想的主要概念。所谓男性抗议，是指男孩在成长的过程中，他之所以恨父亲，并非因为他对母亲怀有性欲，想娶母为妻，而是因为他嫉妒父亲的地位——他对于母亲的控制。作为一个男人，他也如同父亲一样，天生就有某种冲动，要控制、统治他人，首先就是与他最接近的母亲，而他之所以要这样，并非因为他对母亲怀有性欲，而只因母亲是他最早接近的一个对象，因而也自然是他最先要统治的对象。长大之后将会及于他人与社会，这种天生的统治欲与尼采的权力意志有异曲同工之妙，而与弗洛伊德的思想是格格不入的，它反对的不是精神分析的某个细枝末节的理论，而是它一切理论的立论的根本：性的意义。

自卑情结是阿德勒最有名也流传最广的概念，在他的名著《器官缺陷研究》与《自卑与超越》里，他指出人的器官缺陷将使其产生自卑，我想，这不难以理解，一个盲人、聋人、哑巴、瘸子等身体器官有缺陷的人面对这个正常人占统治地位的世界心里难免有自卑感。然而阿德勒所突出强调的并非自卑本身，而是这一自卑感对于主体所产生的强大影响，这一影响远非用自卑一词就能形容得了，自卑仅仅是开始，它之后才显示了自卑的强大作用。具体说来，它是通过对自卑的否定，即渴望超越自卑，来实现其作用的。这一渴望将对主体的意识与行为产生根本性的、终身的影响，他的一切行为将围绕这个超越自卑而展开：他的羞怯、不满、奋斗、成功、牺牲，皆源于此超越自卑的梦想。

历史与日常生活中都不难看到这类渴望超越自卑的事例：在集体中异常活跃、精力充沛之人，常是些个头较小，面貌平常之人，他们似乎想通过这些行为来弥补形体之不足，命运也常让这些人具有某些非常人所能及的、超越那些面貌英俊之辈的禀赋，如才智、性格等。就如中国古贤哲所言："天之道，损有余而补不足。"究其原因，矮个要在社会上取得地位与成功，往往需要比高个更高的智力，尤其是意志力，必须更加坚韧不拔。就像彪形大汉天生有力气，小个子想要在力量上与之平等非要艰苦训练不可。拿破仑的一句话可说是这样的自卑者超越自卑的经典之语了。当他初做将军时，那些巨汉般的部下对他颇有藐视之意，他斩钉截铁地对他们说：

> 不错，我的身高的确不如你们，但倘若你们因这个而鄙视我，我将立刻砍下你们的头，来消灭这个差距！

由此看来，阿德勒这个思想无疑有他的道理，弗洛伊德也充分地肯定了这一点，并且将自卑情结纳入精神分析体系，将之视为精神分析又一重要的新概念。但阿德勒并没有因此而满足，他继续在研究中发现新的与弗洛伊德思想格格不入的新思想，不断抛弃弗洛伊德的各种观点，随着日子的流逝，他的不平之处似乎也日渐增多，与弗洛伊德这方面的会员的争论日甚一日，每次会议很少能看到他的笑脸了。

阿德勒如此表现，弗洛伊德也对他日益失去了耐心，他虽然仍尽量与之友好相处，心里却难以平静，言语上他竭力避免公开冲突，但在这个时期的信中表达了他的不满，例如他在给弗仑齐的一封信中说：

> 阿德勒和斯泰科尔笨拙的、令人不愉快的行为使得人很难与他们相处了。我慢慢被他们两个惹恼了……与阿德勒和斯泰科尔在一起的时间过得糟透了。我恨不得来个清清楚楚的了断，但是还只得挨下去，无论我的意见如何，什么也不能对他们做，我只得忍着。当我独自一人时我要好过得多……我又在经历弗利斯事件了。阿德勒就是小弗利斯，他的伴当斯泰科尔至少该叫威海姆。

作为精神分析的创立者、国际精神分析运动的精神领袖，弗洛伊德从来将宽容对待所有学生与同志作为他基本的行为准则，只要还有挽回的余地，他是绝不会开口要他们走的。他对待他们就像当初对待威海姆·弗利斯一样，将不快藏在心灵深处，尽一切力量将交流与友好维持下去，哪怕维持一个空壳。

但阿德勒没有弗洛伊德这样的耐心，一九一一年新年到来之际，他终于将心中的火焰喷发了出来。他清楚地表明，他的思想与弗洛伊德的思想已经格格不入，他也不愿意这样苟且下去，仍然挂在弗洛伊德的名下了。在每次讨论中他的意见是如此众多，而弗洛伊德追随者与阿德勒的朋友们之间的分歧又变得如此强烈，弗洛伊德不得不认识到，不能再这样下去了，因为阿德勒那套思想已经将精神分析连根拔起，阿德勒想抽干他的思想，再将精神分析当作一块皮，在里面塞上自己的稻草。弗洛伊德决定给阿德勒一个公开的机会，让他充分地展示他与弗洛伊德思想的分歧之处，好让会员们得到公开明晰的认识并做出自己的选择。

他计划用四个星期三的晚上，头两个晚上让阿德勒将他的思想逐一阐述，并且做出充分论证；后两个晚上再由他与其他反对者进行反驳。当弗洛伊德将这个主意告知阿德勒时，阿德勒表现了他从一九〇二年入会以来最大的兴奋。他握住弗洛伊德的手，由衷地表示了他的谢意。

阿德勒的申述发生在一九一一年一月四日与二月一日。国际精神分析协会维也纳分会的全体会员在维也纳医生公会礼堂闭门谢客，听取了阿德勒热情奔放的演讲，他深入全面地阐述了自己的观点。

阿德勒从否定力比多的性内容入手。力比多是弗洛伊德创造的一个词，用以表示人类心灵中的一种内在力量，它的成分即是性，因此力比多也可简谓之性之伟力，弗洛伊德认为神经症患者的病因及个体成长过程中的主要因素就是性，因而力比多自然也是神经症的主要病因与个体成长成熟的力量之源了，这是精神分析的基本概念。阿德勒借用了力比多这个词但不认为它的主要内容就是性。他说：

> 试问，对于精神神经症者所表现出来的力比多，我们是否只该取它的表面意义呢？回答是否定的。精神神经症患者的性早熟是迫不得已的。为了抗拒所谓魔鬼女人，他不得不手淫……他的变态幻想，乃至他的积极的变态行为，都只是为了使他和实际的性爱保持距离。那么，性欲是怎样进入精神神经症的呢？它又起着什么样的作用呢？如果自卑和男性抗议同时存在，性欲

就会过早觉醒而受到刺激……[1]

在第二讲里，阿德勒对于性的实质进行了自己的分析，认为它们都只是器质性的，是器官缺陷的结果，或者只是男性抗议的附属物。它们的导致神经症就也只是表面现象，实质的病因只是男性抗议与自卑的压抑。

他还对于俄狄浦斯情结提出了自己的主张，认为它也只是一种假象，实质上起作用的还是男性抗议与自卑情结，他说：

我们要时时考虑的因素就是文化、社会及其制度……在讨论性欲和精神神经症的报告中，我也得出了这样的结论，即精神神经症患者表现出的力比多和性欲与正常人并无区别，不能使我们得出关于性冲动的构成的任何结论。谁要是在俄狄浦斯情结中看出了男性抗议的因素，就没有理由再大谈什么幻想和愿望的情结。他将会知道，貌似实在的俄狄浦斯情结其实只是强大的神经动力的一小部分，是男性抗议的一个阶段，这个阶段本身根本算不了什么，但从神经动力发展的前后关系来看却是有指导意义的。[2]

弗洛伊德对于阿德勒的思想与他的思想之间根本不相容的结论是准确的。他知道这种观点一旦为人接受将对于精神分析事业产生毁灭性的打击，沦为从社会角度考察人类思想诸多学派中的一支，失去自己特色的精神分析将会昙花一现。

阿德勒发表完他的高见后，弗洛伊德在分别于二月八号和二十二号举行的两场演讲里对阿德勒的观点进行了全面的批判。他指出阿德勒大量运用他的概念却将其本来的内容弃之如敝履，但即使对被他偷换了的概念也没有始终如一地保持同一含义，并且，它们与精神分析完全无关，是本质上不同的东西，从精神分析的角度来看毫无可取之处。但弗洛伊德也不否认阿德勒思想本身的意义，他说：

我感到阿德勒的学说是不正确的，并且因而对于发展的未来也是危险的。他们是来自错误方法的科学上的错误；但它们是值得尊敬的错误。虽然一个人可以拒绝阿德勒的主张的内容，仍然不妨承认它们的一致性与意义。

1、2 这两段引文参考了《心灵的激情》。

接着，其他追随弗洛伊德的人也站起来，对阿德勒的观点提出了尖锐的批判，就像他们以前互相之间的批判一样，这次还要激烈而不讲情面，仿佛他们是面对一场生死之战的军人。他们的批判深深地伤害了阿德勒与他的追随者们，他们原来以为他们的观点是无懈可击的，现在被批得体无完肤，其切肤之痛可想而知。于是，阿德勒与他的忠实朋友斯泰科尔当场辞去了维也纳分会的正副主席职务，离开了会场。他们走后会议做出了一个决议，决议表示感谢阿德勒与斯泰科尔所做的贡献，并且希望他们继续留在协会里。

阿德勒确实也没有马上退出协会，五月二十四日他参加了他的最后一次星期三会议。

阿德勒真的走了后，事情还没有完，留下来的会员中仍有阿德勒的朋友，他们仍在会上鼓吹他的观点，星期三讨论会的争执依然如故。最后，一九一一年，十月十一日的星期三讨论会上，举行了一次公开投票，让会员们决定何去何从，是跟弗洛伊德留下呢，还是随阿德勒离开。结果，福特缪勒、古斯塔夫·格鲁勒、希尔费丁女士、奥本海默等六人脱离了协会。这些人都是当初阿德勒从多姆咖啡馆带来的伙伴，他们大都是社会主义者，感兴趣的也主要是社会科学，他们用“意识”形式的主张去改造人类的社会，而不是用“无意识”的东西去诊治人类的精神。

以后阿德勒在这条路上继续前进，一面发展他的思想体系，取得了很可观的成功，很多原来的精神分析信徒转到了他的门下，包括授予弗洛伊德名誉博士学位的克拉克大学校长斯坦利·霍尔，他所创立的心理学流派后来被称作“个体心理学”；另一面阿德勒努力从事他的社会主义革命，娶了一个俄国的女社会主义者做妻子，她是托洛茨基等革命巨头的朋友，他们经常在阿德勒家里商讨革命大计，后来阿德勒自己也成了奥地利社会主义者的领袖。我们不谈他的思想，至少他的一点是值得敬佩的：他毕生忠于劳苦大众。

阿德勒是走了，我们依据上面的历史来简要分析一下弗洛伊德与阿德勒决裂的原因：

一是人生背景的差异。弗洛伊德是学医学与生理学出身的，对于心理学也有很深的兴趣。他在分析问题时常从心理学角度出发，探讨的也是病人的心理病因。而阿德勒感兴趣的是社会学、关心的是社会问题，当他考察人类的心灵时，也主要是从社会历史角度入手，重视的自然也是社会因素对于人类的作用：包括对于病人与正常人的作用。

二是心理与性格因素。阿德勒是个才智超群之人，自视甚高，不肯居于人下，当然也不肯终日生活在弗洛伊德的阴影之下。这样，即使他与弗洛伊德背景相同，本来也可得出相同的结论，但由于这些结论早为弗洛伊德所得出，他也必会另辟蹊径，找到一些有所不同的思想，建立自己的学派。

三是弗洛伊德思想的特异性。我们已经知道，弗洛伊德将性因素看得比一切都重要，不单对于病人如此，也用这样的思想考察正常人，将性看成是人生长发育中最主要的因素，将那些“可怕的”俄狄浦斯情结放到正常人身上，说每个人都有乱伦弑父的倾向，这对于一般人来说，简直就是控告他们犯了这样十恶不赦的大罪。他们当然要向精神分析群起攻之，并使信奉者们成为社会弃儿、臭名昭著之辈。虽然与弗洛伊德这样无视社会舆论的人也不在少数，但同样也必有很多人既不能无视理论本身的耸人听闻，也不能无视社会的攻击，尤其对于阿德勒这样立志于社会改造的人。要改造社会，绝不能先为大众社会所唾弃，他之不愿苟同弗洛伊德对于性之重视，斯不可不谓是原因之一。

导致这次分裂还会有别的原因，但有了这三者，阿德勒与弗洛伊德之分道扬镳不可说不在情理之中了。

阿德勒的离开是弗洛伊德精神分析事业的一大损失，但更大的损失还在后头呢！

背叛风潮之二：荣格

卡尔·荣格的背叛是精神分析史上最重要、最闻名的事件之一，它对于精神分析事业的损失到底有多大也难以估量。这是因为荣格身为国际精神分析协会第一任主席，并且有可能成为终身主席——倘若他不主动退出的话。他的辞职乃至离开精神分析运动，并且在一定程度上来说成为它的批判者，这当然是一个致命的打击；但另一方面，从以后国际精神分析运动的发展来看，他的离去却似乎并没有难以挽回的影响，精神分析继续发展，速度也没有减慢，到一九二二年的柏林大会，国际精神分析运动又已经发展到了一个新的高潮。

我想这主要是因为有弗洛伊德这位精神分析运动旗手与灵魂仍在顽强奋斗。另外，荣格离开时虽然带走了大部分瑞士分会的人，但其他国家的人很少有人跟他。即在瑞士，普菲斯特牧师、宾斯瓦格等人仍是弗洛伊德的坚定支持者，他们又另外成立了人数不少的瑞士分会。没有了荣格这位杰出领袖领导后，国际精神分析协会仍不乏优秀的掌舵人，继荣格之后的亚伯拉罕、弗仑齐、厄内斯特·琼斯等人，他们的才能是优越的，但较荣格的不同，他们对于弗洛伊德所创立的精神分析理论极其忠诚，丝毫没有另开山头拉大旗的想头，他们出色的组织与领导同样是精神分析在屡受挫折后仍得到大发展的重要原因。

但不管怎样，荣格与弗洛伊德的分裂仍是精神分析史上最重要的事件之一，不对之进行比较细致的分析是说不过去的，就弗洛伊德的传记而言也说不过去，因为它在弗洛伊德心中留下了终生难愈的创伤。

所以，我们有必要谈谈这次分歧的来龙去脉，我们先说“来龙”。荣格如何认识弗洛伊德前面已经说过了，这里只简单提一下。早在一九〇四年，弗洛伊德就收到了荣格的来信，告诉他他一直对弗洛伊德的工作深表敬佩，他与他的老板布洛伊勒一直在研读他的著作，并且在苏黎世大学医学院讲授精神分析课程，这使得弗洛伊德十分高兴，因为这是第一次有一所大学讲授他的学说，他知道一个学说要得到公开的承认，迟早必须有正规大学将他列在课表上，他早就在梦想着有这样一天了。何况这是名闻全欧的苏黎世大学和伯尔赫尔茨利医院呢？他立即给荣格回信表达了他的谢意，对于弗洛伊德这样诚恳的话语荣格自豪又激动，他马上开始向弗洛伊德请教某些问题，他们的通信就这样开始了。一九〇七年二月二十七日，荣格前来维也纳拜访弗洛伊德，这是他们第一次见面，给双方都留下了难以忘怀的印象，他们不但对彼此的学问，而且对于彼此的人格都充满了敬意。荣格将遇到弗洛伊德看成他一生的高峰，他从此找到了一个可以学习的大师。弗洛伊德则将荣格看作了他最好的学生和继承人，是精神分析王国的“王储”。

一九〇八年，奥地利萨尔茨堡，在弗洛伊德的极力推荐下，荣格担当了精神分析的第一份专业刊物《年鉴》的主编，又由弗洛伊德要求，荣格筹备了一九一〇年在纽伦堡举行的国际精神分析大会。那次会议上，通过弗洛伊德授意，弗仑齐提议由荣格就任正式建立的国际精神分析协会终身主席，并且对在《年鉴》上发表的文章有生杀予夺之权，激起了维也纳弗洛伊德第一批同志们的嫉恨，这也是弗洛伊德与阿德勒早早分手的原因之一。

直到这时，友谊的天空一片晴朗。然而，不知何时，友谊的晴空出现了点点阴云。实际上很早起就有了，只是乌云太淡了，他们没有仔细看也不愿仔细看。例如萨尔茨堡会议上，维也纳人与瑞士人之间就产生了极大的分歧甚至相互怨恨，弗洛伊德与荣格虽然没有参与进去，但他们周围人的怨气难道一点也不会在他们的心上产生影响吗？俗话说：三人成虎，何况这时远非止三人！

他们之间明显的分歧始于观点的分歧。

荣格思想最大的特点是神秘主义倾向，他天生对于巫术、算命术、修道与瑜伽等东方神秘宗教之类的东西有深切爱好，毕生不变。进入精神分析领域、掌握这一先进工具后，他就开始将之与他的神秘主义结合起来。早在弗洛伊德与荣格相交之初，曾当过荣格学生的卡尔·亚伯拉罕就警告过弗洛伊德荣格有神秘主义倾向。但那时弗洛伊德正对荣格充满了火一般的热情与希望，即使荣格在交谈与通信中表现了这种思想的蛛丝马迹，他也睁一只眼闭一只眼。直到很久后，当他们的关系已经在这里陷入泥潭时，弗洛伊德才意识到亚伯拉罕是对的。就像早在萨尔茨堡会议上，由于弗洛伊德对瑞士人大加欣赏而冷落了维也纳的战友们而招致他们的不满时，斯泰科尔明白地告诉弗洛伊德：荣格不会长久与他站在一起，他早晚会自立门户。当弗洛伊德满怀信心地否定他的看法时，斯泰科尔挤出了这样一句谚语："恨则眼明。"其实，除了弗洛伊德自己，谁都看得出荣格远非甘愿久居人下之人，在这点上他与阿德勒是一个模子浇注出来的。

与阿德勒一样，荣格与弗洛伊德的分歧也从理论开始，而理论之上则首先表现于弗洛伊德思想的最主要特征：对于性因素的看法。我们知道精神分析作为治疗方法关键在于深入考察病人早年之性生活，作为理论的精神分析有三个最基本的概念：无意识、力比多、俄狄浦斯情结，它们共同缔造了精神分析大厦的基石。荣格将这些都逐一进行了改头换面乃至抛弃。

早在一九〇九年，当荣格与弗洛伊德结伴游美时，一次荣格就对厄内斯特·琼斯说，他发现他没必要将病人带入他们那些令人恶心的童年回忆也能进行治疗。这是有记载的荣格第一次怀疑他从一九〇〇年起就开始信仰并且大加宣扬的弗洛伊德理论。到一九一二年，治疗中避免性因素这一点已经成了荣格理论的重要特征之一了。

一九一一年荣格出版了《力比多之象征》，在书的第二部分，荣格对于力比多概念进行了深入分析，分析的结果是：力比多概念的内涵比弗洛伊德所言的性内容要宽广得多，它只是一种"力"，一种在人心中制约人的思想与行为的内在之力。这种力是某种神秘的东西，是人先天具有的，他从巫术与算命等中看到了这种力的伟大。也因此荣格信仰人类的"特异功能"，他相信原始部落巫师们的巫术真的能将亡魂从地底招出，也相信八字先生能知过去未来，正如他相信阴魂附体一样。他将这些神秘之伟力通通称为力比多。对这些东西的研究贯穿荣格一生，在长达十九卷的《荣格文集》里，从九卷到十五卷都是有关东西方宗教、炼金术等神秘事物的。一则逸事可以说明荣格对于这神秘之力的信仰。

那是一九〇八年，荣格夫妻来维也纳拜访弗洛伊德时，两人的妻子正在客厅里拉女人间的家常。弗洛伊德与荣格则在弗洛伊德的书房讨论《年鉴》的出版情况。其后荣格谈起了一种维也纳巫师们用来与神灵交流的“唯唯板”，在这样的板上面有一些字母，用手指放在板上随意挪动就能拼成一句话，这句话就是神灵的指示。荣格边说边用手放在写字台上，闭着眼睛，露出痛苦的神色，口里喃喃自语：“……铁制的……热得通红……一团炽热白光的跳跃……”

说到这里，只听他们身后“叭”的一声爆响，弗洛伊德大吃一惊，荣格却冷静得很，还显得有点得意，他的神情表明，那个响声就是他的“炽热白光的跳跃”的结果。他预言道：“还有另一声！”果不其然，不一会儿，又是一声爆响。

荣格引用莎士比亚剧中哈姆雷特的一句话提醒弗洛伊德说：“赫雷士，这世间的事，比你在哲学上梦想的要多。”

关于俄狄浦斯情结，荣格认为它只不过是儿童的幻想，实际上他们幻想的远不止对母亲的性欲，而有着更为广泛的内容，包括宗教内容，这就是他所钟爱的“神话碎片”——在孩童的幻想中他看到了神话的诞生，这些神话的形态与神经症患者的幻想相似，也可能导致将来的神经症。

无意识概念既是弗洛伊德精神分析思想的基础，同样是荣格思想的基础，也是荣格对弗洛伊德的思想大动手术的地方。我们知道，弗洛伊德的无意识主要内容是性，正是由于种种与性有关的无意识的存在，像俄狄浦斯情结等，导致了神经症的产生。但荣格的无意识却远远地超越了这个范围，他将无意识放到了与意识一样的高度，即将目前不在我们意识之内的东西都置于无意识的范畴。它们虽然暂时为我们所“忘记”，实际上仍存留于我们的心中，我们能在一定的时间、地点唤回它们，即使它们仍处于无意识状态时，它们也会默默地作用于我们的言行与思想。此外，荣格最有创见的当属他提出的集体无意识概念。所谓集体无意识，荣格指的是那些不是经由个人的生活而得到，而是由个体的祖先也可以说是全人类文明数千年以来的文化的积淀所产生的无意识内容，它的具体内容非常广泛，像神话传说中的妖魔鬼怪、对于蛇与黑暗的恐惧，乃至先天的道德感与乱伦禁忌等，都属于集体无意识范畴。关于这个思想，我们可见于他的名著《人及其象征》《原型与集体无意识》等之中。

这种推广对于无意识概念的完善与深化是有益的，我本人也对无意识作过长期的研究，结果与荣格的思想有较多的一致，但不能否认这样的解释与弗洛伊德的无意识思想差别非小，可以说这样得出来的无意识已经不是弗洛伊德的无意识了。

这些对精神分析诸基本概念的这种种改造弗洛伊德是难以苟同的，他也不能不做出他的批判。这一批判的结果就成了现在的精神分析的教科书之一的《精神分析运动史》。弗洛伊德一九一四年上半年写成了这本书，以回答这个问题：在精神分析界业已出现的三个学派里，其他两个到底称不称得上是精神分析学？他所创立的精神分析学包括了什么？又不包括什么？在书中，弗洛伊德开宗明义地说：

> 关于精神分析运动的历史，我在此要说的只是一家之言，必然具有主观性，这不足为奇。我在这场运动中所起的作用也不容置疑，因为精神分析学是我的创造，有十年时间，我是唯一和这门学科息息相关的人。这门新学科在我的同代人当中引起的不满，导致的暴风骤雨般的批评、谩骂，统统落到了我的头上。虽然我在精神分析学这一领域孤掌难鸣的日子已经一去不复返了，但我仍问心无愧地坚持认为，甚至在今天，仍没有人比我更了解精神分析是什么，它与其他研究心理活动的方式有何不同，以及更确切地说，哪些东西应该称为精神分析，而哪些东西最好另用芳名来称呼它们。[1]

在这篇著作里，弗洛伊德不惜笔墨地分析了他的学说与阿德勒和荣格学说有何不同，以及他们是为何、如何分道扬镳的，目的在于澄清什么是精神分析而什么不是。

这篇著作发表之后，他的目的达到了，从此很少有人将荣格的分析心理学、阿德勒的个体心理学与精神分析学混为一谈，不过或许还有人将前两者看作是后者的旁支，因为谁都会承认它们之间那深深的渊源。

弗洛伊德与荣格的分裂肇始于观点的分歧，但这个分歧是怎样产生以至于造成分裂的呢？它的具体过程如何？我们将在下面陈述这个问题。

虽然荣格早就暴露出了他的神秘主义倾向，但在一开始，弗洛伊德并没有将这个放在心里，他以为随着研究的深入，荣格将会自己放弃这种与真理相悖的东西。但后来荣格并没有按弗洛伊德预想的那样发展，而是将他的神秘主义不断扩展。大约在一九一〇年年底，为了挽回决定退出国际精神分析协会瑞士分会的布洛伊勒，弗洛伊

1　此引文参考了《心灵的激情》。

德在慕尼黑与布洛伊勒进行了一次长谈，获得了暂时的成功。会谈结束时，荣格也来了，他们又在这座城市里作了几次散步长谈。弗洛伊德解释了阿德勒事件的始末，荣格表示了充分的理解，这令弗洛伊德十分愉快。但也是这一次，他意识到了荣格身上神秘主义气息之浓，弗洛伊德有点不知所措。他后来回忆这次会见时说：

> 我向他敞开了我的心，关于阿德勒事件、我自己的难题，以及我对于通灵术之类的担心……他自己的研究已经将他深深地卷入了神话学，他想从那里找到打开力比多之门的钥匙。

一九一一年，秋天，令人奇怪地，荣格的妻子艾玛·荣格给弗仑齐写了一封信，信中艾玛表达了她的希望：她希望弗洛伊德教授不要生荣格的气。她知道弗仑齐肯定会将这信给弗洛伊德看。多半是这时艾玛就以女人特有的敏锐的直觉感到她丈夫与弗洛伊德之间开始了分裂。她深知弗洛伊德是荣格一生中最重要的人，所以深切希望他们之间不要因观点的分歧而成为陌路。这年十一月，她又直接给弗洛伊德来了一封信，信中说：

> 亲爱的弗洛伊德教授，我担心，对于我丈夫在《力比多的象征》第二部分里所表达的思想，您既不会喜欢也不会赞同。我之所以给您写信，是想同您打声招呼，并恳请您记住我们在库斯纳赫特那次短暂的谈话：卡尔必会走自己的路，但这不应当使他失去您的友谊。

可惜这只是善良的女人之见，殊不知弗洛伊德与她丈夫的友谊只是建立于他们共同的观点之上的，这是皮，友谊只是毛，皮之不存，毛将焉附？

关键性的一年是一九一二年，这年发生了三件最终导致破裂的事。

第一件发生在这年四月，弗洛伊德收到了他忠诚的朋友路德维希·斯宾瓦格的信，信中告诉他他已查明患了癌症，只能活一到三年了。这封信使弗洛伊德伤心非常，斯宾瓦格是他最忠心耿耿的朋友和学生之一，弗洛伊德相信——这一相信后来也被证明是真理——不管瑞士有多少人会离他而去，但斯宾瓦格是一定不会的。他马上决定去瑞士看他，五月二十三日，他写信给斯宾瓦格和荣格，说第二天他将动身前往他们的国家。

斯宾瓦格住在美丽的龚斯当湖畔的小村库兹林根，到了那里后，弗洛伊德得知斯宾瓦格真是走运，手术后恢复得异常之好，弗洛伊德一边轻松地与老友在湖边漫步，一边等着荣格前来会面。但两天过去，他快要走了，荣格的影子都没有，从库斯纳赫特到这里只有三四十英里路程，荣格应该早就到了，弗洛伊德十分纳闷，直到他不得不回去，荣格始终没有来。

回到维也纳后没几天，荣格的信来了，在信中他向弗洛伊德大发了一通火，质问弗洛伊德为什么到了库兹林根而不愿多走几步路去他家看看，为什么这么晚才写信给他，使他直到他走那天才收到，根本没有时间去斯宾瓦格那里了。

对于荣格这样的信弗洛伊德只是温和地解释了为什么没有去他家，还有他什么时候发出了邀他在斯宾瓦格处会面的信。他没有提他心中的几个问题：为什么荣格不看看他寄去的信的邮戳？为什么他要发这么大的火？好像心里已经久已窝上了这团火似的。

第二件事是荣格在那封发火的信后不久又来信说，他已经接受去美国讲学的邀请，因此，原定于这年（一九一二年）九月在慕尼黑举行的国际精神分析大会他不能参加了。这时他是国际精神分析协会主席，对于协会的所有事情都有着无上的权力，像大会什么时候开、在哪里开、邀请些什么人参加、对什么问题加以讨论都由他说了算，在他缺席的情况下举行大会简直不可想象。弗洛伊德为难好久后，只得将会议推迟到明年举行。

这件事已经够使弗洛伊德为难的了，更使他难过的是九月份荣格在美国的演讲。在这些演讲里，荣格公开地反对弗洛伊德的许多理论，并且几乎明白地将弗洛伊德说成是过了时的老头子，现在高明的已是他荣格了。谁都看得出来他就要另拉大旗占山头了，他的新山头，就像前面说过的一样，将弗洛伊德的学说中那些“不受欢迎的”去掉，如俄狄浦斯情结、儿童性欲、神经症的性病因等，再加上他自己的创造：集体无意识、原型、大量的神话等，这些概念既没有违反纲常之处，又那么有趣，荣格的这种理论在美国会取得什么样的成功可想而知。回来后，荣格给弗洛伊德写了一封长信，颇为得意地描述了他在美国的经历，说只要对于精神分析中的性概念稍加调整，精神分析是能够受到大众欢迎的。

对于荣格这种做法，弗洛伊德极其失望，他给荣格回了一封措辞尖锐的信，告诉他他并不认为他那样做有多聪明，如果他抛弃他弗洛伊德更多的理论，他还会受到更多欢迎。

他已经感觉到阴影在他们的头上徘徊了，他想，荣格已经抛弃了他的大部分思想，下一步他将要抛弃的是什么呢？他预感到他们思想的分歧已经难以愈合了，他希望他们的个人友谊不会受累于此，毕竟，像荣格和艾玛这样的朋友不是到处能遇到的。

第三件事发生于慕尼黑，那是荣格主动要求召开的一次会议，讨论的主要内容是预定来年将要举行的国际精神分析学大会以及在阿德勒与斯泰科尔离开并带走《中心报》后应该用什么刊物来代替。会议于十一月在慕尼黑举行，很快决定创办一份新刊物《国际精神分析学杂志》。会后，弗洛伊德与荣格在大街上散了一次长步。在慕尼黑宽阔的大街上，荣格向弗洛伊德表达了他的歉意："实在对不起，我尊敬的教授，我知道您去看斯宾瓦格那天是怎么回事了。我在那周的星期六外出了，直到星期一才回来，回来后才看到您的信，以为您的信是那天才到的，那样您就是不给我时间去与您见面了。您知道我总是不肯放过与您见面的机会的，因此我星期一那天看到您来过瑞士却没有与我见面，感到很遗憾，也许是我太懊丧了，竟没有问问我妻子信是哪天到的。就对您发了那么一通火，实在很抱歉。"

听到荣格真诚的声音，弗洛伊德原有的遗憾之情消失了。他挽着荣格的胳膊说："亲爱的朋友，你这样说真令我高兴，这说明我们友谊的天地还和我们的精神分析王国一样广阔呢！"

荣格连连点头，颇有同感。

回到旅馆后，他们一起用午餐，弗洛伊德以为重新赢得了荣格的回心转意，情绪很高。在席间讨论精神分析未来的美好图景时，弗洛伊德突然记起了什么，问："我亲爱的朋友，你为什么在最近的文章里不再提我的名字了？"

荣格不假思索地回答："我觉得精神分析是弗洛伊德教授的创造这是众所周知的事实，因此没有必要再提。"

弗洛伊德一下子醒过来了，所谓荣格的回归只是他主观的想象而已，荣格已经不可避免地要走了，他不久必将离开精神分析事业。弗洛伊德感到头昏，眼前的景物模糊起来，他晕倒在桌子底下。

这次会面后，荣格回到家后又给弗洛伊德写了一封长信，表示了他将继续忠于精神分析事业，并且着手准备来年的大会。但这时也许弗洛伊德已经不抱多大希望了，他只是淡淡地回了荣格的信，此后他们之间基本上只保持着公函形式的通信。

他们之间最后一次的私人信件也许是那次了，弗洛伊德写信对荣格说，他的观点使他想起了阿德勒。他没有明说是什么观点，但我们知道，他们两人都是从抛弃弗洛伊德的性观点起家的。荣格再一次来了一封激烈的信，说："甚至阿德勒的同伙都不认为我与你们是一丘之貉。”他的本意是说“甚至阿德勒的同伙都不认为我与他们是一丘之貉”，但他将“他们”写成了“你们”。这个口误之下，荣格的无意识暴露无遗了。

接到这封信两周后，弗洛伊德建议他们之间停止私人通信，荣格马上回信接受。弗洛伊德接受了这个残酷的事实，他给弗仑齐去信说：

> 我认为没有希望修正苏黎世人的错误，相信两三年之内我们将向完全不同的两个方向移动以至不剩下一点相互的了解……防备痛苦的最好方式是抱着不抱希望的态度，这也是，最坏的结果。

这时，弗洛伊德和精神分析事业所面临的处境是悲剧性的，荣格仍旧是国际精神分析协会的主席，里克林仍旧是秘书，有关国际精神分析运动的任何决定都由苏黎世全权做出，而这时，这些做决定的人都对于弗洛伊德所创立的精神分析抱着批判甚至对立的态度。如果他们要将这个事业毁于一旦，那简直是举手之劳。弗洛伊德就像已经将自己的生命悬于敌手……

这话并不怎么过分，精神分析事业不是他的生命吗？就像他在这个时期的一封信中所说：

> 极有可能我们这时真要被埋葬了，挽歌一遍之后万事皆空。

国际精神分析大会第四次会议，即慕尼黑会议，正是于一九一三年九月七日在这种气氛里举行的。有关这次会议的基本情况——参加者、所宣读论文之令人厌烦等我们在上上节《国际精神分析大会》中已经讲述过，这里只讲讲会上发生分裂的事儿。

即使在这个时候，代表们还尽力使会议至少取得表面上的成功，第一天上午的会议还算好，没有发生争吵。但当中午吃饭时，弗洛伊德与他忠诚的弟子们坐在一张桌子上，而荣格与他的追随者们坐到了另一张桌子上，分裂终于暴露了，许多人心里都有点难过，但又觉得一阵轻松——现在不用装什么团结了。

下午再次宣读论文，由弗洛伊德的两个“铁卫队员”弗仑齐与亚伯拉罕开讲，荣格早在上午开会前，就坚持要进行“改革”：缩短每篇论文的宣读时间，并在会后对每篇论文进行评论。尽管遭到很多人的批评，但荣格的话就是法律。现在他拿出表来，准备不让弗仑齐和亚伯拉罕多占一分钟，他们两人的论文都比较长，还没有读完，荣格已经宣布“时间到”了，他命令两人停止宣读，由于他的话就是法律，弗仑齐只好抗议几声后下来了。荣格与他苏黎世的同胞们向论文展开了大批判，并且，他的批判并非单独针对弗仑齐与亚伯拉罕，而是将俄狄浦斯情结、儿童性欲、神经症的性病因等弗洛伊德思想中的主体逐一进行了否定，然后不容维也纳人反驳，宣告：“时间到，下一个宣读！”

维也纳人这下气得差点吐血，他们联合起来，再加上弗仑齐、亚伯拉罕、厄内斯特·琼斯等人，决定在第二天的主席选举中不投荣格的票，他们当然知道荣格仍会当选，他们也不想选谁出来与他竞选，宁愿投空白票！弗洛伊德再三劝阻，但气得脑袋发昏的他们怎么肯听？

第二天选举结果公布后，荣格以五十二票对二十二票当选国际精神分析协会主席，那二十二票是空白票！这像是给了荣格一记耳光，他知道这是怎么回事，他找到厄内斯特·琼斯，质问道：“那二十二票里，你也有一票吧！”琼斯不置可否。

荣格哼声道：“我还以为你是基督徒呢！”

这下，国际精神分析运动的分裂已经是司马昭之心——路人皆知了。下面的事就只是一个程序了：

一九一三年十月，荣格写信给弗洛伊德说，他从迈德尔那里听说弗洛伊德怀疑他的诚意，因此他辞去《年鉴》主编之职，并且声明他们之间以后已经不可能继续合作了。

一九一四年四月，荣格自行宣布辞去国际精神分析协会主席之职。弗洛伊德的“铁卫队”随即决定由卡尔·亚伯拉罕代理主席之职。

是年九月，荣格宣布退出国际精神分析协会。

慕尼黑会议后，弗洛伊德与荣格这对一度是最亲密的朋友终生未再见面。

现在我们来简单分析一下弗洛伊德与荣格分裂的原因，我们从观点分歧、所处环境、性格差异等方面来看：

首先是观点分歧，在前面我们已经分析过，荣格在他后来的思想发展中将弗洛伊德的主要思想：俄狄浦斯情结、无意识、神经症的性病因等一一抛弃或大加改造，而经过荣格改造过后的观点，弗洛伊德很难承认仍旧是他所创立的精神分析的思想，缘此他不得不写了著名的《精神分析运动史》来澄清这个问题：究竟什么才是精神分析？

但我们可以看到，在观点的分歧里，虽然形态万变，但不离其宗，这个“宗”就是性。可以这样说：荣格的改造无非是想将弗洛伊德思想中涉及性的东西去掉或至少淡化掉；而弗洛伊德的维护无非是想维护这些涉及性的东西，因为它们都是他思想的精髓所在，是他历尽艰难的发现所在，为了护卫他的这个发现他不惜一切。就像他在致普菲斯特牧师的信中所言，牧师在对病人进行分析时有点不敢涉及性因素，弗洛伊德写道：

> 你的分析被道德传统的弱点损害了。它只是一个感到他自己有义务小心谨慎的过于庄重的人的作品。现在这些精神分析的事例需要充分的解释以使它们变得可以了解，就像一次实践的分析只有当由覆盖着它们的抽象概念进入微小的细节才能进行一样。一个人不得不做一个坏蛋，超越常规，背叛，还要像一个拿上面有他妻子全家肖像的画来卖钱或者烧掉家具来给模特儿取暖的画家一样行事。没有这样一些犯罪就不会有真正的成就。

弗洛伊德这番话着实有点儿吓唬牧师的夸张，但是，精神分析所涉及的东西，在时人眼里何尝不是“犯罪”呢？那些干这些事的人何尝不是“坏蛋”呢？不敢一直这样坏下去又何尝不是荣格脱离精神分析事业的原因呢？

第二个是环境的原因。荣格是地道的瑞士人，且是牧师世家出身。关于瑞士这个国家，欧洲人都知道它是以“民族团结”著称的，这里的人民有两个特点：一是非常爱国；二是传统道德感极强。这都与它的立国特征大有关系。就民族特点而言，瑞士本不应是一个牢固的国家，它基本上由三个民族构成：法国人、德国人、意大利人；有四种官方语言：法语、德语、意大利语、罗马语。它的邻国分别是法国、德国、意大利、奥地利、列支敦士登公国，列支敦士登公国只是一个一百六十平方千米的小国，不值一谈。瑞士在法、德、意、奥四强包围之下为什么还挺立了二百余年之久，既未被一国吞并也未被各国瓜分呢？它的人民为什么不各自奔向本民族立国的国家呢？如德国人居住区与德国合并，法国人居住区与法国合并等。这全在于瑞士有一个凝结点：基督教新教加尔文教派，这个教派以教规严格著称，共同而严格的宗教信仰是将瑞士人团结在一起的纽带，因此，瑞士人在全世界都有她的特性。

弗洛伊德的思想与严格的基督教义违背是显而易见的，早在荣格开始宣扬弗洛伊德的学说时，由于弗洛伊德的名声以及他的声势都还小，不足以引起瑞士报纸的注意。但当弗洛伊德的思想渐渐“臭名远扬”后，瑞士报界也开始与其他国家的报纸一起骂他了，它们宣称精神分析是犯罪，希望它的同胞们不要被这股毒流污染了。瑞士医学界宣布共同抵制采用精神分析疗法的诊所，甚至政府也出来干涉，认为精神分析有害于瑞士的民族利益。在这样的四面楚歌之下，瑞士的分析家们的处境可想而知，他们几乎要变成“过街老鼠——人人喊打”了。

在这种情形之下，很难找到人愿为了一门学问——哪怕他心里认为它是真理——而做过街老鼠，正如病人不会找这样的过街老鼠去治病一样，这就进一步演化成比一切问题都重要的生计问题了。

如此，为国为己，瑞士的精神分析学家们都必须离开精神分析，至少离开弗洛伊德的精神分析，荣格自然也不例外。

第三是性格因素。从前面对荣格的描述不难看出，荣格是一个外表与才智均超群出众、傲视群侪的人物。这样的人物，抱负自也非凡，且必具极强的独立性，只有他命令别人的份儿，没有接受人家命令的习惯。由于荣格遇到的弗洛伊德是远非才智超群这类话所能形容之人，而是伟大的世纪性人物，在这样的人物面前，纵以荣格之超卓，也不能不为之折服，诚心学习。但荣格终究是荣格，江山易改，禀性难移，他怎么也不会长久地折服于人，他迟早要独立出来，另创立一番天地。这样的性格决定了他与弗洛伊德分裂的必然性，仿照中国古话说：“荣公者，人中龙凤，非久居人下之辈也。”

除这三个因素之外，这里还想谈一个特别的原因，它不但对于两方后期的分裂有影响，而且也许互相伤害有所关系。那就是瑞士人认为：弗洛伊德是犹太人，精神分析是犹太学问，他们不大甘愿做它的追随者，这可以从两件小事看出苗头。

一件是前面讲过的，荣格看到有二十二张空白选票后，不找其他二十一人，单找了厄内斯特·琼斯，对琼斯说：“我还以为你是基督徒呢。”荣格这里的意思是明摆着的，就是说：“我还以为你不是犹太人呢！”因为在这二十二个人里只有琼斯是非犹太人。欧洲人当他们要与“污秽”的犹太人区别开来时，总自称为“基督徒”，荣格这里的意思完全可能是这样：犹太人反对我不难理解，你这基督徒怎么也这样？

另外一件事与迈德尔有关。荣格曾对弗洛伊德说，从他那里听说弗洛伊德怀疑他的诚心，辞去《年鉴》主编的迈德尔先生是瑞士一个重要的精神分析学家。他在分歧之始就写信给弗仑齐说，他们瑞士人之所以会与维也纳人有分歧，是因为他们瑞士人是“雅利安人”，而弗仑齐他们与弗洛伊德都是“犹太人”。弗仑齐将这话告诉了弗洛伊德，弗洛伊德这样回答说：

> 当然在犹太人与雅利安人的精神之间有很大差异。我们每天都能观察到。因此二者确实在生活与艺术的面貌到处都有所不同。但不应该有像犹太人或者雅利安人的科学这类的东西。科学的结果必须是同一的，虽然它们的表现形式可能会有所改变。倘若这些差异将它们自己反映于科学的客观关系的理解之中，就必定导致错误。

弗洛伊德一生历经友谊的破裂，从布洛伊尔、弗利斯、阿德勒到这里的荣格。这些破裂每一次都在他身上留下深深的创伤，他的批判者们往往从此得出这样的结论：弗洛伊德是不堪为友之人，甚至是一个背叛朋友的家伙。仿佛这一切不是他的朋友们离开了他，而是他抛弃了朋友们；而若是朋友们离开了他，那批判者就更有理由了：他的朋友们尚且不相信他的那一套，何况他的反对者们呢？

面对这样的言语，即使是弗洛伊德的支持者们也难以回应，就日常生活来看，的确是如此，一个人如果一个朋友离开了他，那可能是那个朋友不好，如果又有一个朋友离开了他，那人家就会有点儿怀疑了，而若是以后他的一个个朋友都走了，那就绝对说明他自己有问题了，我们总习惯于这样问："总不至于别人都错了，就你一个人对吧？"这有点儿三人成虎的味道。这些话用在弗洛伊德这里便成了这样："总不至于布洛伊尔、弗利斯、阿德勒、荣格他们都错了，就弗洛伊德对吧？"问者想要的答案是显而易见的，由此有了许多关于弗洛伊德的交友之道、个性甚至品格等的怀疑。

我想，就常理来看，这些话是有道理的，不少人凭这个"事实"就对弗洛伊德恶感三分了，我本人也一度如此，但在研究弗洛伊德有关生活之后，我不得不对以前的观念来一些澄清。

在前文中对于弗洛伊德先后与之分手的三个朋友——布洛伊尔、弗利斯、荣格——分手的原因已经逐一讲述过，阿德勒从来就不是弗洛伊德私人的朋友，但分手的原因与三个朋友是一样的，都是学术观点的差异。这个差异似乎不应左右友谊，友谊毕竟与学术是没有因果关系的两样东西。但我们也不能忘记另一句俗话：物以类聚，人以群分。对于知识分子而言，他们是以观点来分"群"的。很难想象，两个观点截然相异的人能成为好朋友。作为学者，他们在一起固然可谈谈日常生活，但能"终日不倦"的仍只是学术，尤其当他们研究同一个领域的时候。如果观点不同，在一起就不可避免地常有争吵，那样，即使有友谊，也会在这不断的争执中逐渐消失。

这里还应看到，弗洛伊德思想是与当时的传统格格不入的，在这种情况下，他迫切需要的是朋友的支持，他必然会珍视每一个朋友，事实也是这样，他对于朋友、每一个朋友都极其忠诚，就像他对于妻子的忠诚一样，一旦选定，终身不悔。但是，他的有些朋友却经不起暴风雨的批判考验，也不能如弗洛伊德一样无视传统道德、人性偏见，这些东西在他们的脑子里深深扎下了根，他们不愿意抛弃，宁愿离开朋友——这就是布洛伊尔、阿德勒、荣格离开他的主要原因。也就是说，非友谊之不深，乃大势之所迫。

我们还应该看到，弗洛伊德一生有许多的朋友，像路德维希·布朗、威海姆·赫齐格、列奥波德·柯尼希斯坦、奥斯卡·李、伊曼努尔·卢威，死去的伊格纳茨·舍恩伯格、弗莱施尔，以及他的许多学生兼朋友：厄内斯特·琼斯、卡尔·亚伯拉罕、布里尔、洛·安德烈亚斯—萨洛美、波拿巴公主等，举不胜举，这许多的朋友与弗洛伊德终生不渝。即使从数量上来说，与他始终站在一起的与离他而去的相比悬殊是非常之大的，试问，一个不能善待朋友或对友不忠的人能有这么多的挚友吗?

这些事实与数字表明，我们不能因为弗洛伊德有几个朋友与他分了手，就怪弗洛伊德不好，倘若看看弗洛伊德的生平史实，我相信读者将对他待朋友的忠诚友善敬佩三分。那些分手，归根结底，只是观点差异与世俗之见相辅相成的必然产儿，不是弗洛伊德的待友之道与个性人品之必然产儿。

第八章　铁卫队

精神分析的发展呈典型的波浪状，前面国际精神分析协会的成立和大会的召开是它的波峰，阿德勒与荣格的背叛则是它的波谷，这不但对于精神分析运动是一种打击，对于弗洛伊德个人也是一次沉重的打击。那些忠于他的弟子同情他的遭遇，决心团结起来捍卫导师所创立的精神分析理论。

内外交困

在上一章后两节里，弗洛伊德遭受到来自精神分析运动内部的背叛风潮，精神分析界除弗洛伊德外的两位最出色的人物阿德勒与荣格先后弃他与精神分析而去，这两次变故，尤其是荣格的离开，在弗洛伊德心中造成的痛苦是难以言表的，也由于这两个精神分析领域里除了他以外最有名望的人物的离开，使精神分析运动也蒙受着羞辱，正所谓弟兄吵架，邻人看戏。

但在这个时期前后，与弗洛伊德产生分歧、对弗洛伊德进行攻击的绝非止于阿德勒与荣格及其同盟军，另外，那些由于弗洛伊德离经叛道的思想早就对他进行了无止境的批判与谩骂的人们：神经病学家、精神病学家、报纸记者、各种卫道士们，对弗洛伊德与精神分析的“残酷斗争、无情打击”从来没有松懈过，更没有停止过。

这些批判的形式与内容都是非常复杂的，很难理出一条清楚的脉络来，大体说来可以分成武器的批判与批判的武器两种。

所谓武器的批判，就是指批判者们对于精神分析与精神分析家所采取的手段并非单单口诛笔伐，而是用物质化的手段对付他们。

一九一〇年，在汉堡举行的德国神经病学家与精神病学家大会上，著名的神经病学家威海姆·魏甘德特教授在谈到精神分析时，愤怒得完全失去了大学者平时的高贵冷静，用拳头捶着桌子吼道：“这不是在科学会议上讨论的主题，它是警察的事情！”他的意思是对于精神分析学家这帮传播淫秽思想的家伙，警察应该将他们抓起来。他的这个意思在布达佩斯说得更清楚。当弗仑齐在布达佩斯医学学会上又读他的精神分析论文时，下面的卫道士同行们吼道：“把精神分析家丢到监牢里去！”

就在这一年，加拿大安大略省，当地警察局勒令《精神病院公告》杂志停刊，因为厄内斯特·琼斯在那上面刊登了一篇文章，官方认为他宣传精神分析的文章“即便在医学杂志上也不宜刊登”。

还有很多人因为精神分析而遭了殃：

第一个是远在澳大利亚的一个基督教长老会会长老多纳德·弗拉色。一九〇八年，他因为“同情”弗洛伊德的观点被教会撤了教职。

第二个是厄内斯特·琼斯，一九〇八年，他当时在伦敦西区的神经病院做住院医生，一天来了位左胳膊麻痹的十岁小姑娘，他诊断后没有发现任何器质性病变，认为这是癔病，就按弗洛伊德的法子问起了女孩是怎么得病的。女孩告诉他，曾有个比她大的男孩和她玩得很好，她天天一大早就去学校找他，一天那个男孩想……她说不清楚他想干什么，她举起左手抵挡，左胳膊就不能动了。

女孩回去后告诉父母医生和她谈了那种事，她的父母气坏了，找到医院领导控诉，医院马上解雇了琼斯。这事传出去后，再也没有医院理睬他的求职了，他只好远走加拿大。

第三个倒霉的是沃尔夫，他本来在柏林一家疗养院工作，因为采用弗洛伊德的方法给赶了出来，像琼斯一样被赶离了祖国，一直赶到俄罗斯。

第四个是瑞士的史耐德尔，他也因为赞同精神分析被解除了一所教会学校的董事职位。

第五个牺牲者是瑞典的语言学家斯皮伯，他受了弗洛伊德的影响，也关心起性的作用来，写了一篇文章论述语言起源中性的作用，被学校撤销了讲师职位，一生事业就此完了，语言学家不是医生，不能自己开业。

此外，弗洛伊德的老友，小胡子普菲斯特牧师，也有好几次险些被解职，只是由于他的道德与神学水平在瑞士有口皆碑，加之人缘好，受到教民们的尊敬，所以每次都如履薄冰般地过来了，真是奇迹。

批判者们没有满足于让几个精神分析信徒倒霉，他们恨屋及乌，对那些冒天下之大不韪，胆敢采用精神分析法的医院也采取了行动。一九一〇年，柏林举行的国际神经病学大会上，有名的神经病学家奥本海默教授提议神经病学家们联合起来，抵制采用弗洛伊德的方法的疗养院，把正在德国开业的埃廷根吓坏了。幸好他们的抵制没有将病人也算上。

大多数批判者仍是拿着“批判的武器”，他们矛头所指自然主要是“罪魁祸首”弗洛伊德。分两个主攻方向，一是针对他的理论，二是对他的人身。

对于人身攻击，弗洛伊德在初创精神分析时就已经深深地领教过了，现在还得领教下去。这些人身攻击有一个特点，它们大都没在科学杂志上用文字发表，而是在各种科学大会的发言里出现，或干脆采用最古老而实用的办法——散布谣言。这些谣言宣称弗洛伊德自己卷入了他书中所描述的父亲对女儿的性猥亵，弗洛伊德的所有理论都是经验之谈，俄狄浦斯情结、性梦、儿童性观念之类统统来自他龌龊的心和肮脏的手。他是“淫棍”“流氓”“色鬼”“恋童癖”等。现在他不满足于自己一团污黑，还要用他的胡说八道将世界都污秽了！俗话说，好事不出门，歹事传千里，弗洛伊德这样的“劣迹”在道貌岸然的各国精神病学家与神经病学家舌头的拨弄之下，以光速向全世界冲去，愈演愈烈，愈传愈真。

有位美国医生叫阿伦·斯塔，自称曾在维也纳大学与弗洛伊德在同一实验室工作过一年，对弗洛伊德了解甚深。据他说，那时弗洛伊德就是个天天晚上出去寻花问柳的维也纳浪荡子，他的那些淫荡的理论全都来自他在维也纳妓院里的经历。这样的“揭露”使恨不得立马将弗洛伊德送上法庭的批判者们如获至宝。幸好这样损人的谣言并不长久，它太过荒唐了，只要稍微了解弗洛伊德的人都会连连摇头，觉得好笑。弗洛伊德上大学时只是个穷书呆子，既没有时间也没有余钱去干那种事，而且他从来没有和阿伦·斯塔医生共过事，他大学时代短期共过事的美国人只有一位，他的名字叫伯纳德·萨克斯。

除了这样低级的人身攻击，对于弗洛伊德的批判主要仍集中于他的学说，对于他学说的批判则仍与从前没有什么新花样，无非是说他的理论“不道德”，是勾引男女青年的黄色小说，是危害全社会的毒草，或者常常干脆一句话将它宰了——“百分之百的废话”。

一九〇五年，当分析“杜拉病例”的著作出版后，一个叫斯皮尔迈尔的神经病学家宣称弗洛伊德治疗杜拉时所采用的方法不是精神的分析，而是“精神的手淫”，他那充满“正义的愤怒”的吼声令每一个听到他的呐喊的人耸然动容。

一九〇六年五月在巴登巴登举行的一次神经病学会议上，古斯塔夫·阿沙芬贝格用富有诗意的语言对精神分析的理论与方法作了简短而有力的批判：“弗洛伊德的方法在绝大多数情形里是错误的，在许多情形下是令人厌恶的，在所有情形下都是多余的。”他的朋友和同事神经病学家霍赫站起来用与阿沙芬贝格一样富有诗意的语言有力地分析了弗洛伊德理论的“荒谬之所在”。他说，弗洛伊德的理论来自他内心的某些自我暗示，这些暗示的基础只是弗洛伊德的生活经历，它是神秘主义的、有害的、不道德的，是所有敢于运用这种方法的医生的泥潭。

不用说，他们俩的话赢得了与会者暴风雨般的掌声。

大约在一八九六年，也就是《癔病研究》出版两年之后，有位叫里根的神经病学家对弗洛伊德关于妄想症的研究进行了攻击。他说弗洛伊德的那些理论“没有一个神经病学家在读时不会产生真正的嫌恶之情”。他认为弗洛伊德将幻想狂们的胡言乱语硬朝性上面栽，这种削足适履、胡拼乱凑的做学问的方式不只是错误的，而且是叫人厌烦的，它“纯粹是令人讨厌的充满无稽之谈的神经病学”。

十年之后，里根的批判被一位叫奥斯特瓦尔德·巴尔克的精神病学家—— 一看名字就知道是位“纯种”雅利安人——翻了出来，他将里根的批判加进了许多犹太人天生淫荡才生出来这样淫荡的理论之类的话，就将之合编成书出版了。纳粹上台后，他的书被用来作为批判精神分析的“经典之作”。

一九〇七年，在荷兰阿姆斯特丹举行的第一届国际精神病学与神经病学大会上，那位前一年用诗意的语言攻击弗洛伊德的阿沙芬贝格教授这一次再次吹响了喇叭，他断言弗洛伊德将神经病的所有病因往性上塞是没有道理的无稽之谈，简直是对病人的侮辱。为了表明他的方法多么与弗洛伊德不同，他拍着胸脯宣布：“在我治疗病人的时候，绝对不许他们谈任何有关性的东西。”

就在对弗洛伊德大加攻击之时，他突然在中间插了一句：“列位都知道，几年前我曾与布洛伊尔出版了一本书。”

他当然没有与布洛伊尔合写什么书，他在这里只是产生了一个口误，将“弗洛伊德”说成了“我”。在这个口误里，他将自己说成他那么憎恶的弗洛伊德，不由得不使人担心他内心是不是真的有那么一点儿想头，不过就这么潜意识地做一下梦也不奇怪，弗洛伊德这时虽然遭到了大量攻击，但谁都知道他已经在历史上留下印记了，这不正是每一个神经病学家做梦都想的事吗？即使“遗臭万年”也胜于去世后只是教堂“钟鸣一小时”，他的妻子“流泪一刻钟”之后，就好像从来没有过他这个阿沙芬贝格教授啊！

也就是在这次会议上，一位康拉德教授同阿沙芬贝格教授相配合，对弗洛伊德的理论进行了充满血泪的控诉。他说弗洛伊德对病人大谈性观念，说他们之所以得病在于想杀死他们的父亲，还要娶他们的母亲，还说病人在很小时就受过性猥亵，猥亵竟来自自己的亲生父母！这无异于指控他们犯了这样骇人听闻、十恶不赦的大罪！不仅病人将因之无比愧悔，就是病人的亲属也会因之痛苦不堪。

阿沙芬贝格和康拉德两位教授的话使同样也参加了这次大会的荣格与弗仑齐再也忍不住了，他们都站起来为弗洛伊德的理论展开了辩护，尤其是荣格，充分发挥了他的滔滔雄辩之才。他没有像两位教授那样慷慨激昂，而是用大量自己亲自治疗过的病例指出弗洛伊德关于神经病的性病因说法是符合实际的，他同时又诚恳地说明只有用了这种方法的人才会知道它的合理性和对病人的益处。但与会者们既铁一般认定了弗洛伊德的方法与理论的荒唐，谁还会屑于证明它？

弗洛伊德的追随者们，也像荣格和弗仑齐一样，不会无视那些打到了眼前的攻击，也不会停止在各种会议上发表自己的主张，这既是他们的权利，也是他们的义务。既然弗洛伊德不愿为自己辩护，这辩护的任务就是他们的。这种辩护对于反对者们当然是老虎头上拔毛，这使每一次会场变成了战场。

一九〇八年十一月九日，亚伯拉罕在德国神经病学协会上宣读了一篇论文，激起了那位著名神经病学家，也是精神分析的著名反对者奥本海默教授的滔天怒火，他站了半天，嘴唇颤抖着，激动得找不出什么词儿来表达他对于弗洛伊德穷凶极恶的理论的愤恨。

另一位神经病学家齐赫教授同样被震动了，他站起来宣布："弗洛伊德的所有理论全是无聊透顶的废话——百分之百是！"

又是这位齐赫教授，当死不悔改的亚伯拉罕一年之后又在协会上宣读了另一篇有关梦的文章时，作为大会主席的他在亚伯拉罕话音未落之际就宣布禁止讨论这篇废话。

还是这位齐赫教授，找到了一个有力的事例来反驳弗洛伊德的性病因理论。一次，由他担任所长的柏林精神病诊所，来了一位病人，是个强迫症患者，他对所长诉说他的强迫观念。他说："大夫，我每次看见女人都想掀开她的裙子。"齐赫教授将这个病例作为典型给他的学生们进行示范分析，就像夏科的大癔病演示一样。他说："这是一个检验强迫症的所谓性病因的机会。我将问他是否对老太婆也想，这样的情形不可能是性引起的。"说罢他问了病人。

病人马上回答："一点也不错，所有女人，甚至我的母亲和妹妹。"

齐赫教授随即庄严地对学生们说："看吧！这说明病人的强迫观念里没有性的成分！"

一九〇七年十一月会议后，奥本海默教授对亚伯拉罕仍余怒未息，不久又发表了一篇文章，一方面对阿沙芬贝格、杜波依斯、热内特等反对弗洛伊德的观点表示坚决支持，另一方面又不忘进行了另一番攻击。他说弗洛伊德及其同伙的那一套是阴魂不散的巫术，鉴于这丑恶的东西正在迅速扩张它的邪恶势力，他呼吁所有德国人团结起来，清除它对德意志民族所造成的恶劣影响。

对于精神分析的批判不仅来自精神病学家，有时也来自那些被分析者。例如一九一〇年一月十二日，维也纳分会的成员弗里兹·威特斯在星期三讨论会上宣读了一篇分析当时有名的作家、诗人卡尔·克劳斯的论文。卡尔·克劳斯得知后，感觉仿佛被人剥光了衣衫，愤怒至极，就在自己主编的一本当时颇受欢迎的期刊上大发文章，不仅将威特斯，而且将整个精神分析痛骂了若干顿。

前面我们已经看到了，对于精神分析的批判大都来自德国，德国人对于精神分析似乎有着天生的刻骨仇恨，这与他们的对犹太人天生的仇恨有关。

但批判不会止于德国，就连美国这样一度给予弗洛伊德官方荣誉的国家，敌视精神分析的也大有人在。一九〇九年十二月在巴尔的摩举行的美国心理学会的一次会议上，一位波利斯·西蒂斯先生猛烈攻击了精神分析，他说弗洛伊德是一个邪恶的泛性论者，他还直言不讳地说："现在，我们神圣的美利坚也有这样的分子！"把矛头一点也不含糊地指向了普特南教授。

第二年，在华盛顿举行的美国神经病学协会年会上，一位来自纽约的神经病学家约瑟夫·科林斯在会议上发言指责普特南的论文是炮制了一个"关于纯洁的处女的淫秽故事"。他大声疾呼："现在是协会采取措施反对超验主义、超自然主义、旗帜鲜明地打击神学科学、弗洛伊德主义和所有那些空话、废话、胡说八道的时候了。"

幸运的是这位科林斯先生的话没有在会议上成为决议，因为他自己早就是一个以开下流玩笑在医学界扬名立万的人物了。正像普特南教授是以高尚的道德在医学界享有大名一样，第二天，就有许多人站起来发言，对于普特南教授的高尚道德表示敬意。

弗洛伊德是如何面对这暴风雨似的批判的呢？

他的态度是明白的：不予理睬。他知道如果他站起来回答，除了得到更多的恶言秽语之外没有别的。因此，对那些想在公开场合与他较量一番的挑战他从来敬谢不敏。例如一九〇七年的阿姆斯特丹会议前夕，会议组织者也邀请了弗洛伊德与会，但弗洛伊德毫不犹豫地拒绝了。他写信对荣格说：

> 他们显然想望着看看我们与热内特展开一场唇枪舌战，但我讨厌在一帮高贵的乌合之众面前进行一场角斗，也很难同意由一帮拥挤着的漠不关心的家伙对我的实践经验进行投票表决。

对于弗洛伊德这种超然态度，并不是所有的批判者都认为那是怕了他们，许多人认为这是弗洛伊德瞧不起他们，所以总想方设法叫弗洛伊德公开站出来与他们辩论一番。弗里尔兰德就是这样一个，他是法兰克福的神经病学家，在美国发表了大量论文谈精神分析，说它是如何荒谬，如何对病人乃至所有人有害，但又表示他本人对精神分析并无偏见，只是客观地评价罢了。他还表示愿意与精神分析家们公开讨论。他先写信，后又亲自去拜访了荣格，向荣格大说了一通甜言蜜语，无非是要荣格站出来与他公开争论一番，好使他成为“卫道英雄”。可惜的是荣格他们好像看透了他的心思，有意跟他过不去，对他的希望充耳不闻。这位教授又羞又恼又不甘心。一次他在布达佩斯又发表了一篇批判文章，在文章里抱怨说：“我关于弗洛伊德派理论的评论几个月前就出来了，可弗洛伊德，既然去美国都不介意，为什么不麻烦他自己来布达佩斯与我理论一番？为什么只在一个脚注里表示了他的反对？”

这番话引起的反应自然又像从前，等于没说。这迫使他拿出了撒手锏。

一九一〇年五月二十八日，这天周六，弗洛伊德家的电话铃响了，弗洛伊德拿起听筒，里面是个陌生的声音，说：“您好，弗洛伊德教授，我是索多兰德教授，精神病学家，有一些问题希望能向您请教，我能去拜访您吗？”

弗洛伊德一听“索多兰德教授”，觉得奇怪，他不记得德国有叫作这个名字的精神病学家，要知道精神病学家不同于内科大夫，即使全德国也为数有限，大都互相认识，至少彼此久仰大名。既然是同行要来拜访，断无不允之理，弗洛伊德就请索多兰德教授当天晚上光临。

当晚九点钟，拜访者来了，弗洛伊德一看大吃一惊，原来是他“久仰大名”的弗里尔兰德教授。弗洛伊德欢迎过后，当然提起了名字的问题。弗里尔兰德教授摆出一副不胜惊讶的神情，断言一定是弗洛伊德听错了，他说的可千真万确是“弗里尔兰德”，不是什么“索多兰德”。不久，两人讨论起来，弗里尔兰德教授提起了弗洛伊德的杜拉分析病例。

他说：“弗洛伊德教授，我想对您在一九〇五年出版的安娜分析专著提出几个疑问……”

弗洛伊德一听，觉得不对劲，将耳朵向教授那边侧过去，说：“如果您高兴，教授先生，我们现在不是在电话里了，我建议我们讨论一下这个口误。”

弗洛伊德这句话让弗里尔兰德教授像小学生一样闹了个大红脸，但他像没有听见弗洛伊德的纠正一样继续说下去，不过以后用杜拉代替了安娜，教授马不停蹄地说了整整三个小时，但看得出来这只是为了掩盖内心的不安，也许是怕弗洛伊德反驳他，但弗洛伊德从他的第一句话就听出来他对精神分析的了解止于他几本书的目录，怎么还会与他辩一个字呢？

不久之后，弗洛伊德生平第一次对一个人下了正式的评语，他说弗里尔兰德是个“说谎者、道德低下的人、无知的人”。

应该实事求是地说，弗洛伊德的大多数批判者并不与弗里尔兰德完全一样。但有一点却是半斤对八两——他们对于弗洛伊德思想的了解并不比弗里尔兰德教授来得多，尤其是早期的批判者们，甚至还没有教授的多，他们只是听别人说起过弗洛伊德的思想多么可恶，就在科学会议上义愤填膺地站起来批判。好像弗洛伊德的思想就是高喊几句“性解放！”“所有父亲都猥亵了他们的女儿！”“儿童像淫棍一样满脑子想做爱！而且首先要与他们的母亲做爱！”这类口号。对于这样的批判者，弗洛伊德只要有点儿自尊，又怎么会出来公开反驳？

我不由得想起，我国有许多对精神分析骂不绝口，或者对精神分析“于我心有戚戚焉”的人，又了解多少精神分析理论呢？大都与弗里尔兰德教授一类人处于同等水平。

人非草木，孰能无情？这些如火如荼的批判，不是来自同行，就是来自同胞，甚至有许多来自从前的朋友，弗洛伊德怎能真的安如泰山？他的心里其实像吃了三斤黄连一样苦。一九一〇年年末，那也是批他批得最激烈的一年，他在一封信中说：“谩骂倾盆大雨般从德国涌来，吞下它们可要好胃口。”他的声音是自嘲里带着悲哀。

尤其是当那些批判来自他从前的朋友时，他的痛苦是难以言喻的。例如对荣格与阿德勒的背叛，他们后来虽说没有公开批判弗洛伊德本人，但对于他的思想多有微词。这也难怪，他们的思想本来就来自对弗洛伊德思想的修正与抛弃。他们的批评使弗洛伊德心痛之余，不得不放弃对于批判所采取的一贯态度，公开进行了澄清——他的这个澄清不同于反击，而是有点以正视听的味道。对于我们，弗洛伊德的澄清活动真是好极了，它造就了《精神分析运动史》这本精神分析的教科书，使我们面对精神分析浩如烟海的资料时有了一块敲门砖。

这些车载斗量的批判与背叛中，还有一件也令弗洛伊德极为伤心，就是斯坦利·霍尔——克拉克大学校长，曾授予弗洛伊德名誉博士学位——公开宣布他不再相信弗洛伊德的思想，转而支持阿德勒的个体心理学。对于这样一个重要人物的离开，不但离开，而且走向了对立面，弗洛伊德的心之凉可想而知。

但弗洛伊德又能怎样呢？他既知对于这一切的回答既无意亦无益，就只有一个办法：沉默。永远不回答，也永远不生气，让时间老人来回应吧！当谣言的污垢被时间的波浪冲洗净尽后，真理自会闪现它真金的光芒。

但有一次例外，那就是对于德国人的批判，多年以后，弗洛伊德进行了一次总结性的回忆。我们从前面可以看到，对精神分析的批判大部分来自德国，那些最恶毒、最不讲道理的，攻击尤其如此。对此，弗洛伊德在《自传研究》中写道：

> 就是在今天，我也无法预见后人最终将如何评说精神分析学在精神病学、心理学和一般精神科学方面的价值。不过我想，万一有人将我们经历的这个时期载入史册的话，德国科学界是不会为当时的那些代表人物感到光彩的。对于他们反对的精神分析学，对于他们那种坚决的态度，我倒并不在意。这些都还可以理解，都是意料之中的事情，至少还不至于让人怀疑这些反对者的人品如何。然而，他们那种不可一世的蛮横态度、强词夺理的恶劣做法，以及粗劣卑俗的诬蔑攻击，实在太过分了。也许有人会说，我在十五年后还旧事重提，耿耿于怀，未免太有点孩子气了吧，要不是有件事情须补一笔，我是不会去翻旧账的。就是若干年后，即第一次世界大战期间，敌国同声指控德国的野蛮行径，他们的这一指控正好概括了我在上面所写到的那些情况，可是我由于自己的切身遭遇而无法出来驳斥这种攻击，这使我感到非常痛心。[1]

这里的野蛮行径，一指德军对敌国无辜平民的屠杀；二指德军大量使用最残酷的毒气，令那时还不知毒气为何物，也没有任何防毒面具的协约国士兵与平民赤裸裸地暴露在毒气面前，其痛苦远过于简单地被子弹射死。

弗洛伊德这些话不能不使我想起德国人在第二次世界大战时的残酷行为。那不仅是犹太人的痛苦，也是全人类的痛苦，是德国人永远无法洗刷的耻辱。而在此之前对精神分析这种野蛮的批判不正是对犹太人的野蛮屠杀在精神领域的一次预演吗?

弗洛伊德对于批评的态度是很耐人寻味的。总的说来，他至少表面上保持了始终一贯的处变不惊，甚至显得无动于衷。

对那些“武器的批判”以及对他的人品经历之类的诬蔑，他唯有鄙夷而已。

对基于学术角度的批判，他虽不鄙夷，但批判者们将矛头指向他理论中的性病因使他将批判者视如病人。当弗洛伊德向病人们解释他们的病因在于他们的恋母情结或童年性创伤时，他们的否认与反对同批判者们的批判本质岂有两样呢？他们也只是从“应该”“罪过”这类字眼儿出发去反对，从没考虑过“事实”是否这样。他们的这种“抵抗”的本质弗洛伊德心知肚明，所以知道如何才是最好的应付办法：走自己的路，随他们说去吧！如同他在一九一三年春天的一封信中所言：

1 译文参考了《弗洛伊德自传》。

> 我们拥有真理，现在我同十五年前一样确信……我从来没有参与论战。我的习惯是无声地拒绝，走我自己的路。

弗洛伊德之所以面对批判还能气定神闲，有时还悠然自得，另有一个重要原因：他认为这些批判未尝不是一件好事。这可以从两方面去说：一是毕竟不是所有的批判都是谩骂，也有许多批判者是严肃的学者，批判前研读了弗洛伊德的著作，以使批判言之成理、有根有据。这即使一直不怎么畅销的著作找到了几个买主，又在敌人中间传播了精神分析学。二是有人批判总比无人理睬要好得多。我们先说第一方面。

一九〇九年，J.H.舒尔茨写了一篇文章批判弗洛伊德，其中竟引用了一百七十二种文献，差不多包括了弗洛伊德的所有已发表的著作以及精神分析其他重要人物的重要著作。后来，他的文章却成了“精神分析初步”，包括了精神分析所有的主要观点。

一九一二年，库洛·明兹威特发表了一系列的文章对弗洛伊德的思想进行了系统的批判，它脉络清晰、层次分明，更了不起的是内容丰富，一度被分析学家们看成是弗洛伊德早期思想的最好概述。

这些严肃的批判无情地揭示了精神分析内部的错误与矛盾之处，这些逆耳之言也是忠言，它迫使被批判者不断完善自己的观点，使之不易被批倒。就像莎士比亚《第十二夜》第五幕中的一段对白：

> 小丑：不瞒您说，殿下，我的仇敌使我好些，我的朋友使我坏些。
>
> 公爵：恰恰相反，你的朋友使你好些。
>
> 小丑：不，殿下，坏些。
>
> 公爵：为什么呢？
>
> 小丑：呃，殿下，他们称赞我，把我当驴子一样愚弄；可是我的仇敌却坦白地告诉我说我是一头驴子。因此，殿下，多亏我的仇敌我才能明白自己，我的朋友却把我欺骗了；因此，结论就像接吻一样，说四声“不”就等于说两声“请”，这样一来，当然是朋友使我坏些，仇敌使我好些了。

这些严肃的批判就是使精神分析好些的“仇敌”。此外，批判者们的文章登在报刊上，等于是在为它做广告。必然吸引更多人的注意，使他们对弗洛伊德的著作产生好奇。去读它、去理解它，这些人并不一定会按照批判者的话去读、去理解，反而可能会因之成为弗洛伊德的新信徒，事实上，弗洛伊德的学生中这样来的不止一个。

另一方面，有人批判总比无人理睬要好得多，前文已经说过，大约从一八九四年到一九〇四年，弗洛伊德经过了十年孤独期，在这段时期，他无人理睬，著作像《论失语症》因卖不出去被打成了纸浆，连《梦的解析》这样的经典之作也长期没有引起应得的反响。直到一九〇五年，他出版了《性学三论》后，孤立处境才有所改变，但那十年孤独可说是弗洛伊德一生中精神最痛苦的岁月。

最忠诚的追随者

弗洛伊德在他一生几乎所有时光里，他的处境与前节《内外交困》所描述者大同小异，无时不受着粗暴、野蛮的攻击、谩骂。几十年来，他如一个苦行者，在旷野跋涉，烈日暴晒，雨雪交加，了无遮拦。

这种情形在国际精神分析协会成立后有所改变，但继之的背叛风潮又使弗洛伊德受到的攻击猛增，他再次孤身面对群狼。直到一九一三年这种情形才有了大的改变，就在这一年，他的周围出现了一个小小的团体……

一九一二年七月十五日是个不平凡的日子，厄内斯特·琼斯是个坐不住的人，一年四季满世界跑，这时又来到维也纳，向弗洛伊德学习他的最新理论。但此时弗洛伊德正在卡尔斯巴登度假。他找到了也待在维也纳的弗仑齐，自从认识弗洛伊德后，弗仑齐已经成了弗洛伊德最好的朋友，甚至可以说是他的第四个儿子，他将弗洛伊德家当成了自己的家，正如弗洛伊德家也将他当成了一员一样。

弗仑齐对待琼斯像对待他的又一个弟弟一样，亲热地看着他说："琼斯，你好像有什么心事，是不是你心里那个'情结'又发作了？"琼斯一度受着某些心理症状的侵袭，是弗仑齐帮他解除了烦恼。

琼斯笑着说："亲爱的朋友，我会用一箱上好的哈瓦那雪茄来作你上次的诊疗费，但今天我专程来同你商量一件大事。"

弗仑齐马上来了劲，像个孩子一样跳起来，瞪大眼睛问："什么大事？"

琼斯说："是这样的，你看教授先生的心情怎样？"

弗仑齐叹了口气，像霜打了的柿子树一样蔫了，无精打采地说："你知道教授正受着瑞士情结折磨，能好到哪里去？”

琼斯当然知道，现在荣格已经越来越表明他已经不相信弗洛伊德的理论了，对国际精神分析协会的事也不闻不问，还不顾今年召开国际精神分析大会的原计划，要去美国讲学了，会议眼看开不成。他的亲戚里克林作为国际精神分析协会秘书这时对自己的职务也不理不睬，会费不收，来信不复，协会简直名存实亡了。

琼斯说：“弗仑齐，我要说的就与这事有关，你也看到了，现在教授差不多成了全欧洲精神病患者、神经病学家、教士与报纸记者发泄怒气的活靶，更可怕的是我们内部也出现了一窝蜂似的背叛，阿德勒、斯泰科尔一帮人走后，我们已经元气大伤，现在荣格看样子也迟早要走，也迟早要反过来咬一口，教授的处境恐怕会更艰难。”

弗仑齐遇到这样的事时候总是眉头皱得最高的也最没主意的人，这会儿也一样。

琼斯说：“弗仑齐，我有一个帮教授解脱这个困境的主意——”他停了停，看着眼睛睁得像牛眼一样的弗仑齐，缓缓地说，“只要如此如此……教授就有了一个挡箭牌了，无论多大的风雨也不会没遮拦地淋到他的头上，他就可以把时间都用来发现新理论，撰写新著作。”

弗仑齐被这个主意惊呆了好一会儿，等清醒过来，三十九岁的他像个小孩子一样高兴得跳了起来。

他们接下来商讨了人选，琼斯开始主张要用那些经过弗洛伊德亲自分析过的人，但这样的人统共只有弗仑齐与他两个，于是决定用那些对弗洛伊德与他所创立的精神分析理论绝对忠诚且有能力的人，这样的人他们心里自然有数：兰克、卡尔·亚伯拉罕、汉斯·萨克斯，对于萨克斯，弗仑齐开始还略有怀疑，但琼斯向他保证，萨克斯虽然懒了点，但对弗洛伊德绝对忠诚，弗仑齐高兴地同意了。他们决定先就近找兰克商量，再告诉教授。

兰克听到琼斯与弗仑齐的主意，衷心地同意了。下面是告诉教授了，他还没有从卡尔斯巴登回来，所以琼斯写了一封信，向教授详细谈了他的主张的理由，他心里有点不安，这样的孩子气的计划教授会喜欢吗？

但教授的回信打消了他所有的疑虑，他用急件向琼斯陈明了对这个主意的看法：

> 你的这个主意深深地吸引了我：从我们的人当中找出最好的和最值得信赖的人组成一个秘密委员会，来促进精神分析的发展，并且，当我不再与你们同在时来使它免于受个人意气用事或偶然事件的损害……我知道这个念头

有点孩子气也许还有点罗曼蒂克，但也许能用它来满足实际的需要……

我敢说，如果我知道有这样一个组织来照管我的事业，我就会活得舒心，死得安逸了。

一年之后的某一天，弗洛伊德写信给亚伯拉罕说："你不知道有这样的五个人在我的工作中相互合作使我有多高兴。"

弗洛伊德这样的回信使琼斯更加干劲十足，他立即想方设法告知亚伯拉罕，由于他想这样的事情不好在信中写明，只好等兰克与弗仑齐有事去柏林时才向亚伯拉罕作了说明。亚伯拉罕冷静地表示同意，但从他的头点得那样重来看，他也很高兴这个主意呢。这样，就只剩下萨克斯了，这当然是琼斯的事，琼斯找个机会也向他说了，萨克斯那高兴劲仅次于弗仑齐。他是维也纳社交界的翩翩绅士，对这样风趣浪漫的事最是热心，真的，它看起来不是很有趣吗？

五个人已经全了，现在，下面一步是正式成立组织，这个组织，一般称为"核心委员会"，我们形象地称之为弗洛伊德的"铁卫队"。在成立之前，让我们先介绍一下弗洛伊德这"五虎上将"。

第一个是桑多·弗仑齐，他无疑是五虎中的老大，无论是年龄还是资历上讲都如此。他生于一八七三年，其他四人依次是：亚伯拉罕，一八七七年；琼斯，一八七九年；萨克斯，一八八一年；兰克，一八八五年。

在前面《朋友遍天下》一节中已经说过了弗仑齐的大致情况。他一九〇六年见到弗洛伊德，是五个人当中唯一一个接受过弗洛伊德全面精神分析治疗的人。来见弗洛伊德时，他患有疑病症，是弗洛伊德帮他解除了烦恼。一九一四年至一九一六年两年里，他两次接受了弗洛伊德长达几个星期的分析治疗。

弗仑齐是个性格十分外向的人，按弗洛伊德小姨子敏娜的说法，"活泼得像条小狗，老是在人跟前蹦来蹦去，要人抚爱"。他的这种性格还有他对朋友的极其忠诚使他受到弗洛伊德的喜爱，他爱弗仑齐就像爱自己的儿子，这是与以前今后对任何其他学生的爱都不相同的。弗洛伊德还想过将长女玛蒂尔德嫁给他，只是玛蒂尔德先找到丈夫了。在写给弗仑齐的一封信中，弗洛伊德说：

亲爱的儿子：

你要求对你那封富有感情的信尽快回音，今天我很高兴这样做，我这样兴致勃勃是因为我有好消息要告诉你……我当然熟悉你的“症结”并且我也承认宁愿有一个自信的朋友，但当你面临这样的难题时我得像对儿子一样地看待你……暂且搁笔，望自珍重。致以父亲般的祝愿。

你的

弗洛伊德

弗洛伊德对弗仑齐之所以会产生这样深的感情，当然主要是因为弗仑齐的忠诚与好性格，这好性格使弗仑齐一生得到了无数的爱，在家里是他的十三个兄弟姐妹——五个兄弟、八个姐妹——行医时是患者们，甚至他经常去买东西的店铺店员、他的法院同事和医生朋友们，都十分喜爱尊敬弗仑齐医生。

但弗仑齐的性格并非完美无瑕，事实上，他的性格中蕴藏着很大的缺憾，就是他对人无穷无尽的爱的索求。这样，物极必反，有时，与他交朋友就成了一件累人的事，这有时候使做他的朋友变成一件苦差事。

弗仑齐不但是最受欢迎的人，也是小组里分析技术最好的人之一，另一个是卡尔·亚伯拉罕。弗仑齐的技术来自他惊人的直觉，他对于各种神经症的起因常常凭直觉就能做出判断。他的另一个特点是，他的和蔼可亲的性格使病人一到他面前就丢掉了一切顾忌和怀疑，将自己的自由联想一股脑儿向他倒来，他也就轻易地获得了进行分析的材料。这两个品质加起来，就使他的诊断技术简直一流，这也是本来对精神分析深恶痛绝的布达佩斯后来一度成为国际精神分析运动中心的原因之一，要知决定一种治疗技术命运的，正像决定一种新药命运一样，终究是患者们的证词。

卡尔·亚伯拉罕是早期精神分析运动中仅次于弗洛伊德与荣格的人物，他于一八七六年从瑞士前来拜弗洛伊德为师，后移居柏林。在那里，他几乎是单枪匹马地与极端仇视精神分析的德国人展开了不屈不挠的战斗，确切地说是不屈不挠的周旋，因为他从不与批判者或谩骂者争执，而是像曾国藩一样，“打落牙齿和血吞”，相信只要忍耐、忍耐、再忍耐，终究会得到理解。他的努力没有白费，到一九二二年举行柏林代表大会时，到会的一百一十二名会员中来自柏林的就有九十三名，是所有国家中最多的！

他对于国际精神分析运动的另一个重要贡献是，他是国际精神分析协会最困难时期的代理主席。当时荣格挂冠而去，他临危受命，处变不惊，使精神分析运动顺利渡过了难关，继续发展。但至为遗憾的是，一九二五年圣诞之夜，他因患支气管炎去世，年仅四十八岁。

亚伯拉罕在个性上是典型的普鲁士人，无论何时，都是冷静与节制的象征，如《诗经·邶风·柏舟》所言“威仪棣棣，不可选也”。他分析病人就是基于这种严谨认真、一丝不苟的态度，他不是凭直觉，而是进行严格的推理，以求得可靠的病因。他这种自信与镇定对总处于躁动不安之中的神经症患者无疑就是一剂良药。但他这样的性格也使他很难和他人形成亲密无间的友谊，不能像弗洛伊德与弗仑齐之间、琼斯与萨克斯之间一样。在这五个人当中，他是与弗洛伊德个人交往最少的一个，但这并未减少弗洛伊德对他的尊重，也没有妨碍弗洛伊德认为他是荣格之后最适宜担任国际精神分析协会主席的人物。

奥托·兰克在五个人当中最特殊。他最年轻，却最早遇到弗洛伊德，从一九〇六年起，他就与弗洛伊德在一起了，也可以说成了弗洛伊德家的一分子。在若干年里，他与弗洛伊德有着最经常的交往，在很多时候是每天的交往。

与其他出身于犹太中产阶级的成员不同，兰克出身低微，而且家庭不和，父母终日忙于吵架，对他漠不关心，他早年被送到一所贫民技校接受训练，对于各种工具的使用有着超人的技巧。他天资过人，完全靠自学掌握了渊博的学识，二十岁时就带着论文来向弗洛伊德洛请教了。弗洛伊德对他的才智和学习精神都十分赞赏，打见到他、知道了他的处境起，就不断地在精神与物质两方面接济他。先是让兰克担任了星期三讨论会的秘书，用自己的钱给他付工资；又资助他读完了维也纳大学。他常常对小组中的人说，如果他们中有谁成了富翁，第一件事就是要帮助兰克。

兰克的确也没有辜负弗洛伊德的希望，他的秘书工作非常出色，不但如此，他实际上管下了讨论会和后来的维也纳分会所有日常工作，为国际精神分析出版社、各种杂志的出刊竭尽努力。兰克也是这五个人当中唯一在学术上有所创新的人。他后来在神话研究等领域做了出色的贡献，他的一些著作，像《童年与社会》在今天的西方仍相当有影响。

但兰克的身心存在两个致命弱点：一是相貌丑陋，他长着黝黑的面庞，大嘴巴，厚厚的眼镜片下是近视眼常有的无神的眼睛，里面总露出羞怯的神情，一看就是不善于交朋友的人，这使他本来就缺乏魅力的形象更加不受人注意，即使是弗洛伊德，虽然一直尽力帮助他，但从来没有与他有过亲密的友谊，也从来没有怎么看重他。兰克生来就受尽了忽视，对于这样的待遇也安之若素，何况弗洛伊德是他一生中最关心他的人，也是将他从低人一等的体力劳动中挽救出来的人！

兰克另外一个特点是他有着很深的神经病倾向，这也许与他超群的智力有关，那些智力超群的人常常是有一点胆怯和神经症。智力使他有神经症倾向，胆怯使他将一切心绪深藏心底，这对于他的后半生影响很大。

第四个是厄内斯特·琼斯，他对于精神分析理论没有什么值得一提的贡献，但他对于弗洛伊德与国际精神分析运动却是个不可或缺的人物。他一生有两件值得纪念的事：一是他的大量工作对于精神分析早期的传播是非常重要的。琼斯出生于威尔士一个富裕的商人家庭，像弗洛伊德一样是家中长子，也有一个崇拜儿子的母亲和仁慈的父亲，这使得他有钱赴欧美各地参加各种科学会议，尤其是各种神经病学与精神病学会议，在这些会议上，他既能宣讲精神分析学，又能将各种批判听到耳中，这对于精神分析的发展不无裨益。他常年地穿梭于欧美各大城市，与各地的精神分析专家都有联系，总将各人的研究成果在各地各个分会之间通报，这样，他就成为整个精神分析学界的信使了。这种联系对于精神分析事业的作用是不言而喻的。

他的第二个贡献既是对弗洛伊德，也是对精神分析运动及其历史的贡献。在弗洛伊德的众多传记中，有哪一本最为权威？公认的就是琼斯所著的《西格蒙德·弗洛伊德——生平与作品》三卷本。它们的“原始”材料大部分直接或间接来自琼斯的著作。

琼斯的传记之所以权威，在于它的所有材料几乎都是直接的一手材料。要知道他是精神分析运动的主将之一，与弗洛伊德有长达三十一年的亲密友谊。弗洛伊德十分欣赏他那诚恳的个性、谦逊的态度，特别是他善于与人沟通的本领，这使他成为弗洛伊德去世后国际精神分析运动的领袖，从一九三二年到一九四九年间他一直担任国际精神分析协会主席。弗洛伊德死后，他成为弗洛伊德遗嘱唯一的执行人，弗洛伊德的大量遗稿、书信都交由他编辑整理。弗洛伊德死后，玛莎想将弗洛伊德写给她的千余封书信全部付之一炬，是琼斯和她的子女们竭力劝止才得以保全了如此珍贵的历史资料。玛莎去世后，它们便被交给琼斯，由他第一个阅读，这也是为什么他的著作才是弗洛伊德传记中的经典的缘由之一。最后一点，琼斯是诚实的人，他虽然极其尊敬弗洛伊德，但并不盲目崇拜，也没有将弗洛伊德当作完人。在传记写作中基本上做到了不掩瑜、不虚美，可称信史。

琼斯著作的缺点是内容太庞杂，务求面面俱到，秩序散乱，文笔也平铺直叙，可读性不强，我希望本书能略略弥补这缺憾。

第五个成员汉斯·萨克斯对于精神分析运动与理论都没有什么大作用，这里不作过多介绍。他之所以能加入小组，一是大家都知道他对弗洛伊德忠诚不贰，二是他是一个性格开朗的人，与兰克、琼斯都是好朋友，有福同享，他们当然想把他也拉进这个宝贵的小圈子里来。他只是对精神分析感兴趣，自己没开业行医，平时也懒得做多少研究，满足于叼着烟斗，站在一边瞧着好朋友们拼命干，不时喝几句彩。由于这个懒毛病，一辈子苦熬过来的弗洛伊德不大喜欢他，他们也较少个人接触。他本来住在维也纳，第一次世界大战后，当新建来用于培训青年精神分析医生的柏林精神分析学校需要教师时，他毅然离开了舒适的维也纳，去柏林做了分析教师，也终于放弃他的律师业务，成了专业的分析家了。

这是铁卫队最初的一批成员，共有五人。

一九一九年十月，由弗洛伊德提议，小组增加了第六个人马克思·埃廷根。其实，他本应是小组的第一批成员之一。早在一九〇七年一月他就由瑞士来到了维也纳向弗洛伊德学习，是星期三讨论班最早的外宾之一。弗洛伊德从见面起就欣赏他的诚实和谦逊，他毕生对弗洛伊德极尽忠诚，对于他，弗洛伊德的每句话都是圣言。像弗洛伊德在一九一三年七月七日给他的一封信中所言：

> 你是走近我这孤独者的第一个使者，而且倘若我再次被抛弃，你必将是那最后与我同在的人之一。

埃廷根为什么没有被选为第一批入围者之一呢？这要由埃廷根的不幸说起。他从小就患有严重的口吃，土话讲就是结巴，很厉害的结巴。这使他很早就辍学了，靠自学掌握了丰富的知识，口吃也使他养成了不敢与人交流的内向性格，只有那些肯费心认真与他交往的人，像弗洛伊德，才会看到他的优点。但他与其他人都没有深切的友谊，这样，当由琼斯、兰克他们选择小组成员时，他们自然就没有注意到他。

埃廷根对于精神分析事业有着不可替代的作用。这个特殊的作用与他的出身有关。他出身于俄罗斯一个富有的家庭，自己也拥有一笔不小的财产。我们知道，精神分析一直在经济困境中苦苦挣扎，分析家们大都没能为这个运动贡献出物质的力量，只有埃廷根伸出了援助之手。第一次大战结束时，由于奥地利、匈牙利、德国等这些精神分析家最多的国度都是战败国，战败后崩溃的经济使精神分析运动更加捉襟见肘。这时，埃廷根拨出了一大笔款子，建立了柏林精神分析学校，专门培训从事精神分析的青年医生，这对于战后精神分析的大发展——这是精神分析运动的第一个黄金时代——起了举足重轻的作用，使一度是精神分析运动沼泽地的德国一跃成为精神分析家最多的国度之一。这个作用看似浅薄，却是精神分析初期发展的必要条件之一，正所谓“物质决定意识”。

小组的成员就这六个，除了他们外，还有过一个可能的成员——安东·冯·弗罗因德。他是匈牙利人，一个非常富有的酿酒商，和弗仑齐是好朋友。一九一八年夏，弗洛伊德在匈牙利的塔特拉山脉度假时认识了他，在塔特拉山脉和乔巴湖美丽的山水之间，弗洛伊德治好了他的阉割恐惧症。在此以前，他的好几个亲戚也接受过弗洛伊德的治疗，他对于教授与精神分析事业都十分景仰，决心为它做点什么事。

就在古木参天的乔巴湖畔，他向弗洛伊德倾吐了他的计划：设立一百万克朗的精神分析研究基金，由他将这一笔钱存在银行里，弗洛伊德只要告诉他需要多少，他就会马上寄过去。一百万克朗在那时候相当于二十五万美元，那时候的二十五万美元相当于现在的千万美元以上。

弗洛伊德用这笔钱中的二十分之一创办了国际精神分析出版社，并准备出版新杂志。可惜的是，仅一年多之后，一九二〇年初，匈牙利革命政府被推翻，独裁者霍尔蒂执政，他是个极端仇视犹太人的家伙，一上台就下令大学解除弗仑齐的教职，还规定非经政府特许，所有资金不得移往国外，弗罗因德基金就这样结束了。弗罗因德本人也于是年患癌症在维也纳去世，享年四十岁。

死神使弗罗因德没能成为小组的成员，但他是戴着弗洛伊德“铁卫队”的戒指进入坟墓的。

上述这七个人就是弗洛伊德的“铁卫队”成员，他们将会始终如一地做弗洛伊德的铁队员吗？这个小团体的命运又将如何呢？

古希腊小雕像

一九一三年，一个炎热的夏夜，小组的成员们第一次齐聚在弗洛伊德家，他们用过玛莎为这件大事特意准备的丰盛晚餐，来到了教授的书房里，每人眼中闪烁着欢乐。弗洛伊德拿出一个小布包，放在手掌，轻轻摊开，用深沉的、有点沙哑的声音说：“先生们，我想我们这个小组应当有一个标志。”

忠诚的追随者们围了过来，他们看见教授的手掌里有五个小雕像，精雕细镂。

眼尖的琼斯惊喜地叫道：“是朱庇特神像！”

教授微笑点着头说："对，这就是万神之王朱庇特，现在请你们闭上眼睛，找到那命中该属于你的。"

教授这个主意将大家的情绪推向了高潮。他们依着教授的话闭上双眼，各自从教授的手里摸出了一只。睁开眼一看，上面的朱庇特手执权杖，坐在奥林匹斯山之巅的宝座上，希腊—罗马风格的雕技使它既有古希腊宙斯像之强健，又有罗马朱庇特像之高贵。每个人都捧在手心赞不绝口，都认为自己的最美丽。

琼斯宣布："我要像教授一样将它镶在戒指上，天天戴在手上。"

其他四个人看见教授手上早已戴着的一只，恨不得马上去找金匠。

这样的戒指从此成为"铁卫队"员的秘密标志，先后戴过这个标志的除了上面六人——弗洛伊德、琼斯、弗仑齐、亚伯拉罕、兰克、萨克斯之外，还有马克思·埃廷根（一九一九年八月）、冯·弗罗因德（弗洛伊德送给他一只，作为对他的忠诚所奉献的报答，但他在正式成为队员前就已去世——如前）。一九二〇年五月，弗洛伊德又给了爱女安娜一只，斯时安娜已经决定献身于父亲的事业。她是委员会最后一个正式成员。弗洛伊德后来又将之作为最高贵的礼物送给了三位女士：洛·安德烈亚斯—萨洛美、玛丽·波拿巴公主、琼斯之妻卡塔琳娜·琼斯。

弗洛伊德笑着对琼斯说："亲爱的琼斯，这是你第二个好主意！"

由于琼斯这两个非凡的好主意，也由于他与小组中每个人都保持着密切的联络，当然地被选为铁卫队的队长。大家还商量了小组的目的与任务：

一是要坚决捍卫由弗洛伊德教授创立的精神分析理论，即神经症的性病因、俄狄浦斯情结、无意识等精神分析学中的最基本概念，使它们的内容不致被某些人篡改。像阿德勒已经做过的一样，大家心里都明白，那另一个人的篡改也为时不远了。这些篡改一旦发生，纵使篡改者仍宣称是精神分析学，也已是旧瓶装新酒了，这是弗洛伊德所不能接受的，因那新酒根本不是他所酿的酒，而是篡改者自己酿的，他绝不要被它们硬栽在头上。这不仅是因为他对于自己产品的偏爱，而是他深信那些新酒是伪劣产品，远没有他这个创始者酿的久、酿的香！

二是对那些铺天盖地的针对教授的批判进行回答、反击。教授本人不能、也不应当参与这样的行动，但不能对于所有的批判都置之不理，这个工作将由小组成员共同协商、分头完成。

三是互相之间保持经常的联系，交流各种信息。由于这五个人分处于精神分析运动得到了较大发展或遭到了猛烈批评的国家：奥地利、德国、美国、匈牙利，他们的联系将使他们能对整个精神分析运动的现状做出充分的了解和适当的判断。

在做出了这些计划后，成员们又一起吃过了玛莎准备的点心，抽着弗洛伊德最好的哈瓦那雪茄，吞云吐雾到很晚，才心满意足地告辞了。

这是弗洛伊德一生中最惬意的夜晚之一。

小组成员回到各自的城市之后，毫不延宕地展开了各自的义务。他们积极地了解各个精神分析学家的研究情况，对他们的理论做出评价；关注针对弗洛伊德和精神分析的批判，对那些基于理性的批判进行答辩；他们互相之间通了大量的信件，都将各自国家的情形通知其他小组成员。这样的结果使小组各成员成了整个精神分析运动中视野最广的人，加上他们与弗洛伊德的亲密关系，使他们在运动中都有了重要的地位。自荣格走后直到他们老迈不能视事的几十年间，国际精神分析协会的主席都在他们中产生。主席的任命和诸重大决策都事先由他们内部讨论，并做出决定，再在大会上来个形式的选举和通过。这也许不够民主，但对于精神分析运动确是有益的，他们确是所有分析学家中的精英。

弗洛伊德也与这些成员中的每一个——在维也纳的除外——进行了广泛的通信，这些信内容十分丰富，且都被保存下来，现在成了研究弗洛伊德思想的重要资料。

现在研究弗洛伊德的生平与思想的材料之所以如此丰富，主要原因之一就是弗洛伊德一生中写的信件很大一部分都被保存下来了。弗洛伊德享有大名后的信件是不用说了，没人会将一个名人的来信毁掉的。但即使那些他还没有成名时写的信也有很多被保存下来，有许多是成批地保存下来。像前面说过的他写给威海姆·弗利斯的信、写给玛莎的信，还有写给布洛伊尔与敏娜·伯奈斯的信，这些信中最早的一封是一八六三年写给他的哥哥伊曼努尔的，信上道：

亲爱的兄长：

我很高兴收到你亲爱的儿子的信，但实在遗憾我一点也看不懂。现在我试着写几行字给你。感谢上帝，我亲爱的爸爸妈妈和妹妹们都很好。向你、你的亲人们还有我的哥哥菲利普致意。

爱你的兄弟

西格蒙德·弗洛伊德

毕竟是七岁孩子写的，这封信有点不合规范，但语句已经很通顺精练了，从复印件上看，字也写得很漂亮。

这些数量庞大的信件都被收信者完整地、精心地保留下来了。为什么会出现这样的情形呢？莫非收信者知道弗洛伊德几十年后会成为历史人物，他的书信也能卖个好价钱，像弗利斯的遗孀艾达·弗利斯所做的一样？

当然不会是这样，我猜想，原因之一是许多欧洲人有保存旧信的习惯，而与弗洛伊德通信的恰恰就是这样的人。原因之二是弗洛伊德的字写得相当漂亮，那潇洒自如的笔迹使他的信仿佛是一件艺术品，有着动人的美感。原因之三是弗洛伊德的信不但字迹漂亮，而且语句也很优美。从前面引用过的信就可以看出一点儿来——如果读者没有这种感觉，那是笔者译得不好。我们要知道，弗洛伊德活着时就被称为德语散文大师之一，是歌德文学奖获得者。对他推崇备至的人里面有一长串著名作家、诗人的名字：托马斯·曼、罗曼·罗兰、里尔克、弗吉尼亚·伍尔芙、乔伊斯、斯蒂芬·茨威格等，这以后还要说。原因之四是与弗洛伊德通信的人，不管他们的差异有多大，但有一点是共同的：他们都是受过教育的人，一般而言，也是懂得美的人。

面对这样从内美到外的信，谁会舍得扔掉？

一九一三年夏是铁卫队正式成立的日子，我们回顾前面的内容可知，这时弗洛伊德与荣格的分裂已经隐隐可见，这是弗洛伊德一生中最重大的一次损失，也是最有名的一次分裂，这两个人都将在历史上留下英名。弗洛伊德除了受到内部分裂的折磨，还饱受着来自各方面的批判，从宗教界到政界，从报纸记者到神经病学界，面对这样如潮的攻势，他除了沉默又能做什么？他最起劲的辩护者如今又要像弗利斯一样走了，他正面临又一次孤独……

但他没有，小组的成立帮助了他，而且，与以前不同的是，这个小组是他个人的小组，是他弗洛伊德的“铁卫队”，他从此将在他们的守护之下享受着约有十年难得的安宁了！他的确有了这样的时光，但是，生活似乎是一个转轮，它又会再次转来，让一切重演……

战争岁月（上）

我们在前面已经说到一九二二年的事了，这时第一次世界大战早已结束，我们在前面的忽略并不说明战争没有发生，也不能说明战争对于弗洛伊德与精神分析运动没有多大影响，恰恰相反，它对于弗洛伊德、对于国际精神分析事业都有着与其他人同样重大的意义，只是由于内容编排的需要，我们将它拖到这一节才说。

一九一四年之初，普通人谁也没有想到战争真会爆发，但生活就是这样，经常发生让人措手不及的事。这年六月二十八日，一个消息像一颗炸弹在维也纳上空爆炸开来：帝国皇位继承人弗朗茨·斐迪南大公在萨拉热窝被刺杀了！当时他正在检阅参加军事演习的皇家部队。他是被想将波斯尼亚与塞尔维亚合并在一起建成一个大的南部斯拉夫国家的斯拉夫民族主义分子刺杀的。巴尔干这个火药桶终于被点燃了导火索。七月二十三日，帝国向塞尔维亚共和国提出了最后通牒，提出了一系列苛刻的、带有侮辱性的条件，面对这个庞大的帝国，塞尔维亚政府几乎全部接受了通牒，但奥匈帝国的目的不是要塞尔维亚屈服，而是要彻底地征服它。二十八日，在德国的怂恿下，弗朗茨·约瑟夫皇帝向塞尔维亚宣战，不久，欧洲其他列强纷纷加入，形成了以德、奥匈为主的同盟国，对抗英、法、俄为主的协约国的战争。

这是人类历史上一次前所未有的大规模战争。被拉入战争的国家、参战军队的人数都前所未有。它给人类带来了第一次文明的恐怖，使我们看到，科学技术进步的直接后果是战争手段的高明、屠杀能力的大增，它的结局还直接导致了第二次世界大战这一更可怕可悲的人类之难。对于这样重大的历史事件，各人有各人的看法，弗洛伊德是如何看待它的呢？

弗洛伊德虽然像维也纳绅士们常做的一样，爱在咖啡馆边喝咖啡边谈谈皇室政客们的趣闻逸事，实际上他从来不关心政治，只要政治不关心到他头上来。以前他唯一一次关心政治是一八九五年公开宣扬反犹主义的卡尔·卢克竞选维也纳市市长时，他特意去投了反对票。现在，一场空前规模的战争爆发了，弗洛伊德也空前奇怪地全心投入了这场战争。

战争爆发时，弗洛伊德也与所有帝国公民一样刹那间爆发出对祖国炽热的爱，他第一次打心眼儿里感到自己是奥地利公民，胜利必将属于奥地利。他在这年七月二十六日写给他的同盟国朋友亚伯拉罕的一封信中说：

不管怎样，三十年来我第一次感到自己是奥地利人，也为这个并不那么充满希望的帝国有了另一个机会而感到高兴。这里到处信心十足。

他整天不干活，只同他的弟弟亚历山大讨论时局，他说：“我所有的力比多都给了奥匈帝国。”坚信战争胜利的消息用不了多久就会传来。

他也像其他普通公民一样，没有认真想过战争将会带来什么，但这些后果不久就自己走到了他的面前。首先是德累斯顿会议能够如期举行的可能性越来越小了，他在七月二十九日写信给埃廷根说：“阴影笼罩在我们的会议上，但不能说以后两个月也会这样。也许到那时几乎一切都会再一次走上正轨。”我们知道，这不过是他一厢情愿罢了，一切走上正轨的日子还早着呢，事实是没有正轨的日子刚刚开始。

战争给他的第一次担忧是安娜，这时她正在已经成了敌国的英国度假。但他的担心没有持续多久，帝国驻英大使将她平安带回了维也纳。

弗洛伊德的长子马丁在战争爆发的第二个星期就志愿入伍，当了炮兵。他先到了萨尔茨堡，后来去因斯布鲁克受训，然后从那里开赴东欧战场。这时还充满必胜信心的弗洛伊德在一封信中幽默地说：“我的马丁是想免费去俄国旅行一趟。”不久，奥利弗也应征入伍，到喀尔巴阡山挖隧道去了。这时，玛蒂尔德和索菲都已嫁出去了，弗洛伊德顿时感到家里空荡荡起来，好不习惯。

这年八月，由于战争，列车上挤满了军人，弗洛伊德没能够像以往的三十年一样每逢这时节到维也纳以外某地去度假。只好留下来看看秋天的维也纳了。不能出去旅行是没有办法的事，但他却不肯放弃三十年来的老习惯，这段日子他仍有打算工作，他高悬免诊牌，成天待在家里欣赏他的古玩——古代中国、埃及、印度、希腊和罗马的小雕像。这些物事是弗洛伊德一生除理论创造外的又一伟大成果，是他像辛勤的蚂蚁般一点点积蓄起来的，像他在《日常生活的病理学》中所说：

> 我发现，在我度假时，每当我穿过一座陌生城市的街道，我就有一个叫人生气又好笑的癖好。这时我会看每一个商店的招牌，寻找任何与“古玩”有点相似的词。这暴露了收藏者爱搜索的本质。

几十年来，弗洛伊德年年收集，却从来没有统计他到底收了些什么。他决定乘这个机会好好整理一下。另外，他的书也与他的古玩处于同一状况，陈列在书架上，虽然按类排列，但没有统计编目，他自己也不记得有了什么书。他邀了暂时还没有从军的兰克为他干这事。这两桩事一直忙乎了他一个多月。过了九月，铁路又可以适当接纳普通乘客了，他便去了汉堡。

这次去汉堡不是为了度假，弗洛伊德从来不去大城市度假，他是去探望刚生了孩子的二女儿索菲。前年她与摄影师马克斯·哈尔伯斯塔特结婚后就定居汉堡。索菲漂亮、温柔、活泼、对父母很有孝心，弗洛伊德称她是“我的周日之女”，非常宠爱她。女儿结婚后，他就没有见过她了，现在有了多余的时间，他首先想到的就是去看看索菲。

见到久别的父亲，索菲高兴得哭起来了。她对于父亲的爱是无限的，弗洛伊德也很感动，甚至动了劝女婿搬到维也纳的念头，维也纳人不也很爱照相吗？哈尔伯斯塔特是技艺高超的摄影师，一个沉默、善良的小个子犹太人，对妻子、岳丈、孩子们都很好。他知道泰山大人是个重要人物，拿出看家本领为岳父拍了不少照片，质量非常之高。其中一九二二年的一张照出了精神分析始祖的精神，是一件真正的艺术品，历来被用作弗洛伊德的标准像。他在索菲家共待了十二天，与女儿、女婿、下一代的下一代中头一个男孩共享天伦之乐，这个男孩名叫恩斯特·哈尔伯斯塔特—弗洛伊德，长大后也是个出色的精神分析专家。

这时，弗洛伊德的两个追随者与好朋友卡尔·亚伯拉罕和马克思·埃廷根也住在柏林，一个已是他的“铁卫队”成员，另一个也将是。在来之前，弗洛伊德已经告知他们他的到来。埃廷根不用说高兴得了不得，他是教授最忠诚不贰的学生之一，与弗洛伊德保持着十分频繁的联系。这时他已经适应埃廷根这样的说话方式了：“教……教授……非……非……非常……高……高兴……兴……见……见……到您……”由于与导师相见的快乐，可怜的埃廷根更加结巴了，光从他满面红光就可以看出来他是多么兴奋。这使得弗洛伊德对这个学生更加喜爱，他耐心地听埃廷根花两个小时才讲完别人只要十分钟便讲完的话，他也给他介绍了他准备写和正在写的著作。卡尔·亚伯拉罕是个平静的乐观主义者，弗洛伊德的到来就像战争的到来一样，对他的平静没有一点影响，他的神情仍如水平如镜的湖面。弗洛伊德不由得感叹：“要是前线的士兵也能像你这样，我们的战争一定能胜利！”

亚伯拉罕不慌不忙地说：“教授，我们当然会胜利。”

这两个爱国者就讨论起德奥联军要花多少时间才能打赢这场战争了。他们的谈话立刻热烈起来，因为这是“我们”的战争，参战的是“我们”的同胞、“我们”的亲人，要赢得的也是“我们”的胜利。当弗洛伊德在大街上行走时，也是这样与咖啡馆里的人们交谈，他们说着同一种语言、抱着同一个希望，德意志人似乎暂时忘记鄙视犹太人了，按时兴的说法：“只要你热爱德意志，你就不是犹太人！”

他发现整个德国沉浸在战争狂热之中。

弗洛伊德回到家时已经是月底了，他后脚刚进屋，弗仑齐前脚就跟了进来。他仍像以往一样对安娜这个可爱又严肃的小大人呵护备至，给玛莎送上刚买的鲜花，给阿玛莉献上最好的匈牙利玻璃茶缸。但这些都掩盖不了他内心的不安，他的眼睛瞪得比往常更大，眼神像星星一样闪烁不定。弗洛伊德知道他的精神神经症又折磨他了，暗里叹了口气，他知道弗仑齐一生为了获得他人的爱付出了多少代价，多么艰难地掩盖着他的神经症状。正好他现在病人不多，接下去的二十一天里，他将每天的大部分时间都用在了弗仑齐身上，打算对他进行彻底的分析，如同他在自己身上做过的一样。但弗仑齐运气不好，一纸征召令将他送回了布达佩斯，回去后他立即被派往有名的匈牙利轻骑兵“霍撒士”担任军医，长得像地球仪的他只好勉力学骑马了，数不清滚下来多少次。

十月份弗洛伊德恢复了门诊，但这时举国沉浸在战争狂热之中，包括那些神经症患者，不是被征上前线就是被战争医好了。弗洛伊德战前热热闹闹的候诊室如今门前冷落鞍马稀，好像又回到了他三十年前初开张的情景，又是他这个医生在候诊室“候诊”了。他候到了两个病人，都来自匈牙利，但不久便“硕果仅存”了。

这冷清对于精神分析未尝不是好事，弗洛伊德乘此难得良机写下了著名的“狼人病例”。他一九一〇年二月开始治疗这个病例，“狼人”是一个名叫谢尔盖·彼得洛夫的年轻的俄罗斯贵族，他的神经症症状十分严重，几乎完全丧失了生活自理能力，一切都靠仆人照顾，还伴有严重的精神忧郁症。弗洛伊德经过不懈努力，摧垮了重重抵抗，终于使他回忆起了童年的一个梦。那时是冬天，他躺在床上，床靠着窗，窗外是俄罗斯平原上的皑皑白雪，他梦见紧关着的窗户突然自己开了，他看见几只像雪一样白的狼蹲在窗前的胡桃树上，一动不动，长着狐狸的大尾巴，看起来又像是狐狸或者牧羊犬，它们好像听到了什么声音，耳朵竖了起来，赤红的眼睛静静地看着他。他吓得叫了起来，就此醒了。

弗洛伊德又使他回忆出了他一岁半时看见的一个景象。他那时正患了痢疾，躺在父母的卧室里，中午时突然醒了过来，看见父母正在床上翻成一团，他们做爱的姿势很特别，父亲在母亲背后，这使得他既看见了母亲的生殖器，也看见了父亲的。

还有他的姐姐，在他小时常常将他的生殖器拿在手里把弄，告诉他这是从他的保姆娜佳大婶那里学来的把戏。后来他为了报复，就在娜佳大婶前也玩弄自己的阴茎，大婶吓唬他道：“孩子，这样可要不得啊，你的‘鸡鸡’会掉下来，变成一个‘伤口’。”

这一切造成了谢尔盖的神经症。弗洛伊德通过分析，发现了病因，又经过近一年的分析，年轻贵族终于放弃了大量的强迫观念，基本恢复了正常。

在这个病例的治疗中，弗洛伊德做了大量的笔记，现在乘没有病人来占用他的时间，将之整理成书，成了精神分析治疗的经典之作。

接下来的十一月份弗洛伊德得到了一个令他伤痛的消息：他的同父异母哥哥伊曼努尔·弗洛伊德在一次列车事故中丧生，终年八十一岁。对于伊曼努尔，弗洛伊德从小就有着父亲般的爱，直到他三岁时从家乡弗莱堡搬走，他一直将大他二十岁的伊曼努尔当作父亲，而将大他四十一岁的雅各布当作祖父。现在他死了，正与他父亲死时同样的年龄。弗洛伊德不由得想他自己也许也会活到这一高寿。“这该是多么漫长的一次人生之旅！”他黯然神伤。

年关将至，狼人病例已经写完，哥哥也已去世，两个儿子正在前线枪林弹雨之中，病人的影子还像他的收入一样稀少，连往昔成群结队往家里钻的朋友和学生也消失了踪影，精神分析创始人的精神陷入了低谷。在苦闷之际，他将眼光转向了能联络上的朋友们。

弗仑齐已经在军医帐篷里滚动、萨克斯是个懒鬼、兰克与他不是同一代人、琼斯是敌国公民，能够分担他忧愁的铁卫队员只有永不忧愁的亚伯拉罕了。弗洛伊德于是写信请亚伯拉罕过来救驾。信中说，无助和贫困是他一生最恨最怕的两样东西，但如今它们联袂而来的阴影已经呈现在地平线上——没有朋友在身边使他无助、病人的稀少使他贫困。他还说兰克正想方设法免服兵役，“像狮子般地反对为国效劳”。

除了亚伯拉罕，弗洛伊德这时有了一件秘密武器来使他脱离孤独无助之苦，这件秘密武器就是洛·安德烈亚斯—萨洛美。前面已经说过，她曾参加了一九一一年的魏玛大会，会后她请求弗洛伊德允许她来维也纳跟从他学习，弗洛伊德答应了。她如约来到维也纳，在一九一二年至一九一三年间向弗洛伊德学习精神分析。

萨洛美也许是当时除居里夫人之外欧洲最聪明的女人，与居里夫人不同的是她不仅聪明，而且有着超凡甚至神秘的魅力。她的一长串情人与朋友的名单里有一长串闪闪发光的名字：屠格涅夫、托尔斯泰、斯特林堡、阿瑟·斯尼茨勒、里尔克，等等。她自己也是出色的作家、诗人，不用说，后来还是出色的精神分析专家。她与十九世纪和二十世纪欧洲也是世界上最伟大的人物之二尼采、弗洛伊德都有过非同寻常的交往。尼采爱她爱得发疯，弗洛伊德也极其喜欢她，可惜这时已经不是谈爱的年龄了。但弗洛伊德还是天真地在一九三五年，他七十九岁、萨洛美七十四岁时问她讨一张近照。他在这年五月十六日写给她的一封信中说：

> 倘若一个人活得够久……也许甚至可以还活着时就能从你那里得到一封信和一张照片……

这一点也不令人奇怪，萨洛美的照片就足以让人一见之而终生难忘……那种说不出的魅力说不清的美……只有看过才感觉得到。

萨洛美的来信成了弗洛伊德的精神食粮，她用最温柔的话语给他信心、令他坚强。弗洛伊德在写给亚伯拉罕的信中评论说，她的信“实在是令人感动的乐观主义”。

这战争的头一年就在这样的孤独与寻求摆脱孤独中过去了，孤单并没有夺走弗洛伊德的创造力，上述的“狼人”病例的写作就是一例。但是，创造高潮依然不能掩盖他的情绪低落，他在这时写给弗仑齐的一封信中有点夸张地说：

> 即使没有这些（他最近的新的理论创造——作者注）我也可以说我给予这世界的已经超越了它所给我的。我现在比以往任何时候都更孤立于世……

现在我们来总结一下弗洛伊德这一年来对于这场战争的观点的变化。

以前说过，战争爆发之初，弗洛伊德像一个年轻人一样爆发了爱国狂潮，他相信正义在奥地利一边，胜利在祖国一边，他说“我的力比多全向着奥匈帝国”。所以当琼斯从伦敦来信说德奥必败时，他写信将这话告诉同在一条战壕里的弗仑齐，两人一致认为琼斯是睁着眼睛说瞎话，是出于“狭隘的民族主义感情”。他还相信用不了多久，战争就会光荣结束了，他又可以像往常一样生活下去。

但仅仅两个多星期之后，他的信心受到了第一次打击：进攻塞尔维亚的帝国军队在加里西亚吃了败仗，给塞尔维亚人打得掉头飞跑，给留在城里饱含爱国热情的人们兜头一盆冷水，使他们清醒地看到，他们积弱成疾的祖国并没有从战争中获得多少力量。玩世不恭的奥地利人开始在咖啡馆里做起阿Q来，彼此开着玩笑说：“我们在加里西亚的撤退是为了拖垮塞尔维亚人。”

但不久又有好消息传来，德国老大哥来解救小兄弟了，德军开往加里西亚，几仗就把塞尔维亚人打得一败涂地，攻占了它的首都贝尔格莱德。弗洛伊德像其他人一样又高兴起来，认为这下可真的要赢了，只是担心战后德国人会太骄傲了，看不起它不经打的同盟国。弗洛伊德去汉堡时就是想在那里早日听见德军攻占巴黎的消息，上次普法战争德军不是几个月就将巴黎拿到了手吗？

直到他从汉堡回来，巴黎还在法国人手里。弗洛伊德这时知道他不大能期待一场迅速的胜利了，只能作好打持久战的准备，他说“现在忍耐是最大的美德了”。但他仍相信胜利将属于他的祖国，只是这将是一场皮洛斯似的胜利，将给奥匈、德国、英国、俄国、法国等所有参战国，乃至全人类带来无穷的苦难，他在这年十一月二十五日给萨洛美的一封信中说：

> 我不怀疑人类将挨过这场战争，但我同样相信我以及我的同时代人将不再能看到一个快乐的世界了。这真是太可怕了。而最可悲的是这一切恰如我们的精神分析所设想的人及其行为之结果。由于这个原因我从来没有同意你轻率的乐观主义。我私下的结论是：既然我们把目前的最高文明仅仅看作是被一个巨大的伪善损害了的东西，那就表明我们根本就不适应它。我们只得退让，那伟大的“不可知”，在“命定”之后“它”或者“他”，某个时候将对另一个物种重复这一实验。

这一段话表明的不仅仅是弗洛伊德对于这次战争后果的看法，也表明了他对于人类文明远景的观念：他是一个文明悲观主义者，对这个问题的研究与论述将在他后半生的著作中有着重要地位，他的好几本经典之作——《文明及其缺陷》《一个幻觉的未来》等——都是围绕这一问题展开的。弗洛伊德还看到了这场战争对精神分析运动所造成的危害，比仅仅使一次会议的推迟要严重得多，他在给弗仑齐的一封信中写道：

> 我对于这样的事实不再抱幻想：我们刚刚萌芽的科学事业被野蛮地摧残了，面对我们的将是一段艰难的日子，我们能做的只是在几个炉边保持一点火苗，直到一阵顺风使它再度燃起熊熊烈火。

虽然精神分析事业面临着前所未有的困境，然而弗洛伊德并没有灰心丧气，他相信它有着伟大的将来，正如他看到它有一个糟糕的现在一样。

这外表黑暗、内心光明的一年又过去了，战争进入了第二年，像所有奥地利人一样，弗洛伊德最关心的是皇家军队的战况，他像过去的一年一样仍相信胜利属于奥地利。倒不是因为奥军在这年有了了不起的战绩，而是因为它的盟友德军在战场上的辉煌成就：安特卫普已被攻下，比利时的防线已被突破，德军似可指日攻到巴黎城下。在东线，马尔祖诺湖地区，德军歼灭了两支孤军深入、缺乏配合的俄军。面对东西交相辉映的胜利，弗洛伊德想，到今年十月底，战争就该结束了吧！他在一封信中写道：

> 我的心在“高地”上；不在这儿。在达达尼尔海峡，欧洲之命运正在那里被决定。

达达尼尔海峡位于土耳其境内欧亚交接之处的最西端，与中间的马尔马拉海、东边的博斯普鲁斯海峡共同构成了大土耳其海峡，东西沟通欧亚、南北对接黑海与地中海，像苏伊士和直布罗陀一样，是全球最重要的交通要道之一。当时，同盟国与协约国正为了争夺这条重要通道的控制权，进而控制整个爱琴海与黑海地区而进行空前残酷的战斗。

在初期的这许多局部作战中，德国人取得了不小的胜利，弗洛伊德为它们所鼓舞，更加相信胜利属于他的国家了——虽然这个国家从来没有将他视作亲生儿子，他认为这个胜利就在最近的将来。他在这时候写的一封信中说：

> 想到战争也许不会持续它已经持续过的这样长的时间真是一个安慰……我怀着极大的紧张期待着将要发生的事。你想“每件事”都会叫人满意吗？

但“每件事”并没有叫他满意，以后的几个月里德军的进攻遭到了协约国军队的坚决抵抗，德军的进展缓慢下来，但仍在进攻着，弗洛伊德的思想就像战争的晴雨表，又在心里将胜利的日子推迟了一年，他也像所有人一样，在被迫看到失败的阴影之前，那战况越是复杂艰苦，就越相信他们的军队在英勇战斗，统帅部在制定秘密的大计划，不用多久就会将敌人聚而歼之。但德军统帅部没有如弗洛伊德所希望的制订伟大的计划，至少没有制订出成功的伟大计划，德军诚然勇敢，但英法军队也与他们一般不怕死。战线在所谓“凡尔登绞肉机”停顿下来，双方在付出百万伤亡的代价后，都未取得进展，但这对于德军却是失败：一是它是进攻者，没有进展就是它的进攻失败了；二是德军原来的战略目标是先在西线彻底击败法国，让它退出战争，再掉过头来与俄军决战。现在法国人与英国人在西线顽强地抵抗着，而东线的俄军已在进攻了，并已打垮不堪一击的奥军，深入加里西亚地区，这样，德国处在了战略上最为不利的两线同时作战，并且不得不从势均力敌的西线抽调大批军队对付已从东线攻入德国境内的俄军，它的战争总战略——首先结束西线战事的计划就成了泡影。

但弗洛伊德是没有战略眼光的，他只能从战报上读到一个个消息，德军如何在一次次战斗中取得胜利，因此便相信它也会取得整个战争的胜利，这就是他以前那些信心的源泉，但战争岂是几个阵地的争夺呢？当弗洛伊德看到与胜利伴随的似乎是胜利的遥远时，他迷惑了。他说："战争出现了将长期持续下去的苗头，数不清的胜利与日渐增长的艰难使人不由得想那个英国佬的可恶预言也许有点儿对。"

那个英国佬就是奇切勒爵士，他曾公开预言战争将持续三年。

要是弗洛伊德现在就知道爵士的预言并没有夸大，相反是缩小了，战争将比他的预言持续得更久，他也许会吃惊得失去知觉，晕倒在地。

他要担心的不仅是国家，还有家庭：他的儿子们。马丁一直在加里西亚与俄罗斯作战，现在德国人兵员不足，想出了一个好主意，他们冲锋占领阵地，然后交给胆小的奥军去守，有时也来个并肩冲锋，给奥地利人现场示范什么是勇敢，大家知道德国人勇敢到了野蛮。马丁由于作战勇敢已获得了一枚勋章，成了军官。

奥利弗参军前已经获得了工程师文凭，他的妹妹安娜与他同一天获得了教师资格文凭，他一直没有直接参加血雨腥风的冲锋格杀，只是挖隧道、建兵营、造桥梁；他的弟弟，三兄弟中的老小恩斯特也在这年的四月份应征入伍，他不是工程师，直接上了意大利前线，但意大利军队与奥地利军队的不中用难分伯仲，都重视生命甚于胜利，所以他的安全系数不小。

随着时光的推进，弗洛伊德越来越看到了精神分析事业在这次战争中受到的损害。首先是大批精神分析专家上了前线，弗洛伊德的"铁卫队"在战争开始不久就只剩下兰克和汉斯·萨克斯。兰克体质很差，枪都扛不动，但也在这年七月份被召入伍，最后，萨克斯也在一个月后也被征召了，要是弗洛伊德再年轻那么十来岁，也会被派上用场。萨克斯先被送到林兹训练，刚过了十二天就又被送了回来，他连自己手里的枪都看不清楚，不用说去瞄准了，军官们还怀疑他的眼睛是否分得清敌我。说不定打仗时看到前面有个人影就一枪打过去，结果是自己的连长。为了避免这样的危险，最好是送他回来。

萨克斯真是朽木不可雕也，不过对他自己来说是塞翁失马，焉知非福？他们得到消息说，已经有同行在战斗中丧生了。

弗洛伊德这时仍在开业，病人只有两个，全是匈牙利贵族。他们的诊金勉强够弗洛伊德一家的日常开支。

虽然成员星流云散，弗洛伊德仍竭力使精神分析运动维持下去，不致因一次战争就把他数十年的心血付之东流。为此他采取了一系列措施。先是努力将延续了十余年的星期三的讨论会延续下去，这是精神分析运动的第一朵鲜葩，是万里长征的第一步。所幸的是，维也纳协会的成员里颇有一些年龄与弗洛伊德不相上下的老头子，他们还能参加讨论。精神分析一度有过的不少专业刊物现在绝大部分与战士们的生命一同逝去了，包括国际精神分析运动的机关刊物《年鉴》，一九一四年就“不知后事如何”了。但弗洛伊德竭力将设在维也纳的两份刊物《国际精神分析杂志》和《意象》办下去。由于没有充足的稿件，他将自己本来要专册出版的一本书分成了若干章节，在杂志上分期发表。杂志每一页纸、每一个字无不凝着弗洛伊德的辛劳。兰克走了，萨克斯干不了事又不想干，几乎所有的事，从约稿、编辑、排版、校对直到销售，他都要一把手抓到底。至于酬劳，自然是没有的，只要不额外掏腰包，他就满意了。

由于战争，能够与弗洛伊德继续通信的老朋友也所剩无几，大约就是厄内斯特·琼斯、弗仑齐、亚伯拉罕、洛·安德烈亚斯—萨洛美等有限几人，美国的普特南偶尔也会来封信。琼斯身处敌国，本来不许通信，但他交游广阔，总是能通过瑞士、瑞典等中立国将信转到弗洛伊德手里，还为弗洛伊德开通了寄信到他那里的途径。除了通信，偶尔还会有个把老友冒着枪林弹雨远道来访。像忠心的弗仑齐就来过两三次。这时期弗洛伊德还来过一位有趣的拜访者勒内·玛丽亚·里尔克，蓄着怪模怪样的海豹式胡子，是萨洛美的情人之一。他是杰出的诗人，现代派诗歌的开山祖师之一。有不少人想必读过他的名作《豹——巴黎植物园》，诗中说：

它的目光看着过眼的铁栏，是
如此疲倦，一切过而不留。
它的眼中，好像有成千铁栏，
在千条铁栏之后不存在宇宙。
迈开灵活、强健、柔软的脚步，
兜来兜去，在那极小的圈子里，
如同环绕一个中心之力的旋舞，

中心是一个昏沉了的伟大意志。
它的眼帘只偶尔悄悄举起——
于是有一个影子映射进来，
通过那紧张、安静的四肢——
到了它心中便停止存在。

这首诗是现代德语诗歌史中“物诗”的代表作。

像许多伟大艺术家一样，自从精神分析诞生之日起，里尔克就对之情有独钟。他对弗洛伊德久已怀着尊敬与爱戴之情，现在他来维也纳军训的第一件事就是拜访弗洛伊德。他与弗洛伊德一家度过了几个美好的夜晚，弗洛伊德对他的才智与个性都留下了深刻的印象，因为里尔克可说是弗洛伊德说过的那种高度才能与神经症状并存的典型人物。但他将自己的内心世界紧紧封闭，弗洛伊德只好放弃了对他进行一番分析的想法。在这次访问后，他与弗洛伊德保持了通信联系。

弗仑齐在战场上仍不忘他的本行，开设了“马背精神分析诊所”，在马背上给军官士兵们进行精神分析，取得了令他得意的成绩。一天又在马上时，不知从哪里来了灵感，他做出了一个“伟大发现”——弗洛伊德与歌德相似。他将歌德生平与个性同弗洛伊德作了许多比较，得出了许多相似之处，例如歌德母亲对歌德之爱犹如阿玛莉对弗洛伊德的爱一般强烈；歌德对山水之美的钟情也像弗洛伊德；还有他们对意大利都着迷一般地喜爱。他将这些发现写信告诉了弗洛伊德，等着弗洛伊德又像以往一样回信感谢他，鼓励他百尺竿头更进一步。但这次弗洛伊德却没有，他不是那种因为与名人攀上了亲就自以为也成了名人的人，也不是“追星族”。他回信说：

我真的认为你给了我太大的荣耀，所以我并不对此感到高兴。我不知道我与你所提的那位伟人之间有什么相似之处，这并非谦虚。我喜欢足够真的东西——毋宁说是客观——没有益处也行。你的一部分观点的来源给我留下这样的印象：就像人们看见两个画家都拿着画笔和调色板，但这并不能告诉你他们的画的价值也是相等的；另一部分来自你对这两个人情感态度的相似之处。

弗仑齐对教授的爱使他这次没有接受否认，仍劲头十足地寻找他们的共同之点，并且将他的新发现源源不断地报告给弗洛伊德。这使得弗洛伊德颇为感动，知道他这样做纯粹是一片好心，只好按一贯的态度，当学生不听劝阻时，就尊重他们的意志——那些原则问题当然除外，例如神经症的性病因。他这次也顺着弗仑齐来了，给他回信说：

> 既然你坚持这种与歌德的比较，我自己也能助一臂之力，既有否定也有肯定。前者一是我们两个都在卡尔斯巴登待过；二是我们都尊敬席勒，我认为他是体现了德意志民族最高贵个性的人之一。后者是歌德对烟草绝对憎恶，对于我这是我所知的哥伦布的罪行中唯一可宽恕的。但总之我没有为任何伟大的感觉所压迫。

弗洛伊德之所以这样说是因为烟草原产于美洲，而哥伦布是美洲的发现者，推本溯源，“罪魁”当然是哥伦布。弗仑齐的这个比较研究不久就不知后事如何了。弗洛伊德知道这个必然的结果，倒也不足为怪。

较之战争的第一年，一九一五年是一个相对平静的年份，这年所发后的事在上一年已经可以想见了，像战报、友人通信之类，但也许有一件事是过去所没有的，就是弗洛伊德的年龄。今年弗洛伊德实岁五十九，虚岁六十。对于弗洛伊德来说，他觉得自己已经走上“耳顺”之年了，这个年岁对于他有着特别的意义。在很久以前，弗洛伊德就有一个不知来自何方的想头，认为他将在四十岁时死去，但后来他没死；他于是就又认为自己会在五十岁时去世，结果又没有，他不禁有些喜出望外了；又将自己的“死期”推到了六十岁，心中也不怎么恐惧了，即使六十岁时真个去见了上帝，也不为早夭。弗洛伊德对“十”这个数字的迷信可见一斑。这种迷信心理是许多伟人的一个通病，这也许是某种类型的神经症，也许是伟人常有的那种“天赋我命”的观念。这种观念使他们将做出常人所不能的大事仅看作是天意，那种对自然与不可知的神秘——也许是某种对于“上帝”的天然直感——的崇敬令他们终生苦斗不止而对一己之利一无所求。

今年已经五十有九，弗洛伊德暗想这一年也许是他活着、能够工作的最后一个春秋，他必须在走向那永不复还、无限遥远征途之前努力对他的思想做出一个总结。于是，他在这一年用与以前迥然不同的方法——用纯粹理性思辨的方式写作了它的思想中最深奥的部分之一：元心理学理论。

元心理学又被称作深度心理学或心理玄学。顾名思义，他是研究人的深层次心理的学问，这“玄”字也说出了其基本特征：深奥而玄妙。像《道德经》所谓“微妙玄通，深不可识”，可同时它又是“玄之又玄，众妙之门”。

对于元心理学，我也没做过研究，不敢乱说，简言之，它的目的是要对于人的精神过程进行一次总分析。可能无意识里弗洛伊德还想对这个千古之谜来个一劳永逸，其目标之宏伟可想而知。这个总目标又可分成三个部分：一是找到精神活动的动力之源；二是对其表现特征进行一个总描述；三是找出精神过程之直接后果。

弗洛伊德从这年四月十五日开始动笔写作一系列的论文，他的速度是惊人的，头两个星期内已经完成了头两篇：《本能及其变迁》《压抑》。以后两周内又完成了最为重要的一篇《无意识》，这是弗洛伊德所最喜爱的一个研究项目。最后两篇《释梦理论的元心理学补充》《悲伤与忧郁症》仅仅花十一天就写完了。

这些著作是弗洛伊德所有著作中最为深奥的，而弗洛伊德是在如此艰苦的战争环境下完成的，其速度之快也是弗洛伊德所前所未有的。这体现的是几乎每一个取得伟大成就者都有的一个伟大品质：挫折愈大，则力量愈大。他们的意志就像弹簧：压力越大，就弹得越高。这正是他们之所以取得成就的条件之一，也许是必要条件。因为伟大之成就，必须伟大之心智方能成就，而伟大之心智常来自苦难之中，恰如中国俗话所言：自古贫寒多豪杰，从来纨绔少伟男。

在写完这五篇后，弗洛伊德没有停顿下来，以后六个星期内又写了五篇，其中有《意识》《焦虑症》等。但遗憾的是，弗洛伊德在这个时期写的著作中的最后六篇从来没有出版，也没有发现过手稿，弗洛伊德只在他致弗仑齐的书信里略略提起过。后来才知弗洛伊德因觉得不满意，把它们全烧掉了。这些论文都是弗洛伊德所写过的最为深刻的东西，它们的化作灰尘实在令人伤心。

我想，也许是弗洛伊德感觉到他的生命不止六十年吧！

战争岁月（下）

战争已进入第三年，同盟国与协约国都筋疲力尽，战场呈现胶着状态：西线，德军的攻势已经被英法联军完全遏制，但联军也无力再进；东线，由于俄国国内一片混乱，前线军心不稳，很快被增援的德军赶出了加里西亚，战线也暂时稳定下来。这使每一个人都不得不明白地看到：战争将旷日持久。

弗洛伊德也看清了这个将来，在元旦这一天他给埃廷根写了一封信：

> 关于战争什么都不好说。此时好像暴风雨来临前的平静。谁也不知下一步会怎样、会出现什么样的后果、会持续多久……这里已经精疲力竭到了极点，即便在德国，人们也不是那么毫不迟疑地乐观了。

他的心境处于一片阴霾之中，只是凭着坚定的意志，机械地干着要干的事：挣钱供养家人、与朋友通信、编辑《国际精神分析学杂志》和《意象》、著书立说。

这时几乎没有什么病人，过日子基本上靠他以前有限的积蓄。幸好这时儿子们已经参军，由国家供吃供住了，玛蒂尔德和索菲嫁人了，几个妹妹只剩下杜尔菲和玛丽待字闺中（她们将待一辈子），敏娜自己有财产。要他供养的就只有母亲、杜尔菲、玛丽、安娜和两个用人了，他的些许积蓄还够应付一阵子。

参军的儿子们暂时安然无恙，马丁已被提升为中尉，恩斯特在军官学校训练过一段时间后，也有希望不久的将来在肩上佩一颗星，哥俩儿都到了意大利前线。奥利弗还在喀尔巴阡山挖隧道，不知三兄弟是否有希望活过这场战争。

维也纳精神分析界的同人们都还是老样子——年轻的，也就是说五十岁以下的，除了萨克斯外，都在前线。琼斯来信说目前有十一个病人，还有三个在排队，他已经有了一辆汽车，在乡下买了一幢房子。一辆汽车！这是弗洛伊德想都不敢想的，他给弗仑齐写信感叹说："幸福的英格兰！战争看来不会早早结束了。"但最让弗洛伊德不习惯的还是兰克的离开。他在军队里待了一阵子后，就被派到波兰的老首都克拉科夫去主编当地一份主要报纸了。弗洛伊德像折了一只手，他才知道这么多年来，兰克干了多少事，自己又是多么依赖这个年轻的弟子。

一九一六年五月六日是弗洛伊德的六十大寿，他是个不爱张扬的人，也希望让这个生日悄悄过去。同平常人不大一样，生日从不使弗洛伊德高兴，只令他感到光阴对人毫无怜悯之情，每一个生日过去，他又向坟墓走近了一步。但别人是不会理会弗洛伊德这种心情的，在这点上他们只能将弗洛伊德当作常人，祝他生日快乐。这些祝贺的人不止于维也纳，柏林的报纸上刊登了祝他健康长寿的大幅广告。在维也纳的家中，鲜花像洪水一般涌来，还有雪片似的贺卡、贺信和电报，在房子里泛滥成灾。他写信给亚伯拉罕抱怨说：

> 刊登在柏林报纸上的广告使得我的生日不能像我本来希望的那样悄悄过去。特别的是，在那么远的地方，那些不知道我的希望的人让他们自己高兴起来了，光是向他们致谢也给了我够多的事情。甚至在维也纳，我收到的鲜花是那样多，真令我想他们把我葬礼上的花也送来了，希契曼送来的“讲演”是那样令我感动，我建议当我下葬时也不要什么悼词了。

生日过后很快到了弗洛伊德传统的假期，但今年他又不能去国外度假了，战线已经向奥地利境内推来，他连国内的避暑胜地也不能随便去，只好挑了道伦山脚下一个小城巴登·加斯滕。这里原来是一个美丽的地方，现在的景致仍然秀丽，但旅馆里没有电灯，连食品都得不到保证，他只好打消了在那里过完整个假期的打算，一个星期后就溜到萨尔茨堡去了，住在布里斯托尔旅馆。倘若我们仔细回忆，八年之前，也是这座城市，也是这家旅馆，弗洛伊德和欧美各地的同人们第一次聚集在精神分析的大旗之下，那是精神分析正式成为一种国际性的思想运动的标志。他来到这里的目的是要看刚好驻扎在这座城市附近的两个儿子，他的目的达到了，他在八月二十六日给埃廷根的一封信中说：

> 我要很高兴地告诉你我马上叫我的两个儿子来萨尔茨堡与我见面，他们两个都很健康。现在他们都走了，一个往南，一个往北，此刻我还没有一点他们的消息。

从弗洛伊德在这种时候写出这样的信来看就可以猜到他的儿子们的确不错。从他在那里与马丁和恩斯特的一张合影上看，这时的马丁蓄着与父亲一个式样的胡子，不过是黑的，一对招风大耳，套着大皮靴；恩斯特则是漆黑的小胡子，一张十分年轻的脸，挎着宝剑。兄弟俩脸长得很相像，都左胸佩着勋章，脸上洋溢出幸福的微笑，令人难以相信是两个刚从火线上下来，马上又要奔赴战场的战士的照片。弗洛伊德在萨尔茨堡一直住到八月底，然后，又回到住宿条件糟透了的巴登·加斯滕。在那里找了家勉强过得去的旅馆住了两个星期。九月十五日，在外面“流浪”了差不多两个月的弗洛伊德回到了维也纳的家。

就在这一年发生了一件有趣的事，这一年的诺贝尔生理学和医学奖被授予一个叫巴拉尼的人，他与弗洛伊德有一点关系，不过这点关系让弗洛伊德感到尴尬。他在一封信里透露了原因：这个叫巴拉尼的人曾经写信给弗洛伊德，恳求弗洛伊德收他为学生，但弗洛伊德拒绝了，原因是他看出来这个人与一般人很不一样，也可以说是很不正常，不适宜从事精神分析工作。弗洛伊德是极少这样拒绝一个求教者的，但这次他拒绝了，偏偏又轮上了一个这样杰出的人物，不能不使他有点儿尴尬。

这个事件实际上不难解释，巴拉尼之所以在弗洛伊德那里吃了闭门羹，是因为他不太正常，而他不正常的原因也许恰恰在于他超群的才智。前面我们已经谈过，弗洛伊德在神经症治疗实践中已经看到，大部分神经症患者的智力要超过一般人，而在历史实践中我们也可以看到，有很多才智卓绝的伟人都有神经症倾向，像达·芬奇、柴可夫斯基、尼采等，巴拉尼大约也属于这样的人物。弗洛伊德因此拒绝了他——当然他没有看见巴拉尼的才智。而巴拉尼之被弗洛伊德拒绝对于他未必不是一件好事，如果弗洛伊德接受了他，他也从事精神分析研究，那么再好也不会高过弗洛伊德，顶多像荣格、阿德勒一样另开山头拉大旗，但弗洛伊德、荣格、阿德勒有谁得过诺贝尔奖呢？

十一月，弗洛伊德心爱的女儿索菲从汉堡回娘家探亲来了，弗洛伊德出去度假时本来又要去看她，但交通问题使他没去成。索菲又在家里充当起母亲的心肝宝贝，做起父亲的“星期日之女”来，一直做到第二年五月中旬。

这年，弗洛伊德在维也纳大学开设了一门讲师课程，讲解精神分析的一般原理。有九个学生选他的课，他决定将讲稿成书出版，书名叫《精神分析引论》，至今仍是精神分析最好的教科书。

一九一七年是个灰色的年份，弗洛伊德，无论他的物质条件还是精神条件都不容他保持乐观。这年的战况也对于他所在的同盟国极为不利。美国一度试图在交战双方之间进行调解，威尔逊总统曾要求双方列出它们所要达到的战争目标，这使得同盟国很不是滋味，因为战争实际上主要是他们挑起来的，也是他们本来想通过战争抢点什么，例如英法的海外殖民地、巴尔干半岛诸小国。这样，德奥明显地“不义”了。一向以“正义”“公理”的卫道士自居的威尔逊对于协约国露出了摸得着的好感。而且谁都能看到，只要美国参战，同盟国的失败就可指日而待了。

弗洛伊德对于这种情形也看得清清楚楚，但半点也不着急，他的心早已不放在德国人身上了，他们失败与否与他何干？他在给亚伯拉罕的一封中说：

……在协约国与同盟国之间的争吵中我明明白白地采取海涅的朵拉·布

兰卡在托伦多的争执中的立场“我要说的一切是你们两边都很臭”。唯一的好消息是耶路撒冷被英国人占领了，他们建议在那里为犹太人建立一座家园。

弗洛伊德这种态度的转变与他对这场战争前因后果认识的加深有关。他知道了战争的真实起因是自从普鲁士统一德意志后，国力的增强使它产生了勃勃野心，对英法这些先起的殖民强国在全世界拥有的广大的殖民地馋涎欲滴，而奥匈帝国不愿看到巴尔干半岛诸国的独立，想用武力来阻止。这样，它们就狼狈为奸地结合起来了。在战争上德军的野蛮，包括大量使用毒气使弗洛伊德认识到了这个民族的残暴，联想到它们对于精神分析毫无理性的批判，弗洛伊德怎会还想它们赢？当然，这与他作为犹太人，内心从来没有将奥地利当作祖国也有关系，否则依据人类强大无比的民族主义，也许会不顾一切地盲目忠于国家的，即使这个国家做出了令人发指的恶事，也会因了祖国这个神圣的字眼儿而视为当然。

这年发生的一个重大的事件是俄国二月革命。这年二月，俄国爆发了革命，沙皇被废黜，建立了克伦斯基为首的临时政府。这一历史事件对战争的进程没有产生似乎应当产生的效果。临时政府依然待在协约国之内，依然将军队派往前线与德奥作战，但战斗力受到了较大的影响。国内的混乱使后勤供应极其不足，为沙皇而战了几个世纪的哥萨克们不知道现在应为谁而战，士气低落，这令快要崩溃的奥军得到了喘息之机，战争又要延长。

经过三年的战争，奥地利人民的生活受到了极大影响。首先是物价像断了线的风筝扶摇直上，货币的贬值使人们战前辛辛苦苦攒下来的几个克罗令泡了汤，原来能买十斤肉的钱现在一斤米都买不着了。弗洛伊德战前病人多时储蓄下来的钱的价值只有战前的十分之一，也许还不到。更要命的是，便是有钱也没东西买，市场一片萧条。玛莎有时一大早出去，到中午才回来，往往只买到几根小胡萝卜，肉呢，运气好能搞到几根骨头。弗洛伊德家非止一次地到了断炊的地步。他给朋友写信抱怨说，现在很难搞到足够的食物让家里人保持健康。

在这样的物质条件之下，弗洛伊德的精神也不会好到哪里去，他对世界、人生、自己都很悲观，颇有点怨天尤人的味道。他给弗仑齐的新娘子吉塞娜·帕罗斯写过一封信。帕罗斯在做了弗仑齐若干年情妇后，终于要嫁给他了。她是弗仑齐的同乡人，比弗仑齐要大好几岁，与前夫生了两个女儿，也是一位萨洛美似的人物，只是缺乏萨洛美那样的才智。在信中弗洛伊德说：“我经常发出对生活不满之言，想到这艰难的存在终会有一个了结使我一阵轻松。”

他又给亚伯拉罕去信说：

> 我拼命工作、筋疲力尽，开始发觉这个世界真叫人恶心。我的生命将在一九一八年二月份结束的迷信看起来倒是个好主意。经常地我不得不努力奋斗以便重新控制自己。

这样的话要是落到几年前，很难相信会从弗洛伊德口里冒出来，是那些牢骚满腹、悲观失望的老头子才有的话。还有，弗洛伊德从来不是一个任何形式的宗教信仰者，但却是个不折不扣的宿命论者，他打心眼儿里相信一切皆由命定，只是他"命"并非上帝之类的人格神，而是那神秘的不可知，是某种在冥冥之中决定一切的"力"。基于此，他以一个饱经沧桑的老人面对狂傲少年人时的那种略带嘲讽的居高临下的态度对弗仑齐说：

> 当我读你的信时，我有点儿嘲笑你的乐观主义。你看起来相信那"同一的永恒循环"并想忽视命运的无可避免的航向。在我这样的年龄注视着他自身避无可避的逐渐腐朽的人的眼里实在没有什么值得惊怪。

这样的话语里蕴藏着令人惊惧的浓郁的悲观气息。它为什么会在一向乐观的弗洛伊德这里出来呢？我想，这并不单是弗洛伊德的个人处境引起的，而是这次战争之后他对于人类的本质有了进一步的认识：他看到了人类心灵中的兽性在战争中暴露无遗。虽然弗洛伊德向来不认为人类的本性是善良完美的，但他却没有想到更没有目睹过人类是如此的残忍好杀，这样的心灵之痛辅之以肉体之饥饿困顿，弗洛伊德怎能不产生了无希望之感呢？而且这里所表现的不仅是悲观，也有着深切的同情啊！

营养不良加上精神悲观，弗洛伊德这年得了不少病，他的老朋友风湿痛与前列腺炎再一次冲来。最严重的要数这年年底的一次口腔疾病了，它之严重不在于眼前的痛楚，而在于它是一个不祥之兆。弗洛伊德是在一封信里谈起他的这次病的：

> 昨天我抽完了最后一支雪茄，打那以后我变得暴躁又疲倦。出现了心悸，从受到折磨的那几天以来我就注意到牙床伴有疼痛的肿胀也加剧了。

那受折磨的几天指他没了雪茄的那几天。弗洛伊德从大学时代起就学会抽雪茄了，并且越抽越厉害，到现在早成老烟枪了。那烟的害处是明摆着的，早在弗利斯时期，一八九四年，他就受到过它的侵害了。那时他每天的烟量是二十支，那年他出现了危险的心律失调，弗利斯给他开的药方之一就是戒烟。弗洛伊德试过几天后就写信给弗利斯："我不能依你所说去戒烟了，你想那将会带来的漫长的痛苦生活是撞了大运吗？"现在，这心悸又一次来临了，而且加上了口腔糜烂，它们的病因与抽烟的关系显而易见。在并不遥远的将来，那牙床的肿痛将会发生根本性的转变：癌变。弗洛伊德由此将在痛苦中度过他漫长的晚年岁月。

虽然弗洛伊德这一年可以称得上"心力交瘁、饥寒交迫"，但他并没有因之丧失创作欲和创造力，他在这一年也对精神分析理论进行了不断的沉思，有了不少新思想，也写下了不少富有创见的著作：他试图将拉马克的用进废退学说引入精神分析，写下了《处女禁忌》这部名作。这一年最有名的还不是这一部，而是《通向精神分析之路的难题》。在这部书里，弗洛伊德对于人类认识自身的历史进行了一番回顾，不过这番回顾并不让人类高兴。在书中弗洛伊德指出，人类在认识自我的过程中遭受了三次致命的打击：一次是哥白尼的日心说，它将人类从自己是"上帝之特创、宇宙之骄子"的地位上拉下马来；第二次是达尔文的进化论，它将"人类乃万物之灵"、认为自己与阿猫阿狗之类有最本质区别的幻想打个粉碎，使人类看到自己也只是动物之一种，高级点而已，可笑的猴子是我们的直系老祖；第三次则是精神分析，它毫不留情地忠告人类：你们对自己其实并无深刻认识，也无法用意识或理智真正控制自己的思想与行为，虽然几千年以前你们就在德尔菲神庙的门楣上大喊："人啊，你要认识自己！"

弗洛伊德这番话明白无误地告诉世人，他认为他是足以与哥白尼、达尔文比肩之人物，这听上去使人觉得他未免太狂，但仔细想想，何尝不是如此！

一九一八年是战争的最后一年，弗洛伊德这时对胜负已经了然于胸了，他嘲讽地说："我倒希望德国人取胜，只是一这不是个好主意，二不大可能。"

他说"这不是个好主意"，是因为他在这场战争中早已不站在德意志人一边了。"不大可能"是因为他看清楚德意志人已经不可避免要走向失败了。这一年，德国人在鲁登道夫地区进行了最后一次攻击，试图挽回败势，一度取得了一些进展，但这时它已是强弩之末，其势不能穿鲁缟。不久，英法联军发起反攻，德军开始败退，德国人打仗是建立在进攻、不断进攻的基础上的，一旦要进行防守，这就说明它的力量已经差不多完了，距失败只一步之遥。

这一年弗洛伊德的生活也像同盟国的战事一样艰难。物价继续飞涨，他的些许积蓄已经在这狂潮中化为乌有。市场更趋萧条，店子里常常只有柜台和空气。人们面有菜色，倘若没有他忠心耿耿的朋友们，弗洛伊德这家也会同他们一样。

自从市场上买不到东西起，弗仑齐就成了弗洛伊德家的定期供应商，凭着他的军官地位和到处都有朋友，他想尽办法从匈牙利送来一箱箱各种军用食品、一袋袋面粉、干肉，这些东西使弗洛伊德家度过了最困难的日子。

在荷兰，他的朋友们在维也纳的烟店大部分关了门，雪茄成为奢侈品时，却给他送来了好几箱上好雪茄；雅各布斯·卡恩，一个前病人的兄弟听说弗洛伊德教授家境困难，也给他运来了不少食品。

凭着这些额外供应，弗洛伊德家即使在最困难的时期也没有受太大的罪，也许不能像战前那样尽吃尽喝，但至少也会有个温饱，这比大多数维也纳人好多了。

艾黎·伯奈斯，长妹安娜的丈夫，也帮了弗洛伊德不少忙。早在上一年，他趁美国尚未向德奥宣战，给弗洛伊德汇来了一笔不小的款子，要知道这可是美元，是硬通货，比一天比一天不值钱的奥地利克罗令中用多了。这一年，又是弗洛伊德的一个前病人，遗赠弗洛伊德一万克罗令，战前的话这是一笔不小的款子，相当于两千多美元。弗洛伊德将这笔钱分给了他的孩子们和两个守寡的妹妹罗莎与鲍莉。

这一年发生了两件对精神分析有重要意义的事，第一件前面已经大略说过了，就是所谓的“冯·弗罗因德基金”。

这年夏天，弗洛伊德应弗仑齐之邀，去塔特拉山脉度假，在那里遇上了十分富有的酿酒商安东·冯·弗罗因德，弗洛伊德治好了他的精神神经症，在此以前他还治好过他的好几位亲戚。这使他非常景仰弗洛伊德教授和他的精神分析事业，把为之做出贡献作为毕生愿望。基于此，他捐款一百万克朗设立了精神分析研究基金。使弗洛伊德一度希望就此一劳永逸地解决精神分析发展的一个主要障碍——money。这也许同样是所有学科和个人发展的主要障碍。

这个基金的结果真是不堪回首。弗洛伊德刚拿了五万克朗，做了一些组建国际精神分析出版社的准备工作，霍尔蒂就在匈牙利掌权了。他下令所有款项未经政府特批不得移往国外，“冯·弗罗因德基金”顿时完了，弗洛伊德的一个美梦就这样做完了。

另一件事是一九一八年九月二十八日到二十九日在布达佩斯举行的国际精神分析协会第五届代表大会。参加会议的有来自欧洲多国的四十二名代表及奥、德、匈三国的政府官员。他们参加会议的目的在于为战后大量出现的所谓战争神经症寻找药方。关于这次会议的详情，我们在前面《国际精神分析大会》一节中已有交代。

这是战时一度式微的国际精神分析运动复兴的开始。

现在我们来谈谈战争结束的情况。到一九一八年，第一次世界大战已经进行到了第五个年头，现在谁都知道同盟国已经完了，除了威廉皇帝，他依旧幻想着胜利，像一个狂人一样，为此不惜一切代价。当战局变得对德军极为不利之时，他拿出了最后的手段：潜艇战。众所周知，英国之所以能在战争中始终处于主动地位，完全在于它拥有一支无敌的舰队，拥有绝对的制海权。只要打破了它的制海权就可以肯定地说：英国完了！事实上，只要德国人能将制海权操在手里一两个星期，能将那么几万陆军运上英国本土，那么也可以说英国完了，因为英国陆军根本不是德国人的对手，正像德国海军不是英国人的对手一样。为此德国人像百年之前的拿破仑一样，在战争初期曾费尽移山心力建立了一支舰队，企望与英国海军决一雌雄，但日德兰海战一役，打破了威廉皇帝的美梦。从此英国人就处于主动了——这是可以理解的，英国佬在海上大摇大摆地游来游去，随时可以来进攻，德国人下不了海，只能在岸上干瞧着，只有挨打的份儿。而潜艇是德国人打破英国海上垄断的唯一希望。

潜艇就是在第一次世界大战中由德国首先用于战争的。它对水面舰只的优势一目了然，它在水下航行，水面上的舰只不易发现它，但它却能利用潜望镜轻而易举地发现水面船只，然后用威力极大的鱼雷击而沉之。德国潜艇一度给英国人的海上霸主地位以致命威胁。

德皇得意之余，试图凭借潜艇不但将英国舰队打到海里喂王八，而且将英国经济封杀，我们要知道英国人没有外贸根本就活不下去。他采用的方法就是所谓“无限制潜水艇战”，即德国潜艇将对所有海上目标，包括中立国的商船进行无限制的攻击。他得意地想，这下，英国完了，商船碰到了潜艇还不是兔子遇见了狼。

但德国人有时真是太天真了，这次也这样，威廉下这样的命令时没有考虑两点：一是潜艇不只有德国人能造出来，也不是无坚不摧。二是它没有考虑别国的反应，尤其是美国。当时，美国已经拥有世界上最庞大的舰队和军队，正想从战争中大捞一把。“无限制潜水艇战”宣布后不久，美国就名正言顺地向德国宣战了，数十万美军在潘兴率领下开赴欧洲战场，德国虽已筋疲力尽，但还足以一战，可美军的到来让她立马土崩瓦解了。一九一八年八月，奥地利爆发革命，弗朗茨·约瑟夫皇帝的继承人卡尔皇帝被废黜，奥地利退出战争。十一月，德国宣布投降，君主制被废。历时四年有余的第一次世界大战结束了，这是人类历史上第一次世界规模的大战，是文明发展的必然结果，给参战国的人民带来了无边苦难。

大战的开始使刚开始国际化的精神分析运动走向式微，但它的结束预告了国际精神分析运动的新高潮。原因像前面在记述第五次国际精神分析大会时所说的一样，人们，包括某些政府，发现了它的实用价值——它对于大战中产生的大量战争神经症患者有着与众不同的疗效。

各地精神分析家们的生意顿时好了起来，口袋也丰满起来，这与战后百业皆萧条的景象形成了鲜明对比，使精神分析作为一门职业有了不小的吸引力。

对于这次大战的结束和两大帝国的瓦解，弗洛伊德的心情无疑是轻松的。他对这俩兄弟都没有什么好感，它们的排犹和对精神分析的恶毒攻击使弗洛伊德终生难忘。他在给弗仑齐的一封信中说：

> 时代充满紧迫感。旧东西死去是一桩好事，然而新的还没有来。我们正等着从柏林传来新国家诞生的消息。我将不会为奥地利或德国的命运流一滴眼泪。

这里弗洛伊德正等待的好消息是德国爆发革命，君主制被推翻的消息。

弗洛伊德也对精神分析在未来的发展充满信心，他说：

> 我极其满意，我的心也是轻松的……我看到美好的时代就要来临，即便我是从远处遥望。

第九章　轮回

我们称这一章为《轮回》，因为弗洛伊德在这里所经历的只是他以前：十年孤独失意——国际精神分析运动的崛起——分裂三部曲的再度循环。

我们说弗洛伊德一生是相当悲惨的一生，原因之一就是命运似乎专爱与他开玩笑，每当他的处境稍好一点时，不久必有另一场灾难降临。

失意的轮回：黎明前的黑暗

一九一八年十一月十一日，第一次世界大战结束了。奥匈帝国沦为战败国，这一原来囊括现在的奥地利、匈牙利、大部分巴尔干半岛以及意大利一部分的除沙皇俄国之外的欧洲第一大帝国彻底崩溃了。皇帝被废，帝国成为共和国，领土只剩下今日奥地利的弹丸之地。

这些后果丝毫不关弗洛伊德的痛痒，他早就对这个腐朽老帝国的命运看得一清二楚，如前所说：他决不为它“流一滴眼泪”。但崩溃的后果却是弗洛伊德所必须承受的，这个后果，就是经济崩溃带来的极度贫困。

现在，玛莎过去的几十年里几乎每天都要光顾的所谓维也纳市场只是一间大屋子里的几排货架了，货架上的内容像维也纳人的肚皮一样空。面包都成了紧俏商品，玛莎天天一大早出发，拖着虚弱的身子逛遍维也纳大小商店。从原来摆满包装华美、质量上乘的各色食品的威普林格街高级商场，到战前熙熙攘攘来自帝国各地的新鲜食品堆积如山的集贸市场，像弗朗茨·约瑟夫码头的鱼市、多瑙河岸边的水果市场、图赫洛本街附近的禽市，这些市场现在同样人流如潮，不过只是稀稀拉拉几个从乡下来的衣衫褴褛的农民和大群大群饿得两眼发直的市民。农妇们手里兜着个小篮子，里边是几个发了牙的小土豆、一根葱、几根又干又瘦像母亲们手里牵着的孩子们一样的小胡萝卜。这些东西的价格却使大部分市民只有看的份儿。玛莎常常是这里买一个小胡萝卜，那里买几根葱，要是某一天能碰上几根骨头就是万千之喜了。

每天的餐桌上除了几块小干面包外，就是这样的胡萝卜们熬的汤，不用说，那汤几乎是清澈见底的。

另一件同样可怕的事是没有暖气供应了。维也纳地处欧洲内陆，北纬四十八点三度，而我国的哈尔滨只是北纬四十六度，那冬天之严寒只要问问哈尔滨人就知道了。还可以问问他们如果整个冬天没有暖气，也没有取暖的燃料他们会是什么感受。整整两个冬天，一九一九年和一九二〇年，弗洛伊德家没有一丝暖气，房子里冻得像一座冰窖。但弗洛伊德在这样的冰窖里还要看病，好养家糊口，因为他的积蓄已用完，只能靠此为生了。每天，弗洛伊德从早上八点起就坐在冰冷的诊室里，等待病人上门了。他穿着厚厚的大衣，戴着围巾、礼帽，礼帽本来是为了上街用的装饰品，现在姑且用来保暖。这位六十三岁胡子雪白的老人，一副这样的穿戴，在冰冷的椅子上一坐就是一天，直到送走最后一个病人，才回到隔壁的家享受那清澈见底的汤和小干面包。晚上，他又得坐在书房里用冻僵了的手指回答朋友们的和来自世界各地的陌生人的大量信件，直到凌晨一两点。与他通信的人们看到，他这个时期写的信每个字母都在发抖。

战前，弗洛伊德本来已经有了一笔数目不小的存款：十五万克罗令，相当于二万九千美元。我们要知道，当时美国的人均国民收入不是现在的两万余美元，而是两千美元还不到，奥地利就更少得多了。战时他已经花掉了一部分，但剩下的为数还不小，他原来希望能花它一两年，但他没有想到，战后奥地利先令不只是像战时一样贬值而已，而是成了废纸，它们的价值最后竟抵不上自身的纸价。弗洛伊德的克罗令也就成了废纸一叠。此外，他早考虑到他会比玛莎早离世，为了在之后玛莎能过上独立富足的生活，他为她购买了十万克罗令的人寿保险，现在也遭到了同样的命运，为这事他感到特别难过。

但这时，弗洛伊德的花费却比任何时候都要大，他要供养的人包括：家里的人（玛莎、三个儿子、安娜、敏娜——她的财产也与这场战争同归于尽）；母亲和一直未婚的杜尔菲、玛丽；两个守寡的妹妹罗莎、鲍莉和她们的孩子们；汉堡的索菲一家；甚至他的弟弟亚历山大，由于他赖以为生的铁路运输瘫痪了，也得靠弗洛伊德接济。这些靠他为生的人加在一起不下三十人。而弗洛伊德这时已无一文积蓄，靠的只有他在冰窖样的候诊室里得来的那点诊费了，而且，此时的维也纳，又有几个患者有几个余钱来付费呢?

弗洛伊德几乎无路可走了。

但俗话说，天无绝人之路。现在天也没有真的让弗洛伊德走上绝人之路，像美国一家报纸上头条新闻发出来的一样：“伟大的精神分析之父弗洛伊德教授——饥饿难忍，绝望自杀。”他“吉人自有天相”，一九一九年十月，他有了第一个来自英国的求学者大卫·弗西斯医生。他专程从伦敦来到维也纳，向精神分析的开创者学习分析技术。他付给弗洛伊德的学费可不是等于废纸的克罗令，而是放在口袋里“叮咚”作响的英镑。第二个月，琼斯又送来了一位美国牙科医生，他受着神经症的极大困扰，来向弗洛伊德教授求救。他付的当然是所有货币中坚挺无比的美元。一九二〇年四月份，琼斯又送来了一个道地的英国病人，他付费十分慷慨。对于外来的病人，弗洛伊德的收费是每小时五美元，这比他战前的收费要低得多，但现在不是战前了，他这样来的收入在维也纳已经是颇为吓人的了。对于外来的犹太兄弟，弗洛伊德一般收费减半，像那位美国牙科医生，弗洛伊德就只收他每小时二点五美元，因为他并不是道地的英国人或美国人，而是有一半的匈牙利犹太血统。

弗洛伊德这时节要供养许多人，但他自己也可以说是靠琼斯供养的，如果不是琼斯源源不断地从英国和美国送来病人，他哪怕自己一粒米不吃也养不活他们。对这点心知肚明的弗洛伊德写信给弗仑齐说："要是琼斯不再送病人那将会发生什么样的事？"

靠着这些收入，弗洛伊德勉强地维持着一大群人的生活。

但命运加于弗洛伊德的远非仅这样物质条件的艰难，就在这样的岁月里，弗洛伊德受到了两个巨大的打击：他忠诚的朋友安东·冯·弗罗因德、他心爱的女儿索菲双双去世。

首先是弗罗因德，关于他，前面《最忠诚的追随者》一节中已有记述。一九一八年夏，他在美丽的塔特拉山认识了也在那里度假的弗洛伊德，弗洛伊德在那里帮他治好了他的神经症，他对于弗洛伊德与精神分析产生了深厚的感情，设立了一笔总额达一百万克朗的精神分析研究基金。弗洛伊德对他的慷慨和人品都有极好的印象，他在一九一八年八月二十七日给卡尔·亚伯拉罕的一封信中说：

> 我将我更加良好的精神状态归因于在布达佩斯，我们事业的发展已经打开了一条光明大道。物质上我们将要强大起来，我们将能保留并且扩充我们的期刊，发挥其影响，到目前为止压迫我们的贫困也会告一段落了。为这个我们要特别感谢一个人，他并不仅仅是一个富人，而且是一个有真正的财富、高度的天赋智力且对精神分析抱着强烈兴趣的人。事实上，他是那种即使仍未存在，也应当创造出来的人。

但这个似乎是天赐给弗洛伊德和精神分析的人物却命途多舛。弗洛伊德在一九一八年到一九一九年花了大量的时间给他治好了他严重的精神神经症，他怀着一颗健康的心回家了。没有多久，他身体又出现了不适，他也许以为这次还是精神神经症在作怪，也许习惯了依赖弗洛伊德教授的医术，又来到了维也纳，距他上次离去只有几个月。弗洛伊德请专家给他进行了细致诊断，结果是安东患了恶性肿瘤，也就是癌症，而且已经到了晚期，无法救治了。弗洛伊德为他在菲尔德疗养院安排了单独病房，天天和病人待在一起，他只能想方设法使病人在最后的时光里过得不那么孤独痛苦。他至少做到了一部分，安东对于自己的命运抱着听天由命的冷静。在临终前，他将弗洛伊德已经预先送给他的、专门授给“铁卫队员”们的戒指取了下来，归还给弗洛伊德，让他交给继任的人——我们已经知道，那就是马克思·埃廷根——然后，他的手垂了下来。

这一天是一九二〇年一月二十日，安东·冯·弗罗因德呼吸了人间的最后一口气，永远闭上了双眼。

弗洛伊德给安东的妻子罗齐去信，报告了这不幸的消息：

> 东尼（安东的昵称——作者注）充分意识到了自己的命运，并且像一个英雄一样与之战斗。他是《荷马史诗》中的英雄，但，他毕竟是人，他不能不时常抱怨命运的不公。

其实，弗洛伊德自己又何尝不责怪命运的不公呢？这已经是他第三个被疾病夺去生命的肝胆相照的朋友了！三十四年之前，伊格纳茨·索恩伯格死于肺结核；一八九一年，感染又夺走了弗莱施尔的生命，他们在这世上分别只活了三十年和四十四年。如今，又有一个是安东，他仅活了四十岁。五年之后，肺结核还将夺走国际精神分析协会的主席，弗洛伊德最忠实的朋友和学生之一卡尔·亚伯拉罕的生命。

罗齐接受了这个严酷的事实，但她提出了一个要求，请求弗洛伊德将她丈夫戴过的戒指交给她。弗洛伊德立即答应了，后来，他将自己手上的戒指送给了接替弗罗因德的埃廷根。罗齐将这个戒指戴在了亡夫的手上，她相信这是他的心愿。

一九一九年初，严寒加上没有暖气供应，一场流行性感冒席卷了欧洲大陆，一直持续到年底，弗洛伊德家人也遭受了它的无情袭击。首先是玛莎在五月染病，她的丈夫与妹妹敏娜、女儿安娜等日夜照料病人。两个月之后方有了好转，好转后弗洛伊德又将她送到了萨尔茨堡的疗养院，期望那里清新的空气能助她尽快恢复健康。

玛莎康复了，但这流行性感冒并没有就此停止它的肆虐，就在安东死后三天，夜里，他接到了女婿哈尔伯斯塔特从柏林发来的电报，告诉他索菲患了流行性感冒。

这时根本就没有从维也纳开往德国的旅客列车。玛莎急得要疯了，弗洛伊德也束手无策，只好发电报叫正在柏林找工作的奥利弗和恩斯特赶去看望妹妹，还托住在柏林的埃廷根也去照料，他相信女儿能挨过这场灾难，因为比她年长三十二岁的母亲都挨过去了。然而，当探望者赶到汉堡时，索菲正被送往火葬场……

她是五月二十五日去世的，年仅二十七岁。遗下一双儿子，大的三岁，小的十三个月。

索菲是弗洛伊德三个女儿中最美丽的一个，她有着明亮的双眼，小巧而优美的鼻子，乌黑的头发扎成一个大辫子盘在头上，漂亮的鹅蛋脸上总露出温柔无限的微笑。她对父母十分孝顺。出嫁前，每到星期天，弗洛伊德都要带她出去散步，他称她为他的“星期日之女”。从此，他的星期日之女永远也不能陪他漫步于景色迷人的维也纳环形大道了！

我们现在来看看弗洛伊德写给敏娜·伯奈斯的一封信：

> 她是小小的，但一举一动很聪明，好像在妈妈的子宫里就认定自己没有别的天赋，所以得在这方面补偿一下。

这封信写于一八九三年四月十五日，索菲刚刚出生；二十七年之后，一九二〇年一月二十五日，弗洛伊德又写信给马克斯·哈尔伯斯塔特，那时索菲刚刚去世：

> 你知道我们是多么悲伤；我们亦知你遭受着什么样的痛苦；我无法安慰你，正如你不能为我们做什么……那么，为什么我要写信与你？我想那是因为我们没有在一起，在如此沉浸于痛苦之时我们无法相聚，也因此我无法告诉你我不断地向她母亲、兄弟、姐妹重复的事——那从我们这儿夺走索菲的是命运了无意义的、致命的一击，面对它反责或者流血都是无用的。像我们这样在打击下可怜的无助的造物——只是更伟大力量的玩物——唯有低下头颅。

看看这两封信，顿觉光阴如白驹过隙，倏忽二十七载矣，其间有多少生离死别，离合悲欢？索菲虽曰早夭，然“朝菌不知晦朔，蟪蛄不知春秋。”二十七载也不为短。忽然又想，一人较之人类，犹如沧海一粟；而人类较之宇宙，亦如沧海一粟，所谓生生死死，死死生生，又有何关系呢？索菲死前近一千五百年，东晋陶渊明临死时为自己作了一首《挽诗》：

亲戚或余悲，

他人亦已歌。

死去何所道，

托体同山阿。

所以，又何必为年轻的索菲的死而叹息呢？

只是，想起索菲照片上美丽温柔的笑容，想起这如许美丽的笑容化作了火葬场的青烟，心中仍止不住一丝伤感。

虽然精神分析的效果已经越来越为人们承认，但在弗洛伊德的老对手德国和奥地利的精神病学家与神经病学家们眼里，它仍一如既往地荒唐，一如既往地该大批特批。那位战前积极的批判者阿尔弗雷德·E.霍赫仍旧不停地到处作反对精神分析的报告，他的报告不用说肯定获得了与会的精神病学家与神经病学家的热烈掌声。一九一九年、一九二〇年、一九二一年三年，在西南德意志神经病学家与精神病学家大会上，他连续宣读了对弗洛伊德及其理论进行全面批判的论文，他称精神分析的理论是“罩着科学面纱的不可容忍的神秘主义的东西”。

但应该说，较之战前那风起云涌似的批判谩骂，弗洛伊德听到的刺耳的噪音如今要小一些了。也许并没有小多少，一九二〇年发生的一件事使弗洛伊德及其学说再次成为维也纳医学界的众矢之的，这就是所谓的“瓦格纳—约雷格事件”。

战争结束后，维也纳有许多退伍军人控诉他们战时在以瓦格纳—约雷格教授为首的维也纳总医院精神病诊所治疗战争神经症时受到了非人待遇。教授一贯采用电疗法对付这些患者，患者们控诉他采用了过量电流，使他们的治疗等于受刑。为了澄清这件事，奥地利国防部于一九二〇年年初设立了一个特别调查委员会调查这件事。

由于弗洛伊德已是公认的战争神经症权威，他被当局要求提供一个备忘录，说明他对于使用电疗法的医生们及瓦格纳—约雷格在这一事件中所负的责任的看法。经过认真准备，弗洛伊德提供了当局所要的备忘录，题为《战争神经症之电疗法备忘录》。

在备忘录里弗洛伊德分析了战争神经症的起因。他指出，战争神经症患者们有的神经系统受到了点儿器质性损伤，但并不足以导致瘫痪，有的则神经根本没有受到损伤，与健康人的一样健康，他们之所以得患神经症，在于在他们内心深处的冲突：一方面，他们希望保存自己的生命，这是人类最基本的本能，这种本能要求他们不要作战，更不要勇敢，因那对于他们的生存有很大威胁；但另一方面，他们又受着爱国热忧、军人荣誉、军法处置等的推动与强制，要求他们奋勇作战，不顾牺牲。这两种意念互相作战，使病人内心痛苦不堪，当这种搏斗达到一定强度时，就会导致病人的神经症。

对于这种神经症患者，德国的医生们将他们当作逃兵来看待，公开地使用残酷的电疗法来惩治他们，逼使他们早日返回前线。但对于维也纳采用电疗法的医生们，弗洛伊德认为他们或许曾采用过强电流的“治疗”，以致当他们用强电流置于病人身上时，病人所受的痛苦使战争神经症患者们宁愿重上战场也不愿再受这种酷刑。他们的神经症状好像也在这种治疗之下消失了。于是，他们就不断地采用之。但是，这种方法的效果并不能持久，回到前线不久，患者们的症状又恢复了。因此，电疗法实际上除了折磨患者之外，并没有其他效用。但是，在《备忘录》中他强调说：“至于维也纳诊所内它的使用，我个人相信瓦格纳—约雷格教授从来没有允许将电流加大到令人痛苦的程度。但我不能担保别的我不认识的医生。”

他的这个《备忘录》的交出并没有使他就此脱离干系，他被要求在委员会公开做证。

一九二〇年十月十五日，全维也纳的神经症医生和精神病医生倾巢而出，新闻界的人也大批来到，面对这些人，弗洛伊德首先大声宣读了他的《备忘录》，然后客观地说明了他对于战争神经症患者以及使用电疗法的见解。他的话与瓦格纳—约雷格的观点产生了公开分歧，分歧的焦点在于：瓦格纳—约雷格认为，所有的战争神经症患者都是不折不扣的逃兵；弗洛伊德则认为，就生理上来说，战争神经症患者可以说是逃兵，但他们与真正的逃兵不同，它们只在无意识之中才是逃兵，而意识上他们不是，这等于说，战争神经症患者在理智上并不认为自己是逃兵，他们也并不“想”当逃兵，这与瓦格纳—约雷格教授产生了很大的分歧。弗洛伊德在陈述中还说，他认为作为医生，应当将病人的利益放在第一位，也就是说，他认为将战争神经症患者视为逃兵，将他们迫往前线的做法是错误的。

弗洛伊德的这些看法遭到了与会的神经病学与精神病学专家们愤怒的抨击。他们认为弗洛伊德为瓦格纳—约雷格教授做的证词还不够使教授免于可能的起诉，甚至有人认为他是有意让教授坐牢。这还了得，马上，维也纳医学界再一次开展了对精神分析的大批判，弗洛伊德在维也纳医学界名声再次臭气熏天。

当然，这时的弗洛伊德对这样的批判只有微笑而已。他对琼斯说，这只能再次证明维也纳精神病学界对于精神分析历史悠久的无知与憎恨。

胜利的轮回：风云再起

尽管战后岁月里弗洛伊德有过许多痛苦，但较之从前的时光，他的处境和精神分析的处境都要好得多了。

这时，欧洲，即使顽固的反对者们，也已经承认弗洛伊德较之他们自己有了一个优势：他已经成为举世瞩目的人物，谁都不会怀疑，弗洛伊德将在历史的纪念碑上刻下他的名字。他不但被认为是精神分析的创始人、伟大的心理学家，还被认为是伟大的哲学家，他的思想将使人类重新认识自身，他的治疗方法的疗效也已经被大量的病例所证实。

一九一九年十月，弗洛伊德被维也纳大学提升为正教授。对于维也纳人来说，教授几等于半神，教授们总赢得他们最大的崇敬；对于学术界而言，教授意味着最高的学术职称，也是最高的成就；对于弗洛伊德，是历经近三十年后，他的成就终于得到了正式学术机构半正式的承认。像他原来是名誉副教授一样，这次自然也是名誉正教授，他不参加大学的教授会议，大学也不给他安排正式课程，只是给予他讲课的权利。弗洛伊德有时候为他从来没有做过名副其实的教授而遗憾，但有时也为这使他摆脱了繁重的教学任务而庆幸。他在一九二四年六月九日致奥斯卡·普菲斯特牧师的一封信中说：

> 我从来不是一个神经病理学的全职教授，事实上从来都只是一个讲师。一九〇二年成为名誉副教授到一九二〇年成为名誉教授，我从来没有放弃我的学术岗位，但延续三十二年后，一九一八年，我最终放弃了我自愿开设的讲座。

一八八五年九月五日，奥匈帝国教育大臣签署命令，任命西格蒙德·弗洛伊德博士先生为维也纳大学神经病理学私人讲师，到第二年，弗洛伊德开设了有关大脑解剖的讲座，这是他的第一个讲座，到一九一八年刚好三十二年。一九一八年他开设的讲座是为学生们系统讲解精神分析，其讲稿成书后就是著名的《精神分析引论》，虽然从它的第三部分《神经病通论》起相当有难度，但仍不失为精神分析研究者最好的入门著作。

一九二二年，伦敦大学宣布开设一个讲座，专门讲授五位伟大的犹太哲学家：斐洛、迈蒙尼德、斯宾诺莎、爱因斯坦和弗洛伊德。

弗洛伊德与过去和现代的这些伟人并驾齐驱，说明在一部分国家与一部分人眼里，弗洛伊德已经获得了很高的尊崇。

战后，与弗洛伊德开始获得承认相适，精神分析的地位也与战前有了不小的变化。前面已经记述过，一九一八年在布达佩斯举行的第五次国际精神分析学代表大会上，德、奥、匈三国派官方代表列席了会议，这可以说是精神分析第一次得到官方的正式认可，而且是在这三个对于精神分析事业至关重要的国家，其意义就更大了。还有，战后匈牙利一度建立了以库恩·贝拉为首的共产党政权，由于弗仑齐与一些共产党的重要人物私交甚好，共产党人认为受到资产阶级批判的精神分析也是被压迫者的学问，因而新政权对精神分析极力扶持。首先促使布达佩斯大学任命弗仑齐为精神分析学教授，在大学开设精神分析学课程。这也是世界上第一个精神分析学教授和第一次开设精神分析学的正式课程，并且准备由国家建立一座精神分析训练学院和专门的精神分析医院。

对于这些官方承认之类的做法弗洛伊德是不大感冒的，他认为精神分析应当保持自己的独立性，应当是精神分析家们的“私学”，不要成为政府的“官学”。但这至少说明，精神分析现在不仅仅是知识分子们在大学和诊所里研究、议论的东西了，它不但已经成为思想的一分子，而且已经成为社会的一分子。

战争年代，精神分析家们有的成了敌国公民，有的被征入伍，即使同在一国，也由于交通条件的限制而不能经常相会，使得精神分析家们彼此失去联系，成为孤家寡人，弗洛伊德也是如此，战时，除了同在维也纳的汉斯·萨克斯外，他与其他的追随者也基本上失去了联系，只有弗仑齐、亚伯拉罕等人设法来看过他一两次。因此，战后精神分析运动的首要任务就是在会员之间重新取得联系，特别是弗洛伊德与他的“铁卫队”队员之间要取得联系。

这时，最急于来看望弗洛伊德的是琼斯，由于他是英国人，虽然他们通信相当频繁，但整个战争年代都没有能够看到弗洛伊德。战争一结束，他就设法去奥地利。但他发现很不容易，因为对于前敌国的公民，德国人和奥地利人还保持着不小的敌视，法国、英国对于它的公民要去刚刚停战的敌国也不大赞成。而且这时的交通体系也因为战争而受到了极大的破坏，旅行成为十分困难的事。最后，琼斯只得想了一个主意，先到了中立国瑞士，再从那里转道进入交界的奥地利。一九一九年四月十五日，琼斯抵达了瑞士的伯尔尼，奥托·兰克已经在那儿等着他了，没多久，汉斯·萨克斯也来了——几个月之前，他终于决定放弃他的律师职业，从事专业的精神分析。

四月二十二日，琼斯、兰克和萨克斯离开伯尔尼前往苏黎世，两天后会见了国际精神分析协会瑞士分会的会员们。这时的瑞士分会是在荣格离开精神分析运动后重新建立的，成员较之前当然少多了，但他们都是忠诚于弗洛伊德精神分析思想的人，共有五人：路德维希·宾斯瓦格、F.莫勒尔、埃米尔·奥本霍尔茨、奥斯卡·普菲斯特、赫尔曼·罗沙赫。他们就各自的精神分析研究情况进行了有益的交流，惊奇地发现几年过去，他们对于弗洛伊德同一本书甚至同一句话的理解竟有了很大的差异！彼此都感到收获匪小。但这次琼斯的主要目的没有达到，他没能去成奥地利，只好遗憾地折回英国。

琼斯可不是个容易打退堂鼓的人，过了三个多月，他又来到了瑞士，这次带着他的助手埃里克·希勒。八月二十五日他在巴塞尔与汉斯·萨克斯碰了头，商量去维也纳的法子，那法子只有一条，就是得到德国或奥地利驻瑞士大使的入境签证。他们先去找了德国大使，他对于这两个敌国公民的申请不置可否。他们只得去找奥地利大使，路上准备了一大通动人的说辞。奥地利大使是个贵族气派十足的家伙，他对于这两个英国人的意图很好奇，微笑着说："两位先生，你们真要去我那可怜的祖国吗？现在在那里你可以找到大量的饥饿与贫困，其他可是一无所有。"

琼斯再次诚恳地表明了他的期望，大使马上爽快地给了他入境签证。拿着那张纸片，琼斯喜滋滋地想："真是踏破铁鞋无觅处，得来全不费功夫。"立即去订最近的火车票。

这时弗洛伊德却不在维也纳，他于七月十五日同敏娜·伯奈斯去巴登·加斯滕度假去了，尚未回家。琼斯便在维也纳等着。在加斯滕待了一个多月后，弗洛伊德九月九日重阳节又去了汉堡看索菲——这是他与他的"星期日之女"的最后一面了，四个月后索菲死于流感。

九月二十四日，弗洛伊德回到维也纳，不久，琼斯就像鸟一样飞扑进来。他们的激动欢喜是难以言喻的，弗洛伊德和他这个最忠实又是最重要的弟子，已经有将近五年没有见面了！不一会儿，弗仑齐也像只豹子一样从门外扑进来，又像个足球一样滚到了教授和琼斯的臂弯里，他们惊喜地发现，战争不仅没有让其疏远，反而加强了他们的友谊。他们只觉得有三天三夜也说不完的话。

以后，卡尔·亚伯拉罕、马克思·埃廷根等也与弗洛伊德见了面，核心小组的成员之间又集中起来商讨精神分析发展大计了。他们讨论的头两件事是柏林的精神分析训练学校和国际精神分析出版社。

弗洛伊德宣布他与阿德勒一样，已经是半个布尔什维克了。他看着惊奇不已的学生们，笑着说出了是怎么回事。某个布尔什维克前来向弗洛伊德教授宣传他的主义，他对教授说，如果在奥地利实现共产主义，开始的一个阶段或许会造成混乱与贫困，但以后将会是和平与幸福的生活。弗洛伊德说："我告诉他，我相信他说的第一个阶段。"

马克思·埃廷根成为核心小组的成员之后，立即送给了国际精神分析事业一件厚礼。他请弗洛伊德的小儿子恩斯特设计了一组学校兼诊所性质的建筑，包括讲堂、图书馆、治疗室等，造好后将它送给了柏林精神分析学会，这就是世界上第一所精神分析专业训练学校和第一所专业精神分析诊所，由卡尔·亚伯拉罕担任所长。学校的建立使柏林迅速成为国际精神分析的教育中心。来自欧美各地的精神分析爱好者们云集柏林，接受专业的精神分析训练，回去后成为专业的精神分析医生。萨克斯不久后也到了柏林，在那里做起老师来。

受柏林的影响，维也纳的分析家们也想建立一所专业的精神分析诊所。但弗洛伊德表示反对，他从来不认为维也纳是适合从事精神分析运动的地方，维也纳人像这座城市的精神病学家们一样，似乎是精神分析的天然敌人。弗洛伊德对于二者在漫长的历史中对他的野蛮对待始终难以释怀。但他的话受到维也纳分会其他会员的一致反对，弗洛伊德只得少数服从多数。经过两年准备，一九二二年五月二十二日，维也纳精神分析诊所挂牌了。这是世界上第二所专业的精神分析诊所，在它之后若干年内，这样的诊所将在欧美各地如雨后春笋般涌现出来。

战后国际精神分析运动复兴中，最后也最重要的一件大事是国际精神分析出版社。前面说过，出版社是一九一九年一月由弗罗因德资助建立的。弗洛伊德之所以要建立一个这样的出版社，主要是为了更好地出版精神分析的学术专著。他知道，精神分析著作不是小说，除了极少数的作者及其作品和他自己的某些作品外，其他绝大部分印数很低，销量更少。那些商业性出版社不愿意出这样的书。所以他一直想组织这样一家出版社，这就是当弗罗因德提出由他资助时，弗洛伊德那样兴奋的缘故。他本来的计划是出版社一是要系统地出版精神分析的各种专著，包括那些有关冷僻、专门的问题的论著，要是没有精神分析出版社，这些著作恐怕永难见天日。二是要帮助那些没有钱支付出版费的作者出版书籍。其三是不但要出版书籍，而且要编辑出版精神分析的刊物。

弗洛伊德开始时几乎负责了全部的筹建工作，后来，当他的追随者们又聚到一起后，就正式决定了编辑部人马：由弗洛伊德、弗仑齐、兰克和弗罗因德担任编辑，弗罗因德去世后，九月份由琼斯接任他的职位。由于只有兰克依然没有专门职业，决定由他做总编辑，负责出版社的日常事务。

出版社从一开始就面临重重困难，主要仍是财政困难。前面，弗罗因德为精神分析研究建立了一笔为数达一百万克朗的基金，当时约合二十五万美元。弗洛伊德就是用这笔资金中的十分之一起步的。后来，弗罗因德去世时，作为编辑，他将他遗产中的相当一部分——五十万美元——捐献给了出版社，这是一笔巨大的财产，足以建立、维持一家规模不小的出版社。弗洛伊德一度信心十足地相信，精神分析事业的财政问题已经一劳永逸地解决了。但他的信心并没有持续多久。这时，恰值战后各国经济濒临崩溃，政府财源枯竭，千方百计地用尽各种手段捞钱，而对于本国的钱，当然更不会容许送到外国去，匈牙利政府也是如此。用尽办法之后，弗仑齐他们才将其中的四分之一 ——五十万克罗令带出了匈牙利。由于这时琼斯正在伦敦筹建国际精神分析出版社，它实际上是维也纳总社的伦敦分社，但由于当时英国政府规定前敌国的机构不得在英国设立分支机构，故建立了一家貌似独立的出版社，同时编辑《国际精神分析杂志》英文版，小组决定将五十万克罗令分成两半，一半留在维也纳，另一半送到英国去。

这两笔钱的命运同样悲惨。维也纳的一笔由兰克经管。时值奥匈帝国正式分家，捷克斯洛伐克独立之时，对于所有银行存款，规定由持有者自由决定是将其保持奥地利克罗令呢，还是转为新货币。兰克也许认为那个新国家的货币是没有黄金储备的水货，就仍保持奥地利克罗令的形式。结果，两年之后，通货膨胀使得这笔钱几乎成了废纸。

另外的二十五万克罗令，如前所说，琼斯一九一九年九月正在维也纳，他决定将这笔钱偷偷运出奥地利海关。他与助手恩里克·希勒想了一个逃脱检查的好主意，他们一人提着一只箱子，琼斯先将他的箱子送给海关人员看，钱这时正放在希勒箱子里，当他检查完毕出来后，希勒赶快将钱塞进琼斯的箱子，然后去接受检查。这样，他们顺利蒙混过关，将钱带到了瑞士，那里是可以自由进出财富的。不久后，这笔克罗令的下场与前一笔一样，变成了废纸。

关于一百万克朗的精神分析研究基金的命运以前已有记述，虽然弗仑齐尽了最大努力，想使它免于被没收。对于这种原属于资本家的财富，匈牙利革命政府是不会讲情面的。由于弗仑齐的努力和他在政府中的朋友，这笔钱一度有希望弄出来一部分。但推翻政府的霍尔蒂是个极端仇视犹太人的家伙，他一上台，政府就下令大学解除了弗仑齐的教职，并下令所有资金不得离开匈牙利。后来，经过三年的漫长努力，才将这笔钱的极小一部分运到了维也纳。对于出版社的困境，这点钱说不上起了作用。

面对不断的财政困难，弗洛伊德和编辑们进行了艰苦努力，做出了许多牺牲。弗洛伊德对于所有他的著作都不收版税，要知道弗洛伊德现在已经成名，他的著作不但不用愁无人出版，而且版税也为数不小。一九三一年，出版社募集到了五万马克，偿清债务后，负责出版社的琼斯等人决定将剩下的三万马克交给弗洛伊德，作为他的版税的一部分。那时，这些版税已经积累到了七万六千五百马克，但弗洛伊德拒绝了，自始至终，他从来没有从出版社拿过一分钱。他自己还将能挤出来的钱都投进了出版社，那数目断乎是不小的，等于扔到水里去了。

尽管付出了这样大的努力，出版社还是面临破产的危机，他们只好向外面的世界求助了——这是以后还会有的许多次中的第一次，这次求助相当成功。埃廷根劝使美国一个亲戚向出版社投资了三千美元。后来，布里尔也从美国寄来了一千美元。兰克则全心全意地投入了出版事务，连续好几年几乎没有一天休息。这些努力合在一起使出版社度过了危机。但兰克劳累过度，得了神经衰弱症，这对他一生都有不良影响。

但这只是国际精神分析出版社的许多的危机中的一次而已，这个出版社好像专为制造危机而存在似的。每次难关都在这样的努力之下勉强过去了，财政危机最终也没有能搞垮它，搞垮它的是纳粹。一九三八年，他们占领维也纳后，占领了出版社的房子，逮捕了编辑，烧了书。

虽然一直处于困境，出版社却从来没有停止执行它的主要任务——出版书籍，实际上相当圆满地完成了这一任务。它出的第一本书是一九一九年五月的《精神分析与战争神经症》，由亚伯拉罕、弗仑齐、恩斯特·西麦尔和琼斯等合作编写。这本书后来为弗洛伊德在瓦格纳—约雷格事件后反驳维也纳精神病学家们称精神分析对于战争神经症毫无效用提供了有力武器。

从一九一九年到一九三八年被纳粹封闭，出版社二十年中共出版了一百五十种书，包括五部丛书和装帧精美的《弗洛伊德选集》。编辑了五种期刊，最重要的是《国际精神分析杂志》。这些书籍和刊物到目前仍是研究精神分析的基本资料来源之一，也是精神分析得以在战后重新崛起的重要契因。

战后国际精神分析运动风云再起的标志是一九二〇年九月八日到十二日在荷兰的海牙举行的国际精神分析协会第六次代表大会。关于这次会议我们已经在前面《国际精神分析大会》一节中做了较为详细的记载，这里就恕不赘述了。

这次大会也是弗洛伊德的“铁卫队”员们战后第一次齐聚。会后他们举行了特别会议，弗洛伊德提出了一个有趣的建议：对成员之间原来有规律的通信进行改革。过去，为了通知一件事，一个成员得给另外的每个成员去信，这些信的内容其实都是一样的，弗洛伊德认为这样太浪费时间，他建议搞一种“循环通信”，就是说，一个成员收到一封信后，要将这封信看完后再寄给另一会员，这个会员也会照此办理，直到每个成员都了解其内容。这样，对于成员们，同样内容的信就只要写一封了，这样就可以节约六分之五的时间。因为现在包括弗洛伊德在内，要进行这种循环的共有七人。这是弗洛伊德的一个小聪明。由此说明，会耍小聪明的人可能不会有大聪明的，但有大聪明的人却并不限制他有时有点小聪明。

分裂的轮回：“铁卫队”瓦解

十年之前，卡尔·荣格，这个弗洛伊德精神分析王国的继承人、最有才智的弟子，弃弗洛伊德与精神分析事业而去，使国际精神分析运动遭受沉重打击，直到战后才恢复元气。现在，弗洛伊德另一个也许是最后一个有创造力的学生、与弗洛伊德相处了二十余年的奥托·兰克，又将与他的恩师分道扬镳。

这一事件是如何开始的呢？这还要从困扰了弗洛伊德那么久的出版社说起。

上一节说过，在出版社成立之初，基本上是弗洛伊德一个人在苦苦支撑。战后，各地精神分析学家重新恢复了联系，弗洛伊德的铁卫队员们又聚到了一起。弗洛伊德就将出版社的事交出去了。由他、亚伯拉罕、弗仑齐、弗罗因德任编辑，兰克任总编，出版社的日常事务都交由他管理。弗罗因德死后，一九二〇年九月，琼斯接替了他的职位。但琼斯没有住在维也纳，他在英国负责“国际精神分析出版社”，维也纳的出版社实际上由兰克一人在撑着。那时的出版环境要多差有多差，纸张、铅字等都几乎要一张张、一个个地弄来，除了这些杂务，兰克还得做编辑，对每一本书要从头负责到尾，这样的工作量之大可想而知。常常，书出来后，他不得不自己买来绳子，将书一捆捆、一本本包扎好，再自己扛到邮局寄给购书者和各地的分析家们。兰克的身体一直不怎么好，这样繁重的工作使他身心交瘁。

过度劳累的人往往容易发火，兰克也是这样，以后我们会知道，这并不是他发火的唯一原因，他要找一个可以发火的对象，找谁呢？这时，与他联系最频繁的除了弗洛伊德，就数琼斯了，他不能向弗洛伊德发火，就转向了琼斯。这时琼斯的处境也很不妙，伦敦的出版工作同样处在重重困境之下，他心里同样不痛快，而且，琼斯像弗洛伊德一样，是家里的老大，从小是弟妹们的支配者，养成了爱指挥的习惯，凡事都想按他的主张。有时，他也无形中将兰克当作了弟弟，说出些颐指气使的话来，这下将兰克的那一肚子正没处发的火都引出来了。他于是在信中对琼斯就半点也不客气，那语气之冷使琼斯大为吃惊，使他很难相信那样的话是一个多年的老友说的。

第二件让他们不和的事是有关《国际精神分析杂志》英文版的编辑。琼斯在伦敦负责这件事。每当杂志的德文版出来后，琼斯就负责组织将其译成英文，再将它送回维也纳去印刷。但维也纳既无懂英文的排字工，也没有英国报刊常用的字体，就只好用德语刊物的字体了。这样，印出来的东西不但看起来怪模怪样，错误也多得可笑。琼斯对这样的出版效果很不满意，他的每一句不满只会激起兰克更大的怒火。琼斯只好将他的助手恩里克·希勒派往维也纳，在那里负责校对。另外，安娜这时也参与了这项工作，她与父亲一样有出众的语言天赋，翻译校对样样在行。

琼斯认为杂志不应该只刊登德文版的译文，还要有本来就用英文写成的文章，国际精神分析协会许多会员不能用德语写作，也应给他们在这个重要刊物上发文章的机会。兰克对他这个主意嗤之以鼻，他对于英美分析学家的水平向来就深表怀疑，称之为“大洋彼岸的垃圾”，这可刺伤了琼斯。

第三件事就是弗洛伊德作品的英译了。

弗洛伊德本来对于他著作的英译不大放在心里，我们还记得前面当琼斯向他抱怨A.A.布里尔的译文差之极矣时，他冷淡地回答：“我宁要一个好朋友，不要一个好译本。”但后来精神分析的发展趋向表明英美很可能是未来的中心。他开始重视起这事来，他也不能不看到，母语并非英语的布里尔的译文的确上不了台盘，转而一个劲地督促琼斯快快翻译，好让他活着看到好译本的出世。琼斯这次却未能如他所愿地快快翻译。

翻译的程序与杂志一样，先由琼斯在伦敦译好，再将手稿寄到维也纳，由兰克负责排版印刷，希勒和安娜校对。但出版的速度惊人地慢，琼斯一篇译稿送到维也纳后，常常要一年才能印好。这使得弗洛伊德很生气，他以为是琼斯有意怠工，一九二二年年初给他写了一封不客气的信：

……

去年一年所带来的失望是不容易忍受的。我发现较之我有权希望于你以及你所处的引人注目的地位所应有的对你的脾气和情绪的控制、前后一致、诚恳与可信赖都是不够的。虽然你建议成立了委员会，但由于你不公平的过敏，你使成员间的亲情处于危机之中。

这里弗洛伊德所批评的不仅是翻译的缓慢，还有他认为是琼斯造成了他的铁卫队员间的不和，因而颇为恼火。不久，他又去了一封信，直截了当地说他认为译本出版的迟缓是由于琼斯的动作太慢，并且对于他不应管的事横加插手。弗洛伊德指的是编辑与排版之类的事，他建议琼斯只要把好最后一关，其他的事都交给维也纳的人去办。

弗洛伊德竟给他的一个忠诚追随者写出这样的信，这是极不平常的。这一方面是由于兰克总在弗洛伊德面前批评琼斯的工作，另一方面也由于弗洛伊德此时处在又一种危机感之中——他莫名地以为自己将不久于人世——弗洛伊德已经不是第一次感受这种神秘的死亡恐惧了，他这种焦虑像兰克的怒火一样，也要找个发泄的对象，琼斯的拖拉正好这时撞了进来，加上他急于想要“活着”看看他的作品完善的英译本，他那样的信就这样出来了。

读到这样的信，琼斯心中很不好受，但他不会对自己敬爱的导师发火，他诉苦般地将这封信给核心小组的成员们看，又心平气和地给弗洛伊德回了一封信，说明他对于译本出版的迟缓没有责任：

……如您所说，我们得看看在伦敦这一头能够做什么来加快事情的进展，对于您任何明确的指点我都将十分感激。您所说的那点：除了最后的校稿，将其他事都交给维也纳，在十八个月以前我就付诸实施了……

……您知道对于您的译本没有更快的进展我是多么难过……您关于两个小册子，《超越唯乐原则》和《群体心理学》的抱怨是对的。就拿它们来说，前者我一年之前就修订好了译文，去年五月已经送到维也纳印刷去了……《群体心理学》也一样，去年八月我就修订完毕，斯特拉奇把它带到了维也纳。这个星期我才得到第一张校稿。

琼斯的这封信将事实摆得明明白白，到目前为止，弗洛伊德将出版的事全部交给了兰克，自己从不过问，现在他决定看看真实的情形了。那结果当然不使他满意，但不是谁的个人责任，琼斯固然无过，也不能怪兰克，出版、印刷的条件实在太差了。查明真相后，弗洛伊德即刻给琼斯回信：

我前次怀疑于你，将过错都推在你的身上，现在我正式收回并向你道歉……

不久情形更趋恶化，兰克与琼斯派去负责校对的希勒没法合作，希勒甩手而去，老的出版方式行不通了。最后商量的结果是，在伦敦正式成立一家独立的出版社，出版弗洛伊德作品的英文版及其他精神分析作品的英译本，出版风波就此告一段落。

以上是弗洛伊德铁卫队员之间的第一桩矛盾，如果它是最后一桩，那就不会出现以后的情形了，可惜不是。

一九二三年八月，弗仑齐和兰克合作写了一本书《精神分析的进展》。这本来很正常，但弗仑齐和兰克却违反了核心小组成员之间的一项协议：铁卫队成立之初大家约定成员之间要了解彼此的研究进展，为此，凡发表文章或出版书之前，都要相互过目。这次弗仑齐与兰克除告诉弗洛伊德外，一直没有将他们的书给其他成员看，引起了琼斯、亚伯拉罕等人的不满，小组的分歧更趋严重。

这年八月二十三日，在意大利白云石山脉中的度假胜地，美丽的卡尔达洛佐湖畔的圣克里斯多弗罗，核心小组的六个成员聚集在一起，看能否弥合分歧。此时，弗洛伊德正在海拔两千米高的山上避暑。他要求他们在没有他参与的情形下努力恢复从前的和谐。

六个人聚集在一起不久，琼斯对兰克的某个做法提出了批评。一直用沉默来压制怒火的兰克立即开始了反批评，不久，就不再是争论，而近似骂架了。其他成员劝止了他们，琼斯先开口道了歉，但兰克一不做，二不休，要求将琼斯开除出小组。他的建议当然没有被接受，于是，一阵争执之后，房间里出现了难堪的沉默，似乎每个人都觉得已无话可说，聚会就这样结束了。大家都知道十年和谐从此永逝。

但小组尚未分裂，大家依然在完成各自的职责。这年年底，弗仑齐和兰克的《精神分析的进展》一书出版了。直到这时其他成员才从书架上看到，这样做是对他们以前承诺的蔑视，更让琼斯、亚伯拉罕等吃惊的是这本书中所表现的倾向。

它主要是论述精神分析方法及其发展的，着重强调了所谓“外在生活”分析法。它的主要特征是不深入病人的童年生活以寻根究底地查找病源，而是从病人的现实生活入手分析、治疗。它的这个主要特征使琼斯想起了荣格，他对于弗洛伊德的反对不也是从这里入手的吗？用现实替代过去，用诸如社会、遗传等因素替代性因素，慢慢地，弗洛伊德精神分析思想就消失了。

弗洛伊德也像琼斯等一样看出了这个苗头，但他不想做什么，他相信在弗仑齐、兰克和阿德勒、荣格之间有一个根本的不同：忠诚。他相信他们是打骨子里想忠于他的，至于观点不同，那是难免的。一九二四年一月二日，在维也纳分会上，弗仑齐就他的著作宣读了一篇论文。事后他问弗洛伊德的看法，弗洛伊德坦率地告诉了他他认为他的思想已经与他有了一定的距离。弗仑齐立即给弗洛伊德写了一封信，表示他被弗洛伊德的评价吓坏了，他宁死也不肯脱离他的恩师的思想。弗洛伊德温和地回信说：

> 说到你努力完全地与我的意见保持一致，我只是把这看作你对我友谊的表示。但我发觉这个目的既无必要也难以达到……为什么你没有全力去试试看，用我所不曾想过的方法，事情是否会有结果？

一度，可能直到现在，仍有许多人认为弗洛伊德是个器量狭小的人，不能容忍异己的思想，不允许他的弟子们有独立见解。这是偏见，正如我们这里所看到的，弗洛伊德从来不限制弟子们的思想自由，如他也未曾限制过荣格与阿德勒的思想自由一样。他所做的是当弟子们自由思想得出来的结论与他的精神分析理论产生了不可调和的冲突时，他必须客观地指出什么样的思想才是他的精神分析思想，什么样的不是——即使它挂着这个名，他只要求那些挂羊头卖狗肉的“精神分析”大方地自立门户。这只是一种澄清行为，与宽不宽容毫无关系。不过，只要那一思想仍有可能留在精神分析阵营——即没有根本的、不可调和的矛盾——他将会竭力而为的。但我们不能要求他总做到这一点，如同进化论也许兼容用进废退说，却不能兼容特创论一样。

这次也一样，兰克不只写过《精神分析的进展》，一九二三年十二月，他又出版了另一本著作《出生创伤》。

这是兰克最重要的著作，也是半部精神分析名作，之所以叫它作半部，因为它与弗洛伊德的思想分歧非小，但还难说是根本性的分歧，一般仍将之算作精神分析领域内的著作。只是它的一只脚显然已经跨出了精神分析。

所谓出生创伤，兰克认为，婴儿刚从母亲子宫内出来就受到屁股上猛的一巴掌，痛得他哇哇大哭，这个过程，给它留下了永恒的创伤，即出生创伤。以后一个人的一生都是在弥补这一创伤，大部分人都弥补成功，但也有的人没有成功，就会沦为神经症患者。他认为所有的心理冲突都可能归结为母亲与孩子的冲突，是母亲既在她温暖的子宫里孕育孩子，却又让孩子离开温暖的子宫，将之带到这个乱纷纷的、痛苦的世界，使他蒙受出生创伤。这就使孩子对母亲产生了矛盾情感，兰克认为这就是俄狄浦斯情结之源，就是生活之本质。

兰克著作一出版就在精神分析内引起了轰动，尤其在核心小组内，书出版前兰克甚至没有给弗洛伊德过目，这是史无前例的。他们对于这本书的评价也是各抒已见，总的来说是否定者居多，认为兰克的思想简直算不上是精神分析。但弗仑齐和萨克斯对之抱同情态度。

弗洛伊德对兰克的理论的态度与他以前对荣格与阿德勒理论的态度有很大区别。刚开始，他评论说：“其他任何人要采用这个发现就是另起炉灶。”这无异于说兰克的思想不属于精神分析。过了一段时间，他又坦率地说，“我不知道它有百分之六十六还是百分之三十三是对的，但无论怎样它是自从精神分析发现以来最重要的进展。”

他的这个态度也没有持续下去，当他听说柏林围绕兰克的著作正讨论得热火朝天，并且对它的评价是贬多于褒，认为它已经在很大程度上不属于弗洛伊德的精神分析理论后，他的态度又趋向了否定。但他一直没有公开表明他到底是什么样的态度，这使大家都陷入了迷茫。核心小组成员之间对这本书中的观点的分歧可能造成更大的分裂，他们本来的裂缝已经够宽的了。一九二三年圣诞节，汉斯·萨克斯从柏林回到维也纳探望弗洛伊德，告诉了他柏林被这书激起的风波。弗洛伊德认为有必要公开他对于这本引起莫大争论的书的态度。于是，在一九二四年二月十五日，他给核心小组的成员们写了一封长长的“循环通信”，首先评论先出版的《精神分析的进展》，然后评论《出生创伤》：

……当萨克斯最近在这里时我与他交换了一些对于出生创伤的评论，也许留下了我对于那本著作的出版抱批评态度或者完全不同意它的内容的印象。但是，我应当已经想到，我接受题献的详情应当已经使那样的观点变得无效。

事实是这样的：无论是我们之间的相互和谐还是你们所表现的对我的尊敬都不应当阻碍你们当中的任何一位对于他所提观点的自由判断。我不希望你们为使我高兴而与我一致，而是依据你们自己的观察与思索……

我对于这两本讨论中的书的态度是：……兰克与弗仑齐已经引起了对这样的事实的注意：这些“经验”不能避开而且能被良好地加以利用。在我看来他们对之的描述尚不完全……

现在谈谈第二本，毫无疑义是更有趣的书，即兰克的《出生创伤》。

我毫不犹豫地说，我认为这本书是极其重要的，它使得我掩卷深思，但我尚未得到明确的判断……

……自然地，若讲细节，关于它还可以说更多，并且我希望兰克业已设想出许多内容丰富的讨论主题。

这封信表明了弗洛伊德对于弗仑齐与兰克《精神分析的进展》《出生创伤》的态度，但主要表明了对兰克新思想的意见，以及他对于精神分析内部异见的意见。当然，根据这些引文就可以看出，他的意见并不能平息成员们的分歧，争论仍旧继续。其中数亚伯拉罕最为忧虑，二十年前，还在弗洛伊德远未看出荣格思想中神秘主义的分子时，他就警告了弗洛伊德，现在他又一次感到了这种忧虑。的确在兰克的著作中，他对于出生创伤的论述与弗洛伊德阐述自己思想时的路子完全不同，他不是从实际病例出发，而是从文学、哲学、神话学等角度出发，论述中也缺乏严谨的逻辑，常诉诸直觉与情感。这些都与他当初从荣格著作中看到的东西如出一辙，现在弗洛伊德又一次没有感觉到这点，他不能不深感担忧。于是他给弗洛伊德写了一封信，就这两本书中的神秘主义倾向向弗洛伊德表明了意见，且暗示弗仑齐和兰克使他联想起了荣格。

弗洛伊德接到这封信后，对他的忧虑颇为不解，就写信请亚伯拉罕将他的理由详述一下，亚伯拉罕照办了。他没有想到，他的信会造成铁卫队的瓦解。

弗洛伊德接到亚伯拉罕的信后，当兰克过来时，他没有考虑就将亚伯拉罕的信的内容告诉了他，包括亚伯拉罕将他、弗仑齐与荣格相比的话。他的意思当然是想说他根本不相信亚伯拉罕的话，他相信兰克与弗仑齐的忠诚。但兰克却不这么想。他回去后，立即将亚伯拉罕的话传给了搭档弗仑齐。

弗仑齐的气愤是怎么说也不过分的，我们知道，他从来将弗洛伊德看作父亲，对他抱着无限的尊敬与爱戴，也抱着无限的忠诚——至少他在意识里是如此。现在，他的老友竟将他与背叛者荣格相比，这好比是结结实实地打了他一记耳光！弗仑齐立即给亚伯拉罕去了一封信，那里面的话已经不是批评、抗议，而简直是痛骂了。他说亚伯拉罕平时的彬彬有礼都是装出来的，他之所以要批评他的书是出于“无限的野心和嫉妒”。他宣布亚伯拉罕已经没有资格在下次代表大会当选国际精神分析协会主席，他的行为也给核心小组的存在画上了句号。

的确如此，很难想象能写出这样的信的成员之间还能形成一个坚强的集体。当弗洛伊德发现事已至此时，已经回天乏术了。他极其伤心，给琼斯写了一封哀婉动人的信：

> 我不怀疑从前的委员会成员们是关心我、对我抱着良好愿望的，然而我也明白，当我因为工作能力减弱、处在避免增加任何负担并且不再感到胜任得了忧虑关怀而变得无用时，我将被遗弃在窘境里。我不是试图通过这种抱怨去感动你采取任何方法以保留失去了的委员会。我知道，过去了的就是过去了的，失去了的就是失去了的。我已比本来要做我的继承者的委员会活得久。也许我会比国际协会活得久。我仍希望精神分析比我活得长久。但所有这一切都会给它的生命一个阴暗的结尾。

一九二四年复活节前夕，就在将要在萨尔茨堡举行的国际精神分析协会代表大会前几天，兰克给原来每个核心委员会的成员写了一封循环信，宣告了弗洛伊德“铁卫队”的解散。

然而事情还没有结束。

虽然委员会分裂了，代表大会仍按计划召开了，只是弗洛伊德因为患了流感没能与会；兰克在大会的第二天便离开，到美国去了。但委员会其他几个成员却不甘心，他们谁都不忍心十年心血尽付东流。会议结束前，小组中两个中坚分子琼斯和亚伯拉罕商量了一番，他们先找到了萨克斯和埃廷根，说明了重整旗鼓的意图，他们正求之不得。于是四人一齐来找弗仑齐，亚伯拉罕先为他给弗洛伊德的信道了歉，接着认真地对弗仑齐说，他那本大作会将他引向与精神分析无干的歧路。弗仑齐看到这架势，微笑着回答：“卡尔，你不会真的这样想我吧？”他那天真的笑容惹得每个人都大笑起来，一场天大的误会瞬间消弭于无形。

接着，第二天选举国际精神分析协会主席。想不到弗仑齐第一个站起来推荐亚伯拉罕，并很快得到了通过。

会议后，除兰克外，其他五个之间很快恢复了以前的和谐。弗洛伊德极为高兴，建议重新建立核心委员会，他的建议得到了原来成员们的欢迎。他们像二十年之前一样，再次聚集在弗洛伊德家里，用过玛莎准备的晚餐后，到了弗洛伊德的书房，一边聊天一边吞云吐雾，吐了个尽兴后，就开始筹建新的铁卫队了，这次就轻松多了，大家一致决定什么都是外甥打灯笼——照旧（舅）。

稍微不同的是，这次决定增加一名女会员，她也许在精神分析的研究上还不如队员们深刻，但她对于弗洛伊德的忠诚却丝毫不会亚于他们当中任何一个。读者想必猜得出她是谁了，她就是弗洛伊德的小女儿——安娜·弗洛伊德。

那么铁卫队将从此永存下去吗？像弗洛伊德一度期望的一样，在他离世后，担当精神分析运动的王位继承人和监护者？不是，这次复兴不过是昙花一现罢了。第二年，即一九二五年十二月二十五日，卡尔·亚伯拉罕，铁卫队的顶梁柱，与弗洛伊德四十年前的另一位挚友伊格纳茨·索恩伯格一样，不幸死于肺结核，年仅四十八岁。他的去世使铁卫队受到致命一击，从此后，大家都似乎不敢面对它，它总使每个人想起可怜的亚伯拉罕。

渐渐地，循环通信一天比一天少了，终至没有，大家似乎有意无意地忘了有这么一个小组，它终于默默地消失了。

我们最后来谈谈兰克的命运。

他的一切行为——从前与琼斯的争吵、写他的《出生创伤》、对于一点批评就大发雷霆——的原因弄清楚了，祸根是他的躁狂抑郁神经症。这使他定期地产生情绪波动，如病名所指出的一样，有时烦躁发狂，有时抑郁。当处于躁狂期时，他就会对谁都怒火满天，那些怒火自然发到离他最近的琼斯身上了。至于他神经症的起因，据琼斯说，是他从小就恨父亲和哥哥。兰克的童年很不幸，他有着高度的才智和敏感的心，却被目不识丁的父亲和哥哥所忽视欺侮（他后来就是一度将琼斯当作哥哥，弗洛伊德当作父亲来恨的），母亲也对他少有爱护。他的神经症、他的出生创伤无不来自他自己的这些经历。这是可以理解的，只要我们想想自己，就不难发现我们现在的性格与我们的童年经历大有关联。

兰克到达美国后，给弗洛伊德写了一封很不客气的信，大大地伤了他的心。弗洛伊德第一次向人诉起苦来，他将信复制了一份寄给埃廷根，说他是多么不懂又伤心，兰克毕竟跟了他二十多年啊！

九月兰克又来了一封信，口气比较冷静了。十月他回到了维也纳，与弗洛伊德进行了一次长谈。

这年，一九二四年十一月十九日，他再一次赴大洋彼岸前夕，来与弗洛伊德告了别。

登上轮船前夕，他在巴黎陷入了极度抑郁，于是回到维也纳，十二月中旬又一次来看望了弗洛伊德。这次他明白他以前许多行为的起因了，他诚恳地向弗洛伊德和琼斯等道了歉。弗洛伊德心中燃起了希望之火，想也许兰克将会回到从前，担任“星期三讨论会”秘书时的样子，并用精神分析法为兰克治疗他的神经症，但没有效果。

兰克于次年，一九二五年一月七日再度前往美国。但到达后只待了几个星期又回到了维也纳，参加了这年九月举行的国际精神分析协会汉堡大会，宣读了关于他的出生创伤的论文，会后第三次远走美国。

一九二六年四月十二日，他从美国回来后，再一次来向弗洛伊德告别，因为他又要去美国了。这时的兰克精神状态不错，他们进行了友好的谈话，这也是最后一次。从此，对于弗洛伊德而言，他是不存在了。

兰克是弗洛伊德的追随者里面非常独特的一个，他的个性、他的成就、他的悲剧性的一生都不禁使知情者扼腕叹息，但又有几个知情者呢？他容貌丑陋，不善言谈，毕生受着神经症的折磨，这样的人又有谁有兴趣去理解？我们也许只能说，他是天生的弱者与不幸者，他也曾反抗过，但他的反抗只使他更加不幸。

他生时比弗洛伊德晚二十八年，但死在同一年，一九三九年，兰克猝死于法国巴黎。

生活往事

这节里我们将对弗洛伊德的日常起居进行最后一次回顾。

从一八八六年结婚到一八九二年，弗洛伊德一直住在苏格兰十九号的“安抚楼”，一八九二年后就搬到现在的贝格街十九号了。贝格德文的意思是山，因为这街呈缓坡状，犹如建在小山坡之上。街道并不热闹，零落着几家不大的商店，本来不是一个行医的好地方，但它也有一个好处，就是它的周围都是繁华地区，交通也很方便，因此，病人到这儿来也很方便。弗洛伊德的住处是一座五层楼房，在维也纳这儿已经算是比较高的住宅了。弗洛伊德家在二楼，他的诊所则设在大门右上方的两个房间里，有两个不大的窗子临着街。一开始弗洛伊德家租了二楼东边的房间，楼下是一个面包师的住所，后来孩子们一个接一个诞生了，原来的房子不够用了，正好面包师给一次煤气爆炸吓跑了，弗洛伊德就将他的房子租了下来，用作他的诊室。房子的布局大体是这样的：

整栋楼的入口是一扇宽阔的雕花玻璃大门，足可以让一辆马车长驱直入，冲入一个花园似的庭院。里面有四棵长得很漂亮的树，一片翠绿的草坪，还有花圃和一个凉亭。入口的左侧住着门房，弗洛伊德像那时许多维也纳人一样，不带大门的钥匙，门房每天晚上十点就上床了，要是弗洛伊德十点以后回来——那是常有的事，就要把门房从热被窝里叫起来。幸好在维也纳门房只是一个雇员、仆人一类的人物，不会有怨言。

大门的右边就是弗洛伊德的住宅“贝格街十九号”的入口了，门楣上有一块椭圆形的陶瓷板，上面用大号阿拉伯数字标着“19”，下面是一行小字“贝格街”。进门须经过六级楼梯，上了楼梯后，右侧有一扇门，里面是一溜儿三个小房间，夹在底楼与二楼之间，是那种楼梯间似的房子，不过也有相当的面积。从一八九二年到一九〇八年这里是弗洛伊德教授的诊所，一九〇八年后，弗洛伊德的妹妹罗莎的丈夫死后，她就让出了原来住的弗洛伊德家隔壁的房间，弗洛伊德就将那些房间转租了下来，他的诊室就搬到楼上去了。他又专为诊室开了一个出口，加上它原来的入口，病人就可以从这扇门进去，从那扇门出来，互不干扰。

上了入口的六级楼梯后，经过弗洛伊德原来的诊室，又是一道装饰得很精致的楼梯，从这里上去是二楼弗洛伊德家的住处了。它相当宽敞，有不下七个正规房间，按玛莎刚搬进来时的说法，“足以建立一个朝代”。如果没有那意外，可以相信弗洛伊德家也许直到今天还会有人住在那里，但一九三八年，弗洛伊德被赶出了奥地利后，这栋房子就另有主人了。弗洛伊德家在这里先后住了四十六年，从一八九二年到一九三八年。

一九五四年，世界精神健康联盟在这栋房子前钉了一块牌子，以示永久的纪念。

现在我们来讲解一下弗洛伊德的作息表。

弗洛伊德是一个生活极有规律的人，一生如一日。不过他的作息表在童年、少年、青年；婚前、婚后是不同的。这里只谈他一生最后一份作息表，即他结婚后的作息表。

首先是起床。弗洛伊德的门诊时间是上午八点，因此，要完成早晨那一套洗脸刷牙之类的生活琐事，七点左右就必须起床。他的第一件事是洗个冷水澡，弗洛伊德不怕冷，冰冷消灭了他剩余的睡意，使他精力充沛地做一天的事。过一会儿，一个理发师就来敲门了，给他修修胡子、刮刮脸、剪剪头发之类，我们从弗洛伊德的照片就可以看出，总是修剪得齐齐整整的漂亮的轻骑兵式的大胡子给他平添了不少风度。他早年的胡子式样和晚年有所不同，早年几乎是络腮胡子似的大胡子，但后来两边脸上的颊髯不见了，只留下上唇和下巴上宽而有点尖的一片，这是他美国之行的一个副产品，美国人对他的大胡子大惊小怪，使弗洛伊德颇为不快，决定以后不冒这个险了。理发师走后，女仆已经给他准备好了早餐，他急急忙忙地啃几片面包，喝杯牛奶，同时眼睛在刚送来的当天的《新自由报》上瞟几眼，就去诊室里等待或接待第一个病人了。出名前是他等病人，出名后就是病人等他了。

病人们总由女仆从标有“弗洛伊德博士教授诊所”门诊标志的门口领进来，然后坐在候诊室里等待女仆叫他进诊室。等到叫他时，他就穿过另一头的一道厚实的窗帘，弗洛伊德教授在那里静等他了。教授坐在窗边一把皮椅上，背对窗口，他的面前是一张长沙发，上面铺着漂亮的毛毯，还有一个靠枕，好让病人舒舒服服地坐着，弗洛伊德自己是这样描述他的治疗情形的：“我打算让病人躺在沙发上，我则坐在后面他们看不见的地方……”病人就在这张沙发上舒服地躺着，将他们的童年、性生活等在一般人看来属于个人最说不得的隐私毫无保留地倾吐出来。弗洛伊德则依据他们的所言去探求神经症的病因，进入人内心的真我。

对于每个病人，弗洛伊德每次的诊治时间都精确地规定为五十五分钟。当五十五分钟一到，病人就站起来走了，他从与进来的门相对的另一扇门出去，在门口接过女仆递过的大衣离开了，因此两个病人很少相遇。这样做也许是因为他不愿那些刚经历过情感风暴的病人与正要经历同样风暴的病人来个大眼对小眼。剩余的五分钟弗洛伊德一般会坐下闭目凝思一会儿，好把脑子里刚才的病人留下的记忆存放进无意识，以使意识准备接受、分析下一个病人的倾诉。弗洛伊德每天上午一般接受五个病人的分析，这样，到一点钟，他上午的出诊就完了。这时，他略事休息，就往楼上踱去，午餐已在桌上等他了，全家人都在等着一家之长来开餐。

他们家的餐桌是一张长长的桌子，通常的安排是他与玛莎一人一头，两边是孩子们，要是客人多，孩子们就会到厨房去用餐，有时，敏娜姨妈也会与孩子们一起用餐。特别是当弗洛伊德招待一些太讲究的客人时，如布洛伊勒夫妇。午餐是弗洛伊德家一天的正餐，也是吃得最丰盛的一餐。餐桌上有肉、蛋糕、面包等，还有一大盆汤，饭后还有甜点和水果。这个时节也差不多总是弗洛伊德全家唯一齐聚的时刻。要是有谁没有到，通常是儿子或者女儿，弗洛伊德就会在开餐前望着对面的玛莎，用手指或匙子指指那空着的座位。玛莎立刻就会解释是什么事情绊住了他们。弗洛伊德总会点点头，露出满意的神色，将头埋进了食物。玛莎总能给出一个令他满意的答案，对于六个子女的行踪，玛莎是从来没有一刻不放在心上的。弗洛伊德全家都是讲笑话的高手，包括孩子们，打小时候就从爸爸那里遗传了幽默的性格，他们在餐桌上会将学校里关于老师们或同学们的各色笑话在餐桌边津津有味地讲给家里三个大人听。每当此时，弗洛伊德家溢满欢笑，孩子们也在这欢笑中长大了，身体心理均极健康。

弗洛伊德虽善于说笑话，自己却不大笑，用餐时他就像在创作时一样，全心全意地扑在盘子里，对付他的面包和肉，一言不发，但这可不表明他两耳不闻窗外事，相反，他对于其他人说的每个字都一言不漏地听到了耳里。包括家庭中每一件小事，当需要他说话时，他总会在适当的时候说出适当的话。

用过餐后，家里人就各干各的去了，孩子们去上学或出去找朋友玩，玛莎这时总会有几个女朋友来家，陪她打牌聊天，有时她也会出去看朋友，像以前的安娜·O、布洛伊尔的妻子玛蒂尔德，后来则有医生太太们。弗洛伊德则休息一会儿后，就开始他这天的第一次散步了。

他沿着贝格街，往邻近的街道走去，他散步的速度之快是有名的，不熟悉他的人会以为他是孩子病了要去请大夫呢！

弗洛伊德散步很少是没有目的的，常常是家里的雪茄存货又少了，还不时捏着一捆纸，这是他往出版商那儿送校样去。买雪茄他常去米海尔勒教堂附近一家犹太人开的店，名叫“塔巴克·特拉非克”，校样则先是送到杜伊迪克出版社，后来则送到雨果·海勒的出版社，再后来就是国际精神分析出版社了。

散步回来时，一般快到下午三点钟了，弗洛伊德就会穿上他的长礼服，戴上宽边礼帽出去会诊。这实际上是到病人家里去给他们看病，或者接受某个同事的邀请去共同对付某个顽固的家伙。这个工作一般都要持续到晚上八点以后，有时甚至到十点以后。这就意味着他要九点甚至更晚才能用上晚餐。孩子们往往都在打呼噜了，所以晚餐不是全家相聚的时候，陪他的只有玛莎和敏娜。等孩子们都长大后，不那么早就睡觉了，全家就在一起用晚餐了。

晚餐时分的弗洛伊德比中餐时要活跃些，也许是因为这一天已经听完病人们的胡言乱语了，晚餐后弗洛伊德开始他这天的第二次散步了。

这次他几乎从不一个人，而是由玛莎、敏娜或一个长大了的女儿陪着，漫步在夜色朦胧的维也纳街头。也许我们看了会惊呼：“半夜三更还去散步，神经病了吗？”如果某个北京人，夜里十一二点还带着老婆、小姨子或者女儿去逛街，那当然是有点神经不正常了，至少胆子也太大，但对于维也纳人来说，十一二点夜才算开始哩！正是最热闹的时候，街上摩肩接踵，咖啡馆人头攒动，一个个街头艺人立在大街上，小提琴拉得行云流水，或纵情歌唱，歌声在星空里激荡，面前放顶收钱的破帽子。说老实话，维也纳街头艺人的水平不比某些小城市或音乐不发达国家的专业水平差，这就好比随便在北京街头拉个人去维也纳也做得汉语老师一样，音乐便是维也纳人的第二日常语言。

弗洛伊德有时也带着伴儿去咖啡馆坐坐，夏天他去的是兰德曼恩咖啡馆，冬天则去中心咖啡馆——像大学时代一样。

要是他的女儿们去戏院看戏，弗洛伊德就会散步到戏院门口，等女儿出来，伴她们回家。他从来不让女儿们晚上单独在街上。有一次，那时他的癌症已经很严重了，两个学生：斯特拉奇夫妇，不知何事要安娜与他们在一起，回来时他们没有送安娜，弗洛伊德看到安娜一个人回到家，气得不得了，第二天就把这两个家伙骂了个狗血喷头。弗洛伊德平时对学生们都是极为尊重的，尤其器重这两个学生，他第一次将他作品的翻译权系统地交给的人就是他们，后来编辑弗洛伊德英文版标准本全集的也是他们，但这并不能使他们有资格让安娜深夜独自回家。

这样的散步结束后，弗洛伊德一天的工作——他的创作——才刚刚开始。但他这时要干的并不仅是写作，他要给相识者或者不相识的崇拜者、申请做他学生的人写大量的信，还要为某一位会员的大作写序、要整理他白天的有趣病例，将它们变成写作素材。如此繁重的工作，使他每天凌晨一点以前从没睡过觉，常常要弄到两点、三点。但第二天的起床是无论如何也不能晚的，因为病人在等呢。

以上只是他普通一天的工作，但他却不能天天这样。首先是星期三，这一天我们知道，自从一九〇二年以来，就有了星期三讨论会，从此几乎每周如此。另外，每隔一周的星期二他要去犹太人读书协会听讲座，有时他自己也讲讲。这个协会在前面曾经提起过，它是第一个愿听弗洛伊德讲他的新学说的团体。星期六晚上是又一个特殊日子，弗洛伊德这一天总是雷打不动地去和朋友们玩一种叫杜洛克的扑克牌游戏，有点像今日的桥牌，他还会定期邀朋友们来他家玩。在他家的餐厅中铺开大餐桌，一圈人围着就斗起来，一直斗到深夜，像他一九一三年五月给弗仑齐的一封信中所说：

……然而在星期六晚上，在十六个小时的分析工作之后，经过整整一个星期无休止的工作，我什么事都不能做了，玩扑克对于我是最好不过的事了。

弗洛伊德从不信教，但对于星期天不工作的传统他是遵守得像所有虔诚的犹太教徒一样的。这天，他起床后，那些日常小事完成之后，第一件正事就是早餐后去看母亲，带着几个家里人，玛莎通常是要去的，还有儿子女儿们。不过怕母亲和妹妹忙不过来，一般不会一窝子涌过去。这也是他与他的妹妹们相聚的日子，如果这一天她们在维也纳的话。弗洛伊德的五个妹妹当中，有三个嫁了人，其中常住维也纳的只有罗莎，安娜和鲍莉在美国，玛丽和杜尔菲处女终身，亚历山大这一天也会来，兄弟姐妹们快快乐乐地过半天，吃上一顿饭，弗洛伊德从来最喜欢吃母亲的饭菜。不过，现在母亲只动口了，自有厨娘动手。弗洛伊德总会在这一天看看母亲需要什么，然后在下一周将东西带来。至于母亲和未嫁的妹妹的供养，由他和亚历山大共同负责。比弗洛伊德足小十岁的亚历山大现在胖胖的，戴着近视眼镜，比弗洛伊德矮半个头，但兄弟俩脸长得有点像，他身兼四职：铁路运输公司经理、《铁路货运价目》杂志主编、国家外贸学院教授，还在另一所学校主讲铁路运输法规，这些职位都收入不菲，因此，做弟弟的比哥哥有钱。

看完母亲后，弗洛伊德就回家了，回家后他有时会给朋友打个电话，不过很少，虽然他家里后来装了两部电话，但主要是给爱新潮的孩子们用。到后来来自世界各地向他学习精神分析的人多起来时，星期天下午他便主要给了这些人，他常常主动到旅馆找他们，一谈就是一整个下午。弗洛伊德生来就有一个特征：既好向人学，又好为人师，做这两件事时他都感到十分高兴。

星期天晚上，阿玛莉会率领女儿们来儿子家，吃过饭后，姑嫂婆媳们大谈家务人情话。弗洛伊德饭一用完，起身就往书房去了。这个晚上通常是他一周中创作的高峰，脑子休息了一晚一天后，像一架新上了油的机器，运转起来快得很。除了创作，他的另一件事是要总结一周来的工作，将他分成几天写的手稿理到一处，以待成为整篇文章或一本书。

通常这天晚上他睡得更晚。

这就是弗洛伊德一天、一周的作息表。

俗话讲，出门四件事：衣、食、住、行。食住前面讲过了，现在来讲讲弗洛伊德的衣。弗洛伊德对于衣着可以用一个要和一个不要来概括：要整洁，不要讲究。从他自己的照片上看，他所有的照片上的衣服大部分一个样：一身西装，灰色或者黑色，里面是白衬衣，大白领下面有一个现在的拉链领带一样的制成品领结，戴着宽边礼帽。其他衣服，像燕尾服等，他有，不过很少穿。弗洛伊德对于家里其他人的穿戴要求也差不多，连玛莎婚后都难得穿漂亮时髦的衣服。他的儿女们也一样，他们的衣服虽不时髦，但都极其整洁，丝毫不显寒酸。弗洛伊德总给他的孩子们足够购买他们想要的任何东西的钱，曾经受尽贫困折磨的弗洛伊德，绝不让他的孩子们再忍受贫穷之苦。

现在来回顾一下弗洛伊德的几大嗜好。

第一是抽雪茄。弗洛伊德是有名的大烟枪。几十年来日平均烟量是二十支，刚好是现在的一包香烟，但一支哈瓦那雪茄的体积可比一支香烟要大上一倍还不止。他当然懂得抽烟对身体的害处，也曾戒过几次烟，他的戒烟同另一支大烟枪马克·吐温不同，马克·吐温说："没有比戒烟更容易的事了，我一辈子戒了几十次！"弗洛伊德的戒烟是来真格的，正因这样，他不能像马克·吐温一样戒几十次，一生只戒过三次，都是因为与抽烟有关的病——如果说不全是由抽烟引起的话。这都给他留下了痛苦的回忆，那痛苦是比之疾病轻不了多少的。因此他断然决定两痛取其轻，临去世还叼着烟斗。

与抽烟形成鲜明对比的是弗洛伊德对于烟的难兄难弟酒没兴趣。他当然也喝酒，我们还记得前面当一九〇九年八月二十日晚，他与卡尔·荣格结伴去美国的路上，途经布勒门港时，与弗仑齐合伙强劝荣格放弃他的绝对禁酒主义，并且大功告成。但他对于酒根本谈不上有兴趣，只是能喝点而已，弗洛伊德家一般不存酒。

弗洛伊德的第二个爱好是收集古董，这他的病人都知道。在他的候诊室、诊室和书房里，到处摆满了各种各样的古董。主要是古代中国、埃及、亚述、希腊和罗马时期的各种雕像，这些东西都是弗洛伊德在去欧洲各地旅游度假时搜集来的。这些东西的价格当然不会像米洛斯的维纳斯一样高，凭弗洛伊德的经济情况也买不起贵古董。但弗洛伊德有着一流的眼光，几十年后，他去世时，他的古董中已经有许多是名贵之物了，那价值与价格都颇为惊人，给他的后代们增添了大笔财富。不时从这些收藏品中拿出几件来送给朋友是弗洛伊德的一大乐趣，当然，送给他各种各样的古董同样是他的学生和朋友们的一大乐趣。

弗洛伊德的第三大爱好就是旅行。这在前面已经讲过一些了。弗洛伊德曾经说过，有几项花费永远不要节约：教育、健康、旅行。旅行是他一生的酷爱。他婚后的五十余年中，除了大战或大病岁月，年年都要出门度夏。每年九月份就出发，一直待到十月底。他往往将家人们安排在某一处避暑胜地后，过一段时间，就带着一两个伴，有时是玛莎，有时是敏娜，有时是亚历山大，后来还带过安娜（一九二三年），去到意大利、希腊，去览胜探险寻宝，总满载而归。男孩子们长大后，中学毕业，他就让他们自己挑一个地方，他出钱让他们带上一个朋友出去旅行，他相信这是最好的增长见识的方法。弗洛伊德从来相信，对于一个人的性格或者生活，见识与知识是同等重要的。

当他与孩子们在一起度假时，他还领孩子们去山上找蘑菇。弗洛伊德每当看见蘑菇，就会猫着腰悄悄走近，脱下礼帽，猛地将蘑菇罩住，仿佛它是一只停在花心，正振翅欲飞的蝴蝶。然后他欢呼起来，孩子似的。他的一个女儿有一次对琼斯说，爸爸最乐于教他们三样知识：怎样识别野花、怎样找蘑菇和怎样玩杜洛克。

从以上的叙述我们不难看出，弗洛伊德拥有一个和谐的家庭，这里的每个成员都得到充分的关心，拥有充分的自由，彼此之间忠诚互爱。这是琼斯、弗仑齐等弟子们从心里感到羡慕的，他们对这个家庭也产生了深厚的感情。弗洛伊德的孩子们以后的生活也证明了这一点，弗洛伊德的六个孩子，三个女儿中的两个女儿：玛蒂尔德和索菲都享受了幸福的婚姻生活，小女安娜终身未婚，但她只是为父亲的事业与健康而献身，安娜是个高挑、秀气、体贴人的姑娘，绝不是那种找不到对象的丑小鸭。她后来成为国际知名的儿童心理学家，是这门科学的主要开创者之一。三个儿子也都以优异的成绩从维也纳大学毕业，找到了各自的出路，建立了幸福的家庭。长子马丁是银行家，奥利弗在经商，三子恩斯特是有成就的建筑设计师。连他们的第三代都不乏知名之士，像恩斯特的次子卢西恩·弗洛伊德是现代西方最重要的画家之一。

以上我们用不少篇幅回顾了弗洛伊德的家庭与生活，这也许不及他的思想与活动重要，但对于我们了解弗洛伊德却是必要的。须知伟人，正如鲁迅所言，也并非所有时候都是伟大的，也要吃喝拉撒睡，与我辈俗人无异。正因如此，我们要真正了解伟人，而不是盲目崇拜，就要贴近地去看，看他的事业与辉煌，也看他的生活与折辱。对于弗洛伊德当然也应如此，因为“他仍然是人，不过如此。但也唯其如此，所以他是伟大的人”。

第十章　光荣与痛苦

经过数十年奋斗不止，荣誉终于向历经磨难与挫折的弗洛伊德姗姗走来，即使他的敌人们也不得不承认从他这里得到了许多教益，他终于可能安心地坐下来享受一下辛勤耕耘的收获了。然而，厄运再次向他露出了狰狞的獠牙。

仅仅是开始

就在弗洛伊德被打入分裂的轮回之中时，一场新的痛苦，与他从前所遭受的打击与挫折完全不同类型的痛苦正悄悄向他逼近。

这场苦难是从什么时候开始的呢？弗洛伊德生前从来没有对人明说过是哪一天他得知自己患了癌症。后来，当琼斯搜集整理弗洛伊德的通信时，找到了他一九二三年四月二十五日所写的一封，信上有这么一段话：

> 两个月前，我发觉在我的颌和腭骨的右侧有一个生长物，这个月的二十号已经摘除了它。目前我仍不能工作，也不能吞咽。我肯定那东西现在还好，但你知道，既然它还可以生长，没有人能保证它以后会怎样。我自己诊断它是上皮癌，但医生没接受。抽烟被认为是这个组织癌变的病因。

从这里我们可以推测弗洛伊德大约在二月份发现了口腔里的异物。隔了两个月之久他才去医院接受检查，说明弗洛伊德开始并没把它当作一回事，也许认为不过是溃疡之类的小东西，也许他忙不过来，没有时间去看医生。我们知道，这时弗洛伊德一方面受到兰克与琼斯关系恶化，他的“铁卫队”面临瓦解危险的影响；另一方面，他现在已经是有重要影响的人物了，要接待很多来访者，要分析越来越多的病人，也要向许多学生讲解精神分析技术，在这些事务的重压之下，他如何能对小病小痛多加注目呢？

但这次他所面对的远非一个小小的溃疡，随着时间推移，它的力量日渐强大，终于让弗洛伊德明白他不能等闲视之了，必须请医生看看它。一九二三年四月的第三个星期的一天，弗洛伊德拿起了久违的电话，接通了哈耶克教授。

马库斯·哈耶克是维也纳大学教授兼综合医院鼻喉科主任，欧洲有名的口腔疾病专家。弗洛伊德和他是多年相识了，他是著名作家阿瑟·斯尼茨勒的大舅子，哈耶克教授约他去他在贝多芬路的办公室做检查。

过了几天，弗洛伊德就乘中午散步的时间单独去了哈耶克教授的办公室，哈耶克教授今年六十一岁，头发总量大概还不到六十一根。他用手电筒对着弗洛伊德的口腔照了一会儿，断然说：“教授，是良性。”他的意思是，这是个肿瘤，不过请放心，是良性肿瘤，但他突然又加了一句，“没有谁能够永生。”他说弗洛伊德可以在他方便的某个下午去他的诊所，他将给他切除这个“良性瘤”，这是个小手术。

在这以前几天，弗洛伊德的新学生之一，弗里克斯·多伊奇来看望教授，弗洛伊德请他帮他看看他口腔里一个“令人不快的东西”。多伊奇看了看，也说是良性的。但弗洛伊德是几十年从病人话里听话的，多伊奇的话立刻使他警觉起来，他平静地说：“多伊奇，你知道我已经六十七岁了，做了四十年医生，不会将死亡看得可怕，我只希望能体面地从这个世界消失。我所担心的只是我的母亲，她八十七了，恐怕承受不了这个打击。”

多伊奇被弗洛伊德的话吓了一跳，他连忙再三肯定这是良性的，只要割掉就万事大吉了。

两个人都断定是良性瘤打消了弗洛伊德的疑虑。又过了几天，他就在一天上午八点钟，没和家里任何人说就往哈耶克的诊所去了，它位于魏特林大街的综合医院里，弗洛伊德对这里再熟悉不过了。他到了综合医院的“新门诊部”，这里是口腔专科诊所。哈耶克教授在手术室里接待了弗洛伊德。手术马上开始了，他请弗洛伊德坐在一把椅子上，叫他张开口，在左侧放进了一个木头楔子，使弗洛伊德的口不致因疼痛而自动闭上，接着在患处喷了一些麻醉剂，便将刀子伸进了弗洛伊德的口腔……

手术没有预想的成功，哈耶克教授在切除时，发现外部的小突起只是冰山浮出水面的一角，他越切越深，直到切断了一根动脉，引发了大出血。手术没法进行下去了。但他相信当血喷出来时，他凭感觉的最后一刀已经将癌细胞全切掉了。

当哈耶克教授打电话过来请玛莎将弗洛伊德的日常用品送过去时，玛莎和安娜才知道发生了什么事。她们以令人吃惊的速度赶到了医院，发现弗洛伊德胸前衬衫上满是血迹，正脸色苍白地坐在一把破椅子上。看见她们进来，有点儿尴尬，他想解释他原来以为这是个小手术，做完后他就可以自己回家，没有必要让她们担心，但他的口腔里还塞着止血纱布，什么也不能说。

玛莎和安娜无言地看着他，就像弗洛伊德无言地望着她们一样，情到深处语言就成了多余。

哈耶克教授打破了房间里的静谧，他说现在医院里没有一个空床位，他想尽办法只找到一张行军床，只能放在一间小屋里，里面有一个患克汀病的侏儒病人。弗洛伊德就被安置到了那里，直到玛莎和安娜被护士再三催走，他仍不能说话。

夜里，弗洛伊德口里突然又大出血，他想牵铃召护士，但铃坏了，血从他的口里涌出来，他说不出话，一直默默地看着教授的侏儒病人这时从床上跳了起来，跑出去叫来了医生。要不是这个侏儒，弗洛伊德身上的血恐怕都流干了。因此可以不折不扣地说，这个侏儒对于精神分析的发展做出了重大贡献！我们要知道，这时，弗洛伊德的《文明及其缺憾》《摩西与一神教》《精神分析引论新讲》都还没有写出来呢，若不是这个拯救者，这些著作是永远也不会出现在世界上了。

第二天安娜一早就来了，她得知了这个情况，坚决拒绝再离开。当天晚上，弗洛伊德再一次出现了剧烈的疼痛，安娜急忙赶去找值班医生，但他死活不肯下床。

第三天，哈耶克教授将弗洛伊德作为病例给他的学生们做了示范教学后，就让他回家了。

这是弗洛伊德漫长手术生涯的开端，从这时起直到他去世，十五年中弗洛伊德共经历了三十三次这样的手术。

弗洛伊德回去后，哈耶克除了打了个电话礼节性地问了问，此后很长一段时间里再也没理他了，好像这是个感冒发烧之类的小病。但后来表明他实际上早已诊断出这是癌症。让人难以捉摸的是他为什么漫不经心地对待这一可怕的绝症？也许他觉得反正是癌，再努力也没用，干脆天要下雨，娘要嫁人，随它去吧！他的这种做法使弗洛伊德失去了宝贵的手术时间。癌症，只要手术及时，没有发展到不能切除的部分，是可能将癌组织完全切除的。我们将会看到，即使耽搁了那么久，皮契勒博士的手术仍使弗洛伊德活了十六年之久。

弗洛伊德继续治疗，先后采用过当时很先进的X光治疗、放射性元素治疗，哈耶克医生的一个助手弗希提格让弗洛伊德吞下了大量含有镭元素的胶囊。这产生了严重的中毒反应，弗洛伊德痛苦不堪，这是唯一的效果。

正如俗话所说“福无双至，祸不单行”，就在弗洛伊德刚被发现患了癌症不久，另一个打击接踵而来。

前一章提过，一九二〇年一月索菲死后，留下了两个儿子，大的三岁，小的才十三个月，名叫海恩茨·哈尔伯斯塔特。妻子去世后，哈尔伯斯塔特一个人既当爹又当妈，还要搞职业摄影，成天忙得焦头烂额。索菲的姐姐玛蒂尔德却结婚多年仍没有孩子，她很爱聪明伶俐的小海恩茨，就将他过继过来，带到了维也纳。小海恩茨成了病中弗洛伊德天降的甘霖，他说，小海恩茨是他所见过的天资最好的孩子，他每天中午都要和玛莎去女儿家看小外孙，弗洛伊德亲昵地叫他“海涅勒”。小海涅勒长着黑黑的头发，一双看上去非常聪明的眼睛，脸上总露出甜甜笑意。弗洛伊德第一次动手术时，他也刚刚摘除了扁桃体，他笑眯眯地对外公说："我已经能吃甜饼了，你呢？"

弗洛伊德极爱这个可爱的小外孙，他会像海涅勒一样坐在地上陪他玩积木，帮他往小火车上装轮子，不过，他往火车上装四个轮子的时间里小外孙已经造起了一座教堂。

然而天不纵英才，小海涅勒从小体质就弱，母亲的去世使他更加虚弱了，几乎没有哪一天没有病，弗洛伊德、玛蒂尔德夫妇为他费尽了心机，但收效不大。六月初，他又一次病倒了，这次不同于以往，他再也没能从高烧的昏迷中醒来，一九二三年六月十九日，小海涅勒死于粟粒性结核病，年仅四岁半。

小海涅勒的去世给弗洛伊德的打击难以言表，葬礼上，他一生第一次，也是唯一的一次当众流下了伤心的泪。

弗洛伊德一生所失去的亲人甚多，他也为他们的离去而痛苦，但这次他感到的不仅是痛苦，他觉得他心里也有什么东西死去了，与小外孙一样永远也不会回来了。六月十一日，早在海涅勒死去前八天，他这时已经被诊断出是患了粟粒性结核病，这是无可医治的致命之疾，弗洛伊德在这天给卡塔·列维和拉尤斯·列维夫妇写的一封信中说：

> 我们将索菲的小儿子，海涅勒，从汉堡带到这儿……他是个迷人的小家伙，我深切意识到从来没有这样爱过一个人，至少是一个小孩。不幸的是他非常虚弱，从来没能完全适应气温，他是那些智力成长以体力作为代价的孩子们中的一个……两周前这孩子又一次病了……很长时间没有能做出诊断，但终于慢慢地确诊他患了粟粒性结核，事实上，孩子已经失去了……我感到这个损失极其难以忍受。我想我从来没有如此痛苦过，也许我自己的病也有点关系。我工作纯粹出于必须，归根结底，一切事情对于我都失去了意义。

小外孙的去世使弗洛伊德觉得家里到处都使他想起小外孙甜甜的笑脸，他想出去度一次假。他征求哈耶克的意见，哈耶克毫不犹豫地说可以，只要他每隔两周给他去一封信谈谈病情，并在七月底回到维也纳。

到了度假地加斯滕后，弗洛伊德给哈耶克去了信，问他是否一定要在七月底回来。过了两周，哈耶克才给弗洛伊德回了信，说他没必要，他完全可以待到假期结束。哈耶克的这种态度使早就对他有所不满的安娜坚持要父亲请多伊奇来看，弗洛伊德同意了。多伊奇做了检查后，马上发觉癌细胞已经扩散了，但他不敢将这个消息告诉弗洛伊德，他先告诉了安娜，安娜也不知怎么办，不知能否劝父亲，或怎样劝他，才能使他同意去接受一次更大的手术。弗洛伊德这时仍沉浸在失去外孙的痛苦之中，一副了无生趣的样子。她只得去找正在附近圣克里斯托弗开会的铁卫队队员们。

当安娜将这消息告诉他们时，兰克突然爆发出了一阵歇斯底里的狂笑，没有谁知道这是为什么。

委员会的成员决定请求弗洛伊德接受手术，并商量了采取怎样的办法以使弗洛伊德万一不愿手术时规劝他。

弗洛伊德此时仍不明真相，无论是哈耶克，还是多伊奇，都把真实情况向他隐瞒，并让他完成一个夙愿，带小女安娜去罗马一游。这是弗洛伊德最后一次踏足他所有城市中的最爱。他回来后给友人写信说：

> 罗马是极可爱的，特别是洛可可风来后增添了我痛苦的前两周。安娜表现得非常好。她了解并且喜爱所有东西，我因她而自豪。

当弗洛伊德父女回到罗马时，当时欧洲，也许是世界上最好的口腔专家汉斯·皮契勒已经在等着他了，他是由多伊奇请来为弗洛伊德手术的。

九月二十六日，皮契勒教授与哈耶克共同为弗洛伊德做了检查，设计了手术方案。手术决定分成两个阶段，分别于十月四日和十一日进行，将在皮契勒教授供职的奥尔伯斯塔特疗养院进行。

十月三日，弗洛伊德提前一天搬进了疗养院一间舒适的病房。

十月四日上午，第一次手术开始了，教授在弗洛伊德脖子右侧开了一道弧形的切口，将刀切进去，一直切到脖子正面的喉咙口，并将外侧颈动脉扎起来。接着着手处理阻碍手术的淋巴结，将他们全部切除。手术历时一小时四十五分钟后顺利结束，但这只是为正式手术做准备而已。

一个星期后，手术按预定计划开始了。教授先给弗洛伊德进行了二十次的麻醉剂注射，等到麻醉剂开始起作用后，迅速地切开了弗洛伊德的上唇，沿着鼻子右侧一直切到眼睛下面，弗洛伊德的脸孔就像被斧子砍开了，白色的骨头清晰地露了出来。教授用手术刀切除了癌变了的舌头及面颊的一部分，用一把凿子凿进弗洛伊德的腭骨，将被癌细胞侵袭了的骨头和软腭凿了下来，又用专门对付硬骨头的切骨器切掉了受了感染的右下颌骨。弗洛伊德听到砍骨头的声音在口里“叮叮咚咚”响，他觉得自己的口腔仿佛变成了一个采石场，石匠们正在里面挥锤舞凿地采石。

将癌变部分切除后，教授又从弗洛伊德的右臂上割下一块皮，做了移植手术。这种手术就是即使我们看弗洛伊德进行了三十三次手术后的照片也看不出来他脸上的皮连同下面的骨头都已被割掉了的原因，因为每次割掉一块皮，教授总要从弗洛伊德的手臂上取下一块贴上。两个小时后，手术顺利结束了。

这样的手术是在局部麻醉下进行的。

手术后好几天，弗洛伊德不能说话，也不能用口吃东西，只能用一根导管将流汁食品从鼻腔里灌进去。由于大部分牙床已被切掉了，牙齿自然也没地方长了，皮契勒教授给弗洛伊德做了一个假牙模子，弗洛伊德从此只能靠这些假东西来吃饭了。

十月二十八日，弗洛伊德出院了，戴着他的一口假牙和尽快恢复工作的想望。也许弗洛伊德认为这次可是一劳永逸地解放了，从此脱离了癌魔的折磨。要是弗洛伊德得知这仅是苦难的开始，他会怎么想呢?

痛苦在继续

以后的日子对于弗洛伊德来说不堪回首。似乎有无形无影但也无比强大的敌人在与他作对，当他的声誉已经给他带来一定的满足与些许欢乐时，他却遭罹了更深的痛苦。

这些痛苦，第一当然还是癌。一九二三年十月二十八日他出院后，没有多久，十一月中旬吧，在他的软腭上又长出了一个新东西。皮契勒教授检验后发现又是癌组织。他告诉弗洛伊德，他不得不将他的右侧软腭的大部分都摘除掉。手术十一月十二日于奥尔伯斯塔特疗养院进行，弗洛伊德的右侧软腭大部、鼻骨都被切除，并且在原来的伤口上又割了一层，因为教授觉得他上次的手术过于小心，想给弗洛伊德保留太多肌体。这次手术之强度比上一次又有增加，手术中出现了大出血，手术后弗洛伊德更衰弱了。他本来希望能在十一月一日恢复工作，但病情如此，他的计划泡汤了，直到来年初他才开始恢复有限的工作。

为了控制当时乃至于现在也无高效疗法的癌组织，皮契勒教授几乎对弗洛伊德采用过所有可能的方法。用得最多的是X射线，教授相信它能抑制癌细胞的生长。这种方法将从头用到尾，当时人们还没有认识到放射性物质虽然能杀死病毒，但它是一柄双刃剑，正常细胞遇到它也会遭殃，弗洛伊德不止一次地有过中毒反应。不过它的确起过一些作用。

十一月十七日，弗洛伊德做了所谓的“斯坦纳赫手术”，就是将输精管结扎起来。这是斯坦纳赫发明的一种手术，认为这样有助于病人抵抗力的提高，从而抑制癌细胞的生长。两年后弗洛伊德给弗仑齐写的一封信中说，他丝毫也没有觉得这个手术对他有过什么用。

一九二五年六月，他又采用了电烧灼法来搞掉一个新长起的小瘤。不久又得用热敷法去掉一个新瘤或者手术创口上的溃疡，新手术又得再割掉一些他的脸皮，甚至是刚移植过去的下次手术又得割掉，手术后又是新的移植。

十月份，弗洛伊德的口里又痛起来了，痛得他饭吃不下，觉睡不着，一检查，发现他硕果仅存的几颗牙齿中的一颗，连同周围的颌骨都被感染了，出现了脓肿。十一月十九日，它们，还有新近崛起的一个肉芽瘤都被摘除了。这次手术完成得相当好，但弗洛伊德的痛苦并没有因此减少，首先因为与其他手术一样，由于全身麻醉可能导致病人不能控制自己的呼吸而将血与脓吸进喉咙而导致窒息，所以都是在局部麻醉的情形下进行的，病人怎能不会感到痛苦；其次也由于弗洛伊德已是快七十的老头子了，身体抵抗力差。做过这次手术不久，他又得投入工作中去了，一则有家要养，二则唯有在工作中他才能忘却痛苦——倘若痛苦没有使他无法工作。

第二个使弗洛伊德不但肉体痛苦，而且精神也苦恼不堪的是“魔鬼”。

“魔鬼”是弗洛伊德和女儿安娜对他的假腭的称呼，这个家伙实在让弗洛伊德伤心透了。

由于弗洛伊德的上腭已经被切除了一大半，在嘴唇到鼻子之间形成了一个空洞，得用一个假腭来填补空白，这时的难事是怎样将它弄进去。弗洛伊德的嘴唇现在不能张得太宽，而假腭的体积可不小，有时，他弄来弄去一个钟头都弄不进。这时安娜就会过来，不动声色地帮他弄好，这项工作后来成为安娜的专职，她用女性特有的灵巧，加上对父亲无限的爱心，使这项工作变成了父女心与心的交流。但塞进去后不等于就万事大吉了，由于假腭是用来填补空白的，因此要填补得越紧越好，只是剩下的硬腭和牙床可不这么想，它们对这个外来者很不适应，经常引起剧烈的疼痛，伴着溃疡和脓肿，X射线照射使它们更加脆弱、更加容易受伤。

为了暂时缓解一下剧烈的疼痛，弗洛伊德不得不有时将它取出来，享受一下没有它的舒服，但要是久了，口腔里面的组织就会收缩，那时，非得动手术才能装进去了。

吃东西也成了一件叫他难堪的事，有时，吃着吃着，食物就从鼻腔里冒了出来。他的家里人从来不觉得这值得一看。他仍可以抽雪茄，不过得先用一个布塞子将嘴巴撬开，再将雪茄从缝里挤进去。

皮契勒医生的手术仍在不断进行，他的硬腭还要被切除，假腭也要随之更换。一九二四年二月做了第二个，十月做了第三个，但都没有使弗洛伊德的痛苦轻多少，以后的一个个也是如此，除了让弗洛伊德丢了不少钱外，什么好处也没捞到，但人总得为希望而活着，弗洛伊德，尤其是关心他的学生们，每当听说某个专家善于做这个，总不会不去找来。像那位哈佛大学的卡扎利耶教授，玛丽·波拿巴和罗斯·布鲁斯维克千辛万苦请他来为弗洛伊德做了一副假腭，他索价竟达六千美元，但效果还不如弗洛伊德原来的好。后来弗洛伊德自己也不记得换了多少次假腭了，就像记不清皮契勒大夫给他动了多少次手术一样。他似乎觉得大夫的手术刀每天都在他口里动着，不时割掉点什么。

弗洛伊德的余生之中，每天都要面临这样的痛苦与战斗。

手术的另一个后果就是对弗洛伊德工作的直接影响。在他的第一次手术中，舌头就已被切掉一部分了，硬腭和软腭的切除以及牙齿的被拔都大大影响了他的发音，使他本来十分清楚、富有感染力的嗓音变得浑浊，鼻音很重，像患了重伤风，他的病人们对于这样的声音自然头痛，尤其那些外国人。这样的人在弗洛伊德的病人当中如在他的学生当中一样，占了主要部分，经常弄不懂教授到底说了些什么。这给弗洛伊德带来的苦恼之多难以想象，有如一个足球运动员双腿出了毛病一样。另外，早在第一次手术不久，假腭与牙床软组织之间的摩擦就导致了严重感染，引起了周围组织的连锁反应，一齐发起炎来，最后延伸到了半规管。这个东西对于人的听力至关重要，它的受损损害了弗洛伊德的听力，最后，弗洛伊德的右耳几乎完全聋了。几十年来，弗洛伊德一直习惯于让病人坐在他的右侧，他们的声音也是从右边传来，现在他不得不让病人坐在左边了，他那敏锐的听力也大大地打了折扣。这对精神分析治疗极其不利，因为患神经症的病人所说的话一般都是些他们不大愿也不大敢说的话，当然更不能从从容容、清清楚楚地说，往往是一阵暴风雨似的泻来，可不管医生听得见还是听不见。

所以，这癌症对于弗洛伊德造成了三重损害：身体、心灵与利益。

也就是在这时候，一九二三年至一九二五年，兰克与琼斯的关系已十分恶化了，他与弗洛伊德的关系也出现了危机。十多年以来，弗洛伊德最为信任、倚为国际精神分析支柱的核心委员会已由不和走向了分裂，终于崩溃了。这使弗洛伊德伤心透了，我们前一章已经讲过了这个专题。

也就是在这时候，死神的阴影向弗洛伊德罩来，不是罩向他，那样的话他就不会感到痛苦了，而是罩向与他关系密切的人：他的亲人、朋友、学生。

可爱的小海涅勒的死已经在前面一节里写过了，一九二二年八月，他的侄女，他钟爱的妹妹罗莎的女儿采齐莉亚死于肺炎，年仅二十三岁。此时她正怀着孕。她是罗莎两个孩子中的最后一个，儿子已在第一次世界大战中就战死了，罗莎的丈夫在两个孩子还年幼时就死了。

一九二五年六月，布洛伊尔，弗洛伊德青年时的指导者和良友，精神分析的开创者之一，去世了。弗洛伊德在《精神分析中心报》上发表了讣告，赞扬布洛伊尔是“宣泄疗法的创始人，因而他的名字也不可磨灭地与精神分析联系在一起”。

前一年，弗洛伊德终生的老友，柯尼希斯坦医生也去世了。

但对于国际精神分析事业而言，最重大的损失是卡尔·亚伯拉罕的去世。

一九二五年复活节时，亚伯拉罕本想到维也纳来看弗洛伊德，但弗洛伊德刚换了一副假腭，不能说话，就将会见推到了夏天，这是他们的最后一次相见。从维也纳离开后，亚伯拉罕应邀去荷兰作了一系列精神分析演讲。回来时带着严重的咳嗽，听说他在荷兰吃鱼时将一根鱼刺扎进肺部，引起了感染，发展成慢性支气管炎。七月他去了维根，然后又去了西尔斯·玛丽亚疗养，但都没有多大效果，参加完九月国际精神分析协会汉堡大会后，在柏林，他请弗洛伊德昔日的知己威海姆·弗利斯做了一次手术。弗利斯仍用他那神秘的数字计算法来推算他的病因，自然不会有什么效果。

按说支气管炎是不会造成死亡的，但亚伯拉罕的病却一天重似一天了，谁也不明白究竟是什么病因。十月，他的肺出现了奇痛和脓肿，他要求进行手术，并且依据弗利斯的时间表定了手术时间，但手术后仍没有起色，甚至更坏了，病情直线恶化，到十一月，弗洛伊德收到消息，知道亚伯拉罕已经无望了。又过了几天，一九二五年圣诞节这一天，亚伯拉罕咽下了最后一口气。

亚伯罕的逝世给他的朋友们留下了悲伤，一直以来，他都以他永远的自信给弗洛伊德、给他的同志们增添着勇气和信心，他的友谊与忠诚是他的每一个朋友都难以忘怀的。现在，他的离去更使他活着时的好处展露无遗，他的这种勇气与信心，对于正值多事之秋的精神分析运动多么宝贵。然天不假年，精神分析只能对天兴叹了！

亚伯拉罕留下的另一个空白是两个高贵的职位：国际精神分析协会主席和柏林分

会主席。他的这两个职务，分别由埃廷根与西麦尔继承，年轻的安娜接替了埃廷根原来担任的国际协会秘书之职。

亚伯拉罕去了，但精神分析仍要发展下去，正如弗洛伊德在给琼斯的信中所言：

>……当我们相聚在哈尔茨之时，谁曾想到过他会是第一个抛下这了无意义的生命！我们仍须工作并且紧密团结。无人能替代失去的人，然而对于事业而言没有人是不可或缺的。不久我也将逝去——其他人在更迟的将来也会如此——但事业仍将继续，较之它的广大来我们每个人同样渺小。

声誉

到这时，无论是弗洛伊德的朋友还是对手都不能不看到这个事实：弗洛伊德教授已经是举世闻名的人物了！

这一章之所以不称之为“荣誉”，在于这个词也许能给一个普通的精神分析专家带来荣耀，使他“深感荣幸”，然而对于弗洛伊德这却有点过分。他本人将所谓的荣誉看得极淡，从来不觉得它们对他意味着光荣。所以我们采用了一个中性的词：声誉，也可谓之名声。

弗洛伊德的名声首先表现在他的思想和著作被广泛介绍，越来越多的人来到他身边，向他学习精神分析疗法。

现在弗洛伊德身边的学生已经多过他的病人了。这些学生们来自五湖四海，为了一个共同的革命目标——学习、实践精神分析，成为专家，以之作为谋生之道——而走到一起来了。这些追随者的背景十分复杂，既有中产阶级出身的犹太子弟，像弗仑齐、亚伯拉罕等，这是主体；也有工人阶级出身的，像兰克；还有贵族老爷的苗裔，像洛·安德烈亚斯—萨洛美、玛丽·波拿巴公主。有许多人本来就是医生，但也有许多压根儿没学过医，这些人当中有律师，像汉斯·萨克斯，更多的是哲学博士，他们后来对于精神分析的发展起过很大作用，也造成了精神分析运动的第四次大纷争，即所谓的“门外汉”精神分析家之争，这在后面还要介绍。最奇怪的是汉斯·布洛赫，他是德国鼎鼎有名的极端民族主义者和反犹分子，但又崇拜弗洛伊德的思想，这使他怀疑弗洛伊德是否真的是犹太人。

一九二三年二月，法国的神经病学权威杂志来信向弗洛伊德索要照片，好将之登在他们的杂志上，并且在这一期里用很长的篇幅介绍了弗洛伊德的重要著作。生意一直很清淡的国际精神分析出版社现在接到了大量的出版要求，要求准许出版弗洛伊德著作的各种文字的译本。欧洲的几乎所有语言，从瑞典语到意大利语，从英语到葡萄牙语，都有了弗洛伊德著作的译本。像英语，弗洛伊德的所有著作或已经被翻译出版，或正在被译，或将要被译。事实上，现在关于弗洛伊德著作的权威本很难说是德文原文，而通常认为是英文的《弗洛伊德全集标准版》。《精神分析引论》的俄译本，单莫斯科一地，一个月内就销售了两千册。日语译本早就出现，中文译本也开始有了。弗洛伊德听说这件事后，很感惊奇，但他想被译成中文这种世界上最复杂的文字之后，也许会比原文还微妙。一九三〇年，由高觉敷先生所译的《精神分析引论》全本由上海商务印书馆出版，到目前这还是最好的译本。

在一直疏远弗洛伊德的维也纳，现在也有了一些改变。几十年来从不邀请弗洛伊德搞讲座的维也纳医学协会，现在也邀请弗洛伊德了；奥地利的最高警察当局不知为了什么原因，也许是弗洛伊德为瓦格纳—约雷格事件提供证词时有什么吸引了他们，反正他们邀请弗洛伊德去给警局的首脑们做讲座。对维也纳早就寒心了的弗洛伊德对这些一概拒绝。

一九二三年二月二十二日，他接到了罗曼·罗兰的来信，因为弗洛伊德曾对某位艾多尔德·莫罗德—赫泽称赞了他几句，这位先生恰是罗曼·罗兰的朋友，他当然兴冲冲地将弗洛伊德的称赞转述给了罗曼·罗兰。罗曼·罗兰就特意来信表示感谢，说，他早在二十年前就读弗洛伊德的著作了，他一贯相信他说的一点也不错。他们之间从此经常鸿雁传书，彼此仰慕，成了好朋友。

第二年，一九二四年五月十四日，罗曼·罗兰从巴黎前来造访弗洛伊德，陪同他来的是斯蒂芬·茨威格，这个人我们再熟悉不过了，他的许多作品，如《三大师传》早就传到了我国。茨威格早就是弗洛伊德的朋友和他思想的忠诚信奉者。可惜的是这时弗洛伊德还没有适应他的假牙，他的德语发音很不准确，那娇腔婉转的法语更是说不出来，他们的交流大受影响。

一九二五年复活节，弗洛伊德接待了著名的丹麦批评家勃兰兑斯。这年十二月，茨威格又一次来访，他以后还会来。

这年十月，他接到一个请柬，发请柬的人是拉宾德拉纳特·泰戈尔，他正在维也纳访问，邀请弗洛伊德去他下榻的旅馆聊聊。

不久，这年圣诞节时，弗洛伊德和玛莎到柏林去了一趟，是去看他的四个孙子的，他的两个儿子马丁和恩斯特一直在柏林干着老活儿：银行和建筑设计。四个孙子中除了一九二二年来柏林时见过的最大的斯蒂芬·加布里埃尔·弗洛伊德，他是恩斯特三个儿子的老大，其他三个孙子他从来没有见过。也就是在柏林，相互慕名已久的爱因斯坦带着他的妻子拜访他来了。弗洛伊德正与他的小儿子恩斯特待在一块，四个人就聊起天来，一聊就是两个钟头。要是这两颗脑袋不把时间花在这样的聊大天上，而去“沉思”两个钟头，那将会产生多少美妙的思想！弗洛伊德后来在一封信中说：

> 他兴致很好，当然他也是个令人愉快和温文有礼的人。他了解心理学就像我了解物理学一样多，因此我们的谈话很令人兴奋。

欧文·斯通在他的大作中，记述这次会见时说他们相互怀着戒心，弗洛伊德坐在房间的这边，爱因斯坦坐在那边，弗洛伊德谈他的精神分析，爱因斯坦说他的相对论，好像这是个挺令人尴尬的场面。据这封信看来，事实并不如欧文所言。爱因斯坦这时已经与弗洛伊德建立了相当密切的联系和堪称密切的友谊，我们在以后还会谈及。从此，弗洛伊德的每一个生日，都会收到爱因斯坦的贺电。诚然弗洛伊德对于那些洪水般的电报是不大关心的，但爱因斯坦就另当别论了，确实，当世有谁能对于爱因斯坦，这位活着的牛顿的话，包括英国女王和美国总统，漠不关心呢？我们要知道就是爱因斯坦的一封信，他其实只签了个名，而促使罗斯福总统下令建立曼哈顿工程，以制造原子弹的，从而也创造了人类历史。

一九三二年四月，又一位著名作家，托马斯·曼，前来维也纳访问弗洛伊德，他们此前已有多年书信交往，托马斯·曼对于弗洛伊德的思想抱着极大的敬意，也许弗洛伊德是他在这个世界上唯一真正敬服的人，而弗洛伊德也是托马斯·曼的热心读者。他在一九三五年致托马斯·曼的一封信中说：“我是你最‘老’的读者和崇拜者中的一个。”玛莎也是，所以，托马斯·曼在弗洛伊德家受到了最热烈的欢迎。

一九三〇年弗洛伊德又去柏林，以便做一副新假腭，当时美国驻德大使W.C.布里特特意来拜访他，弗洛伊德的名声早传遍全美，布里特对他心仪已久，他请求弗洛伊德与他合写一本书，以分析威尔逊总统的心理。弗洛伊德答应了，事实证明这次合作对于弗洛伊德的未来大有好处，当一九三八年纳粹占领奥地利，弗洛伊德面临生命危险时，布里特与玛丽·波拿巴公主四方奔走，营救弗洛伊德，布里特说动了美国总统亲自向希特勒游说，劝他让弗洛伊德离开奥地利。

这年，一九三〇年七月末，弗洛伊德被授予了歌德文学奖，在文学领域内这是仅次于诺贝尔文学奖的大奖了。这也许是弗洛伊德生前所获得的两次最重要荣誉之一，另一次是英国皇家学会名誉会员。这次的奖金是一万马克，约合二千三百八十美元。弗洛伊德因为身体不好，没有能去法兰克福领奖，不过他写了一篇不短的文章论述精神分析对于歌德的研究，并让安娜在颁奖大会上宣读。

倘若我们让时光回到一八七三年，弗洛伊德中学毕业时，为自己读什么专业而苦恼，正是在听了歌德的一篇散文之后，才决定攻读医学专业的。虽然我们弄不懂这二者之间有什么联系，但弗洛伊德自己是这么说的，他在《自传研究》中写道：

> 然而就在毕业离校前夕，在卡尔·布吕尔教授给我们上的一堂大课上，我听了他朗诵的歌德描写大自然的优美动人的散文，于是决定攻读医学专业。

由此看来，歌德对精神分析诞生有着不可替代的作用，也许如果歌德没有写这篇文章，也就没有精神分析这门学科了。因为精神分析不同于相对论或者美洲大陆，它们是自然界存在的客观真理，迟早会被人发现，而精神分析只是一套理论，虽然有其客观基础，但它之中的主观思维创造是不可或缺的。

一九三一年一月，弗洛伊德接到了伦敦大学的邀请，请他主讲每年一次的赫胥黎演讲，这个演讲其实就是请当年为科学做出最大贡献的人演讲他们的成就。弗洛伊德对于达尔文、赫胥黎与进化论一直深怀敬意，自从一八九八年以来，这样的邀请是第一次落到德国或奥地利人头上，弗洛伊德表示了谢意，当然他没有去，也不能去。

这年，弗洛伊德七十五岁大寿时的又一桩荣誉来自故乡弗莱堡，现在已经改名叫普里堡。十月，普里堡市政委员会决定，在弗洛伊德出生的那栋楼上安放一块铜匾，以志家乡人民以有这样一位老乡而自豪。正式安放铜匾的庆祝会于十月二十五日在普里堡举行，安娜代表弗洛伊德向市长及前来参加仪式的人们宣读了弗洛伊德的致谢信：

> 我要感谢这次庆祝会的组织者、普里堡（弗莱堡）的市长先生以及所有参加的人们，感谢他们在我出生的房子前放置一块由艺术家之手制造的匾额而给我的荣誉。然而这个——我的成就的价值，在我的一生中，这个世界依然没有给予肯定。

弗洛伊德这个说法当然部分是正确的，对于他的成就，依然有很多人，尤其是许多官方学术机构，不但没有给予肯定，而是继续批判、诋毁。终弗洛伊德一生，直到今天都是如此。但我们应当看到，也有了很多人，对于弗洛伊德和他的思想给予了崇高的敬意与荣誉。

一九二五年五月，巴菲爵士在巴勒斯坦耶路撒冷希伯来大学成立典礼的致辞中，将犹太人对于西方文明的作用夸奖了一番，说现代世界思想的三位主要缔造者都是犹太人：爱因斯坦、柏格森、弗洛伊德，与前面伦敦大学为四个最伟大的犹太哲学家——迈蒙尼德、斐洛、爱因斯坦和弗洛伊德——开设专题讲座真是英雄所见略同。与此同时，在盎格鲁—奥地利协会举行的一次午餐会上，与会的哈德勒爵士在祝酒词中对维也纳在欧洲文化发展中所处的中心地位表示了钦佩，他提及的四位最伟大的维也纳人是莫扎特、贝多芬、马赫和弗洛伊德。

弗洛伊德这时对于世界文化所起的伟大作用已是人所共知了，人们已将他与达尔文、哥白尼相提并论，这样的人，似乎理应得到世界上最重要的奖金：诺贝尔奖，这时也已有人提名弗洛伊德为候选人。弗洛伊德对于这个提议只是耸耸肩而已，因为他知道这是不可能的。他也许只是出于直觉而已，然而这个直觉惊人地准确。虽然他不止一次地被提名，但是毕生都没有得奖。

弗洛伊德生平的一个怪癖是害怕过生日，好像那些礼物呀、鲜花呀、电报呀、大群的客人呀都是来向他讨债的。但人们却像先期不尊重他的学术一样不尊重他的害怕。一九二六年五月六日是他的七十寿辰，尽管弗洛伊德再三请求他的学生们、朋友们休得大张旗鼓，但这一天仍成了维也纳以至欧洲的一则新闻、学术界的一件大事。维也纳的主要报纸，英国、德国、法国等的许多报纸上都刊登了消息，还有许多溢美之词。电报与鲜花像洪水一样冲过来，仿佛老天特意为弗洛伊德下了一场雪，天女又为他散了一场花。发来电报的既有他的学生们、国际精神分析协会的会员们，也有许多人仅仅是慕名者，当然也有许多举世闻名的名字：勃兰兑斯、爱因斯坦、罗曼·罗兰、老朋友斯蒂芬·茨威格，等等。国际精神分析协会、它的维也纳分会和弗洛伊德一直是其一分子的犹太人读书协会等都举办了特别的庆祝酒会和生日派对，但弗洛伊德一概不参加。他对于这一切都是受之不愿，却之不恭。他说：“参加会是令人尴尬的和无味的。当一个人指责我时我可以自卫，但对于赞扬我能这样吗？”对于协会会员们送给他的四千二百美元贺仪，弗洛伊德将五分之四给了出版社，五分之一给了已经建立起来——违背他的意愿，但是大多数维也纳成员们的决议——的维也纳精神分析诊所。

前面我们讲述了二十世纪二十年代以来弗洛伊德渐已成为一个举世闻名的人，分别讲述了他所获得的一些荣誉、许多人对他的崇敬，这些人中既有他的学生，也有许多杰出的名字，有的与他同样杰出，如爱因斯坦、托马斯·曼等，但弗洛伊德之闻名，与一般学者之闻名遐迩不一样，他不单是学术层次内的有名，而且是歌星和学术泰斗二者享有的声誉之和。众所周知，歌星们的名字在工人阶级和中小学生中间传得广而又广，但他们未必听说过夏科，虽然他是公认的精神病领域的权威；反言之，夏科和迈内特的大名在神经病学界可是无人不知的，但工人阶级却未必知道。弗洛伊德这时的声誉却已经流布于二者之内。在伦敦街头也可以听到当某人说了句不雅的错话时，就有人会评论道："您这是个弗洛伊德式的口误。"一个巴黎的中学生也会对自己昨夜的梦来个分析，旁边搁着一本《梦的解析》。弗洛伊德的名字已经成为众多报纸杂志的常客。一九二二年一月，他的照片甚至出现在了伦敦的一份时髦周刊《身份》的封面。这样的结果是好坏参半。好处是大家都知道有了精神分析，对于它的效用自然也会略知一二，他们患了神经症也就有地方找了，分析学家们也有生意了。有句老话说人民群众才是决定历史的动力，不仅如此，大众的爱好对于学术事业的发展也是不无裨益的，我们只要看看存在主义在第二次世界大战后的流传就知道了。大众的爱好至少有一点好处——增加有关书籍的销量。这会促使出版商出版更多的相关书籍，出版商为此就得向学者们约稿，并开出较优惠的出版条件，这反过来促使学者们去做更深的研究，写更多的著作。

弗洛伊德是如何看待他的"功成名就"的呢？一个词：淡泊。他从来不是一个名利心强的人，他唯一爱好的是科学与真理。要不是如此，他当初就不会冒这么大的风险去从事明知将为大众所厌弃的研究，完全可以像布洛伊尔等其他医生一样去按传统办法行医治病，那样，凭他的天资与能力，不难取得与维也纳无论哪个医生一样大的成就，挣一样多的钱，要知道在当时的维也纳，没有比医生的职业更受人尊敬也更有赚头了，弗洛伊德也可以如此。但当他在实践中看到了与传统不同的真理，他宁肯放弃那一切自然预定的舒适去探索一条未知的、充满艰辛与挫折的路。所以，当初放弃了那条自然成功的康庄大道的他怎么还会在历经挫折与误解之后，再对所谓的名声、荣誉之类感兴趣呢？对于他，名声与其说是幸福，不如说是重负。他在一九二二年致琼斯的一封信中说：

我很抱歉我没有回你的上一封信。我常常觉得很累。我的事务信件是这样多：警告一个病人不要来，因为我没有时间治疗他，拒绝那些蜂拥而来的某个专题、某个杂志的约稿，这就是声名之累，我没有看到它有什么好处。

对荣誉、名声的淡泊似乎是伟人们的共性，从苏格拉底到牛顿、从爱因斯坦到弗洛伊德莫不如此！我想，这也是他们之所以伟大的缘故吧！试想，一个虚荣的人必是一个容易满足的人、一个骄傲的人，这种人即使天资非凡，但只要取得一点成绩，得到旁边没有这些成绩的庸人的几声喝彩，就得意忘形，以为老子天下第一，从此可以像与乌龟赛跑的兔子一样睡大觉了，哪还会去想百尺竿头，更进一步呢？只有那些秉性谦逊的人，他们既不会为已有的成绩而满足，也不会为所谓的荣誉而醉倒，他们只会看到自己前面总有着无穷的路要走，无穷美好的东西要追求，知道吾生也有涯，而知也无涯，他们对于堆积眼前的所谓荣誉只会瞟一眼，摇摇头，走自己的路。

"门外汉"事件

在这一节我们将讲述这段时期发生的一件事，这事有关整个精神分析事业的未来方向——它将以什么样的形态呈现在世人面前。这一问题就是所谓的"门外汉"精神分析家问题。

门外汉精神分析家指那些没有医学学位或者根本不懂医学的精神分析专家。这句话也许听起来有点怪，一个精神分析专家能够不懂医学吗？因为自从精神分析诞生以来，它就被看成是医学的一个分支，是一种疾病的治疗方法，它能不相关于医学吗？正是这样的疑问使在如何对待门外汉精神分析家，或者是否应当有这样的非医学专业的精神分析以及如何对待这样的非医学专业出身的分析家这两个问题上精神分析运动内部产生了极大的分歧，差点导致了精神分析史上比荣格与阿德勒事件更大的一次分裂。我们将从理论与实践两方面谈谈这次事件的理论根源及来龙去脉、前因后果。首先从它的来由开始。

事实上非医学出身而想从事或已经从事精神分析治疗的人早已有之，最有名的一个当然是兰克了。兰克技工出身，对于精神分析显示了强烈的兴趣和能力，当他于一九〇二年左右与弗洛伊德相识时，弗洛伊德对于他带来的他的书稿表示了很大的欣赏，从此，他就放弃了技工生涯，终身与精神分析结合起来了。他在弗洛伊德的资助下读完了人文中学，并且得到了维也纳大学哲学学位，毕业后开始了专业的精神分析治疗。这时，从事这样治疗的非医科出身者不止他一个，战前在维也纳有海米莉·哈根—赫尔墨斯女士，瑞士有前面已经谈及的普菲斯特牧师。海米莉女士主要从事儿童精神分析，她发明了一种分析方法——“游戏”法，寓分析于玩乐之中，这种方法在战后的儿童精神分析中被广泛采用。普菲斯特牧师则从教育学角度从事精神分析。第一次世界大战后，这种不懂医学的“门外汉”精神分析治疗师队伍有了空前的增长，遍及欧美。举得出姓名的就有：玛丽琳·克莱因、贝恩费尔德、耐克、阿霍恩、克里斯、瓦尔德，这些人主要分布在维也纳；伦敦还有弗拉格尔、巴巴拉·洛、约翰·里维勒、恩拉·夏普、斯特拉奇夫妇——夫妇俩是弗洛伊德著作的重要译者——一九二三年安娜·弗洛伊德也加入了这一行列。

本来，如果从事精神分析治疗而非医学出身的只有兰克等少数几个，“门外汉”精神分析家们势单力薄，也就难成气候。但这么多的门外汉——指他们从事治疗活动而不懂医学、不是医生——都来行医，他们的这个特征也就难以不引人注目，也就难以不招致那些经过漫长的医学院生涯方才得以行医的医生们的愤愤不平了。这种不平首先在大洋彼岸爆发，而弗仑齐在那里的活动更使由对门外汉精神分析的不满转化成了欧美精神分析家们之间的对抗，因为欧洲是所有这些门外汉分析家们的受训基地。

美国的第一批没有受过医学训练的分析学家是从欧洲回去的病人。这些美国人大多数在弗洛伊德或兰克那里治疗，同时也是学习，一段时间后，回到了美国。他们不单带着健康的心理回来，还带来了一项新的谋生技艺：他们采用被治疗时所看到和体验到的方法，依葫芦画瓢地也给他人搞起精神分析治疗来，于是成了美国第一批门外汉分析家。

这种分析家出现不久就引起了精神分析协会受过医学训练且都是医学博士的分析家们的嫉恨。他们觉得这不单是对他们饭碗的公然挑战，而且是不公正的。他们花了几十年心血才得到医学博士学位，然后才从事分析活动，现在一帮对医学一窍不通的家伙竟然立马就要与他们平起平坐起来，只因为他们在欧洲逛了几个月！他们马上开始了反击，以他们的头领A.A.布里尔为首。

一九二五年布里尔在纽约的报纸上发表文章，严厉指责了医学门外汉们的分析活动。这年秋天，他在纽约精神分析协会宣布，如果维也纳人仍然将许多美国人训练成这样的半吊子分析家他将与弗洛伊德断绝关系。

次年春天发生了一件差点使门外汉分析家们斯文扫地的事。曾与兰克一起从事精神分析治疗的西奥多·耐克受到了一个病人的控告，说耐克采用了有害的治疗方法，对他的身心造成了损害，要求奥地利法律惩罚这种江湖骗子，将兰克吓出一身冷汗。幸运的是，这人是个神经病，他的话不足为法庭证据。

在美国，这年秋天，纽约州州议会通过了一项法律，宣布本身不是医生的人从事精神分析治疗为非法。同时，美国分会警告他的成员不要与那样的分析家合作。这就导致了美国欧洲之间分析家们的对立，因为这样的分析家在欧洲相当不少，而且也得到了精神分析协会会员们的认可。

使对立表面化的是弗仑齐的美国之行。一九二六年，弗仑齐应新社会研究学校的邀赴纽约讲学，他来到纽约后采取了一个反常行为，本来他作为国际精神分析运动的主将之一，在美国也有一定的影响，尤其精神分析家们对于他一贯抱着敬意，而且，按惯例，凡从欧洲来的精神分析家都会先与美国同行取得联系，他们会负责接待，安排讲学等。但弗仑齐这次来美国之先和之后都没有通知美国精神分析学会，这使得美国的同行们很不高兴，以为弗仑齐这个欧洲弗洛伊德的正宗门徒和前任主席看不起他们。不过布里尔还是主动参加了弗仑齐在新社会研究学校的第一讲。有意思的是，与此同时，奥托·兰克也正在老社会研究学校讲学。不过不知道他们有没有联系，这时兰克已经与精神分析协会完全脱钩了，与他的旧日同志间也不再有任何联系。

进一步触怒美国人的不是弗仑齐的讲学，而是他的治疗。在来之前，弗仑齐就计划这次要尽可能多地治疗病人，到达之后，他除了讲学之外，还收治了九个病人。这些病人不是简单的神经症患者，而是所谓的“医生患者”，也就是说，他们在治疗完毕之时就自己也要去做分析医生了。这在以后还要解释这个怪现象，许多美国病人，自从在欧洲进行过几个月的精神分析治疗回到家乡后，就往往自己开业做起治疗医师来！弗仑齐的九个病人都是这样的患者，弗仑齐也鼓励他们这样做，这样，光他的这几个追随者就足够在美国成立一个新的精神分析分会了，这对于美国同行，那些经过了系统的医学训练的分析家们的生计是一种威胁，激起了他们的激烈反对。一九二七年一月二十五日，美国分会正式通过了一个决议，谴责所有没有正规医学训练的人从事精神分析活动的行为。弗仑齐对这个决议置之不理，使得他与美国分会的关系降到了冰点，彼此成了陌路人。这年六月二日，他讲学结束离开美国前夕举行了一次告别午餐会，美国的正统分析家没有一个来参加，这也伤害了弗仑齐的自尊心。

后来事情的发展表明，这次美国之行对于弗仑齐产生的影响与从前荣格和兰克去美国后发生的情形差不多，也是从美国回来后，他开始了与导师的分歧。

现在欧洲与美国之间关于门外汉精神分析家的争执已经表面化了，一九二七年五月，纽约精神分析协会又通过了一个决议彻底否定了非医学专业出身的人从事精神分析的正当性，严厉谴责了门外汉分析家们，并且几乎明白地将矛头指向了那些将他们培养成为半吊子分析家的人——谁都看得出这暗指的是哪些人。这时正面临国际精神分析大会即将在因斯布鲁克举行。美国这样的行为明显地向欧洲同行发出了不友好的信号，给会议预先制造了剑拔弩张的气氛。

这年九月，国际精神分析大会在因斯布鲁克举行，一开始就在维也纳会员们与纽约会员们之间出现了争执，争论的焦点自然是不是医生的人是否有资格做分析学家、应不应该培养这样的分析学家？争论非常热烈，但与以前的纽伦堡会议不同，还算不上是争吵，只是激烈的讨论而已。一边以弗仑齐为主，另一边以布里尔为主，结果是谁也没有说服谁。在这次会议前，协会主席埃廷根本来答应弗仑齐将他在纽约培养的那帮门外汉分析家们纳进国际精神分析协会，但由于看到美国医生分析家们对于他们的这批同胞兼新同事的坚决反对，没有实践他的诺言。他知道要是他强行接纳，势必酿成又一次大分裂。

那么，弗洛伊德是如何看待这件事的呢？他对于门外汉分析家们采取何种态度？他的态度简单明了：支持。

早在一九二六年七月，也就是耐克的诉讼结束不久，他就写了一本小册子《非职业分析问题》。这本书采用了弗洛伊德一辈子只采用过一次的写作体裁：对话体。一方是弗洛伊德，另一方是一位对于精神分析并不怎么懂，但却有一定好感的先生。

在这本书里，弗洛伊德完整地阐述了精神分析究竟是干什么的？它研究的是什么？什么是它的基本观点？他是怎样看待精神分析治疗法的？是否只有受过专业医学训练的人才能从事精神分析治疗？为什么结论是否定的？为什么要让那些并没有受过医学训练甚至于对医学一窍不通的人，来了解精神分析或者进而从事治疗实践？这本小册子只是进行了简单的分析，但正因为其简单才易懂，篇幅短小才使整天忙于享乐的维也纳市民有时间读读，才能澄清由于耐克事件而产生的对精神分析的许多误解。

在书的结尾，弗洛伊德呼吁他的同志们豁达大度地对待医学门外汉们的分析活动。

为什么弗洛伊德会对于没有受过医学训练的人从事精神分析活动这么积极地支持呢？这不是一个简单的问题，它涉及弗洛伊德对于精神分析的基础与实质的认识，更进一步地，涉及他对于精神分析与其他各门学说乃至整个人性的认识。

不容置疑，精神分析诞生于神经症的治疗实践之中，它也一直是一种精神神经症治疗方法。但它是否只是如同其他治疗方法一样仅是如此呢？精神分析是否也只是医学—神经病学的一个分支呢？答案是否定的。

从弗洛伊德的著作中可以很容易地看到精神分析的范围远远超出了医学，它是对于人类所有本质特征、对于人性的一次总分析。举例而言，弗洛伊德的《群体心理学》考察的是当一群人聚积在一起形成一个集体时，它会产生什么样的与个体独处时相异的观念或者习俗？是什么使得一群人聚在一起形成集体？进一步地，为什么人类要结成团体？《梦的解析》是关于怎样释梦的，它与查找神经症病因有关，但显然并不止于此，因为其中阐述的释梦方法也完全可用来对正常人的梦进行解析，以了解正常人的心理，乃至预测其未来行为。《图腾与禁忌》则分析了原始人图腾的起源，并进而解释了许多原始社会的神秘习俗，如祭祀与图腾崇拜的起因。《文明及其缺憾》探索的问题更为根本。它分析了整个人类文明的起因、它的缺憾所在，并对于它的未来做出了悲观的预测。弗洛伊德的最后一本重要著作《摩西与一神教》则对于基督教如此重要的人物摩西做出了石破天惊般的论断：摩西，这位犹太人的先知，率领他们摆脱埃及人压迫的圣者，竟然自己不是犹太人，而是埃及人。这些巨著已经极大地改变了人类对于自身、社会、宗教等的认识，值得每一个希望了解自己、了解人类的读者仔细一读。

以上这些著作都是弗洛伊德全集中的精华。不难看出，这些著作无一是单单相关于神经症治疗的，像《图腾与禁忌》《文明及其缺憾》《摩西与一神教》则与治疗没有多大关系，而它们都堪称弗洛伊德最伟大也最有影响的开拓性著作。总之，弗洛伊德的著作中所探讨的问题，既有心理学与神经症病因探讨及其治疗的，也有关于神话、民俗、历史、文化、人类学、艺术、文学等几乎人类文化每一个重要方面的。我们能将这些著作也仅看作是神经症治疗的佐方吗？这未免是大炮打蚊子——大材小用了。而如果将这样的思想也当作医学，那是公鸡掉进井眼里——不通不通（扑通扑通）。

弗洛伊德之所以被称为伟人，被看作是与哥白尼、达尔文一样伟大的发现者和开拓者；被看作是与爱因斯坦、马克思一起缔造现代社会思想的三大思想家，也在于他的思想对于现代社会文化的众多方面——几乎每个方面，从文学艺术到政治历史乃至人们的日常生活——都有相当深刻的影响，这远非一个神经病医生——无论他多么妙手回春——所能达到的。

上面的分析反过来也说明，神话学、民俗学、历史学、人类学、文化学等对于精神分析思想也有影响。二者所探讨的问题可能是相似的，也可以相互了解。形象地说，无论从神话、民俗、文化、人类学还是从历史出发，都可以找到一条通向精神分析的羊肠小径抑或是光明大道。例如研究神话的人，当他将注意力集中于神话之起源的时候，他完全可能从神话传说中天地与英雄常是从水中诞生，或者像中国古代神话中伏羲与女娲兄妹相婚的故事而进入精神分析中的图腾崇拜与乱伦禁忌理论，进而去了解由于人类内心存在渴望违反禁忌的欲望而产生负疚感，以至得了神经症的过程。于是，对于神经症及其病因便有一定的观念了，下一步就可以过渡到治疗。事实上，神经症起因中的重要概念：俄狄浦斯情结不就来源于神话吗？它与医学可是一点也不相干。这说明完全可以从神话研究或者民俗研究等中迈入精神分析的殿堂。其他如从历史学、人类学等通达精神分析也是如此。

以上的分析说明从事精神分析的研究与实践并不一定要接受医学训练，这是由精神分析这门治疗法的特征决定的。欧洲有谚云“条条大路通罗马”，我们这里不妨将精神分析喻为罗马，而从这里有许多路通向城外，这些路有些通向神话、有些通向民俗、有些通向人类学，等等。而一旦到达精神分析这座罗马“万城之城”以后，就可以在里面寻找那位于这座城市内的神经症治疗方法了，只要有耐心、有毅力，一定可以找到。

相反，如果将精神分析限制在医学领域内，那么，精神分析的其他广大内容将何处安身？这势必大大限制了精神分析的内容及其意义，而将之沦为一种小小的治疗工具了——只是医学的一个分支：神经病理学下面的一个小分支、一种小小的治疗方法，这与精神分析的真实内容比较起来，无异于鸿毛之比泰山。而将治疗神经症的人限制在医生之内也无异于将精神分析限制于医学之内一样说不通。因为从神话学或者民俗学通达精神分析与神经症病因的路程并不见得比由医学，无论是内科、外科还是小儿科，通达它们的路程远多少。

基于这许多理由，弗洛伊德坚决地主张允许不是医生的人从事精神分析的研究和治疗，准许“门外汉”分析家的存在。

当然，那些医生反对者的某些理由也是站得住脚的，例如不懂医学的人何以判断来就诊者是患了神经症呢？也许他们是神经系统受了损伤，导致与精神神经症相似的症状，这是大量存在的现象。我们还记得一度流行的观点是所有神经症，无论轻重都源于器质性损伤，迈内特教授就是这么认为的，弗洛伊德正是在对这一传统观点提出批判的基础上建立精神分析理论的，但不容否认的是，确有许多的神经症是由于大脑受了器质性损伤，如病变和打击等。如果一无医学知识的人接到这样的病例岂不糟糕之极吗?

为了弥补这一缺憾，弗洛伊德提出了两个办法：一是门外汉们接受一定的系统训练；二是先由专业医生做出诊断，在结论是神经症后再交给非医生出身的分析家们。

为了执行第一个办法，弗洛伊德设计了一个训练大纲，将一个精神分析专家所要具备的各门科学知识都包括进去，然后他设想由一个专门的学校之类的组织来传授这些知识。弗洛伊德开出的这些精神分析家必备的知识包括解剖学、生理学、病理学、生物学、胚胎学、进化论、神话学、宗教心理学、古典文学等方面的知识。由这个表可以看出：一、作一个合格的分析学家需要多么宽广的知识面；二、精神分析与这么多的学科门类都有着密切联系；三、这里面没有医学。说明弗洛伊德完全不认为医学知识是成为一个分析学家所必备的知识，甚至不如胚胎学与文学。当然，这里弗洛伊德也许犯了一个小错误：他将这些门外汉的分析家当作他自己了，弗洛伊德的确不折不扣具有这么宽广的知识面，这只要看他的著作涉猎范围之广就知道了。但实际上生活中有几个弗洛伊德呢？所以弗洛伊德的设想永远只是个设想而已。

第二个设想似乎可行，弗洛伊德也认为是必须的。一个不是正式医生出身的精神分析家绝不能独立处理病人。他必须首先求得医生的合作，让他对于病人做出仔细检查，确认其没有器质性疾病，方才可交由他进行精神分析治疗。这样做看似简单而必须，但弗洛伊德忽视了两个由此而带来的后果：“门外汉”分析学家们将沦为职业医生的附属，只要医生不将病人送上门来，他们就只能喝西北风。试想，有谁愿做这样的分析家？而且如果有神经症患者找上门，又有哪个分析家会先将之送往其他医生那儿去？除非他多得治不了了，那样的前景对于一个没有医生执照的分析家是不太可能的。另一个后果是没有科学训练的哲学博士们大量涌入分析领域，将使人们对于精神分析的科学性产生怀疑，而这怀疑本来就够大的了，也许精神分析将因此永远被排斥在科学之外！这对于源自科学实践，也用于临床实践的精神分析是可悲的。

弗洛伊德在这里还忽视了一个事实，许多国家都有法律规定禁止没有正式医学学位的人从事医疗服务，如奥地利、法国、美国的许多州。另外一些国家不容许正式医生与不是正式医生的人进行合作治疗。所以，弗洛伊德对门外汉精神分析家的两条设想都大大地行不通。这是弗洛伊德理想主义的后果，不过也没有什么坏处，因为分析家们，无论是医学门外汉，还是门内汉都没有将他的话付诸实施。而且，这些关于禁止没有正式医学学位的人从事医疗服务对于精神分析家从来都网开一面，从来没有一个门外汉分析家因此吃过官司，没有受过正规医学训练的分析家们在欧美各国都在一帆风顺地开业。

弗洛伊德之所以还激烈地维护医学门外汉分析家们，还有一个原因是对于他们的反对使他想起了当初他开始创立精神分析时所面临的暴风雨似的批判与谩骂。他将这时的批判移情于过去，使他对之产生了相应的反感，所以他毫不犹豫地站起来维护受到精神分析内外双重迫害的门外汉分析家们。他对埃廷根说：

> 反对非专业精神分析的运动看起来只是老的对整个精神分析抵制的一个分支。不幸的是我们自己的许多会员非常浅见，或者被他们的职业利益蒙蔽了双眼，也加入了进去。

弗洛伊德对于门外汉精神分析的旗帜鲜明的支持终生不变。直到他去世前一年—— 一九三八年，当他听说最激烈地反对非职业医生从事精神分析的美国流传出一个谣言，说他已经改变了他的主张时，他有点气愤地说：

> 我想象不出关于我已经改变了我对于非职业精神分析的态度的愚蠢谣言是如何产生的。事实是，我从来没有否定这个观点，面对美国人将精神分析转变成精神病学的家庭主妇的趋向，我现在比以前更强烈地坚持他们。

由于弗洛伊德的强烈支持，也由于门外汉精神分析家队伍的庞大，关于这个问题的争执直到弗洛伊德去世，第二次世界大战结束也没有结束，但在琼斯这个出色的和事佬的平息之下，争执一直在协会内部进行，始终没有造成分裂。门外汉精神分析家们也一直在活动，直到现在。

第十一章　尾声：亡命天涯

自古万物无长存者，有生必有死，天之道也，弗洛伊德也无法避免这个自然规律。但谁会料到这位垂危的老人还会将他最后的生命交托厄运？

迫害日志

到一九三三年，弗洛伊德已经年届七十七，早过古稀之年，自然规律决定了他的日子屈指可数，我们的传记的文字也将寥寥无几了。然而，愈少弥贵，人之常情，对于弗洛伊德这剩余的几年，我们将采用中国史书中编年体的手法，一年年地记载他生命之中的最后六载，我们将更清晰地看到，死神是如何渐渐走近这位历史伟人，如同他走近我辈凡人一般。我们将更清晰地体味到这句欧洲格言的魅力：死神迈着公平的脚步，走过穷人的茅屋和王侯的宫廷。

弗洛伊德的最后岁月与常人安逸的晚年颇有不同之处，这就是它的悲惨。这生命中最后的时光，弗洛伊德本来应该在天伦之乐与伟人终生奋斗后所应享有的荣光中度过，然而，命运给予他的却是癌症日益恶化和纳粹疯狂的迫害，此诚所谓死神虽公，命运不公！

弗洛伊德的最后岁月是与希特勒联系在一起的。这股人类有史以来最大的祸水，曾在他的“名著”——与他自己一样臭名昭著——《我的奋斗》中信誓旦旦：“我发信心，谨遵造物的意旨，和犹太人奋斗，这就是我代上帝行事。”当他上台，不，在他拥有能迫害人的力量伊始，就开始了对犹太民族的残酷迫害。

迫害的第一个结果就是犹太人开始大批地从德国流亡到世界各地。

由于在国际精神分析协会会员中大部分是犹太人，所以迫害一开始，国际精神分析协会的许多会员便成了第一批受害者。为了躲避，他们只能逃离祖辈们生活了几个世纪的家乡，远走异域。到一九三二年，这种逃离规模迅速扩大，其中包括弗洛伊德的“铁卫队员”之一汉斯·萨克斯和著名女分析学家卡伦·霍妮。霍妮一九一五年在柏林大学获医学博士学位，后进入柏林精神分析训练学校，师从卡尔·亚伯拉罕，她后来在美国创立了精神分析的社会文化学派，主张“社会和文化的精神病理学”，是新弗洛伊德主义的主要代表之一。

一九三三年二月二十七日，国会纵火案的发生，使迫害与逃亡都达到了新的高潮。仍留在德国的精神分析学家，尤其是犹太人，无不正在逃离或准备逃离到任何愿意接受他们的国家。他们大多数先在比利时、荷兰、丹麦等国待一段时间，再往美国逃去。

面对这股迫害与逃亡的洪流，弗洛伊德心中的感受难以言喻，他写信给玛丽·波拿巴说：

> 你能沉浸在工作之中，不用去关注周围这些可怕的事情是多么幸运啊！我们的圈子里已经出现了大恐慌。人们害怕德国民族主义的扩张将波及我们小小的国家，已经有人建议我逃到瑞士或法国。

但是弗洛伊德对于这些恐慌感到超然甚至不理解，他那种对德意志民族的浪漫主义幻想又在作怪了，正如他以前曾说过的："产生过歌德和席勒的民族怎么会做那种事呢？"那时排犹风刚露苗头，他的同志们开始担忧。现在，当德国的排犹风已经不是一个担忧，而是事实时，弗洛伊德又幻想它不会危及"远在"奥地利异国的他。就在上封信中，他接着说：

> 那是废话，我不相信这里会有任何危险，倘若它来我是一定要在这里等着它的。如果它们杀我——好，这也不过是一种死法，但大概这只是瞎夸张。

这年三月，弗洛伊德最重要的学生，也是弗洛伊德一直将之视如亲子的桑多·弗仑齐，在与弗洛伊德一度发生分歧后，又恢复了友好的气氛，但是这时弗仑齐已经重病在身，命不久长了。这时他还担心着他的导师的生命，他给弗洛伊德写了一封情绪异常激动的信，请求弗洛伊德离开奥地利。弗洛伊德在他的回信中坚定地说：

> ……至于使你来信的刻不容缓的缘由，离开，我可以高兴地告诉你我没有想要离开维也纳。我移动不便，非常依赖照料……但，还可能的是，即使我还年轻而且健康，我也会留在这儿。这自然有情感方面的原因，但也有许多理性成分。那就是并不能确定希特勒的统治会控制奥地利。确实，这也是可能的，但谁都相信希特勒在这里不会像他在德国一样野蛮。我个人没有危险……

弗洛伊德的天真可见一斑，像许多伟人一样，他们往往在其他方面，尤其是政治与物质利益方面惊人地天真无知。弗仑齐在写完这封信后不到两个月，一九三三年五月二十四日，死于病榻。虽然他生命的后期与弗洛伊德有过分歧，但他们的友谊却不是这种分歧能抹杀得了的。同样在病榻上的弗洛伊德在写给琼斯的信中说："我们的损失是巨大而且痛苦的。"

四月，弗洛伊德对于纳粹的信心依然如故。他在一封信中说，现在他知道希特勒肯定会进入奥地利，但他不害怕，因为奥地利法律保护少数民族利益，我们犹太人不也是少数民族吗？这时，他又更加天真地信赖起国际联盟来了，说：

在这里对犹太人的法律迫害会立即导致国联采取行动。至于奥地利加入德国，在这种情形下，犹太人将失去他们所有的权利，法国和她的盟国决不会允许。

结论当然是他相信在维也纳会"相对安全"，他不会离开。

这年五月六日，弗洛伊德的七十七岁寿辰，不是"整生日"，西方在这点上与中国是一样的，生日有大小之分，基本是逢十大庆，逢五小庆，其他"散生日"则随便庆祝就得了，一般不会劳师动众，除非闲着没别的事儿消遣。这一天弗洛伊德也在安静中度过了，连最热衷于为弗洛伊德庆祝生日的埃廷根都没有来。一早舒尔博士就来为弗洛伊德做了诊查，看那癌魔有无死灰复燃之象。从一九二九年起舒尔博士就是弗洛伊德的家庭医生了，他是内科专家、高明的医生，也是个忠诚的人，从他第一次由玛丽·波拿巴公主带来看弗洛伊德起，他和弗洛伊德之间就产生了绝对的信任。除了一九三九年为了逃亡后的生计去了美国三四个月外，他忠心耿耿地、出色地为弗洛伊德服务了十年，直到他生命的最后一息。

五月底，希特勒在德国发布了一则公告：

为了人类灵魂的高贵，反对腐蚀灵魂的、对于本能生活的美化！我将西格蒙德·弗洛伊德学派的书籍付与大火！

在柏林、莱比锡等德国大小城市的中心广场，到处燃起了熊熊烈火，弗洛伊德的著作被成捆成捆地扔进了火堆，同时被扔进去的还有马克思的书。

甚至这时，弗洛伊德对于希特勒的幻想仍没有完全消失。对于书的事，他只是来了个黑色幽默：

> 瞧，我们取得了多大的进步！要在中世纪他们会烧死我，但今天他们只烧了我的书就满意了。

七月，德国的所有精神病学家都被统括在一个新的组织“心理治疗医学协会国际总会”里，所有的会员都必须阅读希特勒的《我的奋斗》，组织成立不久荣格就担任了主席和它的机关刊物《心理治疗中心报》主编，他做的主要事情是区分犹太人的心理学和非犹太人的心理学。

八月五日，埃廷根从柏林来访，他遵循弗洛伊德的教导，一直坚守在柏林的阵地。现在他终于可以说是柏林的最后一个犹太分析学家了。他前来向弗洛伊德辞行，将前往巴勒斯坦。九月八日，他抵达了目的地，一段时间后他又回到了柏林，这年除夕，他乘上了远洋客轮，永远地离开了这座他生活了大半辈子的罪恶之城。不久，他在巴勒斯坦建立了精神分析协会，即现在的以色列分会，它一直是国际精神分析协会最昌盛的分会之一。

十一月，两个纳粹官方心理治疗学家会见了这时德国分会的负责人缪勒·布朗斯维格和波海姆，他们都是“雅利安血统”的分析学家，他们被告知分会只有与犹太人控制的国际精神分析协会脱离关系才能在未来的德国存在下去。他们和国际精神分析协会后来都答应了这个要求，并在国际协会的公告上公布了。但德国的精神分析运动并没有因此得生，德国的精神分析学家渐渐销声匿迹了。

到这年年底，欧洲大陆精神分析运动的三个核心国家：奥地利、德国、匈牙利已经没有几个犹太精神分析学家了，因为这三个国家都已处于或即将处于法西斯统治之下。法西斯和仇恨犹是天生的狼狈之奸。只有弗洛伊德仍坚守在他的阵地上，如他早就说过的一样。

一九三四年是相对平静的一年，犹太精神分析学家们想走的都走了，只有极少数几个老得不怕死、不想走的还在等着瞧，其中就有弗洛伊德。他就像一个只听见过从来没有看见过老虎吃人的好奇孩童，眼看着老虎跑过来却待站在原地，想知道老虎是不是真的吃人。弗洛伊德一面等着瞧，一面写作他最后也是最重要的著作之一《摩西与一神教》，另外给他非常尊重喜爱的萨洛美写了大量的信。

一九三五年二月六日，法国著名社会学家、考古学家列维—布留尔前来拜访弗洛伊德。列维—布留尔是我们的老熟人了，他的《原始思维》在中国流传相当广。他早就与弗洛伊德互赠过著作。同一个月，他给他忠诚的老朋友，与斯蒂芬·茨威格齐名的阿诺德·茨威格回信说：“你对于春天的描写令我悲伤又嫉妒……我生活中的闪光点是安娜著作的成功。”

四月，弗洛伊德从美国收到一个绝望的母亲写来的信，告诉弗洛伊德她儿子成了同性恋者，请求弗洛伊德救救他。弗洛伊德在四月九日立即给这位陌生的母亲回了一封很长的信，在信中他安慰了这个母亲，但遗憾地告诉她他不能去美国，因为他身体太虚弱了，但他愿意在维也纳为他治疗。当弗洛伊德写这封信的时候，他正受着癌症的又一次袭击，身体承受着巨大的痛苦，在这个月和六月连着动了两次手术。

这时，他的魔鬼假腭又不听话了，安娜和舒尔齐心合力也塞不进口腔，只好请皮契勒教授来。五月六日，弗洛伊德在平静之中度过了他的七十九岁生日，这也算是大不幸中之小幸，但他足足回了七十九封贺信。

这个月，弗洛伊德被选为皇家医学协会名誉会员。

七月，应德国费希尔出版社之邀，弗洛伊德为托马斯·曼六十寿辰写了一篇专文，托马斯·曼大受感动，决心在来年加倍报答。

时光已经悄悄走进了一九三六年。这年春天，弗洛伊德的健康状况很不好，口腔里又出现了病变，为了不致开刀，便大量使用X射线照射，但肿瘤组织对于放射性不强的X射线已经满不在乎了，最后竟使用了镭这种足以致命的放射性元素。弗洛伊德由此吃的苦头真是一言难尽，不过现在他差不多麻木了。

此时，纳粹也像一匹对可怜的兔子瞪视了好久的狼，终于扑向了猎物。四月二十八日，他们封闭了马丁·弗洛伊德在莱比锡主持的出版社，收缴了一切物品。几年前，当国际精神分析出版社陷入崩溃的边缘时，马丁辞去了银行收入丰厚的职务，接管了管理混乱的出版社，使它焕发出了生机。正当他准备再展宏图时，纳粹打破了他的美梦。国际精神分析出版社在德国的活动也这样结束了。马丁回到了维也纳，继续履行出版义务，直到一九三八年四月出版社所有财产被纳粹没收。

夏天，弗洛伊德到格林岑避暑，他在这里的乡下租了一幢被鲜花和绿草埋没了的农舍。

这年最重大的一件事是弗洛伊德的八十寿辰，虽然前面几个散生日他的学生、朋友们饶过了他，但今年就不同了，他们早早打算要搞一个盛大的生日场面，所以弗洛伊德也早早就发愁起来了。琼斯这位国际协会的现任主席早在一年前就打算出版一本纪念专集。弗洛伊德听说这个消息后立即给他去了一封措辞严厉的信，要他打消这个鬼主意，琼斯当然只好听从。对于其他想出各种各样庆祝法子的人，弗洛伊德也一概谢绝，甚至连那一天来看望他都在不受欢迎之列，他认为他们完全可以另挑个日子来。在弗洛伊德这样的强烈要求下，他的八十大寿竟然悄悄地过去了。没有如云的宾客，却免不了如雨的鲜花、如雪的电报，还有就是各种各样的荣誉。他成了美国精神病学学会、美国精神分析协会、法国精神分析协会、纽约神经病学会、皇家医学—心理学学会的名誉会员，但称得上荣誉的也许只能算英国皇家学会，这个世界最高贵的学术团体的通讯会员。

在他生日前后收到的大量信中，最令他高兴的是爱因斯坦的来信了，伟大的爱因斯坦在信中说：

> 尊敬的弗洛伊德先生：
>
> 我感到高兴的是，我们这一代人有机会向您这位伟大的导师表示敬意和感激。毫无疑问，您使那些具有怀疑思想的门外汉轻易获得了独立的判断。直到最近，我还只能理解您的思路中的思辨力量，以及这一思想给这个时代所带来的巨大变化。然而，不久前我有机会听到了一些情况，它们本身虽无甚重要，但据我判断，只有用压抑理论才能对它们做出解释。我很高兴自己看到了这些例证，因为，当一个伟大而且美丽的设想与实际相符合之时，它永远是令人愉快的。
>
> 顺致最深最诚挚的祝愿和深深的敬意。

尽管爱因斯坦体谅病中的弗洛伊德，告诉他不必回信，弗洛伊德仍在五月三日回了信，说：

> 尊敬的爱因斯坦先生：
>
> 您叫我不用回答您充满善意的信件，但我真的必须想告诉您我是多么高兴听到您的判断的变化——或者至少是变化的开始。当然我一直了解您“崇拜”我仅仅是出于礼貌并且很少相信我的学说，我经常自问倘若它们不是正确的，那么在它们里面有什么值得崇拜？也就是说，如果我的学说包含了更大比重的错误与愚蠢我就会受到更好的对待吗？您太年轻了，我可以希望当您达到我这个年纪时您将会成为我的“追随者”中的一员。

弗洛伊德这样写是因为爱因斯坦一度表示不大相信他的理论，现在爱因斯坦的转变当然叫他十分高兴。

生日祝贺中另一件没有叫弗洛伊德烦而是让他颇为感激的是托马斯·曼致他的贺信。他曾在好几个地方公开宣读了这封贺信，不过，它并非由托马斯·曼一个人写的，而是由他与H.G.威尔斯、罗曼·罗兰、弗吉尼亚·伍尔芙、斯蒂芬·茨威格等人共同策划起草的。五月八日，他在国际精神医学学会上宣读了它。六月十四日，他亲自来到弗洛伊德正在避暑的格林岑向弗洛伊德宣读了贺信：

> 西格蒙德·弗洛伊德八十寿辰，使我们有了一个盼望已久的机会，来向这位人类深刻知识新领域的开拓者表示衷心的祝贺和崇高的敬意。作为一名医生和心理学家，作为一位哲学家和艺术家，这个无所畏惧的预言者和治疗者在整整两代人的时间里一直是我们探索人类灵魂未知领域的向导。正如尼采描述叔本华所言，他是一个“表情严肃冷峻的堂堂男子，一个骑士”；他有着独立自主的精神，他是一个懂得如何自立并赢得人心的思想家和研究者，他坚持走自己的路，一直走进真理之中，而这些真理看起来是很危险的，因为它们恰恰揭示了人们急于隐藏的东西，他给幽暗之处带来了光明。他广泛地揭示出新问题并改变了旧标准。他的探索和发现成倍地扩大了精神研究的范围，甚至连他的反对者们也由于从他那里受到创造性启发而感激他。即使他的研究成果在将来会得到修改和更正，他向人类提出的问题将永远不会被窒息，他对于人类知识的贡献也永远不会被否认和磨灭。他所建立的概念和他用来表达它们的词汇已经成为日常语言的一部分，得到了自然而然的运用。他的成就已经在人文科学的所有领域留下了深深的印记，这些领域包括文学艺术、宗教进化史、史前史、神话学、民俗学、教育学、美学。我们可以肯定，如果世间有什么行动可以被永远记住的话，那就是他对于人类心灵的洞察。

这封贺信的后面是全世界最有名的两百位艺术家和作家，除了托马斯·曼、H.G.威尔斯、罗曼·罗兰、弗吉尼亚·伍尔芙、朱利叶斯·罗曼斯、斯蒂芬·茨威格等六位负责起草外，在上面签名的人中还有：赫尔曼·布罗赫、纪德、汉姆生、海塞、阿道司·赫胥黎、乔伊斯、王尔德、克利、毕加索和达利等人。这些人我们都很熟悉的，就文学而言，有五位诺贝尔文学奖获得者。

另外，国际精神分析学会曾经的重要会员布洛伊勒教授也给弗洛伊德来信说：

> 任何一个不具备精神分析知识的人要想懂得神经病学和精神病学，在我看来大概会像一只恐龙。我说“大概会”而不是“会”，因为现在已经见不到这种人了，甚至在那些喜欢贬低精神分析的人中也见不到他们的踪影了。

布洛伊勒教授虽然早已退出了精神分析协会，但他一直与弗洛伊德保持着良好的关系，并且继续在苏黎世大学讲授精神分析。

也就是在这个月，弗洛伊德另一位好朋友，也许是他最好的女性友人，洛·安德烈亚斯—萨洛美给弗洛伊德来了最后一封信，她已经病倒，只有等待死神的降临了。我们前面讲述过萨洛美辉煌而特异的人生经历，她是一九一二年魏玛大会上与弗洛伊德认识的，弗洛伊德对于她始终抱着很深的敬意与喜爱，他认为萨洛美的性格中有许多东西不但是他所缺少，而且也是人类的大部分所缺乏的。她的自由和与人为善正是弗洛伊德理想当中的人类模式，是尼采的“超人”中的女性样本。次年二月，萨洛美在家中去世。

七月，弗洛伊德又做了两次手术，他已经记不清这是第几次了，这次切割下来的组织经化验，又是癌。这时，皮契勒教授知道了，再没有可能将癌完全切除，也不再可能像第二次手术时一样切除那么多肌肉和淋巴。弗洛伊德的右边脸、牙床和腭已经所剩无几了。这是两次痛苦的手术。

九月十三日，弗洛伊德和玛莎举行了他们的金婚纪念，他们已经在漫漫人生之旅携手同行了五十载，弗洛伊德能够面对曾经那样完全的孤独，面对暴风雨似的无情批判、谩骂而泰然自若，并且继续前行，是与他幸福的家庭生活分不开的，使他即使遭到再猛烈的风吹雨打，也有一个宁静无风的港湾。他可以在这里抛锚，美美地睡一觉，再扬帆海上，迎接狂风巨浪。

这年年底口腔中又发现长出了异物——它们不再是良性肉芽，而是癌组织扩散的征兆。十一月一次大手术使弗洛伊德不能吃东西、喝水、说话。同月教育部长颁布训令，宣布取消学术自由。

一九三七年新年伊始，弗洛伊德又失去了一个好朋友：乔飞，一条小狗，它是多萝西·伯林汉姆送给弗洛伊德的礼物。七年以来，它每天都陪伴着弗洛伊德，向他摇尾巴，舔他的手，如果弗洛伊德能走，它就陪他在花园或街上散步。弗洛伊德对它产生了很深的感情。现在它去了，弗洛伊德像失去了一位忠诚的老朋友一样痛苦。他曾在一封致波拿巴的信中说，她也是一个狗的爱好者，人类能对一条狗产生没有丝毫杂念的纯粹的爱，也许是人类面对文明的矛盾心理的一种表现。因为文明，我们知道，它既创造了科学与财富，也制造了罪恶、苦难与虚伪。逃避文明在文明人中并非罕见的心理倾向。

这年四月，他患了严重的耳炎，又动了一次大手术，摘除一些正迅速扩张的癌组织。这时弗洛伊德对于纳粹天真的信心终于消失了，他说：

> 政治形势正在变得更加阴暗，看来没有什么能阻止纳粹的入侵了，这对于精神分析的恶果犹如对于其他的东西一样。我唯一的希望是不要活着看到它们。

亡命天涯

这一节我们讲述一九三八年发生的事，弗洛伊德如何被困维也纳，如何被解救，如何终于得到亡命天涯的准允。因为对于纳粹统治下的犹太人这是最好的命运了，另一个命运众所周知：集中营与死亡。

一九三八年四月十一日，德军突然从西部边境开进了奥地利，几天后就不费一枪一弹占领了维也纳，奥地利共和国宣布并入德意志第三帝国。实际上德军占领整个奥地利都没费一枪一弹，而且是在大群奥地利人的“希特勒万岁”口号声中前进的。希特勒本人就是地道的奥地利人，德奥分立是德意志民族中世纪大分裂的最后孑遗，因此统一德意志一直是德意志人最大的期望，所以希特勒的占领受到大部分奥地利人的欢迎。

在伦敦的琼斯得到这个消息后，先与多萝西·伯林汉姆和玛丽·波拿巴通了电话，然后立即飞扑欧陆，经过一番努力，四月十五日到达维也纳。这时的维也纳街头，到处是坦克、装甲车和一队队德国兵，军容整肃，威武雄壮，他们的素质一向为世人称道：四肢发达、头脑简单，所以具有铁一般的纪律，压根儿不怕死。

琼斯在电话中得知出版社已经被占，就首先到了那里，看到马丁正愁眉苦脸地坐在办公室里，旁边是几个奥地利年轻人，自称党卫军，来接管出版社，琼斯向他们提出这是一家国际性的机构，按国际法不能被没收。但那几个刚穿上党卫军制服，正想撒威风的毛头小伙哪会听他的，他们反而将琼斯也扣起来，直到一位军官来才将琼斯释放。他急忙往弗洛伊德家赶去。

就在出版社遭到封闭的同时，弗洛伊德家也发生了相似的事，一队荷枪实弹的德国冲锋队员冲进了贝格街的弗洛伊德家。玛莎这时显示出了她的优秀品质，她镇定地对这群不速之客说“先生们请坐”，好像他们是客人似的。他们没有坐，只是像站在上级面前一样笔直地站在玛莎面前，将枪托顿在地板上。玛莎又平静地说：“请您将枪放在伴架上。”这次他们机械地服从了。

玛莎问他们有何贵干，其中一个说：“我们奉命来没收一切外国资金。”

玛莎于是走到里面，拿出全家一个星期的花费，放在桌上，用她标准的高地德语礼貌地说：“先生们请便吧。”

冲锋队员一脸不高兴的样子，这点钱还不够他们逛一次妓院。

这时安娜出来了，她带他们到了里面的保险柜前，打开。冲锋队员们立即冲锋一样冲过去，抢走了所有的钱，六千先令，马上在客厅里吵吵嚷嚷、一五一十地分起来。弗洛伊德这时从里面出来了，老态龙钟的样子，他愤怒的目光直直地盯着他们。在他的注视下冲锋队员们的勇气不知哪儿去了，他们脸色苍白，匆匆跑了。这就是伟人的精神力量，这种力量只有伟人们才有，它是智慧、天才、自信与洞察力，也许还有某种说不出来的“力”的结晶，一旦出现具有震撼人心的力量，不可抗拒。

冲锋队员们前脚刚走，琼斯后脚就进门了，他立即与弗洛伊德进行了倾心长谈，对弗洛伊德说，他的生命不仅对于他重要，对于全世界都很重要，请求弗洛伊德同意离开奥地利。弗洛伊德叹了口气，说：“若我只是孤单一人，我早就结束这生命了。”但仍坚持不走，他提出了三点理由：一是他太老了，连火车都上不去；二是他随时需要医生的照顾；三是没有哪个国家会接纳他，更不会容许他工作，直到生命的最后一个月，弗洛伊德都在看病、负担着家人，失业将使他们无法生活下去。琼斯保证他会解决这三个问题，但弗洛伊德最后拿出了他的撒手锏，说他仍不能走，因为维也纳就是他的战斗岗位，他不能做逃兵。

也许弗洛伊德认为琼斯这下没有话说了，但聪明的琼斯用一个典故又一次驳倒了他的理由，他说：“教授，您记得泰坦尼克号沉没时发生的故事吗？它的二副在轮船爆炸时被气浪抛离了船只，因此他没有按传统与船同沉，生还后当人们问他他什么时候离开船的时，他自豪地回答：‘我从来没有离开过船，是船离开了我！’现在的维也纳就是泰坦尼克号，纳粹是气浪，您就是二副！”

弗洛伊德沉吟良久，同意了琼斯的说法，但他仍没有答应离开。

这时维也纳分会举行了最后一次会议，决议是会员们赶快逃。纳粹宣布没收协会和出版社的一切财产。

四月十七日，玛丽·波拿巴公主从巴黎赶来了，琼斯知道她比自己更能劝说弗洛伊德，就回伦敦去了，他要在那里办妥去英国的一切手续。但使弗洛伊德下决心离开的既不是琼斯，也不是玛丽·波拿巴，而是纳粹。

四月二十二日，又一队冲锋队员进入了弗洛伊德家，这次来的不是一群专门打劫的匪徒，他们由一个军官带队，不慌不忙地走进了弗洛伊德家，声称奉命搜查“颠覆性文件”，然后就翻箱倒柜起来。弗洛伊德和玛莎，两个白发苍苍的老人坐在一边的沙发上默默无言地看着他们，任他们为所欲为，从来不参与政治的弗洛伊德当然不会在家里藏什么颠覆性文件。一无所获的纳粹最后带走了安娜，因为她是家里唯一可以带走的人。

这一夜弗洛伊德也许是生平第一次感到了恐惧，他整夜一支接一支地抽雪茄，家里谁都没有休息。谁都知道，无数的犹太同胞就是这样被召去，然后就消失了，仿佛从来没有被带走过，也从来没有存在过一样。弗洛伊德从来不为自己的病或者生命担心，但女儿的生命与安全却使他心急如焚。

第二天一早，已在沙发上坐了一夜、没吃没睡的弗洛伊德和玛莎，听到门上有钥匙开门的声音，安娜平安回来了，只是有点累。是她自己，还有美国驻维也纳的代办威利救了她。在她被带走的这天晚上，威利拜访了弗洛伊德，他得知安娜被捕，当即向德军驻维也纳的司令官提出了抗议，指出像弗洛伊德这样的知名人士所应享有的安全权利。他作为美国驻奥地利的代理大使，他的话就代表着美国政府，德国人听取了他的抗议。安娜自己在盖世太保的司令部里，从一开始就坚持要求立即受审，她知道一入夜她就会被送上开往集中营的火车，一去不返。被问了几个钟头后，德国人终于放了她。

安娜的被捕使弗洛伊德意识到，他不能不走了，他可以不管自己，因为生或死对于他不再有多大区别，但他不能不管年轻的女儿，还有他的其他亲人，他知道只要他不走，安娜和玛莎将与他同生共死。

我们不难想到，弗洛伊德能离开奥地利要有三个条件：一是他自己同意离开，现在这一点解决了；二是有国家同意让他前去避难，这是琼斯正在英国忙的事；三是纳粹放他走，弗洛伊德是他们手里最负盛名的人质，他们会放他走吗？

四月二十二日琼斯回到伦敦后，马不停蹄地着手开展了说服英国政府的活动。接受移民的事务归内政大臣萨缪尔·霍尔爵士管，他的任务就是说服霍尔。他虽然因与他同属一个旱冰俱乐部，但交情不深，光凭他的分量当然不够，于是他想到了英国皇家学会。上面提到过前年弗洛伊德被接纳为通讯院士，皇家学会是不会轻易给人这种荣誉的。琼斯先去找了提名弗洛伊德为通讯院士的威尔弗雷德·特罗特，他是学会理事会成员。他立刻为琼斯写了一封介绍信给皇家学会主席、世界著名物理学家威廉姆·布拉格爵士。琼斯拿着这封信一去就见到了布拉格，他也久闻弗洛伊德大名，一听到琼斯的请求，当即写了一封致内政大臣的介绍信。琼斯于是颇有信心地去内政部了。果不出他所料，英国没有人无视皇家学会主席的介绍信，便是女王也不会。霍尔爵士马上召见了琼斯，听取他的请求，琼斯的话还没说完，爵士已经被打动了，他拿出一张表格，请琼斯自己填上需要前来英国的人的姓名，包括他的家人、医生、仆人、某些学生等，他们将可以来英并获得工作许可证。琼斯带上这些宝物兴冲冲往维也纳来。

这时，为使纳粹当局放走弗洛伊德，早已经惊动了一批当世最有权势的人。W.C.布里特，以前与弗洛伊德合写过分析威尔逊总统的书的人，现在是美国驻法大使。他听说弗洛伊德被羁维也纳，立即开始了活动，他是罗斯福总统的私交，直接请求总统出面为弗洛伊德向希特勒求情。威利代办之所以来为弗洛伊德效劳，就是得了国务卿的指示，国务卿自然是得到了总统的指示。玛丽·波拿巴作为拿破仑家族的嫡系后裔，以公主之尊，又是希腊王妃，势力非小，她也全力以赴地为导师奔波。第三个被惊动的人是墨索里尼，这个意大利独裁者，几年前弗洛伊德的一位意大利病人请求弗洛伊德将他的书送一本给他们的元首。弗洛伊德从不推却病人这类要求，就将自己的一本著作亲笔签名托这位病人送给了墨索里尼，虚荣心极强的独裁者不禁得意扬扬。我们知道，那些靠武力赢得畏惧的人对于获得人们自发尊敬的人，如伟大的科学家、艺术家等常常怀着与人民同样的敬意，像拿破仑对于歌德和托尔斯泰一样。墨索里尼这次也亲自出马，向他的难兄难弟希特勒发出了请求，还给他驻维也纳的大使作了指示。

另外一个出了力的是德国驻法大使格拉夫·冯·魏尔泽克，他还算个文化人，有点儿人道主义思想，在布里特的催促下，也帮了点忙。俗话讲，人心齐，泰山移，在这许多有权有势的人物的努力之下，便是希特勒也不好强扣弗洛伊德了。于是，一个纳粹党卫军军官萨尔维德被派来了，他将负责办理弗洛伊德的出国事宜，其实就是尽量多捞点儿钱，他们也许以为弗洛伊德的钱财就像他的名声一样了不得。但这次弗洛伊德又是大不幸中之小幸，这位萨尔维德虽是个激烈的反犹者，却很尊敬他的一个大学化学老师海齐格教授。海齐格是犹太人，弗洛伊德的老朋友，萨尔维德在看在老师的分儿上，在“处理”弗洛伊德的财产时只将他的银行存款、政府债券、现金之类没收了，按规定他应要求弗洛伊德将他在外国的存款也取回来，他也知道弗洛伊德有，但他没有这样做就签字放行了。

这时，弗洛伊德的弟弟亚历山大一家已经逃到了法国，敏娜姨妈早在这年五月五日就被多萝西·伯林汉姆带到了英国。马丁的妻子和孩子在五月十四日、玛蒂尔德和丈夫豪利策尔在五月二十四日也跑到了法国。但他四个年近八十的妹妹罗莎、玛丽、杜尔菲和鲍莉却没有能够脱离虎口，弗洛伊德和亚历山大在走前给她们留下了十六万先令，足够她们的余生所需，但她们的余生远没有花这么多钱。一九四三年，她们在焚尸炉里，像其他六百万人一样，被纳粹烧成了灰。即使弗洛伊德这样人类命运的悲观主义者，对于人性之丑恶不遗余力地进行鞭挞，也至死做梦都不会想到人性竟如此之恶。

弗洛伊德在自己等待离开的时节，帮不少人逃离了奥地利这所犹太人的大监狱。这些人中有弗洛伊德曾经的朋友，后来断交了的布洛伊尔的大儿子的寡妇汉娜·布洛伊尔和她的女儿，当时党卫军眼看要来将她们送往集中营；有他的学生西奥多·莱克和他的一家；等等。

德国纳粹又从弗洛伊德那里榨取了四千八百二十美元他们自己也说不出名字的“税款”——这笔钱实际上是由玛丽·波拿巴付的，弗洛伊德这时早被没收成个穷光蛋了——之后，终于给弗洛伊德发出境签证了。在此之前还有最后一道关卡，一个党卫军军官来到弗洛伊德家，给弗洛伊德一份文件叫他签字，那上面写着：

> 我，弗洛伊德教授，在此证明，在奥地利加入德意志帝国后，德国当局，特别是盖世太保，已经依据我的科学声誉对待了我，给予我所有的尊敬与照顾，我能充分自由地生活和工作，能够以任何我所需要的方式继续从事我的活动，从这而言我得到了各方充分的支持，因此我没有丝毫进行任何抱怨的理由。

弗洛伊德笑了，表示同意签字，并且加了一句："我能向任何人衷心地推荐盖世太保。"

一九三八年六月三日，终于办好了一切手续，弗洛伊德动身了，出租车将他载到火车站，他登上了开往法国的东方快车，与他同行的有玛莎、安娜以及两个在他家多年的仆人，其中一个是管家鲍莉·费希特尔，她是一个清秀的女子，从一九二九年起就为玛莎管家了，与主人家建立了亲密忠诚的关系。舒尔和他的妻子海伦本来也要同行，但临上车前他突然患了急性阑尾炎，得动手术，夫妇俩只能先留下来。于是，路上照顾弗洛伊德的任务就落到了安娜的女友约瑟菲琳·斯特罗斯博士身上，在从维也纳到巴黎疲倦的旅途中她出色地完成了使命。

从此，弗洛伊德永远离开了他生活了七十二年的维也纳，离开了祖国，亡命天涯。

正确地说，是家乡和祖国离开了他。

落日余晕

第二天，一九三八年六月四日，凌晨三点，列车驶入了法国，像弗洛伊德在给埃廷根的一封信中所言："在莱茵河的桥上，我们自由了！"

早上十点，东方快车缓缓驶进了巴黎火车站，在车站上迎接弗洛伊德一行的有玛丽·波拿巴、美国大使布里特、亚历山大的儿子哈里、恩斯特·弗洛伊德以及大批记者，闪光灯不停地在弗洛伊德眼前闪动，照得他老眼昏花。玛丽将弗洛伊德一群人接到自己的宫殿。弗洛伊德在那里度过了十分愉快的一日，从上午十点到晚上十点。后来弗洛伊德给她写信说：

> 在巴黎你的住宅中的一天使我们恢复了好情绪和高贵的理性；被爱环绕十二个钟头后我们在雅典娜的护佑之下离开了。

这里的雅典娜指弗洛伊德最心爱的收藏品之一古希腊的雅典娜铜像。玛丽从他的书房里带到巴黎来的。由于行色匆匆，弗洛伊德根本来不及带他数量庞大的古董，眼看毕生的精力毁于一旦，弗洛伊德的心里十分难过。现在看到心爱的宝贝又呈现在眼前，他连腮帮子的痛都忘了。

晚上十点，他们出发往码头上去，登上了开往海峡彼岸的渡轮，抵达多佛港后，在那里直接上了开往伦敦的火车，不久进入了维多利亚火车站。英国政府的德·拉·瓦尔勋爵和普利维·塞尔勋爵已经作了安排，弗洛伊德被给予了特惠免检权，他的所有行李都免予检查，并且车站官员被告知将火车停在一个专用的特殊月台上，面积特别宽大，主要用于迎接贵宾，以容得下仪仗队和大量新闻记者。列车到站后，马丁·弗洛伊德、他的姐姐玛蒂尔德、琼斯夫妇，还有英国南方铁路局经理和车站站长在车门口迎接弗洛伊德，后面是大批的记者，举着闪光灯和速记本。

弗洛伊德和玛莎、安娜等从特别出口出了站，登上了琼斯停在外面的汽车，汽车经过白金汉宫、议会大厦和舰队街，抵达了艾斯华西路三十九号，琼斯已经在这里为弗洛伊德租了一栋房子，他们将在此暂住下来，直到找到永久住宅。

弗洛伊德在这段时间里成了全伦敦最知名的人物。他坐火车、进车站时享受了皇族成员的礼遇，他也成了普通民众关注的目标，他的住宅里像他过八十大寿时一样铺满了鲜花，有很多是不相识也不知名的人送来的。来探访弗洛伊德的人在伦敦火车站下了车后，一坐上出租车，说出弗洛伊德教授的住址，司机马上会回答说："呵，您是去弗洛伊德教授家？太好了！"当安娜去银行办事时，经理亲自出来接待，说："弗洛伊德？他的事我们全知道！"更不用说各种学术团体了，向弗洛伊德教授致贺的、请他讲演的、特聘他为名誉会员的，不计其数。弗洛伊德觉得他简直是一个征服者了，他做了这样一个梦，梦见他是在佩文西登上了不列颠岛——佩文西是一〇六六年诺曼底公爵"征服者威廉"登陆英国的地方，他就是从这里开始征服英国的。弗洛伊德在这时的一封信中写道：

> 我们这里有很多东西可以写，绝大部分是令人兴奋的。在维多利亚火车站受到的接待，然后这两天报纸上的新闻都极友好，确实令人感动。我们都被埋在鲜花里了。来了许多有趣的信件：只有三个照片收集者，当我在休息时一个画家要给我画像……还有大量的贺电，绝大部分来自英国分会的会员、科学家和各种犹太人协会……

伦敦的大小报纸登满了他的照片和简历，还有许多社论，对于弗洛伊德和他的学说的伟大意义大加称赞。最著名的医学杂志《柳叶刀》写道：

> 自从达尔文以来，弗洛伊德的学说在这个时代所激起的争论之激烈和批判之尖锐无与伦比。现在，他已届耄耋之年，无论哪个学派都已很少有心理学家不承认受了他的影响。

《不列颠医学杂志》也撰文说：

> 不列颠医学界将为它们的国家为弗洛伊德教授提供了避难所并且他也选择这里为他的新家而感到骄傲。

然而真正让弗洛伊德感到英国人民对他的厚爱的还是六月二十三日这天的事。英国皇家学会的三名秘书：阿尔伯特·塞瓦特爵士、A.V.希尔教授和格里菲斯·戴维斯先生（应该说明的是：这个人数取自琼斯的著作，但弗洛伊德一九三八年六月二十八给阿诺德·茨威格的一封信里，说是两位秘书，而非三位，到底几位，没法说，但琼斯连名字都说出来了，显得更详细，故暂时采用他的说法）带来了皇家学会的“圣书”让弗洛伊德签名，这本书里有学会所有会员的签名，例如牛顿和达尔文，但他俩都是自己去皇家学会签的。只有国王才有资格将“圣书”让人送到他身边，弗洛伊德是第一个将从来没有离开过皇家学会的“圣书”请出了学会会址的人。签名之后弗洛伊德得到了一本华美的复制品。

七月十九日，斯蒂芬·茨威格带了与毕加索齐名的现代派画家萨尔瓦多·达利来拜访弗洛伊德。达利像大多数现代派艺术家一样，将弗洛伊德当作他们绘画的理论鼻祖，例如达利的画就是梦的再现—表现，是意象化的《梦的解析》。他给弗洛伊德留下了一幅杰出的现代派技法线描头像。

八月，弗洛伊德最后也是最重要的著作之一《摩西与一神教》德文本在阿姆斯特丹出版，一年不到就卖出了两千册。

八月中旬，他的口腔又发现了新的癌变现象，仍采用了痛苦的放射疗法和透热疗法。

由于他们刚来时在艾斯华西路三十九号所租的房子已经到期，弗洛伊德不得不在九月三日搬到爱斯布拉兰达旅馆，但他只在这里住了几天就被送到伦敦医院去了。九月八日，清晨，特意从遥远的维也纳赶来的皮契勒教授给弗洛伊德动了第三十三次手术，也是最后一次，历时两小时零一刻钟。即使弗洛伊德对于疼痛已经麻木了，仍感到疼痛得难以忍受，他说这是从他一九二三年第一次动手术以来最痛的一次。直到十一月，后遗症仍未见好。

九月二十七日，弗洛伊德搬进了他的新家梅尔斯菲尔德花园。这是一栋带有鲜花盛开的花园的美丽房子，墙上爬满的常春藤将砖盖满了，只露出窗子，好让弗洛伊德看窗外碧蓝的天空和缤纷的花园。弗洛伊德十分喜爱他的新家，他在十月四日写给玛丽·波拿巴的一封信中说："房子美丽极了。"

当弗洛伊德搬进他的新书房时，他发现里面的布置与他在贝格街的书房一模一样，他都看不出有什么差别来，他的古董们都按原位置摆好了——一件没少，玛丽将它们从纳粹的铁手里抢救了出来，然后管家鲍莉凭着她超人的记忆将每件东西的位置回忆起来，按样编排。弗洛伊德的书桌仍对着窗子，他可以从那里看见窗外的蓝天和花园。

这年年底，弗洛伊德九月份的手术后遗症才有所减轻，他立即恢复了门诊义务，每天分析四个病人。这是没办法的事，他要挣钱养家，现在他的孩子们，恩斯特、马丁、玛蒂尔德和她的丈夫都没有工作，积蓄也被纳粹没收殆尽，能挣钱的主还是他弗洛伊德。

也就是在这年，他的知己之交阿诺德·茨威格为使弗洛伊德获得诺贝尔奖做了最后一次徒然的奋斗。弗洛伊德闻之给他写了一封信：

> 不要让你自己再去做诺贝尔幻想啦。我不会得到任何诺贝尔奖是再确定不过的事。在那些评奖的当权者中精神分析颇有几个敌人，在他们改变主意或死光以前不要希望我会得奖。虽然在维也纳被纳粹敲了竹杠，我的儿子和女婿也很穷，但安娜和我已经取得一致意见，一个人不能想什么都有……几乎不可能想望官方团体会对纳粹发出这样的挑战：将那荣誉授给我。

弗洛伊德这里将他不能得奖的原因说得明明白白，他的分析是切中肯綮的，但还可以补充一点，即使弗洛伊德在评委里没有敌人，即使他不是犹太人，他仍不一定会得奖。

现在我们要进入弗洛伊德生命的最后一年——一九三九年了。

时间犹如自由落体，越近它坠落的底点速度就越快，弗洛伊德这年的生命也是如此。

二月初，舒尔又发现了新的癌变现象，但他不能断定，于是请来了当时最负盛名的癌症专家威尔弗雷德·特罗特，他于二月十日、二十一日、二十四日进行了三次诊断和检验，仍迟迟不敢下结论，也许是他们内心有一种阻力不敢直面所见。二月二十六日又请来了巴黎居里研究所所长拉卡萨勒教授进行放射治疗，但他拒绝采用这种治疗方法。

这时，病变部位的切片已经出来了，医生们不得不承认一个事实：弗洛伊德的癌症已经扩散，已经成为不可能治愈，也不可以手术的晚期癌症。我们知道这意味着什么。

这时舒尔也失信了，他像多伊奇一样，对弗洛伊德隐瞒了真情，告诉他他的病有了好转。但弗洛伊德对于自己的真实病情似乎有一种直觉，他在这年四月二十八日给玛丽·波拿巴的信中说：

> 我很不好。我的病和治疗后遗症要对这种情形负责，至于要负多少责我不知道。大家正在哄骗我，通过说癌区正在缩小、治疗的反应现象只是临时的来将我带进一种乐观的气氛。我不相信也不喜欢被欺瞒……要是什么方法能够缩短这种残酷的治疗过程我会十分欢迎。

玛丽·波拿巴公主是弗洛伊德这最后的生命之光阴里来看望他最多的人，也可以说是他生命最后时刻最亲密的朋友。她每过不久就从巴黎或雅典赶来看望弗洛伊德，当她不在的时候，弗洛伊德就在这段时光里给她去了很多信。

这时弗洛伊德另一位最亲近的朋友是琼斯了，这时的琼斯已经是他实际上的接班人，弗洛伊德从来没有主动选择过他，但他现在却衷心喜悦地认可了琼斯的“王储”地位。他七年之前不就是国际精神分析协会的主席了吗？弗洛伊德知道琼斯是一个出色的组织者、一个忠诚的人，他相信精神分析在他的领导之下将会团结一致，不断前进。这年四月七日，他给琼斯写信说：

> 亲爱的琼斯：
>
> 我发现令人惊奇的是人类很少能预知未来。当战前不久，你对我说起要在伦敦组织一个精神分析协会时，我不能预见到四分之一世纪之后我们生活得离它和你如此之近，我更不能想象尽管我们如此之近我却没有可能参加你们的集会。
>
> 然而身处绝望之中我们不能不接受命运的安排。因此我必须满足从很远——也很近——的地方给你们送去衷心的谢意与最良好的祝愿。过去几年的事实已使伦敦成为精神分析运动的中心与主战场。诚望担负着这一使命的协

会将以最出色的方式完成之。

这一个月弗洛伊德的病情更加恶化，然而舒尔这时却不得不暂时离开弗洛伊德，因为他去美国的名额已经来了，为着家庭与孩子们的未来他只得立即赶往美国，在那里办好一切手续后就回来。他四月二十一日离开了伦敦，七月八日就回来了。

他发现弗洛伊德体重下降，面无表情，这是癌细胞侵扰面部的症状，但他已是无可奈何了！

七月，汉斯·萨克斯，这位从前的“铁卫队员”、久经考验的朋友，来看望弗洛伊德，两人都知道这是他们今生的最后一面，他们平静地接受了这个现实。

七月底，爱娃·弗洛伊德，奥利弗的女儿，一个漂亮的姑娘，来看望她的爷爷，也是最后一眼。五年后，年轻的爱娃死于巴黎。

八月，弗洛伊德的病情急剧恶化，没有了抵抗者的癌细胞迅速扩散，癌变造成的伤口在他的口腔里溃烂，发出难闻的气味，当他想摸摸他的爱犬时，它远远地躲到了屋角，不知是怕那气味，还是怕飞奔而来的死神。直到这时，弗洛伊德才放弃了工作，现在他成天坐在书房里看报纸，想象遥远的地方发生的事，或者看看花园里灿烂的菊花和月季，静静地等待死神的到来。

九月十九日，弗洛伊德第一次出现了死亡征兆，琼斯被叫去向他告别，弗洛伊德这时已经说不出话来，他看了看他，一只手微微动了动。琼斯知道，他们之间，从此只有永恒的静默了。

弗洛伊德在人世间的最后一句话是两天后，九月二十一日说的，他对寸步不离病床的舒尔说：“我亲爱的舒尔，你记得我们的第一次谈话。你答应我当我不能再这样下去时你会帮助我。现在它是唯一的折磨了，它也不再有任何意义。”弗洛伊德的意思是，他现在剩下的只有疼痛的折磨，他不想生命的最后一刻仍只有这样的痛苦——他一生的痛苦已经够多了。

过了一会儿，弗洛伊德似乎犹豫了一会儿，终于平静地说：“把我们的谈话告诉安娜。”

舒尔知道这已是回光返照了。

第二天清晨，舒尔给弗洛伊德注射了一剂（约合64.8毫克）吗啡，暂时压下了疼痛的折磨。弗洛伊德安详地睡着了，从此没有再醒。

又过了一天，一九三九年九月二十三日，午夜前夕，这一天行将过去之时，一直安静地睡着的弗洛伊德停止了呼吸，与这个日子一同逝去了。

一九三九年九月二十六日，遵照弗洛伊德的遗嘱，他的骸骨在歌德尔草地被火化，骨灰装在一个希腊双耳古瓮里，上面是一位女神正向一位男神奉献生命之果。

岁月如昨

光阴如白驹过隙，一日千里，倏忽之间，弗洛伊德已经由生至死，终归空无了。虽然古人云“死去何所道，托体同山阿”，心下仍不免怅然，以弗洛伊德之长寿伟业，尚且如此，何况吾辈！又不由得窃想，要是也有人当我百年之后为我写个传，那我在九泉之下，亦可含笑了。

然而人生苦短，所遇苦多，弗洛伊德凡八十三年的堪称轰轰烈烈中，有多少事冗集于此书之中。为了使我们了解这位一代天骄时能高瞻远瞩，纵览全局，这里简洁地写下了他的如昨岁月，他的人生、作品与思想。

弗洛伊德，一八五六年五月六日生于奥地利摩拉维亚地区的小城弗莱堡，如今叫普里堡，属于捷克共和国。弗莱堡位于喀尔巴阡山尾麓，是座树林环绕的美丽小城。

他的父亲叫雅各布·弗洛伊德（1815—1896），毛纺织品商人，母亲叫阿玛莉（1835—1930），一个贤淑的家庭妇女，受过良好的教育，比丈夫小二十岁。除父母外，弗洛伊德还有两个哥哥、一个弟弟、五个妹妹。大哥伊曼努尔比他大二十一岁。四岁以前弗洛伊德一直将他当作父亲，而将雅各布当作爷爷。雅各布和阿玛莉都是纯正的犹太人，因此，弗洛伊德也是百分之百的犹太人。

一八五九年，由于生意失败和受到歧视，雅各布被迫带领全家背井离乡。两个大儿子搬到英国曼彻斯特，他带着三儿子弗洛伊德和女儿们先到莱比锡，第二年又流落到了维也纳。

从一八六〇年起，弗洛伊德就住在了维也纳，直到一九三八年被德国纳粹驱逐到英国。一九二四年被授予维也纳荣誉市民。维也纳是庞大的奥匈帝国首都，是当时欧洲文化、科学和艺术中心，一座建筑十分豪华壮美的城市。

开始，弗洛伊德一家住在利奥波德街一所鸽子笼般的小房子里，十五年之后，才在亲戚的帮助下搬到了恺撒—约瑟夫大街一座较大的房子里，在这里弗洛伊德有了他的小书房。

一八六五年，弗洛伊德进入史伯尔中学。在这里他一连六年名列榜首，获得了许多特权，绝大部分考试免试通过。

一八七二年，他回到阔别十三年的故乡，在那里遇上了童年时的游伴吉赛娜·弗拉斯，一个美丽的少女，开始了他的初恋，不过始终未向姑娘吐露情愫。

一八七三年，弗洛伊德以优异的成绩考入维也纳大学医学院，这是当时欧洲最好的医学院。

入学后弗洛伊德学习十分刻苦，得到动物学教授克劳斯的赏识，被选为助手，到亚得里亚海滨研究鳗鱼。一八七七年，他发表第一篇论文，是有关鳗鱼性腺的。以后又进入现代生理学奠基人之一布吕克教授的试验室工作，发表了有关神经结构的一些有重要意义的论文。

一八八一年以优异成绩毕业，获医学博士学位。旋入布吕克教授的生理试验室，担任示范试验员。

一八八二年与玛莎·伯奈斯相遇，坠入爱河。

为了能尽快结婚和赡养父母弟妹，决定放弃纯科学研究，这年七月进入维也纳总医院实习，准备开业行医。

一八八五年实习完毕，同年被任命为维也纳大学神经病理学私人讲师。

这年得到一笔奖金，赴巴黎布尔赫尔茨利医院向神经病学泰斗夏科教授学习神经病治疗。这对他一生产生了重大影响。次年回到维也纳后开业行医。

一八八六年与玛莎结婚，这是一场漫长而美满的婚姻。

婚后先是住在苏格兰环形路上的安抚楼，一八九一年搬到贝格街十九号，在那里一直住到一九三八年离开维也纳。

次年长女玛蒂尔德诞生，这是弗洛伊德第一个孩子，其他五个子女也先后出生。

次年遇到柏林医生威海姆·弗利斯，结为知交，这一友谊延续十余年，对此时正由于创立了精神分析而备受排斥打击的弗洛伊德极为重要。

一八八九年去法国南锡学习催眠术，并采用之治疗神经症，为此遭到猛烈攻击。

一八九一年出版第一本著作《论失语症》，受到冷落，十年后大部分被打成纸浆。

一八九五年，与布洛伊尔合著的《癔病研究》出版，标志着精神分析的诞生。但次年即与布洛伊尔决裂。

一八九八年，开始探讨幼儿的性问题，这将是以后俄狄浦斯情结理论的萌芽。

一九〇〇年，《梦的解析》问世，这本书被誉为人类历史上最重要的一百本书之一。

一九〇二年，弗洛伊德被维也纳大学提升为名誉副教授。这年组织“星期三心理学讨论会”，这是弗洛伊德开始走出十年孤独，精神分析开始向世界传播的起点。

一九〇八年，来自欧美各地的精神分析家在奥地利萨尔茨堡聚会，标志着世界性的国际精神分析运动的开始。

一九〇九年，弗洛伊德应邀赴美，在克拉克大学作了题为《精神分析五讲》的报告，并被授予名誉法学博士学位。

一九一〇年，在纽伦堡召开大会，决定正式成立国际精神分析协会，由卡尔·荣格任主席。此后，除了第一次世界大战等少数年份外，基本上是每年召开一届。

一九一一年，与阿德勒决裂。三年后与荣格决裂，国际精神分析运动受到沉重打击。

一九一四年，爆发第一次世界大战，国际精神分析运动基本停止，弗洛伊德的生活也遭遇不幸。

战后，由于精神分析对于战争神经症的疗效，它得到进一步承认和广泛传播，国际精神分析运动掀起第一次高潮，许多人从世界各地涌向维也纳，向弗洛伊德求治求教。一九二二年柏林大会时达到第二次世界大战以前精神分析运动的顶峰。

一九二三年，上腭发现肿瘤，动第一次手术，但没能完全切除。此后的十五年里，弗洛伊德将面临三十三次手术，右侧脸部，包括牙床、淋巴等基本被切除。就在这一年，提出了自我、本我与超我理论，对于人类心灵提出了整体看法。

次年开始编辑《弗洛伊德全集》。

一九二六年，七十寿辰，收到爱因斯坦等人的贺电，宣布退出国际精神分析运动。

一九二七年，发表《一个幻觉的未来》，对人类未来表示悲观。

一九二九年，《文明及其缺陷》出版，对于人类文明及其未来再次进行了深入分析，引起了极大反响。

一九三〇年，获歌德文学奖，这是文学领域内仅次于诺贝尔奖的重要奖项，弗洛伊德之所以获奖，一是因为他的成就是整个现代西方文学的理论基础；二是他已被公认为是现代德语散文大师。

一九三三年，希特勒在德国掌政，弗洛伊德的书籍被查禁并遭焚烧。精神分析家们纷纷逃离德国，纳粹开始全面扫荡精神分析，逮捕分析家，没收国际精神分析出版社在德国的财产，精神分析运动再次受到沉重打击。

一九三六年，弗洛伊德八十寿辰，全世界两百名最有声望的作家、艺术家联名向弗洛伊德写信致贺，由托马斯·曼在格林岑向弗洛伊德宣读。

一九三八年，德军占领奥地利。国际精神分析出版社的财产被没收，弗洛伊德家遭到纳粹敲诈，但弗洛伊德仍拒绝离开祖国。

两周后，纳粹再次来弗洛伊德家大搜查，抓走了弗洛伊德的爱女安娜，她也是著名的精神分析学家，弗洛伊德因此立即同意流亡。

在厄内斯特·琼斯、玛丽·波拿巴公主、罗斯福、墨索里尼等人的直接或间接帮助下，纳粹准许弗洛伊德离开奥地利。

一九三八年七月三日，弗洛伊德离开生活了将近八十年的维也纳，流亡伦敦。

一九三九年三月，出版了《摩西与一神教》，这是弗洛伊德生前出版的最后一本著作，深刻分析了宗教的起源。

是年九月二十三日，弗洛伊德在伦敦梅尔斯菲尔德花园家中逝世。茨威格和厄内斯特·琼斯分别在柏林和伦敦发表了悼念演说。